Rudolf Dreikurs

Psychologie im Klassenzimmer

Aus dem Englischen übersetzt
von Erik Blumenthal

Klett-Cotta

Klett-Cotta
www.klett-cotta.de
Die Originalausgabe erschien unter dem Titel »Psychology in the Classroom« bei Harper and Row, Publishers, New York and Evanston

Die erste bis zehnte Auflage erschien in den Jahren 1973 bis 1985 im Ernst Klett Verlag.

Printed in Germany
Umschlag: Finken & Bumiller, Stuttgart
Unter Verwendung eines Fotos von © zefa visual media gmbh
Gesetzt aus der Palatino
von Offizin Wissenbach, Höchberg bei Würzburg
Gedruckt und gebunden von Esser printSolutions GmbH, Bretten
ISBN 978-3-608-94071-8

Vierte Auflage, 2018

Bibliografische Information der Deutschen Nationalbibliothek
Die Deutsche Nationalbibliothek verzeichnet diese Publikation in der Deutschen Nationalbibliografie; detaillierte bibliografische Daten sind im Internet über <http://dnb.d-nb.de> abrufbar.

Inhalt

Vorwort

Rudolf Dreikurs verhalf Alfred Adlers Pädagogik zu weltweiter Popularität, indem er sie jedermann verständlich machte und weiterentwickelte. Als pragmatischem Denker ging es ihm vor allem um die Umsetzung hoher erzieherischer Ideale in die Praxis; er war daher in ständigem Dialog mit Pädagoginnen und Pädagogen aller Stufen, stets bereit, ihr Supervisor zu sein und gleichzeitig von ihnen zu lernen. Dreikurs hatte eine äußerst ermutigende Art, die vorgebrachten Fälle zu würdigen und junge Lehrerinnen und Lehrer zu bestärken, ihren eigenen Weg weiterzugehen. Durch dieses Teamwork ist es ihm gelungen, die Atmosphäre in unzähligen Klassengemeinschaften zu verbessern. Das vorliegende Buch ist so gut fundiert, daß es selbst für unsere modernen Probleme eine große Hilfe sein kann.

Dreikurs nahm frühzeitig die großen Wandlungen in der Gesellschaft wahr und sah ihre Auswirkungen auf die Schule voraus. Er erkannte, daß die Ära des autokratischen Führungsstils zu Ende ging. In einer Zeit, wo man Schulproblemen allgemein noch mit Strenge und Härte zu begegnen suchte, wußte er, daß Autokraten bald nichts mehr erreichen würden, wenn sie ihren Erziehungsstil und ihre Einstellung zum Kind nicht grundlegend änderten.

Bereits die erste deutschsprachige Ausgabe dieses Buches war ein großer Erfolg, weil damit Lehrerinnen und Lehrern etwas völlig Neues in die Hände gegeben wurde: Dreikurs hatte erfaßt, daß sie ihre tägliche Bewährungsprobe nicht nur vor der Schulklasse zu bestehen haben, sondern auch vor den Eltern, vor der Schulleitung, vor den Behörden – und nicht zuletzt auch vor den eigenen pädagogischen Idealen.

Heute stellen die zunehmende Mobilität und die soziale Umschichtung weiter Bevölkerungskreise, die Lockerung der Familienstabilität, sowie die multikulturelle Zusammensetzung vieler Klassengemeinschaften für die Lehrerschaft eine große Herausforderung dar. Auch die Bedürfnisse und Ansprüche der Kinder sind größer geworden. Überbetreut, Konsum gewohnt und auf Unterhaltung eingestellt erwarten sie während des Unterrichts stets mehr Verwöhnung. Gleichzeitig sind sie durch das übermächtige Wettbewerbsdenken in allen Lebensbereichen einem erhöhten Konkurrenzdruck ausgesetzt. Mehr denn je sind Lehrerinnen und Lehrer auf praktische Hilfe angewiesen. Laufend sind die Erwartungen an ihren Berufsstand gewachsen. Die Absolventen der pädagogischen Hochschulen sind zwar für die Stoffvermittlung besser vorbereitet als je zuvor. Es sind aber Schwierigkeiten ganz anderer Art, welche auf die jungen Lehrkräfte zukommen und ihnen ihre ausgefeilten methodischen Konzepte über den Haufen werfen können. Viele hochfliegende pädagogische Pläne scheitern am Problem, daß nicht jeder Schüler mitmachen will – und auch nicht jeder Schüler mitmachen kann.

Mit dem vorliegenden Buch lehrt Dreikurs die Grundsätze zum Verständnis der Motivation von Kindern, welche in der Klasse Schwierigkeiten machen. Er ermutigt Lehrkräfte, ihre eigene Phantasie einzusetzen, um geeignete Lösungen zu finden, und macht ihnen klar, daß es nicht genügt, grobe Erziehungsfehler wie Drohungen und Strafen zu vermeiden, sondern daß neue Einstellungen, eine neue Haltung und neue Konzepte notwendig sind, um die Klasse »demokratisch« zu führen. Die Kernbegriffe hierfür lauten: Ermutigung, gegenseitiger Respekt und geteilte Verantwortung.

Dreikurs war einer der großen Pioniere der Pädagogik. Daher sind seine revolutionären Ideen immer noch hoch aktuell und werden der Situation, in welcher sich die Schule heute befindet, in allen Belangen gerecht.

Barbara Custer und Yvonne Schürer, im April 2003

Einführung

In unserem täglichen Zusammensein mit Kindern – sei die jeweilige Situation nun angenehm oder unangenehm – bei einer Begegnung, die harmonisch oder disharmonisch verlaufen kann, erleben wir die Persönlichkeit eines Kindes in seinem Benehmen, seinen Charakterzügen und den mannigfachen Fähigkeiten und Unzulänglichkeiten, die dabei ans Licht treten. Diese Eindrücke erlauben aber keine direkte Schlußfolgerung auf die psychologischen Mechanismen, die im Kind arbeiten, oder auf die Faktoren, die die Entwicklung seiner Persönlichkeit in der Vergangenheit beeinflußt haben. Unsere nahe persönliche Beziehung zum Kind macht es im Gegenteil beinahe unmöglich, es objektiv nach Ursachen, Beweggründen oder vergangenen Entwicklungseinflüssen zu erfassen. Daran zu denken, solange wir mit dem Kind beschäftigt sind, würde nur hemmen und verwirren. Wenn wir uns über ein Kind freuen oder ärgern, handeln wir impulsiv, ohne allzuviel nachzudenken oder zu überlegen. Und je mehr wir persönlich engagiert sind, desto weniger sind wir fähig und willens, gleichzeitig objektiv zu denken. Viele unserer Begegnungen mit Kindern bestehen aus solch unmittelbaren impulsiven und emotionalen zwischenmenschlichen Reaktionen, aus einem Zusammentreffen oder einem Zusammenprall von Persönlichkeiten und aus unüberlegten Handlungen.

Ein derartiges Verhalten der Eltern und Lehrer ist das übliche. Solange wir mit dem Kind zufrieden sind, unsere Freude an ihm haben und gut mit ihm auskommen, ist es nicht nötig, diese natürliche und spontane Beziehung zu stören. Stoßen wir jedoch auf Schwierigkeiten, wird unsere Beziehung unangenehm und stehen wir Unzulänglichkeiten oder Fehlern gegenüber, die wir gerne ändern würden, dann ist es nicht nur nutzlos, sondern auch gefährlich, unseren natürlichen Neigungen und Impulsen zu folgen. Tun wir es dennoch, so verstärken wir die irrige Einstellung und Ansicht eines Kindes, steigern frühere schädliche Einflüsse und verewigen Fehler und Mängel. Und zwar deshalb, weil unsere unmittelbare Reaktion meist den bewußten oder unbewußten Absichten des Kindes entspricht, von denen die Erzieher oft keine Ahnung haben.

Diese Bereitschaft zu impulsivem Handeln verhindert jedes Verständnis für das Benehmen des Kindes. Im Augenblick des Ärgers sind wir auch gar nicht an einem Verständnis interessiert. Um eine solche Untersuchung überhaupt erst anzustellen, bedarf es einer anderen seelischen Verfassung. Ärger, Zorn, Widerwille oder ähnliche feindselige Gefühle müssen bereits ausgeschaltet sein, dann können wir nachdenken, überlegen und konstruktive Schritte erwägen. Kein Versuch, das Benehmen oder die Persönlichkeit des Kindes zu verbessern, hat Aussicht auf Erfolg, wenn er nicht auf dem Verständnis der Persönlichkeit des Kindes und jener Faktoren beruht, die zur Störung beigetragen haben. Ein solches Verständnis erfordert gefühlsmäßige Vorbereitung und die Bereitwilligkeit, nachzudenken, sowie ausreichende Kenntnisse. Nur unter diesen Bedingungen sind wir in der Lage, das Kind – wie auch unsere eigene Rolle – in der zur Zeit schwierigen Situation zu verstehen.

Das notwendige psychologische Wissen umfaßt aber die Kenntnis der grundlegenden Bedürfnisse des Kindes, Einsicht in die Faktoren, die seine Entwicklung beeinflussen, und eine objektive Methode, um hinter seine gegenwärtigen Ziele und Beweggründe zu kommen. Die grundlegenden Bedürfnisse von Kindern zu verstehen, heißt: man muß das Kind in all seinen Beziehungen betrachten. Zum ersten ist es ein physiologischer Organismus mit biologischen Mechanismen und Erfordernissen. Weiter ist es eine psychologische Ganzheit, die im Denken, Fühlen, Deuten und Handeln psychologischen Gesetzen folgt. Aber mehr als alles andere ist das Kind ein soziales Wesen, das sich zugehörig fühlen möchte und sich innerhalb der sozialen Atmosphäre des Gruppenlebens bewegt. Seine grundlegenden Bedürfnisse werden in jedem Alter nur dann gestillt, wenn es Gelegenheit hat, auf allen drei Stufen seine Funktionen in zureichendem Maße auszuüben.

Das Verständnis der Entwicklung eines Kindes setzt die Kenntnis nicht nur der Anreize und Versagungen, denen es ausgesetzt war, voraus, sondern – was wichtiger ist – auch die seiner Reaktionen auf diese Anreize, seien sie biologischer, psychologischer oder sozialer Natur. Sein gegenwärtiger Zustand ist die logische Folge seiner Entwicklung bis heute und stellt die Verbindung zwischen Vergangenheit und Zukunft dar; er ist der augenblickliche Ausschnitt einer fortgesetzten Entwicklung.

Einer solchen Formulierung wird niemand widersprechen. Wenn wir jedoch spezielle Grundsätze aufstellen, auf die wir erzieherische Maßnahmen aufbauen wollen, treffen wir auf Verwirrung und Widerspruch, weil die wissenschaftliche Erforschung der Faktoren des Persönlichkeitswachstums keine eindeutigen Ergebnisse gebracht hat. Bislang ist es weder gelungen, eine allgemein anerkannte Wertbestimmung jener Faktoren von grundsätzlichen Bedürfnissen der Kinder zu finden, die ihre Entwicklung beeinflussen, noch jener des in ihnen wirkenden psychologischen Kräftespiels. Diese mißliche Lage hat eine sehr nachteilige Wirkung auf die Anwendung und Brauchbarkeit psychologischer Grundsätze in der Erziehung. Einige Erzieher versuchen, theoretische Verwirrungen und sich widersprechende technische Empfehlungen zu vermeiden, indem sie ihre Aufmerksamkeit ausschließlich auf diejenigen Tatsachen richten, die unbestreitbar sind. Dies begrenzt jedoch Ausmaß und Bedeutung ihrer Ausgangsposition. Andere wiederum geben sich damit zufrieden, die gemeinsamen Merkmale der Entwicklungs*abschnitte*, die bei der Mehrzahl der Kinder in einem bestimmten Alter beobachtet werden, zu beschreiben, anstatt die verschiedenen *Faktoren* zu analysieren, die auf die Entwicklung einwirken. Statt auf das tiefere Kräftespiel im Kind zu achten, verlassen sie sich auf Tests, die wie bei einer Inventur das individuelle Kind mit einer ›Norm‹ vergleichen, die ihrerseits auf dem Durchschnitt einer großen Zahl gleich funktionierender Kinder beruht.

Sichergehenwollen und *das* Annehmen, was bewiesen werden kann und worin sich alle einig sind, verhindert aber oft das Verständnis wichtiger psychologischer Vorgänge. Auf dieser Stufe des wissenschaftlichen ›state of the art‹ ist eine Formulierung des tieferen Kräftespiels, die für jeden Forscher annehmbar wäre, unmöglich. Das Fehlen allgemein annehmbarer Formulierungen braucht aber den Fortschritt nicht zu verzögern und aufzuhalten. Alles, was wir brauchen, ist der Mut anzupacken. Gewisse Beobachtungen, die noch nicht allgemein akzeptiert oder statistisch bewiesen sind, können als Arbeitshypothesen betrachtet werden, und wir können ihre Gültigkeit durch unsere eigene Erfahrung erproben. Jeder Erzieher wird so zu einer Art Versuchsleiter.

Wir sind Zeugen einer Revolution auf dem Gebiet der Erziehung. In den Schulsystemen aller Länder der westlichen Welt ließ sich ein rascher Wechsel von Auffassung und Methoden, allerdings in verschiedenem Ausmaß und mit unterschiedlicher Geschwindigkeit, beobachten. Dieser Wandel spiegelte eine demokratische Entwicklung wider mit ihren weitreichenden Veränderungen der zwischenmenschlichen Beziehungen und des mitmenschlichen Rahmens. Die traditionell gegebene Überlegenheit des Erwachsenen über das Kind verschwand schnell, zusammen mit dem Absolutheitsanspruch der männlichen Überlegenheit, der Vorherrschaft der weißen Rasse, und der Macht des Kapitals über die Arbeit. Die Demokratisierung schloß einen Prozeß des Gleichwertigwerdens mit ein. Folglich ist es in unserer zunehmend demokratischen Atmosphäre unmöglich, Kinder als Minderwertige zu behandeln. Und in der Tat, weder Eltern noch Lehrer können heute noch ohne weiteres ein Kind zwingen, sich zu benehmen oder sich anzupassen. Der Druck von außen hat seine Wirksamkeit verloren und muß durch den Anreiz von innen ersetzt werden.

Da aber die traditionellen Methoden nicht mehr wirksam sind, müssen neue Wege gefunden werden, die in einem demokratischen Rahmen Erfolg haben können. Die Lehrer sind sich dieser Forderung zwar bewußt, sie werden aber bei ihrer Suche nach demokratischen Methoden unglücklicherweise oft vor den Kopf gestoßen. Viele wiegen sich in der Illusion, daß Demokratie nichts weiter erfordere als das Aufgeben der Autokratie. Sie werden nicht gewahr, daß der Wille, keine autokratischen Methoden mehr anzuwenden, einen Lehrer noch nicht demokratisch macht, sondern lediglich Anarchie hervorruft. Eine demokratische Atmosphäre verbindet Freiheit mit Ordnung und unterscheidet sich so von der autokratischen Ordnung ohne Freiheit und von der anarchischen Freiheit ohne Ordnung.

Dieser Zustand des Übergangs führt, was die erzieherischen Methoden, Maßnahmen und Richtlinien betrifft, unvermeidlich zu tiefer Verwirrung. Auf der einen Seite steht der Lehrer der zunehmenden Unabhängigkeit und Rebellion einer neuen Generation gegenüber, die mit der Erwachsenengesellschaft auf Kriegsfuß steht, auf der anderen Seite ist er der Kritik all derjeniger Kräfte ausgesetzt, die innerhalb der Gemeinde versuchen, den demokratischen Fortschritt dadurch aufzuhalten, daß sie gerade in diesem Fortschritt die Gefahr für den augenblicklichen Stand der Dinge sehen.

Zwischen der Opposition der Kinder, dem Zwang durch Schulbehörden, und den Forderungen der Eltern einerseits und dem prüfenden Blick der nicht immer wohlwollenden Öffentlichkeit: der Lehrer befindet sich in einer prekären Lage. An dieser Situation hat sich trotz des Wandels wenig geändert. Im Gegenteil – eine Lehrkraft ist der Kritik von Eltern stärker ausgesetzt als früher. Daß Lehrkräfte sich vor Gericht verteidigen müssen, ist keine Seltenheit mehr. Es sollte jede Anstrengung gemacht werden, um diesem Zustand abzuhelfen.

Dieses Buch stellt eine solche Bemühung dar, indem es den Lehrern die Kenntnisse an die Hand gibt, die sie benützen können, ihren pädagogischen Erfolg wirksam zu steigern und ihre Last zu erleichtern: es vermittelt psychologische Beobachtungen sowie praktische Erfahrungen bei der Behandlung von Problemkindern, die Hilfe brauchen. Ein besseres Verständnis des verborgenen Kräftespiels und bereits als wirksam erprobte Methoden können Hilfe bedeuten für einen Beruf, der die Last einer ganzen Generation trägt und der den Weg für die Zukunft der Menschheit vorbereitet.

I. Teil

Die Voraussetzungen

1. Kapitel

Die Rolle des Lehrers

Die traditionelle Rolle des Lehrers war diejenige zu ›lehren‹, das heißt, Wissen zu vermitteln. Die Rolle des Kindes bestand darin, daß es sich dieses Wissen aneignete. Tat es dies nicht, so hörte der Lernprozeß auf, wenn nicht der Druck von außen, der hauptsächlich in der Form von Belohnung und Bestrafung stattfand, es dazu brachte, sich anzustrengen und mitzumachen. In einer autokratischen Gesellschaft zeitigten solche Methoden gute Erfolge, so daß die meisten Kinder in der Schule Fortschritte machten und sich Wissen erwarben.

Heute haben die üblichen Lehrmethoden nicht mehr den gewünschten Erfolg. Die Zahl der Kinder, die nicht mehr lernen *wollen*, wird immer größer. Um erfolgreich zu sein, muß ein Lehrer über mehr als das bloße Fachwissen verfügen. Früher spielte es keine große Rolle, wie er den Lehrstoff darbot – die Kinder *mußten* ihn verdauen. Heute entscheiden die Kinder selber, ob sie lernen wollen oder nicht. Und oft versagen alle Bemühungen, sie zur Raison zu bringen, wobei Widerwille und Rebellion gegen das Lernen sich noch steigern.

Diese Situation wurde allmählich offenbar, und schon manches wurde unternommen, um damit fertig zu werden: Ein Versuch richtete sich auf die Verbesserung der Lehrmethoden. Fortschritte wurden erzielt, doch bis jetzt noch viel zu wenige, um dem Bedarf gerecht zu werden. Das Erlebnis eines Schülers, plötzlich etwas zu begreifen, was das Lernen zu einem Vergnügen macht, trifft man in unseren Klassen nur selten an. Unser Wissen über den Lernprozeß ist ungenügend, doch gibt es Anzeichen, daß ein größerer Durchbruch zu neuen Lerntheorien bevorsteht. Wahrscheinlich werden diese durch die Erkenntnis gefördert werden, wie leicht viele Kinder lernen können, ehe sie zur Schule gehen, im Gegensatz zu dem langsamen Fortschritt, den sie machen, wenn sie erst einmal in der Schule sind. Wir vergeuden die erstaunliche Lernfähigkeit kleiner Kinder. Revolutionäre Änderungen der Lehrmethoden sind erforderlich.

Ohne Zweifel werden Lehrmethoden, die optimales Lernen hervorrufen, die Fähigkeit des Lehrers, Wissen zu vermitteln, steigern. Kein technischer Vorgang wird ihm jedoch helfen, den Widerstand vieler Kinder gegen das Lernen zu überwinden, wenn er sich nicht das Wissen und die Fähigkeit aneignet, die Beweggründe der Kinder zu verstehen und sie notfalls umzulenken. Durch das Studium der Psychodynamik und der Gruppendynamik kann sich jeder Lehrer dieses Wissen erwerben. Einige sind damit vertraut; das sind die sogenannten ›Naturbegabungen‹, denn sie haben es nicht während ihrer akademischen Ausbildung gelernt, sondern wissen durch Intuition und Einfühlungsvermögen, was das Kind braucht und was es will. Wir können uns jedoch nicht auf diese Naturtalente verlassen, denn es gibt nur wenige von ihnen. Wir müssen allen Lehrern helfen, sich dieses notwendige Wissen anzueignen. Das bedeutet allerdings eine Änderung des Programms der Lehrerausbildung. Gegenwärtig lernen die zukünftigen Lehrer viel zu wenig, wie man Kinder beeinflussen kann.

Auf diesen Vorschlag erhebt sich meist der Einwand: die Lehrer sind mit Arbeit überlastet. Wie kann man von ihnen eine zusätzliche Verantwortung verlangen? Schließlich ist es doch die Aufgabe der Eltern, die Kinder so weit zu bringen, daß sie lernen, sich fügen und sich fügen und sich ordentlich benehmen. Der Lehrer steht dem Kind als einem fertigen Erzeugnis von Verhaltensweisen, wertvollen Eigenschaften aber auch Fehlhaltungen gegenüber, die sich in den bildsamen Jahren in der Familie des Kindes entwikkelt haben. Wie könnte er all die schädlichen Einflüsse, denen das Kind ausgesetzt war und in der Familie und Gemeinschaft immer noch ist, ausgleichen? Nach unserer Erfahrung kann er es.

Der Lehrer, der keine Zeit hat, die Methoden anzuwenden, mit denen er das Kind verstehen und seine Fehlziele umstecken kann, wird viel mehr Zeit brauchen, wenn das Kind stört und er es weder beeinflussen noch etwas mit ihm anfangen kann. Hat er aber jene Fertigkeit erworben, die notwendig ist, um die Opposition des Kindes zu überwinden, so wird es ihm tatsächlich möglich sein, die schädlichen Einflüsse, denen das Kind außerhalb der Schule ausgesetzt war oder immer noch ist, auszugleichen.

Die Lehrer, die den Ansprüchen ihrer Lehrverpflichtung nicht gerecht werden, trifft jedoch keine Schuld. Wir haben darin versagt, sie mit den für ihre Aufgabe notwendigen Werkzeugen zu versorgen. Wir haben ausgezeichnete Lehrer, solange die Kinder sich für das Lernen und ordentliche Betragen entscheiden. Aber nur wenige wissen, was zu tun ist, wenn sich die Kinder anders entschließen. Außerdem ist der Lehrer vielen Anforderungen, Spannungen und Nöten ausgesetzt, denen er nicht gewachsen ist. Es handelt sich hauptsächlich um fünf Konflikt-Felder, nämlich um solche mit den Kindern, mit den Eltern, mit dem Schulleiter, mit der Gemeinde und mit sich selbst. Jede wollen wir im folgenden einzeln betrachten.

Der Kampf mit den Kindern

Die meisten Lehrer lehren gern und bemühen sich wirklich, das Kind zum Lernen zu bringen. Am Anfang ihrer Berufsausübung haben sie gewöhnlich ein klares Ziel vor sich. Früher gingen die Kinder auch mit der Überzeugung, lernen zu müssen, zur Schule. Ist dies aber heute noch so? Gewiß nicht.

Wahrscheinlich ging die Entwicklung von der althergebrachten Unterwürfigkeit gegenüber den Autoritäten zu einem immer höher steigenden Grad von Trotz und Selbstentscheidung – hervorgerufen durch die sich ausbreitenden demokratischen Lebensformen – nur langsam vor sich. Warum gehen unsere Kinder überhaupt zur Schule? Die meisten wohl, weil sie durch das Gesetz dazu verpflichtet sind. Andere, weil ihre Freunde dort sind. Eine zunehmende Zahl von Kindern scheint hingegen nur *einen* Zweck im Schulbesuch zu sehen, nämlich dem Lehrer das

Leben so sauer wie möglich zu machen. Für sie ist es ein Sport, seiner Überlegenheit zu trotzen. Einige gehen zur Schule um zu lernen, aber oft mit einer falschen Zielsetzung: ihr Interesse am Lernen ist nicht echt. Sie lernen, weil sie besser als andere sein wollen und dann auf die weniger erfolgreichen heruntersehen können. Oder, sie lernen, um ein gutes Zeugnis für den Besuch der Universität zu bekommen, damit sie später mehr Geld verdienen. Selbstverständlich gibt es auch Kinder, die wirklich gerne lernen – um des Lernens willen – besonders noch in den unteren Klassen. Aber etwa um die 5. Klasse herum wird der erste Höhepunkt der widerwilligen Lerner erreicht, und zwar in der Form, daß ihre Leistungen hinter ihren Fähigkeiten weit zurückbleiben. Sie haben kein Interesse mehr am Lernen, sondern lernen nur gerade so viel, wie nötig ist, um mitzukommen. Später steigert sich der Widerwille gegen das Lernen noch, am meisten bei denjenigen, die frühzeitig die Schule verlassen. Allmählich haben sie gelernt, wie man es anstellt, nicht lernen zu müssen.

Ob der Lehrer es möchte oder nicht, ob er sich dessen bewußt wird oder nicht, gewöhnlich wird er in einen Machtkampf hineingezogen, aus dem er sich nicht befreien kann. In unseren Schulen herrscht Krieg.

Der Kampf zwischen den Generationen ist so alt wie unsere Kultur, in der eine Gruppe versuchte, die andere zu beherrschen; das heißt, die Erwachsenen unterdrücken die Kinder. Die ständig schwelende Rebellion konnte aber nicht offen ausbrechen, weil die Gesellschaft die Machtposition der Erwachsenen unterstützte. Diese Überlegenheit verminderte sich allerdings als Folge der demokratischen Entwicklung und dem damit verbundenen Gefühl von der Gleichwertigkeit aller, konstituiert durch die Freiheit der Selbstbestimmung, die den einzelnen von der Unterwerfung unter autokratische Forderungen befreite. Besonders nach dem letzten Krieg beanspruchten alle seither unterdrückten Gruppen ihr Recht auf Gleichwertigkeit: Frauen, farbige Rassen, Arbeiter und – Kinder. Der Kampf ist jetzt offen ausgebrochen und wird an Heftigkeit zunehmen, bis wir die Mittel finden, als gleichwertige Partner zusammen zu leben. Nur wenige Erzieher haben bis jetzt den Grund für unsere Schwierigkeiten in der Behandlung von Kindern richtig erkannt.

Der deutsche Pädagoge Wyneken, der Begründer der Freien Schulgemeinde Wickersdorf, wies schon 1910 darauf hin, daß das Leben in unseren Schulen häufig oder beinahe immer unter der Teilung in zwei bewaffnete Lager, nämlich der Lehrer und der Schüler leidet, die einander befehden, teilweise durch Gleichgültigkeit, teilweise durch Feindseligkeit. Maria Montessori rief 1950, kurz vor ihrem Tod, in ergreifender Weise zu einem Waffenstillstand zwischen Kindern und Erwachsenen auf. Sie sah den Zustand des Krieges in der Erziehung, eines Kampfes zwischen den Erwachsenen, die stark sind, und den Kindern, die schwach sind. Der Lehrer ist oft ein Unterdrücker der Kinder, wenn auch meist unbewußt.

»Dieser Krieg beschränkt sich nicht auf die Schule; er ist überall im Gange, sogar in den Familien.« Man spricht von einer »Kontinuität des die Norm verletztenden Verhaltens« unserer Kinder. An dem einen Ende dieses Kontinuums steht das Kind, das man morgens nicht aus dem Bett und abends nicht ins Bett bringen kann, das keine Ordnung einhält, mit seinen Geschwistern streitet, entweder zuviel oder zuwenig ißt, sich nicht wäscht, sich weigert, seine Schularbeiten zu machen usw., mit anderen Worten, das ›normale‹ Durchschnittskind. Und am anderen Ende befindet sich der jugendliche Verbrecher, der sich mit der Gesellschaft in einem offenen Kampf befindet. Zwischen beiden besteht kein qualitativer, sondern nur ein quantitativer Unterschied; der eine kämpft nur heftiger als der andere.

Die Opposition, die der Lehrer in seiner Klasse findet, macht seine besten Absichten zunichte und untergräbt den Idealismus, mit dem er vielleicht seinen Beruf begonnen hat. Oft fühlt er seine besten Bemühungen vereitelt. Der Konflikt mit den Kindern beginnt oft schon in der ersten Klasse oder sogar schon im Kindergarten, wenn Kinder nicht ruhig sitzen oder sich nicht konzentrieren können. (Man sollte nie sagen, daß ein Kind nicht ruhig sitzen *kann;* alles was der Lehrer weiß, ist, daß das betreffende Kind nicht ruhig sitzt oder sich nicht konzentriert.)

Da jedoch nur wenige Erzieher darin ausgebildet worden sind, die Beweggründe von Kindern mit Fehlern und Schwierigkeiten zu verstehen, und weil es andererseits nur zu verständlich ist, ›verstehen‹ zu wollen, wurde es allgemein üblich, die Kinder mit Kennzeichen zu versehen, die ihr Verhalten ›erklären‹. Wir nennen sie folglich: unreif, faul, passiv, aggressiv, Tagträumer und sprechen von einer kurzen Interessenspanne und ähnlichen Bezeichnungen. Dies ›erklärt‹ nicht das Verhalten des Kindes, sondern beschreibt es lediglich.

Während es einigen Lehrern gelingt, allen Schülern ihrer ersten Klasse das Lesen beizubringen, finden andere in der Entdeckung jener Leseschwäche Trost, die besonders auf der Linkshändigkeit beruht. Ist das Kind überaktiv und kaum zu zügeln, so nimmt man an, es leide unter einem minimalen Hirnschaden bzw. wird als hyperaktiv bezeichnet. Man entdeckte den ungeheuren Nachteil der ›kulturell vernachlässigten‹ Kinder. Es ist mehr als fraglich, ob irgend einer dieser Versuche, die geringe Lernfähigkeit des Kindes zu erklären, aufrecht erhalten werden kann, wenn die Lehrer einmal gelernt haben, die Beweggründe eines Kindes zu verstehen, seine ›private Logik‹, seine Ziele, samt der Möglichkeit, diese zu ändern. Erst dann auch wird der Lehrer nicht mehr das Gefühl des Versagens haben, wenn ein Kind seine Bemühungen vereitelt. Vielmehr wird er Wege kennen, wie man das Kind trotz irgendwelcher Nachteile, die es vielleicht tatsächlich hat, beeinflussen kann.

Dies bringt uns zu einem sehr verbreiteten Dilemma: wie streng soll der Lehrer sein, bzw. wie weit soll er nachgeben? Viele schwanken zwischen beiden Extremen und suchen eine glückliche Mitte zu finden. So gibt es jedoch keine Lösung dieses Problems. In einer demokratischen Klasse, in der gegenseitige Achtung herrscht, ist kein Platz für Strenge oder Nachgiebigkeit. Wichtig ist, daß der Lehrer lernt, dem Kind gewachsen zu sein. Dann kann er den offenen Kampf mit den Schülern vermeiden oder überwinden.

Immer noch neigt der Lehrer heute dazu, die Schüler entsprechend dem alten autokratischen Prinzip des ›teile und herrsche‹

zu behandeln. Er ergreift die Partei der Konformisten gegen die Rebellen, der guten gegen die schlechten Schüler, womit er den Kampf, den er mit einigen Elementen in seiner Klasse führt, zu einer allgemeinen Feindseligkeit unter den Schülern ausweitet.

Viele Lehrer haben Angst vor Zügellosigkeit und Anarchie, wenn es ihnen nicht gelingt, die Unterwerfung zu ›erzwingen‹. Aber zahllose Schwierigkeiten sind das Ergebnis solch schlecht beratener Bemühungen, die Kinder zur Nachgiebigkeit zu zwingen. Vielmehr werden diese nur noch trotziger, gerade weil ihre Mitarbeit nicht durch Demütigung und Unterdrückung gewonnen werden kann. Ohne sich dessen bewußt zu sein, ist der Lehrer in diesem Fall mehr an seiner eigenen Überlegenheit und Autorität interessiert, als am Wohl seiner Schüler. Sobald er gereizt, enttäuscht, verärgert wird, hört er auf, Führer und Erzieher zu sein, sondern ist nur noch ein für seine eigenen Rechte, seine Stellung, seine Geltung und Überlegenheit kämpfender Mensch. Verständnis für die Situation und für sich selbst ist so nicht möglich. Denn der Lehrer ist dann nicht mehr in der Lage, die Natur seiner Handlungsweise, die vielleicht als Grund für das Benehmen des Kindes verantwortlich ist, zu erkennen.

Der Konflikt mit den Eltern

Viele Lehrer, besonders in den unteren Klassen, versuchen, mit den Eltern ihrer Kinder Fühlung zu nehmen. Zeigt das Kind gute Leistungen, dann sind derartige Treffen angenehm. Was aber geschieht, wenn das Kind nicht mitarbeitet? Ein erbitterter Kampf ist die Folge. Der Lehrer gibt meist den Eltern die Schuld an den auftretenden Schwierigkeiten. Er verlangt dann oft von ihnen, ihren Einfluß geltend zu machen, um den schulischen Fortschritt oder das Betragen des Kindes in der Schule zu verbessern. Gewöhnlich gibt er ihnen den Rat, dem Kind beim Lernen und besonders bei den Hausaufgaben zu helfen. Dadurch jedoch trägt er wiederum zur schlechten Atmosphäre in der Familie und zur Verstärkung der Abneigung des Kindes gegen das

Lernen beträchtlich bei. Hätten die Eltern gewußt, wie sie einen wohltuenden Einfluß auf ihre Kinder ausüben könnten, so wären die gegenwärtigen Schwierigkeiten aber gar nicht erst entstanden. Die Eltern sind die letzten, denen man die Verantwortung aufbürden sollte, die Fehler des Kindes zu verbessern, und sie erschweren auch üblicherweise nur noch die Situation.

Auf der anderen Seite fühlen die Eltern, daß auch der Lehrer mit seiner Aufgabe nicht fertig wird. Sie erwarten, daß er weiß, wie man lehrt und das Kind zum Lernen anleitet und vor allem, daß er seinen Einfluß geltend macht, damit das Kind gute Zeugnisse mit nach Hause bringt. Sie erwarten außerdem von ihm, daß er weiß, was zu tun ist, wenn sich das Kind schlecht beträgt, und wie man es diszipliniert.

Wir erleben hier das alte Spiel, den Schwarzen Peter weiterzugeben. Für Eltern gibt es eine allgemeine Regel: Je weniger die Mutter weiß, was sie mit dem Kind anfangen soll, desto besser weiß sie, was der Vater tun sollte. Dies gilt gleichermaßen für die Beziehung zwischen Lehrern und Eltern. Wenn der Lehrer in der Lage wäre, erfolgreich mit seinen Schülern umzugehen, hätte er es nicht nötig, sich über den Mangel an Zusammenarbeit seitens der Eltern zu beklagen. Welche Art von Zusammenarbeit kann er denn wirklich erwarten? Unglücklicherweise können die Lehrer Forderungen an die Eltern stellen, sie können ihnen aber nicht sagen, wie man diesen Forderungen entspricht. Wenn die Lehrer keine Erziehungskurse für Eltern mitgemacht haben, können sie kaum praktische Vorschläge machen. Sind sie aber mit den wirksamen Methoden vertraut, die die Eltern benützen können (siehe Rudolf Dreikurs und Vicky Soltz, »Kinder fordern uns heraus. Wie erziehen wir sie zeitgemäß?« Klett-Cotta, Stuttgart 2001), um ihre Kinder zu beeinflussen, dann sind die Lehrer in der überaus günstigen Lage, auch den Eltern wirklich zu helfen. Die Wandlungen in der Struktur unserer Kultur und Zivilisation, die die traditionellen Erziehungsmethoden veraltet erscheinen lassen, machen es nötig, daß die Eltern mit den Methoden bekannt werden, die in einer demokratischen Umgebung wirksam sind. Niemand aber ist in einer besseren Lage, den Eltern bei dieser schwierigen Aufgabe zu helfen, als die bereits mit diesen Methoden vertrauten Lehrer.

Die mangelnde Mitarbeit der Eltern, über die Lehrer so oft klagen, ist jedoch verständlich. Denn diejenigen Eltern, die der Lehrer gerne beeinflussen möchte, haben oft keine allzu große Freude an ihrer Verbindung mit ihm. Eine sichere Methode, Eltern zur Opposition zu reizen, sind die sogenannten ›Liebesbriefe‹ des Lehrers: »Lukas macht keine Hausaufgaben, Lukas kann nicht ruhig sitzen, Lukas ist ein Tagträumer, Lukas rauft mit den anderen Kindern, Lukas tut dies oder jenes.« Warum ist diese Praxis, den Eltern solche Briefe zu schicken, so allgemein verbreitet? Fragt man die Lehrer, so antworten sie, daß die Eltern solche Auskünfte haben wollen. Tun aber die Lehrer sonst immer, was die Eltern wollen? Natürlich nicht. Ferner sind sie der Ansicht, daß die Eltern Bescheid wissen sollten. Warum? Erwartet der Lehrer wirklich, daß die Eltern die Situation verbessern können? Wenn der Lehrer sich selbst gegenüber ehrlich ist, weiß er, daß sich nichts ändern wird. Schließlich hat er ähnliche Briefchen wahrscheinlich schon früher an dieselben Eltern geschickt. Warum schickt er sie also überhaupt? In unseren Gesprächen mit Lehrern wurde klar: Der Lehrer fühlt sich durch das Kind in seiner Klasse so angegriffen, daß er ihm das Leben zu Hause auch schwer machen will. Und er hat Erfolg damit. Seine Beziehung zu den Eltern wird dadurch nicht verbessert, obwohl sich diese verpflichtet fühlen, die Schlacht des Lehrers mit dem Kind zu Hause weiter zu führen.

Die Beziehung des Lehrers zum Schulleiter

Außer seinen administrativen Pflichten muß der Schulleiter den Lehrplan und den Fortschritt des Unterrichts im Auge haben. Daher ist für den Lehrer auch die Hilfe wichtig, die er von ihm bei unartigen und schwierigen Schülern bekommen kann. Wenn ein Lehrer sich außerstande fühlt, mit einem Schüler fertig zu werden, schaltet er den Schulleiter ein. Was kann dieser aber tun?

Gegenwärtig sind die meisten Schulleiter in einer unangenehmen Lage. Sie sind weder ausgebildet, das Kind psychologisch zu verstehen, noch vertraut mit den wirksamen Methoden, um einen verbessernden Einfluß auszuüben, daher werden sie versuchen, Disziplin in der üblichen Weise durch Tadeln, Predigen, Drohen und Strafen zu halten. Wie es den Anschein hat, ist ein Schulleiter die letzte verbliebene Instanz einer autokratischen Gestalt, die das Recht und die Verpflichtung hat, Gesetze zu bestimmen und Regeln zu erzwingen. Wie weit viele Schulleiter in ihrem Verständnis dieser autokratischen Rolle gehen, zeigt sich in der noch immer verbreiteten Überzeugung, daß man ohne Strafen nicht auskommt.

Zweifellos haben auch drastische Methoden manchmal eine wohltuende Wirkung – so sieht es wenigstens aus: Das Kind bessert sich, obwohl nur für kurze Zeit. Die schädlichen Wirkungen werden jedoch üblicherweise gar nicht erkannt. Es ist offensichtlich, daß die scheinbar guten Erfolge trügerisch sind, denn sonst wäre es nicht notwendig, weiter zu bestrafen. Was aber schlimmer ist, jede bloße Demonstration von Überlegenheit bestärkt nur die Überzeugung des Kindes, daß Macht alles ist, was im Leben zählt. Dazwischen aber gebraucht das Kind seine eigene Macht weiterhin mit großem Erfolg gegen seinen Lehrer, bis sich dieser in seiner Verzweiflung wieder an den Schulleiter wendet.

Hieraus erhellt, daß ein Schulleiter genau dieselbe Ausbildung braucht wie ein Erziehungsberater, um das Verhalten eines Kindes zu verstehen und verbessern zu können. Früher betrachtete man diese Aufgabe als das ureigene Gebiet des Schulpsychologen und Erziehungsberaters. Man wandte sich an diese, um den Kinder individuell zu helfen und die Lehrer über die Bedürfnisse der Kinder zu beraten.

Wichtiger als Berater scheinen aber die Rektoren und Direktoren zu sein. Sind sie genügend mit den wirksamen Methoden der Beeinflussung von Kindern vertraut, so können sie den Lehrern in der Anwendung dieser Methoden helfen. Erst dann kann ein Lehrer zu Recht hilfreiche Vorschläge erwarten, anstatt die

Bewertung durch seinen Vorgesetzten zu fürchten, wenn es ihm nicht gelingt, ein Kind zu disziplinieren.

Ob der Schulleiter sich dessen bewußt ist oder nicht, er kann seiner Mittlerstellung zwischen Lehrer und Kind nicht entrinnen. Er reagiert wie eine unglückliche Mutter, die vom Lehrer über das ungehörige Verhalten ihres Kindes unterrichtet wurde. Entweder ergreift diese Mutter die Partei des Kindes oder die des Lehrers. In jedem Fall trägt ihr Verhalten zu einer Erschwerung der Situation bei. Auch der Schulleiter neigt dazu, Partei zu ergreifen, obwohl gewöhnlich nicht offen. Vielleicht versucht er dasselbe, was Eltern tun, wenn ihre Kinder streiten, nämlich herauszufinden, wer recht hat, als ob dies von Bedeutung wäre. In jedem Kampf ist der eine oder andere Streithals oft im Recht und oft im Unrecht. Nachzuforschen, wer in einer betreffenden Situation recht oder unrecht hat, heißt nicht, den Kampf abzuschwächen. Es bedarf Wissen und Können, um die streitenden Parteien zu einem friedlichen Zusammenleben zu führen.

Dies bringt uns zur maßgebenden Funktion des Schulleiters: Er ist für die Atmosphäre in seiner Schule verantwortlich. Harmonie oder Disharmonie hängen von ihm ab. Die Fähigkeit, alle zu einem gemeinsamen Zweck zu vereinen, ist für den Leiter einer Schule genau so wichtig wie für den Lehrer in seiner Klasse. Viele der Gruppenmethoden, die der Lehrer kennen sollte, sind für den Schulleiter von gleicher Bedeutung. Ohne regelmäßige Gespräche mit seinen Lehrern jedoch wird er es schwer haben, seinen Einfluß auf die Lehrerschaft auszuüben. Statt Tadel und Kritik brauchen Lehrer Verständnis und Unterstützung in ihrer schwierigen Aufgabe, widerwillige Lerner und junge Rebellen zu lehren.

Wird der Lehrer mit seinen Lehr- und Disziplinschwierigkeiten und der Bewältigung seiner sonstigen Aufgaben alleingelassen, so hat er dafür meist die Kritik durch Schulleiter und Schulbehörden zu fürchten. Möglicherweise erwartet er aber auch das Unmögliche vom Rektor, wird enttäuscht und übt dann Kritik, wenn es diesem nicht gelingt, die Konflikte mit dem Kind und oft auch mit dessen Eltern beizulegen. Der Schulleiter wird zur

Zielscheibe der Feindseligkeiten zwischen Lehrern und Eltern, denn seine Bemühungen, sein Bestes zu tun, bringen infolge seines Mangels an psychologischer Ausbildung oft nur zeitweise Erleichterung, wenn überhaupt. Gewöhnlich werden die Kampflinien nur schärfer und die gegenseitige Feindseligkeit und das Mißtrauen größer. Ohne es zu wollen, wird er oft über die Lehrer und Eltern, die diese mißliche Lage herbeigeführt haben, ungehalten, denn meistens erfährt er von keiner Seite irgendeine Ermutigung.

Der Lehrer und die Gemeinde

Es geschieht nicht allzu häufig, daß die Erwartungen der Gemeinde in Konflikt mit den erzieherischen Zielen des Lehrers geraten, aber es gibt doch Gemeinden, besonders solche mit größeren wirtschaftlichen oder sozialen Gegensätzen, in denen der Lehrer nicht als Freund, sondern als eindrucksvolle Autorität kritisch betrachtet wird. Hier gilt dasselbe Prinzip wie im Klassenzimmer: Die Lehrer sind ausgezeichnet, wenn sie keinen Widerspruch hervorrufen, aber oft hilflos und sogar herausfordernd, wenn sie auf Opposition stoßen. Vielleicht sehen sich die Gemeinden als Steuerzahler in ihren übertriebenen Erwartungen dessen, was die Schulen erreichen könnten, getäuscht. Wenn die Schulen aber ihrerseits neue Ideen und Verfahren anwenden wollen, treffen sie oft auf den Widerstand der Gemeinde.

Zwischen den Rechten und Pflichten der Schule gegenüber der Gemeinde besteht eine eigentümliche Unausgeglichenheit. Die Eltern sind zwar durch das Gesetz verpflichtet, ihre Kinder zur Schule zu schicken, die Schule betrachtet es aber als ihr Recht, einen Schüler auszuschließen, wenn es dem Lehrer nicht gelingt, mit ihm fertigzuwerden. Haben nun die Eltern das Recht auf die notwendige Erziehung für ihre Kinder oder nicht? Gegenwärtig ist dieser Anspruch nicht gerechtfertigt, weil sich die Erzieher in der gleich mißlichen Lage befinden wie die Eltern, das heißt, sie sind ebensowenig wie diese ausgebildet, wirksam mit gestörten und störenden Kindern fertigzuwerden. Es handelt sich hier also wiederum um dasselbe Dilemma: jeder gegnerischen Gruppe vorzuwerfen, was sie falsch macht, ist sinnlos. Wir brauchen Methoden, um in gegenseitiger Achtung die widerstrebenden Meinungen und Interessen zu vereinen. Aber diese Kunst ist noch unbekannt; wir besitzen keine Tradition und haben nicht gelernt, wie man Konflikte statt durch Streit durch Vereinbarung lösen kann.

Der Lehrer erlebt den Druck der Gemeinde in der Reaktion der Eltern seiner Schüler. Er hat eine schwierige Entscheidung zu treffen: wann nun soll er den Forderungen nachgeben, wann ihnen widerstehen? Und das Wichtigste: Wie kann man seinen Standpunkt ohne Herausforderung und ohne Feindseligkeit vertreten? Auch dies hängt wieder von der Einstellung des Lehrers ab, ob er sich über den Zwang ärgert oder ihn akzeptiert, ob er sich überlegen fühlt und andere geringschätzt oder ob er bereit ist, die Führung zu übernehmen. Der springende Punkt bei der Entscheidung seines Handelns ist seine Einstellung zu sich selbst.

Der Kampf des Lehrers mit sich selbst

Der Lehrer leidet unter einer beruflichen Benachteiligung: seine Autorität wird ständig durch die Schüler gefährdet. Um so mehr fühlt er sich dann verpflichtet, diese zu betonen, wenn er nicht weiß, daß in unseren Tagen Autoritäten nicht mehr anerkannt, sondern bekämpft werden. Er glaubt sich persönlich für das Versagen oder das unbeherrschte Verhalten jedes Schülers verantwortlich, während er in Wirklichkeit keine Mittel besitzt, um ein Kind zum Lernen oder zu gutem Verhalten zu zwingen. Um dies zu erreichen, kann er sich zwar wirksame Methoden aneignen, von denen er leider meist nie gehört hat. Und was tatsächlich lediglich ein Mangel an Kenntnis ist, wird von ihm als Mangel der eigenen Fähigkeit, als ein Zeichen seines persönlichen Versagens, betrachtet.

Mißerfolge zu wichtig zu nehmen und sie zu fürchten ist eine weitere berufliche Benachteiligung. Es ist für unsere neurotische

Gesellschaft typisch, daß niemand sicher sein kann, ob er gut genug ist; dabei bemüht sich jeder um Erfolg und Überlegenheit und hat Angst vor dem Versagen. Die Überschätzung von Erfolg und Mißerfolg, Überlegenheit oder Unterlegenheit ist in unseren gegenwärtigen Erziehungssystemen noch tief verwurzelt. Ja, der Lehrer ist nahezu verpflichtet, diesen Maßstab an seine Schüler anzulegen. Wie aber könnte er sich davon freimachen? Denn eine solche Loslösung von der Besorgtheit um den eigenen Wert ist wesentlich, wenn man als frei entscheidender Mensch handeln will. Der Wunsch nach Vollkommenheit macht es beinahe unmöglich, spontan und schöpferisch zu sein, da darin gleichzeitig die Gefahr liegt, einen Fehler zu machen. Wie kann der Lehrer den notwendigen Mut zur Unvollkommenheit aufbringen, wenn er in seiner täglichen Arbeit dauernd jede Verletzung des Vollkommenheitsanspruchs zu überwachen hat?

Einem Lehrer, der es nicht ertragen kann, etwas falsch zu machen, geht zwangsläufig jede Spontaneität ab. Und gerade diese Eigenschaft braucht man beim Umgang mit Kindern am nötigsten. Denn Kinder sind spontan und schöpferisch, auch wenn sie ihre schöpferische Kraft nicht immer im Lernprozeß gebrauchen, sondern weit öfter im Kampf mit dem Lehrer. Ja, der Lehrer bietet sich als ideale Zielscheibe geradezu an, da jedes Kind die Möglichkeit hat, ihn zu treffen und ihm ein verheerendes Gefühl des Versagens zu verschaffen.

Solange ein Lehrer darum besorgt ist, wie gut er als Lehrer ist, bleibt er leicht verwundbar. Vielleicht ist er tatsächlich ein guter Lehrer und bringt seine Schüler dahin, mitzuarbeiten, zu lernen und sich zu fügen. Um so verletzter aber ist er, wenn ein Kind seinem Zauber widersteht. Wenn er dann schon kein guter Lehrer mehr sein kann, so wandelt er sich oft zur schlimmsten Sorte, die das Kind bekämpft und zugrunde richtet. Die einzige Lösung in einem solchen Fall bleibt, das Kind von der Schule zu schicken oder es in eine andere Klasse zu versetzen.

Derartige Widersprüche in der Persönlichkeit des Lehrers finden sich häufig. Und zwar sind sie das Ergebnis eines übermäßigen Ehrgeizes. Die meisten Lehrer *sind* leider übertrieben ehrgeizig. Sie können es beispielsweise nicht ertragen, daß ein begabtes Kind in seinen Leistungen nicht seinen Fähigkeiten entspricht – als ob das die Regel wäre! Sie betrachten es jedoch als eine persönliche Beleidigung und verquicken die Schwierigkeiten, die sie mit dem Kind haben, mit ihrem zunehmenden Gefühl des Versagens.

Aus diesem Grund fällt es dem Lehrer schwer, jedem einzelnen Kind gegenüber eine vorurteilslose Haltung einzunehmen. Und dabei ist gerade für das richtige Verständnis und für eine wirksame Beeinflussung eine gewisse Distanz unumgänglich notwendig. Denn der Erzieher, der aus Ärger, Zorn oder einem Gefühl des Versagens heraus impulsiv und in Abwehr handelt, ist nicht um das Kind, sondern um sich selbst besorgt.

All diese inneren Konflikte und Spannungen werden in seinem Umgang mit anderen Lehrern, mit dem Schulleiter, mit Eltern und mit der Gemeinde offenbar. Als Autorität betrachtet, auf die man zu hören hat, kann er jede Kritik unerträglich finden, als persönliche Beleidigung und Demütigung. Zwar sind Konflikte unvermeidlich; sie können aber nicht beigelegt werden, wenn die Fragen des persönlichen Werts, des Prestiges und des Ansehens mit im Spiele sind. Freiheit aus solchen Bedrängnissen ist nur dem möglich, dem es gelingt, von sich selbst abzusehen und sich dem zuzuwenden, was die Situation erfordert. Nur wer es fertigbringt, die Späne fliegen zu lassen, wohin sie mögen, kann sich selbst vergessen und sich stattdessen auf das vorliegende Problem konzentrieren. Das ist in der Tat eine schwierige Aufgabe für den Lehrer. Gelingt es ihm aber, sich zu dieser inneren Freiheit durchzuringen, so kann er sie auch seinen Schülern übermitteln und ihnen damit eine gesunde Lebensphilosophie auf den Weg geben.

2. *Kapitel*

Verständnis für das Kind

Kinder zu verstehen, sie zu beeinflussen und ihre Fehler zu verbessern, erfordert Einsicht in die Entwicklung der Persönlichkeit, denn von unseren Ansichten über die menschliche Natur und besonders von unseren Vorstellungen darüber, wie Kinder wachsen und zu dem werden, was sie sind, wird unser Verhalten ihnen gegenüber bestimmt sein.

Der Wunsch, Teil einer Gruppe zu sein, liegt jedem Menschen wesensgemäß zugrunde. Denn er ist ein soziales Wesen und kann als solcher nur innerhalb einer Gruppe voll funktionieren. Solange er sich zugehörig fühlt, kann er seine Energien für die Forderungen der gegebenen Situationen einsetzen, wobei Grad und Ausmaß des Dazugehörens von der Entwicklung seines ›Gemeinschaftsgefühls‹ abhängen, wie Adler es nannte. Der Mensch wird also bereits mit der Möglichkeit geboren, als soziales Wesen zu wirken und das notwendige Gemeinschaftsgefühl zu entwickeln. Voll entwickelt schließt dieses nicht nur das Bewußtsein ein, einen Platz zu haben, sondern auch die Fähigkeit und Bereitschaft, eine konstruktive Rolle im Leben zu spielen. Es ist die Grundlage für das, was man ›Normalität‹ nennen kann, die Grundlage der Zusammenarbeit und Erfüllung. Ungenügend entwickeltes Gemeinschaftsgefühl schränkt die soziale Funktion ein.

Vererbung, Umwelt und schöpferische Kraft

Das Kind erlebt zwei Gruppen von Einflüssen. Die eine hat ihren Ursprung im Subjekt, hervorgerufen durch die physiologischen

Funktionen und die vererbte körperliche Konstitution, die andere empfängt das Kind aus der Umwelt und ihren Personen, vor allem der Mutter.

Gespräche über Vererbung und Milieu führen gewöhnlich zur Frage, was von beiden für die Entwicklung des Individuums denn nun wichtiger sei. Solche Diskussionen gehen aber am wesentlichen Punkt vorbei: das Kind ist nicht nur ein reagierender Mechanismus, sondern aktiv beteiligt an den äußeren und inneren Vorgängen. Sein Benehmen und seine Entwicklung hängen weder von seiner inneren noch äußeren Umgebung ab, sondern nur davon, wie es sie auffaßt und bewertet. Lange ehe ein Kind bewußt oder mit Worten denken kann, hat es die Fähigkeit, seine Erlebnisse zu beobachten, seine Erfahrungen – wenn auch etwas verschwommen – zu deuten und daraus Schlüsse zu ziehen, die wiederum die Grundlagen für sein Handeln abgeben. Ein Kind reagiert nicht nur, sondern nimmt an seinen Erlebnissen aktiv teil. Es ist weniger wichtig, was ein Kind auf die Welt mitbringt, als was es damit anfängt.

Seine Wahrnehmungen sind nie ohne Bewertung, das heißt, sie werden daran gemessen, ob sie angenehm oder notwendig sind, oder wie sie seine Stellung zu anderen beurteilen. Zum Beispiel empfindet sich ein verkrüppeltes Kind nicht nur als mangelhaft, obwohl dies alles ist, was ihm der körperliche Reiz vermittelt. Sein Mangel ›verursacht‹ auch nicht seine Entwicklung auf mechanistische Art. Es kann diesen Nachteil entweder als eine Minderwertigkeit auffassen, als ein Hindernis, das seine Geltung in der Gruppe und seine Teilnahme beschränkt, oder auch als ein Plus, das es zu besonderen Privilegien berechtigt. Das heißt, ein Kind, welches das Gefühl der Minderwertigkeit erlebt, kann ganz verschieden darauf reagieren. Diese Einstellung, nicht nur der ursprüngliche Mangel, bestimmt den sich daraus ergebenden Zustand. Abhängig vom eigenen Urteil und der Selbstbewertung in Beziehung zur Situation und entsprechend dem Ausmaß seines Mutes, wird das Kind entweder einen Ausgleich suchen oder überkompensieren oder in Verzweiflung aufgeben und ein dauerndes Gebrechen davontragen.

Dieselben drei verschiedenen Reaktionen sind bei allen auftretenden Schwierigkeiten möglich. Entmutigung, Ressentiment und Gefühle der Enttäuschung hängen nicht von äußeren Umständen ab, sondern von der ganz persönlichen Beurteilung der eigenen Fähigkeit, mit Schwierigkeiten fertig zu werden. Die Bewertung seiner Fähigkeit ist ganz subjektiv und kann falsch sein. Die vergangenen Erlebnisse eines Kindes können nicht als bestimmende Faktoren angesehen werden, sie sind nichts als Herausforderungen. Und auch die Eltern sind nicht die Ursache seiner schlechten Anpassung und seiner Unzulänglichkeiten, sondern sie ermöglichen diese nur, indem sie seine irrtümlichen Ziele unterstützen.

Die Bildung des Lebensstils

Aus seinen Erlebnissen mit der inneren und äußeren Umgebung zieht das Kind Schlüsse, wie es mit anderen zusammenleben kann. Seine allgemeine Einstellung zum Leben bildet seinen Lebensstil oder Lebensplan. Er ist der Schlüssel zur Persönlichkeit jedes Individuums und umfaßt die Einheit seiner Individualität. Alle Handlungen und jede Haltung sind nur Seiten dieses allgemeinen Lebensstils, der auf der bewerteten Grundeinstellung und inneren Meinung des Kindes von sich selbst und seinen Fähigkeiten beruht. Im allgemeinen spielen Gefahren und Enttäuschungen während der frühesten Kindheit eine wichtige Rolle bei der Bildung des Lebensstils, der einen Aktionsplan einschließt, mit dem das Kind hofft, zukünftige Demütigungen zu vermeiden, indem es ein ›fiktives‹ Ziel unwirklicher Sicherheit aufstellt. Zum Beispiel kann ein Kind, das sich in seiner Stellung innerhalb der Familie durch die Ankunft eines jüngeren Kindes bedroht fühlt, seine Stellung als Erster als das Hauptziel seines Lebens betrachten. Es fühlt sich nur sicher, wenn es in allem, was es tut, der Erste ist. Oder ein einziges oder jüngstes Kind, welches seine Position der Schwäche und Kleinheit erfolgreich dadurch ausgeglichen hat, daß es die älteren und stärkeren Mitglieder

der Familie in seinen Dienst stellte, kann es für sein ganzes Leben als wichtig ansehen, sich die Unterstützung, Hilfe und den Schutz anderer zu sichern. Ein Kind, das sich vernachlässigt fühlt, mag zum Schluß kommen, nur dann ein Teil der Gruppe sein zu können, wenn es andere dazu bringt, es zu bemitleiden. Sein ›Märtyrerkomplex‹ wird zum grundlegenden Leitprinzip und gibt ihm moralische Überlegenheit über die körperlich und sozial Stärkeren. Ein anderes Kind kann auf Grund der Stärke seiner frühen Kindheitseindrücke glauben, daß sein einziger Weg, akzeptiert zu werden, darin bestehe, anderen zu gefallen. Wieder ein anderes verläßt sich vielleicht ganz auf den Streit als Mittel, sich einen Platz zu sichern.

Bei den Bemühungen, eine Rolle im Gruppenleben zu spielen (innerhalb der ersten Gruppe, der Familie), wird ein Kind vom Beispiel der anderen Familienmitglieder und von seinen Erfahrungen mit ihnen geleitet. Auch hier ist der Einfluß wieder dynamisch und nicht mechanistisch. Menschliche Beziehungen sind auf Wechselwirkungen gegründet, die meist nicht ins Bewußtsein treten. Die sich dabei zwischen zwei Menschen bildende Beziehung ist aktiv von beiden Partnern gleichzeitig angeknüpft worden. Bei seinen Wechselbeziehungen mit anderen entwickelt ein Kind seine persönlichen Methoden, ehe es bewußt denken kann.

Bewußtsein hängt wahrscheinlich mit der Fähigkeit, sich in Worten auszudrücken, zusammen und wird in seiner Bedeutung für die Motivierung oft überschätzt. In der Vergangenheit hatten die meisten Erziehungsmethoden die Entwicklung des kindlichen Gewissens zum Ziel; sie waren auf moralische, sprachliche und logische Beeinflussung beschränkt. Natürlich ist es wichtig, daß das Kind die sozialen Konventionen akzeptiert und zwischen Recht und Unrecht unterscheidet, doch es ist nicht genug. Unser Verhalten entspringt nicht nur dem Verstand, sondern noch mehr grundlegenden, nur teilweise bewußten, Denkvorgängen. Die Meinung eines Kindes von sich selbst kann es daran hindern, den sozialen Anforderungen gerecht zu werden. Von seiner Stellung in der Gruppe und von seinem Erfolg, sich mittels unsozialer

Methoden einen Platz zu verschaffen, gewinnt es möglicherweise einen schiefen Eindruck vom Leben. Diese falsche Auffassung von der Bedeutung des Zusammenlebens hat wiederum fehlerhafte Verhaltensweisen zur Folge.

Bei seinen ersten Begegnungen mit anderen handelt ein Kind nach dem Muster von ›Versuch und Irrtum‹. Jede erfolgreiche Methode wird beibehalten. Anfänglich sucht das Kind, jedes gerade auftauchende Problem zu lösen. Es kann sich also gegenüber dem Vater, der Mutter, einer Lieblingstante, einem älteren oder jüngeren Bruder oder einer Schwester jeweils ganz verschieden benehmen. Wenn es älter wird und die Gruppe als Ganzes erkennen kann, sucht es nach Leitprinzipien, die eine allgemeine Handlungsweise erlauben. Im Alter von vier oder fünf Jahren hat das Kind gewöhnlich seine persönlichen Eindrücke vom Zusammenleben zu einer Gesamtschau des Lebens entwickelt. Sein Lebensstil ist in ihm gereift. Es tastet nicht mehr auf der Grundlage von ›Versuch und Irrtum‹ herum, sondern handelt aufgrund bestätigter Voraussetzungen und gliedert jede neue Erfahrung seiner festen Anschauung ein. Seine grundlegende persönliche Neigung ist gebildet, es betrachtet jede neue Situation mit seiner ›tendenziösen Apperzeption‹ (subjektive Wahrnehmung). Darum ist ein Wandel der Persönlichkeit eines Kindes nach dieser Zeit schwieriger, und zwar in zunehmendem Maße, weil die intellektuelle Entwicklung es ihm erlaubt, seine grundlegenden Voraussetzungen trotz ihrer fehlerhaften Natur aufrechtzuerhalten. Es hat gelernt zu ›rationalisieren‹, das heißt, seine Fehldeutungen logisch zu rechtfertigen.

Solche grundlegende Auffassungen können bei Kindern leicht erkannt werden, weil Kinder im Gegensatz zu Erwachsenen ihre Haltung offen zeigen. Es erfordert eine tiefergehende psychologische Analyse, den Lebensstil Erwachsener zu entdecken, da diese gelernt haben, ihn zu verbergen. In jedem Fall aber ist sich das Individuum seiner eigenen grundlegenden Überzeugungen nicht bewußt. Es kann seine Fehldeutungen nicht sehen, weil es, wenn einmal erkannt, seine Irrtümer nicht beibehalten könnte, ihre Aufrechterhaltung jedoch für seine Sicherheit notwendig erscheint.

Die treibenden Kräfte des Minderwertigkeitsgefühls

Der vorherrschende Wunsch, ein anerkanntes, teilnehmendes Mitglied der Gruppe zu sein, gibt Anlaß zur schmerzlichsten Erfahrung für jedes Kind – wie auch für jeden Erwachsenen – das Gefühl, anderen unterlegen zu sein. Jede Not und Schwierigkeit, jedes Unglück und jeder Schmerz sind verhältnismäßig erträglich, solange sie nicht eine Erniedrigung des sozialen Ansehens mit sich bringen. Tun sie dies, dann wird das Zugehörigkeitsgefühl zur Gruppe beeinträchtigt, und nicht dazu zu gehören bedeutet für jeden Menschen die größte Demütigung.

Minderwertigkeitsgefühle hindern oder schränken die Entwicklung des notwendigen Gemeinschaftsgefühls ein. Gemeinschaftsgefühl aber, das Gefühl dazu zu gehören, drückt sich im Wunsch und in der Bereitwilligkeit aus, teilzunehmen, beizusteuern und schwierige Situationen ohne Rückzug zu ertragen.

Die Untersuchung der Wirkung von Minderwertigkeitsgefühlen wird durch sprachliche Schwierigkeiten mit dem Begriff der ›Minderwertigkeit‹ erschwert. Minderwertigkeits*gefühle* sollten nicht mit tatsächlichen *Minderwertigkeiten* verwechselt werden. Leute, die in gewisser Hinsicht tatsächlich minderwertig sind, brauchen keine Minderwertigkeitsgefühle zu entwickeln. Umgekehrt haben viele Leute mit starken Minderwertigkeitsgefühlen keine sachliche Begründung für die Annahme ihrer Unzulänglichkeit; sie können auf einer hohen Stufe stehen und große Leistungen vollbracht haben. Außer tatsächlicher Minderwertigkeit und subjektiven Minderwertigkeitsgefühlen müssen wir noch den ›Minderwertigkeitskomplex‹ unterscheiden, wobei die Minderwertigkeit zur Schau gestellt wird. Hier wird eine tatsächliche oder angenommene Minderwertigkeit als Entschuldigungsgrund benützt, um besondere Rücksicht und Bedienung zu erlangen – ein verbreiteter neurotischer Fluchtmechanismus.

Die Unterscheidung zwischen Minderwertigkeitsgefühlen und einem Minderwertigkeitskomplex hat praktische Bedeutung, da ihre psychologischen Wirkungen verschieden sind. Das Gefühl der Unzulänglichkeit oder Minderwertigkeit, ohne Rücksicht wie bewußt oder unbewußt es ist, gestattet Bemühungen um Ausgleich und kann deshalb zur Entwicklung positiver Eigenschaften und Leistungen führen. Dies ist beim Minderwertigkeitskomplex nicht möglich; er verhindert jeden Fortschritt und deutet an, daß man sich für die Hoffnungslosigkeit entschieden hat, betreffe sie nun die soziale Gesamtsituation oder sei sie auch nur auf ein bestimmtes Gebiet der Tätigkeit beschränkt. Während Minderwertigkeitsgefühle im allgemeinen nur auf eine unbestimmte Art erlebt werden, wird der Minderwertigkeitskomplex nicht nur voll gefühlt, sondern offen zur Schau getragen. Der Betreffende ›weiß‹, daß er nicht gut ist oder etwas nicht tun kann, auch wenn die offenkundigen Tatsachen diese Annahme nicht unterstützen. Störungen in der Anpassung des Handelns oder Benehmens können der Ausdruck eines Minderwertigkeitskomplexes sein; häufiger können sie auf ein Gefühl der Minderwertigkeit zurückgeführt werden, dessen sich der Betreffende oft nicht bewußt ist.

Ein Gefühl der sozialen Minderwertigkeit wird von jedem Kind erlebt, da es in einer Welt von Riesen aufwächst und seine Schwäche und Kleinheit oft schmerzvoll empfindet. Unsere gegenwärtigen Erziehungsmethoden sind weit davon entfernt, das Gefühl der Minderwertigkeit bei Kindern zu verkleinern, sondern sie betonen und verstärken es noch. Das Kind wird sich seiner sozialen Stellung nicht nur in seinen Beziehungen zu den Erwachsenen unsicher, sondern noch mehr durch Vergleiche (die es selbst oder andere anstellen) mit älteren und jüngeren Geschwistern oder anderen Kindern und ihren Leistungen, Fähigkeiten und Kräften.

Diese soziale Minderwertigkeit beeinflußt die Beziehungen des Kindes und führt es dazu, einen persönlichen Ausgleich zu suchen. Der grundlegende Trieb, teilzunehmen, wird durch den Wunsch nach Selbsterhöhung in die Irre geführt. Natürlich ist Selbsterhöhung auch ein Teil des Wunsches, sich zugehörig zu fühlen, aber die Fähigkeit, die Anerkennung der Gruppe zu gewinnen, scheint zuerst einen Ausgleich für das Gefühl der Minderwertigkeit zu erfordern. Wenn dies nicht möglich ist, bleibt nichts anderes übrig, als sich von der Teilnahme zurückzuziehen.

Wir sehen so die Möglichkeit zweier Reaktionen auf das Erlebnis von Minderwertigkeitsgefühlen. Das Kind versucht entweder auszugleichen (zu kompensieren) oder es zieht sich zurück. Dieser Ausgleich kann direkt oder abwegig sein und durch nützliche Mittel oder durch Methoden erreicht werden, die Alfred Adler »auf der unnützen Seite des Lebens« nannte. Es gibt keine feste Regel, welche Richtung ein Kind einschlagen wird.

Unglücklicherweise vermitteln wir unseren Kindern nicht das Gefühl, daß sie, so wie sie sind, gut genug sind. Wir meinen, daß dieses Bewußtsein sie davon abhalten würde, sich zu entwickeln und Fortschritte zu machen. Es gibt aber zwei Wege, um die Entwicklung anzuregen. Der eine, auf der vertikalen Ebene, ist die Bemühung um Selbsterhöhung, der andere, auf der horizontalen, ist durch das Bestreben charakterisiert, beizutragen, zu fördern, zu entdecken, mit anderen zusammenzusein und nicht über ihnen zu stehen. Auf jedem der beiden Wege kann ein Fortschritt erzielt werden, aber auf der vertikalen Ebene ist der Preis zu hoch. Sicherheit ist weder durch Leistungen noch durch Macht oder Liebe oder was sonst die äußere Welt zu geben vermag, möglich. Was man auch erreicht haben mag, es kann nicht genügend sein oder man kann es wieder verlieren. Unsere gegenwärtigen Erziehungsmethoden stellen für die Kinder eine Folge entmutigender Erlebnisse dar; sie berauben sie der Erfahrung der eigenen Kraft, die allein ein Gefühl der Sicherheit geben kann, des Vertrauens zur eigenen Fähigkeit, mit allem, was kommt, fertigzuwerden.

Minderwertigkeitsgefühle sind ein wichtiger dynamischer Faktor bei der Entwicklung von Fertigkeiten und Charakterzügen. Um die Beweggründe für die Wahl eines gegebenen Lebensstils zu verstehen, bedarf es der Kenntnis sowohl der Möglichkeiten als auch der Schwierigkeiten, die das Kind in seiner inneren Umgebung – der körperlichen Konstitution und möglichen organischen Mängeln – und besonders in seiner äußeren Umgebung mit ihren Hindernissen oder auch günstigen Bedingungen erlebt hat.

Die Familienatmosphäre

Vater und Mutter erzeugen die Atmosphäre, in welcher ein Kind seine ersten Erfahrungen macht und die Werte und Regeln des Zusammenlebens kennenlernt. Seine Einstellung zum Zusammenleben entspringt der Haltung, die es im Rahmen der für seine Familie charakteristischen mitmenschlichen Gegebenheiten entwickelt. Das Kind erlebt die wirtschaftlichen, rassischen, nationalen, religiösen und sozialen Einflüsse der Gemeinschaft durch seine Eltern, die diese Einflüsse in ihrem Verhalten zueinander und zu ihren Kindern ausdrücken. Sie beeindrucken ihr Kind nicht nur mit den typischen Maßstäben des verschiedenen sozialen Niveaus, sondern stehen zunächst beispielhaft für alle menschlichen Beziehungen.

Die Beziehungen zwischen Vater und Mutter geben also das Muster für alle zwischenmenschlichen Beziehungen innerhalb der Familie ab. Stehen sie miteinander in Konkurrenz, dann wird der Geist der Konkurrenz alle Familienbeziehungen kennzeichnen. Zum Beispiel wurde beobachtet, daß starke Konkurrenz zwischen Vater und Mutter mit ihrem dauernden Kampf um Überlegenheit die natürliche Neigung eineiiger Zwillinge, sich sehr ähnlich zu entwickeln, verhindern kann. Wenn dagegen Eltern zusammenarbeiten und freundlich miteinander sind, haben ihre Kinder Gelegenheit, diese Verhaltensweise in ihren gegenseitigen Beziehungen und später auch mit Personen außerhalb der Familie zu entwickeln. Ob die Eltern nun ordentlich oder unordentlich sind, ob sie miteinander oder gegeneinander arbeiten, die Familienatmosphäre dient in ihren typischen Äußerungen den Kindern als Maßstab fürs Leben.

Das Familienvorbild bestimmt jedoch keineswegs das Benehmen jeden Kindes, sondern kann völlig entgegengesetzte Verhaltensmuster veranlassen. Trotzdem zeigen Kinder derselben Familie im großen und ganzen eine Neigung zu ähnlichem Verhalten und entwickeln charakteristische Werte und moralische Auffassungen, besonders wenn diese von beiden Eltern akzeptiert und eindeutig festgelegt sind. Wir können deshalb sagen, daß ähnliche Charakterzüge von Geschwistern Ausdruck der Familienatmosphäre sind, während Persönlichkeitsunterschiede die besondere Stellung jedes Kindes in der sogenannten Familienkonstellation widerspiegeln.

Die Familienkonstellation

Die Entwicklung eines Kindes hängt sehr stark von seiner Stellung innerhalb der Familie ab. Bei seinen führen Beziehungen zu anderen Mitgliedern der Familie gewöhnt sich jedes Kind in seiner Bemühung, einen Platz in der Gruppe zu finden, seine eigenen Methoden an. Die Geburtenfolge versieht jedes Kind mit einem verschiedenen Gesichtspunkt innerhalb des Familiengefüges. Seine Stellung als das einzige, das älteste, das jüngste oder das mittlere Kind gibt ihm je nachdem verschiedene Gelegenheiten sich zu äußern und stellt es ganz verschiedenen Anforderungen gegenüber. Der Platz eines Kindes innerhalb der Familiengruppe kann auch dadurch beeinflußt werden, daß es ein einziger Junge unter Mädchen ist, ein einziges Mädchen unter Jungen, ein kränkliches Kind oder ein Kind, das nach dem Tod eines Geschwisterchens geboren wurde. Auch körperliche Merkmale, die es mit einem wichtigen Mitglied der Familie teilt oder deren positivem oder negativem Wert besonderes Gewicht beigemessen wird, üben eine Wirkung auf das Kind aus. Ähnliche Einflüsse können von der Bevorzugung durch die Eltern und ihrer besonderen Besorgtheit um das eine oder andere Kind ausgehen.

In unserer auf Konkurrenz aufgebauten Gesellschaft begegnet der Wunsch jedes Kindes, seinen Platz innerhalb der Gruppe zu finden, sofort einer scharfen Reaktion seitens seiner Geschwister. Dies können wir beinahe regelmäßig beim ersten und zweiten Kind beobachten. Das *erste* Kind fühlt sich entthront und muß einen Teil der Zeit und Zuneigung seiner Mutter dem Neuankömmling abtreten. Es versucht, seine Überlegenheit gegenüber dem Eindringling zu behaupten, der als Folge die Stellung des Älteren und seinen Altersvorteil dauernd herausfordert. Diese Konkurrenz muß von der Geschwisterrivalität unterschieden werden, obgleich beide oft gleichzeitig bestehen. Rivalität bedeutet offenen Wettstreit und Kampf um unmittelbare Befriedigung: Konkurrenz ist ohne daß dabei Ressentiment, Neid und Feindschaft sichtbar zu werden brauchen, möglich. Konkurrenz hat einen viel tieferen Einfluß auf jedes Kind und führt zur Entwicklung gegensätzlicher Charakterzüge, Fertigkeiten, Interessen und sogar Temperamenten, da jedes Kind gerade da, wo das andere versagt, den Erfolg sucht. Dies erklärt, warum in den meisten Familien das erste und zweite Kind so verschieden sind.

Eine derartige Konkurrenz ist nicht auf die ersten zwei Kinder beschränkt. Die Stellung des *mittleren* Kindes ist besonders gefährdet; es hat weder die Rechte des älteren noch die Vorrechte des jüngeren und fühlt sich deshalb oft ungerecht behandelt. Im sich daraus ergebenden Konkurrenzkampf kann es durch die beiden anderen entweder unterdrückt werden, oder sein Erfolg veranlaßt die beiden anderen zum Versagen.

Das *Jüngste* – in gewisser Weise einem einzigen Kind ähnlich – kann eine Vielzahl von Methoden entdecken, um für eine Stellung, die oft Minderwertigkeitsgefühle hervorruft, den Ausgleich zu finden. Es kann andere dazu bringen, es zu bedienen, indem es sich hilflos und schwach gebärdet. Es vermag auch durch seinen Charme besondere Aufmerksamkeit zu erregen oder durch hervorragende geistige Fähigkeiten und Leistungen zu glänzen. Was immer es zum Ausgleich wählt, seine Abhängigkeit von anderen hinsichtlich Wert, Stellung und Bedeutung wird dadurch offensichtlich. Und so steht jedes Kind, das eine besondere Behandlung und besondere Vorrechte genossen hat, unter dem Druck des Konkurrenzstrebens seiner Geschwister und entwickelt seine eigene Persönlichkeit in Wechselwirkung mit denen, die versuchen, es herauszufordern.

Während die Kinder in ihren gegenseitigen Beziehungen ein Gleichgewicht untereinander aufrichten, eine Art Vereinbarung über die Methode, die jedes anwenden will, um seinen Platz zu finden, verstärken die Eltern, die diese Entscheidung der Kinder nicht gewahren, die Pläne jedes Kindes. Sie machen das gute Kind besser und das böse schlechter. Das erste Kind wird vielleicht von seinen Eltern verwöhnt und bleibt der erklärte Liebling, was dem zweiten keine Wahl läßt, als sich mehr auf sich selbst zu verlassen. Die Richtung, in der sich das erste Kind bewegt, wird weniger davon abhängen, was seine Eltern tun, als vielmehr davon, wie das jüngere Fortschritte macht. Wenn dieses, auf sich gestellt, Kraft und Unabhängigkeit entwickelt und es ihm gelingt, im Leben erfolgreich zu sein, dann wird all die Liebe und Begünstigung seitens der Eltern das ältere nicht davon abhalten, unzulänglich zu werden. Oder umgekehrt kann sich das erste mit der Hilfe seiner Eltern als das ›bessere‹ erweisen, was zur Folge hat, daß das andere versagt. Es sind die Kinder, die ihre Entscheidungen in ihrem gegenseitigen Wechselspiel treffen. Eltern könnten einen konstruktiven Einfluß ausüben; sie müßten dann aber die unbewußte Entscheidung der Kinder erkennen und dürften nicht auf ihre Tricks hereinfallen und sie damit verstärken.

Die Charakterzüge von Kindern sind Bewegungen, die ihre Reaktion auf die Machtpolitik innerhalb der Familiengruppe anzeigen. Die Beziehungen zwischen den einzelnen Familienmitgliedern können anhand der bestehenden Ähnlichkeiten und Verschiedenheiten der Persönlichkeiten beinahe graphisch dargestellt werden. Sie zeigen Bündnis und Konkurrenz an. Die Kinder, die sich am meisten unterscheiden, sind die Konkurrenten, während die einander ähnlichen die Verbündeten sind. Den stärksten Einfluß auf jedes Kind übt sein Hauptkonkurrent aus, nämlich derjenige, der von ihm am verschiedensten ist. Die Probleme jedes Kindes werden deshalb zu einem wesentlichen Bestandteil aller Familienbeziehungen und können nicht getrennt verstanden oder gelöst werden. Wenn immer das Problemkind besser wird, wird sein Konkurrent, das seither ›gute‹ Kind, ›schlechter‹. Beider Verhalten ist aufeinander abgestimmt.

Die Erziehungsmethoden

Die Familienatmosphäre und -konstellation geben den Erlebnissen des Kindes eine gewisse Beständigkeit und führen deshalb zur Entwicklung seines persönlichen Lebensstils. Obgleich die Erziehungsmethoden einer Familie Teil der allgemeinen Familienatmosphäre, religiöser, nationaler, rassischer oder kultureller Traditionen sind, sind sie jedoch bei jedem Kind und häufig sogar in jeder neuen Situation verschieden. Aus diesem Grund wechseln auch Ziele und Haltung eines Kindes. Sein Verhalten, sei es gut oder schlecht, ist nur eine logische Folge der Reaktion der Eltern, die wiederum durch die Handlungen des Kindes hervorgerufen wird. Denn die Eltern erkennen gewöhnlich die Absichten des Kindes nicht und werden so, ohne es zu wissen, zum Opfer seiner Machenschaften.

Zudem wird die Erziehung von Kindern durch die Wandlungen in der sozialen Struktur unserer gegenwärtigen Gesellschaft erschwert. Die Entwicklung der Demokratie erfordert neue Methoden für die Lösung von Konflikten. Während die früheren Methoden auf der Beziehung von ›überlegen und unterlegen‹ beruhten, wobei der überlegene Teil seine Herrschaft durch Bestechung und Drohung, Belohnung und Bestrafung behielt, sind diese Methoden unwirksam, wenn wir ein Kind in einer demokratischen Umgebung erziehen wollen, in der jedermann eine Stufe der Gleichwertigkeit erreicht hat, die auf seiner Freiheit und Selbstbestimmung beruht. Gleichwertigkeit wurde Wirklichkeit. Die Schwierigkeit liegt in der Tatsache, daß wir nicht wissen, wie man mit Gleichwertigen zusammenlebt, weil wir noch keine Tradition haben, an die wir uns halten können. Belohnung und Strafe sind nur in einer autokratischen Ordnung wirksam; in einer demokratischen Gesellschaft muß der Druck von außen durch eine Anregung von innen ersetzt werden.

Die Beziehung Gleichwertiger erfordert Achtung vor den anderen und Achtung vor sich selbst. Die meisten Fehler der heutigen Kindererziehung sind entweder eine Verletzung der

Selbstachtung der Erwachsenen oder der Achtung vor den Kindern. Eltern, die ihr Kind ohne Einschränkung ›sich ausdrücken‹ lassen, untergraben ihre Selbstachtung und ›verwöhnen‹ das Kind. In ihrer irrigen Auffassung von Begriffen wie Demokratie und Freiheit lassen sie das Kind die Familienordnung stören und sich seinen Willen aufzwingen. Verwöhnung ist heutzutage der häufigste Erziehungsfehler. Dazu gehören all die Formen übertriebener Beaufsichtigung, Nörgeln, Schimpfen sowie moralische und körperliche Bestrafung.

Offensichtlich bringt keine dieser Methoden ein Kind dazu, Ordnung anzuerkennen. Weniger bekannt ist die Ähnlichkeit ihrer psychologischen Wirkungen. Verwöhnung und Unterdrükkung erzeugen gleichermaßen Entmutigung. Es ist klar, daß ein gedemütigtes Kind in der Entwicklung seines Selbstvertrauens beeinträchtigt ist. Oft wird aber nicht erkannt, daß dieselbe Wirkung durch Verwöhnung erzielt wird. Das verwöhnte Kind ist der Gelegenheit beraubt, seine eigene Stärke und Fähigkeit zu erleben. Außerdem verraten Eltern und Lehrer als Folge übertriebener Beschützung und Nachsicht häufig einen Mangel an Vertrauen in die Fähigkeit des Kindes, in seine Intelligenz und seinen Sinn für Verantwortung. Viele Erwachsene sehen nicht, daß Kinder durchaus in der Lage sind, mit schwierigen Situationen selbst fertig zu werden. Durch ihren mangelnden Glauben an das Kind vermehren sie seine Selbstzweifel.

Die vier Ziele des störenden Betragens

Jede Handlung eines Kindes verfolgt einen bestimmten Zweck. Sein grundlegendes Ziel ist, einen Platz in der Gruppe zu finden. Ein Kind, das sich gut benimmt und angepaßt ist, hat seinen Weg zu sozialer Anerkennung dadurch gefunden, daß es mit den Forderungen der Gruppe einig geht und nützliche Beiträge leistet. Aber auch ein Kind, das sich schlecht beträgt und sich den Erfordernissen einer Situation widersetzt, glaubt, durch sein Verhalten eine soziale Stellung erringen zu können. Es kann versuchen, Aufmerksamkeit zu erregen oder seine Überlegenheit zu zeigen, sich zu rächen oder sein Unvermögen zur Schau zu stellen, um von gewissen Aufgaben befreit zu werden. Welchem dieser Ziele es auch folgt, sein Benehmen beruht auf der Überzeugung, daß es nur auf diese Weise innerhalb der Gruppe funktionieren kann. Sein Ziel kann sich mit den Umständen ändern. In einem Augenblick handelt es, um Aufmerksamkeit zu erregen, in einem anderen, um seine Überlegenheit zu bestätigen oder um zu vergelten. Sein Ziel kann es durch verschiedene Methoden erreichen, umgekehrt kann dasselbe Verhalten verschiedenen Zwecken dienen. Der Zweck eines Verhaltens kann im allgemeinen durch die *Wirkung,* die es auf andere ausübt, und durch deren Reaktion erkannt werden.

Diese vier Ziele kennzeichnen das störende Betragen aller Kinder bis zum Alter von zehn, elf Jahren. Es wird uns oft vorgeworfen, daß wir willkürlich jedes störende Benehmen eines Kindes in eine dieser vier Kategorien hineinpressen. Wir haben aber diese vier Ziele nicht erfunden, sondern lediglich beobachtet. Wenn jemand ein weiteres Ziel eines unartigen kleinen Kindes entdecken könnte, würden wir es gerne noch einbauen. Vielen Eltern und Lehrern fällt es schwer zu glauben, daß sich das störende Verhalten gegen sie richtet. Das Kind will auf diese Weise seinen Platz finden, denn seine Stellung hängt noch ganz von dem Verhalten der Erwachsenen ab. Diese vier Ziele können auch bei Jugendlichen und sogar bei Erwachsenen beobachtet werden; sie sind dann aber keine ausschließlichen Ziele mehr. Es gibt viele andere Wege, mit denen die Heranwachsenden ihren Platz auf eine destruktive Art finden können, z. B. durch Rauchen, Sex, Heldentum und Abenteuer. Traurige Tatsache ist, daß die Zunahme an Geltung und persönlichem Wert, die wir für jedermann als wesentlich ansehen, viel leichter mit unnützen und destruktiven Mitteln erreicht werden kann als durch nützliche Leistungen.

Ziel Nr. 1: Die meisten kleinen Kinder versuchen, *Aufmerksamkeit zu erregen.* Das Vorherrschen dieses Ziels ist das Ergebnis unserer Erziehungsmethoden. Solange Kinder klein sind, haben sie nur wenig Gelegenheit, sich ihre soziale Stellung durch nützliche Beiträge zu sichern. Was immer für das Wohlergehen der Familie zu tun ist, geschieht durch ältere Geschwister oder durch Erwachsene. Einem kleinen Kind bleibt dadurch nur ein Weg übrig, sich als Teil seiner Familiengruppe zu fühlen: es sucht Beweise für seine Geltung durch kleine Geschenke, durch Zuneigung oder mindestens durch Aufmerksamkeitserregen. Da aber all dies sein Selbstvertrauen und sein Selbstbewußtsein nicht vermehren kann, braucht das Kind dauernd neue Beweise dafür, daß es nicht übersehen und vernachlässigt wird. Zuerst kann es versuchen, durch sozial anerkannte und erfreuliche Mittel, wie Charme, Herzigkeit, altkluge Bemerkungen und ähnliches sein Ziel zu erreichen. Verlieren jedoch diese Methoden ihre Wirkung – z. B. weil jüngere Geschwister im Mittelpunkt stehen oder weil die Erwachsenen nun vom Kind erwarten, daß es sein ›kindisches‹ Benehmen aufgibt – wird es jedes nur denkbare Mittel anwenden, um andere in seinen Dienst zu stellen oder Aufmerksamkeit zu erregen. Unangenehme Nebenwirkungen wie Demütigung, Bestrafung oder sogar körperliche Züchtigung werden in Kauf genommen, solange der Hauptzweck erreicht wird. Ignoriert zu werden ist für Kinder schlimmer als getadelt, bestraft und sogar geschlagen zu werden.

Ziel Nr. 2: Bemühungen, ein Kind ›im Zaum zu halten‹, führen zu einem Kampf um *Macht* und *Überlegenheit*. Das Kind versucht zu beweisen, daß es tun kann, was es will, und weigert sich, das zu tun, was es soll. Ein endgültiger ›Sieg‹ von Eltern oder Lehrern ist unmöglich. In den meisten Fällen ›gewinnt‹ das Kind, und sei es nur, weil es in seinen Kampfmethoden weder durch ein Gefühl der Verantwortung noch von einer moralischen Verpflichtung eingeschränkt wird. Die wenigen Gelegenheiten, bei denen Eltern sich stärker als das Kind erweisen, verstärken nur noch dessen Überzeugung vom Wert der Macht und machen es nur noch entschlossener, zurückzuschlagen, nächstes Mal aber mit stärkeren Waffen.

Ziel Nr. 3: Dieser Kampf zwischen Eltern und Kind um Macht und Überlegenheit kann einen Punkt erreichen, wo die Eltern jedes nur denkbare Mittel anwenden, um den Störenfried zu bestrafen. Die gegenseitige Feindlichkeit kann so stark werden, daß jede Partei nur noch *einen* Wunsch hat, nämlich zu vergelten und sich für sein eigenes Gefühl des Verletztseins zu *rächen*. Das Kind hofft dann nicht mehr nur auf Aufmerksamkeit oder Überlegenheit, sondern kann im Gefühl, geächtet und gehaßt zu sein, seinen Platz in der Gruppe finden. Kinder dieser Art wissen genau, wie sie am meisten verletzen können und ziehen aus der Verletzbarkeit ihrer Gegner Vorteil. Sie betrachten es als Triumph, wenn sie für böse gehalten werden. Da dies der einzige Triumph ist, den sie erlangen können, ist es auch der einzige, den sie suchen.

Ziel Nr. 4: Ein Kind, das passiv ist oder dessen Feindseligkeit erfolgreich unterdrückt wurde, kann in einem solchen Ausmaße entmutigt sein, daß es auf keine irgendwie geartete Geltung mehr hofft. Es erwartet nur Niederlagen und Versagen und gibt auf. Hinter dem *Zurschaustellen einer tatsächlichen oder eingebildeten Minderwertigkeit* verbirgt es sich und benützt seine Unfähigkeit als Schutz, so daß nichts von ihm verlangt oder erwartet wird. Indem es jede Teilnahme oder jeden Beitrag vermeidet, kann es noch den Schein des Geltens behalten und weiteren Demütigungen und peinlichen Mißerfolgen aus dem Weg gehen.

Bei der Verfolgung eines oder mehrerer dieser Ziele können ungezogene Kinder entweder *aktiv* oder *passiv* sein und – wie im Fall des Aufmerksamkeitserregens – entweder *konstruktive* oder *destruktive* Methoden anwenden. Nur ein Kind, das sich anerkannt fühlt, wird konstruktive Methoden verwenden. Feindseligkeit zeigt sich immer in destruktiven Akten. Ob ein Kind dagegen aktiv oder passiv ist, hängt von seinem Selbstvertrauen und seinem Mut ab. Aktivität oder Passivität sind erste grundlegende Verhaltensmuster, die in der früheren Kindheit festgelegt werden und nicht leicht zu ändern sind. Sie spiegeln die kindliche

Selbstbewertung wider und beruhen vielleicht schon auf vorgeburtlichen Erfahrungen und sehr frühem Training, möglicherweise auch auf angeborenen Tendenzen, die aber überwunden werden können.

Die zwei Paare von Faktoren führen zu vier Verhaltenstypen:

1. aktiv-konstruktiv
2. aktiv-destruktiv
3. passiv-konstruktiv
4. passiv-destruktiv

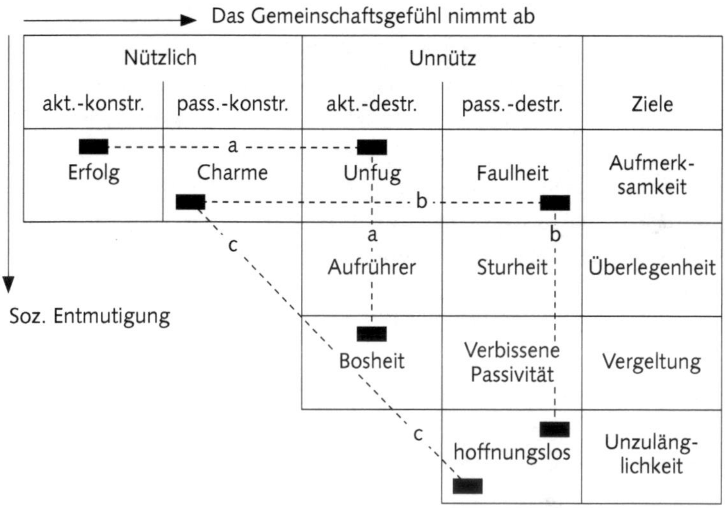

Einige charakteristische Verhaltensbilder, wie sie so oft bei Schulkindern gefunden werden, mögen als Beispiele für diese vier grundlegenden Muster dienen. *Aktiv-konstruktives* Verhalten zum Zweck spezieller Aufmerksamkeit ist der höchste Ehrgeiz des Klassenprimus; Hilfsbereitschaft kann dazu dienen, zum Liebling des Lehrers zu werden. *Aktiv-destruktiv* ist der Clown, der Raufbold, der freche und trotzige Aufrührer. *Passiv-konstruktiv* sind die Kinder, denen es mit Charme und Bewunderung gelingt, besondere Aufmerksamkeit und Gunst zu gewinnen, ohne selbst irgend etwas zu tun. *Passiv-destruktiv* sind Faulheit und Sturheit.

Wie aus der graphischen Aufstellung ersichtlich, ist das Ziel Nr. 1, die Erregung von Aufmerksamkeit, das einzige Ziel, das durch alle vier Verhaltenstypen erreicht wird. Überlegenheit (Ziel Nr. 2) und Vergeltung (Ziel Nr. 3) werden hauptsächlich mit aktiv- und passiv-destruktiven Methoden erlangt. (Macht und Vergeltung mittels ›guter Taten‹ zu erreichen, ist möglich, aber bei Kindern selten.) Das Zurschaustellen von Unzulänglichkeit (Ziel Nr. 4) kann nur durch passiv-destruktive Mittel erfolgen.

Bei schlechter Entwicklung verläuft die Linie meistens von der aktiv-*konstruktiven* zur aktiv-*destruktiven* Methode, Aufmerksamkeit zu erregen, dann zur aktiv-destruktiven, *seine* Macht zu zeigen, und zur aktiv-destruktiven der *Rache* (Linie a). Eine andere häufige Entwicklung geht von der passiv-*konstruktiven* Methode, Aufmerksamkeit zu erregen, zur passiv-*destruktiven* und dann direkt zur Schaustellung von *Unfähigkeit* (Linie b). In den meisten Fällen läuft diese Entwicklung durch eine passive *Macht*demonstration, weniger häufig durch die passive *Rache,* die wir ›verbissene Passivität‹ nennen. Manchmal kann sich passiv-konstruktives Benehmen direkt in das offene Zeigen von Unfähigkeit (Ziel Nr. 4, Linie c) wandeln. Bei einer Verbesserung werden nicht dieselben Linien zurückverfolgt. Auch ein Kind, das sich rächen möchte – gewöhnlich die störendste Verhaltensweise – kann sich wieder gut anpassen, wenn es den Eindruck bekommt, daß man es gern hat und daß es möglich ist, nützlich zu sein.

Die Beziehung zwischen dem Lebensstil und den vorherrschenden Zielen kann durch das Beispiel der zwei häufigsten Persönlichkeitsbilder beschrieben werden. Ein Kind, das glaubt, es müsse immer der Erste sein (eine Seite seines Lebensstils), um einen Platz in der Gruppe zu finden, weil es durch ein jüngeres entthront wurde und um seine Überlegenheit mit der Familie zu kämpfen hatte, kann zuerst durch die aktiv-konstruktive Methode Aufmerksamkeit erregen. Ist dieser Weg versperrt, so vermag es durch Unarten, Blödeleien, Clownerien und so weiter, also durch aktiv-destruktive Methoden, Beachtung zu gewinnen. Dann kann es sich der Zurschaustellung destruktiver Überlegenheit zuwenden, d. h., es kann immer noch der Erste sein, wenn auch in einem schlechten Sinn. Und wenn es sich der Vergeltung zuwendet, kann es der Erste im Bösen sein.

Auf der anderen Seite sieht ein Kind vielleicht seine einzige Gelegenheit, einen Platz in der Gruppe zu finden, darin, daß es sich von anderen bedienen läßt, weil es ein einziges, ein jüngstes oder ein kränkliches Kind war. Es kann dies zuerst durch die passiv-konstruktive Methode des ersten Zieles erreichen, indem es sich herzig oder charmant gibt. Bleiben diese Mittel erfolglos, so kann es destruktiv werden, um die Aufmerksamkeit und Bedienung aufrecht zu erhalten. Passiv-destruktives Verhalten kann ihm ferner helfen, auch seine Macht zu beweisen, indem es andere zwingt, ihm nachzugeben. Verbissene Passivität, die vergelten will, oder ein Zurschaustellen äußerster Unzulänglichkeit und Schwäche, kann andere ebenfalls dazu bringen, dem Kind die Verantwortlichkeit für sich selbst abzunehmen. Derselbe Lebensstil (von anderen abhängig zu sein) kann allen vier Zielen zugrundeliegen.

Die drei Kindheitsphasen

Auf seinem Weg, erwachsen zu werden, durchläuft jedes Kind verschiedene Stadien. Die Entwicklungspsychologie beschreibt viele von ihnen. Wir unterscheiden drei grundsätzliche Alterstufen, die dem Kind verschiedene Funktionen auferlegen: Vorschulalter, Schulalter und Pubertät.

Das Kind im Vorschulalter funktioniert hauptsächlich innerhalb der Familiengruppe, die nahe Verwandte und Nachbarn einschließen kann. In der heutigen Zeit spielt der Kindergarten ein große Rolle. Während dieser Zeit versucht es, seinen Platz als Individuum innerhalb dieser Gruppen zu finden. Es lernt, biologisch und sozial zu funktionieren und seine körperlichen, seelischen und geistigen Kräfte in seinen Lebensstil einzuordnen.

Kommt das Kind zur Schule, so wird es Teil einer erweiterten Gemeinschaft und versucht, seinen Platz unter Individuen verschiedener wirtschaftlicher, kultureller, sozialer, rassischer und religiöser Herkunft zu finden. Zu dieser Zeit werden Begriffe wie Arbeit, Pflicht und Verantwortung wichtige Faktoren seines Lebens.[1]

Die persönliche Art und Weise des Wirkens und der Beziehungen zu anderen festigen sich jetzt. Der Lehrer und die Gruppe der Gleichaltrigen beeinflussen das Kind in seiner persönlichen Einstellung zum sozialen Leben. Schon heute gibt es eine Tendenz, das schulpflichtige Alter herabzusetzen, so daß der charakteristische Einfluß der Schule bereits früher geltend werden kann. Ein Kind von drei Jahren oder sogar jünger wird in den Kindergarten geschickt. Dies ist ein notwendiger Ausgleich für die wachsende Schwierigkeit der Eltern, Kinder innerhalb der Familie zur gefühlsmäßigen und sozialen Anpassung anzuregen.

Der Aufstand der Jugend, der in der frühen Kindheit beginnt, wenn die Autorität der Eltern in Frage gestellt wird, erreicht seinen Höhepunkt in der Zeit der Pubertät. Während dieser Periode versucht das Kind, seinen Platz in der Gesellschaft zu finden, was zu unvermeidlichen Konflikten mit Eltern und Lehrern führt. Denn der Heranwachsende stellt jede Tradition in Frage, besonders die Werte, die von der vorhergehenden Generation hochgehalten wurden.

Der Konflikt zwischen den Generationen ist so alt wie unsere Zivilisation, die vor ungefähr 8000 Jahren die primitive Gesellschaftsordnung ersetzte. Damit wurde eine Klassen- und Kastengesellschaft gegründet, in der die Kinder ziemlich rechtlos blieben. Seither hat jede Kultur ihre besonderen Probleme und Konflikte

---

[1] In der Vergangenheit hat man einen wichtigen Unterschied zwischen Spiel und Pflicht gemacht. Zuerst lernte das Kind durch Spielen. Wenn es schulpflichtig wurde, mußte es ›arbeiten‹ lernen und ›Pflichten‹ auf sich nehmen. Man machte ihm das Lernen nicht leicht, weil es ja sonst nie ›arbeiten‹ lernen würde. Pflicht mußte eine mehr oder weniger unangenehme Aufgabe sein, die zu bewältigen war. Auch heute finden wir noch Reste dieser Philosophie in unseren Schulen. Je weniger ein Kind lernt, desto unangenehmer machen wir es ihm. Versuche, sehr kleine Kinder lesen und schreiben zu lehren, ergaben, daß frühes Lernen mit Leichtigkeit vor sich geht, als Teil einer natürlichen Entwicklung wie Sprechen- und Gehenlernen. Wenn heute ein Kind nicht lernen will, haben wir keine Mittel, es dazu zu zwingen, wie dies früher möglich war.

mit ihren Jugendlichen. Diese wurden im Zuge der demokratischen Entwicklung immer größer. Die Zunahme des jugendlichen Verbrechertums ist nur *ein* Symptom des allgemeinen Kampfes, der heute zwischen Erwachsenen und Kindern besteht.

Eltern finden es schwer, die einmal mit ihrem Kind bestehende Beziehung zu ändern, wenn es heranwächst; für sie ist es immer noch ›nur ein Kind‹, während seine Entwicklung in Körpergröße und Fähigkeiten andere veranlaßt, es wie einen Erwachsenen zu behandeln. Seine Verwirrung über seine soziale Stellung wird durch die Ungewißheit über die Bedeutung des Geschlechts verstärkt. Neue Gefühle werden erlebt, neue Sehnsüchte und neue Eindrücke kommen vom anderen Geschlecht. Eltern werden als Helfer nicht mehr anerkannt, weil ihre Werte und moralischen Auffassungen bei der raschen Entwicklung gesellschaftlicher Formen oft veraltet erscheinen oder wirklich sind.

Sexuelle Verhaltensweisen wechseln in unserer Zeit entsprechend der veränderten sozialen Stellung der Frau. Es ist nicht nur die unvermeidliche Unsicherheit bezüglich des eigenen sexuellen Verhaltens, sondern der schmale Grat zwischen Freiheit und Zügellosigkeit, der unsere Jugendlichen verwirrt. Feste Regeln für die besondere soziale, jedem Geschlecht zustehende Funktion, an die sie sich halten könnten, gibt es nicht mehr. Im gegenwärtigen Zustand der Anarchie, in dem jeder Mann und jede Frau ihr individuelles Verhältnis zum anderen Geschlecht suchen müssen, erfordert es großen Mut, gesunden Menschenverstand und soziale Verantwortlichkeit, ein entsprechendes ›Gleichgewicht‹ zu finden. Gerade aber weil diese Eigenschaften so oft fehlen, wird unsere Generation von Jugendlichen noch mehr benachteiligt. Denn sie wurde ja nicht nur verwöhnt und übermäßig beschützt, sondern hat auch gelernt, mehr zu verlangen, ist auf Vergnügen erpicht und deshalb eher geeignet, die leichten Befriedigungen, die die Sexualität bietet, zu suchen.

Eine andere Eigenheit unserer Kultur und Erziehung belastet unsere Generation der Jugendlichen: sie werden von den Erwachsenen zur Konkurrenz angereizt und kommen sich minderwertig vor, wenn sie nicht hervorragen können. Ihr von Eltern und Lehrer angestachelter Ehrgeiz wird oft zum größten Hindernis für ihre Anpassung: Sie wollen wichtig genommen werden und etwas Besonderes sein. Dagegen bietet die gegenwärtige Gesellschaft nur sehr wenig, was ihnen ein Gefühl der Bedeutung geben kann. Einige wenige haben das Glück, in den schulischen Fächern, auf sportlichem oder gesellschaftlichem Gebiet Geltung zu erlangen. Die große Mehrheit aber findet kaum irgendwelche Wege, um sich in einer nützlichen Weise wichtig zu fühlen. In ihrer Auflehnung gegen Ordnung und Disziplin können diese Jugendlichen etwas erfahren, was wie Macht und Überlegenheit aussieht. Autofahren, leicht verdientes Geld, Spielen, Trinken und Sexualität sind für sie die beliebtesten Wege, um ein Gefühl der Bedeutung zu erlangen. Jugendlichem Verbrechertum liegt oft vereitelter übertriebener Ehrgeiz zugrunde. Statt aber Hilfe und Führung zu erhalten, trifft diese mit dem Gesetz in Konflikt geratene Jugend auf weitere Demütigungen, die sie wiederum in die falsche Richtung weitertreiben. Freizeitbeschäftigungen, die ihr ein gesundes Vergnügen bereiten und sie von den Straßen wegbringen, genügen aber leider nicht, um ihre Probleme zu lösen. Solange die Gesellschaft keine Wege findet, auf denen die heranwachsende Generation als gleichwertiger Partner in der Schule und in der Gemeinschaft Verantwortungen auf sich nehmen kann, wird der in diese Jugendlichen gepflanzte Ehrgeiz versuchen, sich auf unnütze oder unerwünschte Art auszudrücken, was ganz natürlich ist. Durch nutzlose Mittel und schlechtes Benehmen einen Platz zu bekommen, ist viel leichter als durch Leistungen, die Anstrengung benötigen.

Interessant ist die unterschiedliche Reaktion der Kinder in den verschiedenen Phasen auf die psychologische Enthüllung ihrer Ziele. Zu keiner Zeit nämlich ist das Kind sich des Zwecks seines störenden Benehmens bewußt, ebenso wenig wie es seinen Lebensstil und seine Ziele kennt. Wird ein Kind unter zehn Jahren in der richtigen Weise befragt und werden ihm seine Ziele enthüllt, so zeigt es den typischen ›Erkennungsreflex‹, der anzeigt, daß es die Richtigkeit der Deutung anerkennt.[2] Kleine

---

[2] Der Erkennungsreflex wird im 3. Kapitel ausführlicher beschrieben.

Kinder sind geneigt, ein falsches Verhalten aufzugeben, sobald sie seinen Zweck erkennen. (Dies bezieht sich nur auf bestimmte Verhaltensweisen, nicht auf die allgemeine Lebenseinstellung.) In anderen Worten: das kleine Kind kann seine Ziele leicht erkennen und sie ändern. Ein Jugendlicher hat keine große Schwierigkeit, seine Ziele zu erkennen, wenn sie ihm erklärt werden; es braucht aber Zeit und Umerziehung, sie zu ändern. Erwachsene finden es schwierig, sowohl ihre Ziele zu erkennen, als auch sie zu ändern. Dies ist das Ergebnis der fortschreitenden ›Reifung‹, die die zunehmende Fertigkeit schafft, verstandesmäßig zu rechtfertigen und eine Maske aufzusetzen.

3. Kapitel

Spezifische Verbesserungsmethoden

Es ist möglich, mit Kindern auszukommen und sie zu lenken, ohne ihre psychologischen Beweggründe zu verstehen, weil es spezifische und unspezifische Verbesserungs-Methoden gibt. Die spezifischen Methoden befassen sich mit den Bedürfnissen des einzelnen Kindes, während die unspezifischen auf alle Kinder anwendbar sind. Diese sind: Herstellung einer guten persönlichen Beziehung, Ermutigung, Gebrauch der Gruppe, Integration der Klasse und als Wichtigstes – Gruppengespräche.

In diesem Kapitel besprechen wir das Problem, die Beweggründe des Kindes zu verstehen, und die Fertigkeit, diese zu ändern, selbst in einer Klasse mit vielen Schülern.

Jeder Lehrer kann sich genügend Wissen und Feingefühl erwerben, um das Verhalten von Kindern zu verstehen. Einige Lehrer besitzen eine natürliche Fähigkeit, die psychologischen Vorgänge aufzuspüren und beinahe unmittelbar auf jede Situation zu reagieren, andere jedoch brauchen Ausbildung. Und sogar diejenigen, denen anfänglich das Verständnis dafür, was in einem Kind vorgeht, ganz abgeht, können die notwendige Fertigkeit entwickeln, wenn sie diese wirklich erwerben *wollen*.

Beobachten des Kindes

Die Beobachtung eines Kindes kann wertvolle Aufschlüsse geben, wenn der Lehrer weiß, worauf es ankommt und wie das Beobachtete zu deuten ist. Verhalten und Tun eines Kindes bieten genügend Gelegenheit, seine Beweggründe kennenzulernen. Um ein Kind richtig zu verstehen, muß man wissen, daß all sein Tun zweckgerichtet ist und seine Einstellung, seine Ziele und seine Erwartungen ausdrückt. Das Klassenzimmer ist die natürliche Umgebung, diese zu enthüllen, und zwar durch seine Wechselwirkungen mit anderen Kindern, durch sein Verhalten, seine Mitarbeit – oder ihr Fehlen – und seine Leistungen. Der Lehrer, der den gemeinsamen Nenner für die Handlungsweisen eines Kindes finden kann, wird seinen Lebensstil, die Einheit seiner Persönlichkeit und die Grundeinstellung erkennen, die es bei seiner Arbeit leiten.

Systematisches Beobachten kann enthüllen, daß ein bestimmtes Kind etwa nur teilnimmt, wenn es an der Spitze liegt. Überall wo es glänzen kann, macht es wundervoll mit, sobald es aber nur ein wenig zurückbleibt, gibt es gleich ganz auf. Vielleicht wird es sogar vorlaut, wenn es eine Gelegenheit erkennt, die Führerrolle unter den trotzigen Kindern zu spielen, oder aber es versucht auf andere Weise, in der Klasse als Störenfried Geltung zu erlangen. Für einen Lehrer, der beobachten kann, wird so der Außenseiter ebenso wie der Eigenbrötler verständlich. Da ein solcher nicht glauben kann, daß andere ihn gern haben und anerkennen, wird er auch bei sonst guten Leistungen durch seine mangelnde Zusammenarbeit stören. Aufmerksame Beobachtung übersieht keine Einzelheit der Wechselwirkung zwischen allen Kindern. Viele Lehrer, die sich mit ihren eigenen Pflichten befassen und versuchen, jedes Kind separat zu behandeln, schenken dem wechselseitigen Kräftespiel in der ganzen Klasse viel zu wenig Aufmerksamkeit. Es erfordert Übung, sein Gesichtsfeld so zu erweitern, daß der Lehrer die ganze Klasse zu jeder Zeit überblicken kann. Gelingt ihm dies jedoch, so erkennt er den Ausgangspunkt einer Störung gleich zu Beginn, ehe diese zum Problem wird, und er vermag auf die Bemühung jedes einzelnen Kindes um Aufmerksamkeit oder Überlegenheit wirksam zu reagieren.

Die Einstellung eines Kindes ist offenkundig, selbst wenn es scheinbar gar nichts tut. Die Art, wie es sitzt oder schaut, der Ausdruck seines Gesichts – das alles zeigt seine Haltung und muß beachtet werden. Während eines Lehrerseminars wurde ein Experiment unternommen, wobei verschiedene Kinder, jedes für sich, für wenige Minuten in das Zimmer gerufen wurden. Die Lehrer hatten den Auftrag, ruhig und schweigsam zu bleiben, dabei genau zu beobachten, um das Verhalten des Kindes deuten zu können. Für die Kinder war es eine künstliche und – man muß es zugeben – peinliche Situation. Nachdem ein Kind das Zimmer verlassen hatte, waren die Lehrer in der Lage, den Trotz des einen und die Bemühungen eines anderen Kindes, Aufmerksamkeit und Hilfe zu erlangen, zu erkennen. Ein anderes Kind saß nur hilflos da, während wieder ein anderes sich in kurzer Zeit der Situation anpaßte und sich amüsierte. Wenn eine solch passive Situation derart grundlegende Haltungen von Kindern enthüllen kann, wieviel mehr Material bietet die dauernde Wechselwirkung innerhalb einer Klasse!

Es hat sich eingebürgert, daß die Beobachtungen von den Lehrern protokolliert und aufbewahrt werden. Die übliche Beschreibung eines Kindes erfolgt in Begriffen von Eigenschaften und Verhaltensweisen. Solche Beschreibungen haben wenig psychologische Bedeutung. Ein Bericht hat nur dann einen Wert, wenn er die Ziele eines Kindes aufdeckt. Ein Erzieher, der vom psychologischen Kräftespiel (Psychodynamik) nichts versteht, setzt nur Namen anstelle psychologischer Erklärung. Zum Beispiel wird ein Kind als faul beschrieben. Der Berichterstatter scheint zu glauben, daß diese Faulheit das kindliche Benehmen *erklärt*. Tatsächlich *beschreibt* er dieses aber nur. Alle ähnlichen Eigenschaftswörter sind nur abgekürzte *Beschreibungen* des Benehmens. Sie sagen nichts über die dahinterliegenden Gründe aus. Zu welchem Zweck benützt ein Kind seine Faulheit? Vielleicht ist es faul, um Aufmerksamkeit zu erregen und bedient zu werden, oder um seine Macht zu zeigen und jedem Druck zu widerstehen. Übermäßig ehrgeizige Eltern können sich auch durch seine Faulheit persönlich gedemütigt fühlen als Folge des kindlichen Bemühens, sie zu verletzen; oder es demonstriert lediglich sein Unvermögen, irgend etwas zu tun, um jeder Belastung auszuweichen. Nur der Lehrer, der die ›Bewegung‹ von Charakterzügen erkennt, kann das Kind verstehen.

Beschreibende Bemerkungen, die nicht die Beweggründe erklären, sind aus zwei Gründen schädlich: Zunächst vermitteln sie den Eindruck, als ob man die Schwierigkeiten des Kindes verstehe, und stellen damit den Lehrer leicht zufrieden. Zweitens enthüllen sie die negative Haltung des Lehrers und damit seinen Mangel an Objektivität. Denn die meisten Bewertungen von Lehrern bringen mehr die Einstellung des Lehrers als die Probleme des Schülers ans Licht.

Psychologische Untersuchung

Obwohl die Zeit des Lehrers für gründliche Untersuchungen jedes Kindes in seiner Klasse begrenzt ist, hat dieser viele Möglichkeiten, Einsicht in die Hintergründe zu erlangen. Manchmal genügen schon kurze Gespräche in den Pausen, um ausreichende Unterlagen für die Erklärung eines kindlichen Verhaltens zu bekommen. Zum Beispiel kann und sollte der Lehrer nach der Familienkonstellation – der Reihenfolge von Geschwistern – eines Kindes, und nach ihren verschiedenen Persönlichkeiten fragen. Auf diese Weise kann er die Beziehungen innerhalb der Familie, die Quellen der Entmutigung und die Formen der Fehlbehandlung seitens der Eltern erkennen. Auch eine gelegentliche Begegnung mit der Mutter vermag wertvolle Eindrücke zu vermitteln. Da die Mutter die wichtigste Person im Leben eines Kindes ist und durch ihre Beziehung ihm ein Vorbild für dessen zukünftige Beziehungen zu anderen Menschen darstellt, kann ihr Verhalten das Benehmen des Kindes verständlich machen. Oft folgt ein Kind dem Beispiel seiner Mutter. Seine Härte oder Rechthaberei, seine Unordentlichkeit, sein Selbstmitleid oder sein Vollkommenheitsfimmel sind lediglich eine Nachahmung der mütterlichen Haltung. Ein Kind kann aber auch das vollkommene Gegenteil seiner Mutter sein. Eine übertrieben tüchtige Mutter trägt oft zur Hilflosigkeit und Untüchtigkeit ihres Kindes bei. Die Mutter kann nicht verstehen, wieso ihr Kind so langsam ist, wo sie selbst alles so schnell macht. Der Lehrer vermag sie hierüber aufzuklären, wenn er psychologische Einsicht hat.

Man muß den Erzieher warnen, den Einfluß der Familie als Begründung einer pessimistischen oder fatalistischen Einstellung in bezug auf die Schwierigkeiten eines Kindes zu benützen. Kenntnisse der Familiensituation können nur dann konstruktiv sein, wenn sie dem Verständnis des Kindes dienen. Dann hört die Vergangenheit auf, ein Hindernis zu sein. Vergangene schädliche Einflüsse machen bessere gegenwärtige Methoden nicht unmöglich, im Gegenteil, sie können zu einem klareren Bild des Lebensstils, der Einstellung und der Ziele, die ein Kind in seiner Familiensituation entwickelt hat, führen und damit den Lehrer befähigen, neue Anregungen und Erfahrungen zu vermitteln. Dann kann das Kind seine Meinungen überprüfen und zu einer angemesseneren Bewertung seiner selbst und seiner Möglichkeiten, einen Platz in der Gruppe zu finden, kommen.

Auch der Lehrplan kann mit Erfolg dazu benützt werden, entsprechende psychologische Informationen zu erhalten. Aufsatzthemen können so gewählt werden, daß sie Aufschluß über die frühesten Erinnerungen[1] oder über Geschwister geben und dabei die Antriebe und Enttäuschungen enthüllen, denen ein Kind ausgesetzt war. Träume, Pläne für die Zukunft sowie glückliche und unglückliche Episoden im Leben eines Kindes können durch solche Klassenaufgaben gesammelt werden. Für den Lehrer, der herausfinden will, was im Inneren seiner Schüler vorgeht, gibt es viele Wege, um hinter dem äußeren Verhalten die ›private Logik‹ des Kindes zu erkennen.

Von lebenswichtiger Bedeutung aber ist die Kenntnis der gegenwärtigen Einstellung eines Kindes zur Schule, zur Arbeit, zu seinen Klassenkameraden, und – vor allem – zu seinem Lehrer. Derartige Auskünfte werden durch kurze persönliche Gespräche und durch schriftliche Aufgaben erreicht. Klassengespräche sind

---

1 Ihre richtige Deutung erfordert einige Übung. Sie sind von großer psychologischer Bedeutung, da wir von Tausenden von frühen Erinnerungen nur diejenigen im Gedächtnis behalten, die unserer allgemeinen – und gegenwärtigen – Lebensanschauung entsprechen.

hier besonders aufschlußreich. Die Methoden der Soziometrie, die später besprochen werden, zeigen neue Möglichkeiten der Rolle, welche das Kind in der Klasse spielt. Ein in all diesen Techniken geschulter Lehrer wird den Begriff ›Problemkind‹ nicht mehr als das Eingeständnis, am Ende seiner Weisheit zu sein, benützen, sondern weit eher als eine interessante Aufgabe ansehen.

Ein solch dynamischer Zugang zu den Problemen von Kindern befaßt sich nicht mehr mit Eigenschaften und Fehlern, Fähigkeiten und Mängeln, sondern mit der Bewertung eines Kindes, seiner Einstellung – sei sie nur günstig oder schädlich – und seinen spezifischen Zielen. Denn die Fähigkeiten, Eigenschaften und Leistungen sind nur Ausdruck tieferer Beweggründe, die erkannt und beeinflußt werden müssen, ehe sich das Verhalten ändern kann.

Ein ungezogenes oder fehlerhaftes Kind ist vor allem ein entmutigtes Kind, ob es nun schulisch versagt, eine widerstrebende Haltung einnimmt oder mit seinen Klassenkameraden nicht auskommen kann. In jedem Fall benimmt es sich entsprechend seiner Überzeugung und Auffassung, die man als seine ›private Logik‹ ansehen kann. Diese und nicht seine Anlage oder seine Vergangenheit bestimmen seine Handlungsweise. Anlage und Umweltbedingungen werden in mechanistischer und oberflächlicher Weise überschätzt. Sogar der Grad der Intelligenz, der Intelligenzquotient, hat weniger Bedeutung als die Art und Weise, in welcher ein Kind seine Intelligenz benützt. Ein gut angepaßtes Kind hat den Weg gefunden, wie es mit dem, was es hat, dem Gesamtwohl am besten dienen kann.

Erkennen der Ziele des Kindes

1. Die Bedeutung des Verhaltens

Die vier im zweiten Kapitel beschriebenen Ziele des störenden Betragens werden hier besprochen, wie der Lehrer sie erlebt, wenn er es mit einzelnen Kindern zu tun hat. Die richtige Bewertung jedes Zieles erfordert sorgfältiges Beobachten und Erproben. Es ist ratsam, in jedem Falle das mögliche Ziel zu überlegen und zu sehen, wie weit die verschiedenen Handlungen und das Benehmen des Kindes dazu passen.

A) Aufmerksamkeit erregen

Der Mechanismus, Aufmerksamkeit zu erregen, kennzeichnet das Verhalten vieler kleiner Kinder. Ein Lehrer neigt dazu, diesen Mechanismus nur dann zu erkennen, wenn destruktive Mittel benützt werden. Konstruktive Methoden, Aufmerksamkeit zu erregen, werden oft nicht als solche erkannt, sondern sogar noch begünstigt und empfohlen. Besonders die aktiv-konstruktiven Methoden werden irrtümlich oft als besonders lobenswert angesehen. Ein Kind, das versucht, hervorzuragen und seine Stellung durch Anerkennung, Bewunderung und Lob zu erreichen, scheint der ideale Schüler zu sein. Sein Ziel ist jedoch ohne Zweifel Selbsterhöhung, nicht Zusammenarbeit. Solche Kinder versagen oft im späteren Leben, wenn sie weder Lob noch Anerkennung erhalten, da sie auf sich selbst bezogen sind und sich nur für ihren eigenen Erfolg einsetzen. Wenn sie nicht glänzen, können sie nicht zusammenarbeiten. Die meisten Lehrer fallen auf ihre Tricks herein und bereiten damit dem nächsten Lehrer, der vielleicht nicht so günstig reagiert, Schwierigkeiten.

Der übertriebene Ehrgeiz von Kindern kann auch leicht zum Nachteil gereichen, wenn ein Kind in eine Lage kommt, wo es seinen Teil beizutragen hat, ohne die Gelegenheit hervorzustechen. Entweder verliert es dann das Interesse und zieht sich von der Teilnahme zurück, oder es wird nervös, ängstlich und unsicher. Hat es keine Aussicht, irgendwo hervorzuragen, so wendet es sich den destruktiven Mitteln, Aufmerksamkeit zu erregen zu, besonders während der ersten Schuljahre. Denn der Konkurrenzgeist in den Schulen nährt die Auffassung, daß man hauptsächlich lerne, um andere zu überflügeln. Eine auf den Konkurrenzkampf ausgerichtete Gesellschaft ehrt diejenigen, die in ihrer Selbsterhöhung Erfolg haben, und füllt ihre Nervenkliniken und Gefängnisse mit denjenigen, die aufgegeben haben.

Der Lehrer ist in der Lage, solche mißverstandenen Begriffe von der Bedeutung des Zusammenlebens in Kindern anzuregen oder sie zu entmutigen.

Der passiv-konstruktive Mechanismus, Aufmerksamkeit zu erregen, ist für die Entwicklung der Persönlichkeit noch schädlicher und wird gewöhnlich völlig übersehen. Solche Kinder sind oft die Lieblinge des Lehrers. Ihr Charme und ihre Abhängigkeit schmeicheln seiner Eitelkeit. Sie tun, was ihnen gesagt wird und veranlassen den Lehrer auf nette Art, ihnen besondere Aufmerksamkeit und Hilfe angedeihen zu lassen. Sie verehren und bewundern – haben aber wenig eigene Initiative. Weil sie so liebenswürdig sind, kümmert sich niemand darum, sie in eine neue Richtung zu lenken. Ihre Entmutigung, die die Grundlage für ihre Passivität bildet, wird so lange nicht erkannt, als sie Aufmerksamkeit erregen können, ohne durch ihre Passivität zu irritieren. Sie sind viel entmutigter als Kinder, die zur Erreichung derselben Ziele aktiv-destruktive Methoden benützen. Denn letztere können zwar dazu gebracht werden, konstruktive Methoden zu verwenden, wenn ihnen der richtige Weg gezeigt wird, es ist aber schwierig, ein passives Kind in ein aktives zu verwandeln.

Die destruktive Methode, Aufmerksamkeit zu erregen, ist leicht zu erkennen; trotzdem fallen die Lehrer gewöhnlich auf sie herein.

Die häufigsten Mittel, die von *aktiven* Kindern benützt werden, sind Lärm, Unruhe, Schwatzhaftigkeit, Reden, wenn man nicht an der Reihe ist, phantastische Erzählungen, Aufstehen, Werfen von Gegenständen und verschiedene andere Formen kleineren Unfugs. (Größerer Unfug dient gewöhnlich nicht dem Zweck, Aufmerksamkeit zu erregen.) Obwohl diese Kinder weniger entmutigt und weniger schlecht angepaßt sind als die *passiv*-konstruktiven und *passiv*-destruktiven, stellen sie eine große Belastung für den Rest der Gruppe dar und werden deshalb oft als schlimmere Probleme angesehen. Tatsächlich aber kann ein Lehrer, der das Bemühen dieser Kinder um besondere Aufmerksamkeit erkennt, leicht Gelegenheit schaffen, ihnen Aufmerksamkeit in positiver Weise zu schenken. Ein Lehrer aber, der sich von ihnen ärgern läßt, der seine Autorität bedroht sieht, weil er Ordnung und Eintracht nicht wiederherstellen und aufrechterhalten kann, treibt solche Kinder leicht in einen Machtkampf hinein. Weil dieser Übergang von einem Ziel zum anderen so leicht geschieht, gelingt es Lehrern oft nicht, ein aktiv-destruktives Benehmen, das Aufmerksamkeit erregen will, von dem viel störenderen Streben nach Macht oder Vergeltung zu unterscheiden.

Das *passiv*-destruktive Benehmen, um Aufmerksamkeit zu erregen, muß vom Versuch, seine Unzulänglichkeit als Alibi zur Schau zu stellen, unterschieden werden. In seinem Verlangen nach Aufmerksamkeit ist ein Kind langsam oder hilflos, nur um Aufmerksamkeit und Bedienung zu erlangen. Gewisse Leseschwierigkeiten sind beispielsweise Mittel, sich vorlesen zu lassen. Langsamkeit ist ein wirkungsvolles Mittel, Erwachsene mit sich zu beschäftigen, ebenso Unordentlichkeit, Tolpatschigkeit und Hilflosigkeit. Faulheit hat im allgemeinen den Zweck, spezielle und andauernde Aufmerksamkeit zu erregen. Der Lehrer muß bei der Behandlung solcher Kinder vorsichtig sein, damit seine Kritik sie nicht so entmutigt, daß sie tatsächlich das Vertrauen in die eigene Fähigkeit verlieren und dann Ziel Nr. 4 anstreben, wo sie die Überzeugung von ihrer Unfähigkeit als Alibi benützen, als ein Ausweichen vor jeder Aufgabe, bei der ihre Fehlerhaftigkeit offenbar werden könnte.

B) Der Kampf um Überlegenheit und Macht

Kinder, die Druck und Zwang ausgesetzt sind, durch Drohungen, Strafen etc., lernen rasch, sich erfolgreich gegen diese Formen der Unterdrückung zur Wehr zu setzen. In vielen Fällen wird Überlegenheit mit Überlegenheit bekämpft. Die Kinder erwarten Zwang, rufen ihn deshalb auch oft hervor und reagieren heftig auf seine geringsten Anzeichen. In der Schule verweigern sie jede Arbeit und mißachten Ordnung und Disziplin sowohl in ihrer Arbeit als auch in ihrem Betragen. Rechtschreibschwierigkeiten sind oft die Folge dieser Mißachtung der Ordnung. Das Kind lehnt sich gegen jeden Zwang auf, sogar gegen die hergebrachte Schreibweise. Es schreibt wie es will, und seine Orthographie richtet sich deshalb nach seinen augenblicklichen Einfällen. Erfahren solche Kinder dauernd Kritik, so können sie schließlich derart entmutigt werden, daß sie nicht einmal mehr versuchen, orthographisch richtig zu schreiben.

Das hervorstechende Kennzeichen des Wunsches nach Überlegenheit und Macht ist die Aggressivität solcher Kinder. Sie mißachten nicht nur Ordnung und Disziplin, sondern trotzen der Autorität und sind sogar imstande, die Schule zu schwänzen. Entweder versuchen sie, ihre Ansprüche mit Gewalt durchzusetzen, oder aber sie weigern sich hartnäckig, das zu tun, was man von ihnen erwartet. Oft sind sie frech und – sozial gesehen – häufig die Bandenführer oder Einzelgänger. Da sie im allgemeinen eitel sind, können sie durch einen Appell an ihre Macht und Überlegenheit beeinflußt werden. Üblicherweise sind sie außerdem übertrieben ehrgeizig, verbunden mit einer irregeleiteten Neigung zur ›nutzlosen Seite des Lebens‹ hin.

Unter den heutigen Erziehungsbedingungen ist es kein Wunder, daß sich dieser Kampf um Überlegenheit am häufigsten während der Pubertät findet. Zu dieser Zeit ist der Zwang durch Eltern und Lehrer so stark, daß der Machtkampf beinahe unvermeidlich wird. Er erreicht seinen Höhepunkt in den Jahren, in denen der junge Mensch seinen Platz in der Gesellschaft sucht und alle Wege zu sozialer Geltung für sich verschlossen findet. Seine natürliche Neigung, alle überlieferten Werte anzuzweifeln und Maßstäbe und Richtlinien genau zu überprüfen, machen ihn für jeden Erzieher, der eine moralische oder intellektuelle Überlegenheit zeigen will, zu einer schmerzlichen Herausforderung. Der Kampf wird heftig, wenn die Jugendlichen sozial unerwünschte Methoden gebrauchen, um Bedeutung zu erlangen. Beide Seiten verfahren oft unmenschlich miteinander, und die Kinder werden dabei leicht zu einer Haltung getrieben, die die gesellschaftlichen Werte und Maßstäbe der Erwachsenen völlig aufgibt.

Früher war das häufigste Ziel eines störenden Benehmens bei Kindern bis zu einem Alter von sieben oder acht Jahren der Wunsch nach besonderer Aufmerksamkeit. Dies hat sich jedoch geändert. Der Kampf zwischen Erwachsenen und Kindern hat heftigere Formen angenommen und tritt dadurch schon früher offen zutage. Der Kampf um Überlegenheit, der früher die Beziehungen zwischen Heranwachsenden und Erwachsenen kennzeichnete, kann heute schon bei den kleinsten Kindern gefunden werden.

C) Das Ziel der Vergeltung

Die Kinder, die am meisten stören, sind diejenigen, die jede Hoffnung aufgegeben haben, erwünscht zu sein und von den Erwachsenen akzeptiert zu werden. Sie fühlen sich – und sind es auch meist – unbeliebt, mißbraucht und verletzt. Dabei können sie nicht erkennen, daß sie diese Behandlung selbst hervorrufen, indem sie sie erwarten. Solche Kinder stellen uns sowohl in den schulischen Leistungen als auch im Betragen vor die größten Probleme. Sie sind heftig und brutal oder gleichgültig und trotzig. Obwohl der einzige Weg, ihnen zu helfen, derjenige ist, sie davon zu überzeugen, daß sie anerkannt werden, erschweren sie uns diesen Weg oder machen ihn oft unmöglich. Die einzige Gruppe, zu der sie sich zugehörig fühlen können, ist ihre eigene Clique. Von den ›guten‹ Kindern geächtet, finden sie ihre Stellung in der Gesellschaft nur, indem sie andere verletzen. Sie bilden die Gruppe, aus welcher jugendliche Verbrecher oft ihre Führer wählen.

Die Jugendkriminalität an sich beschränkt sich jedoch nicht auf diesen Typ von Kindern. Der übertriebene Ehrgeiz entmutigter Jugendlicher und ihre Sucht nach leicht errungener Geltung kann auch sie zu ungesetzlichen und unordentlichen Handlungen treiben. Einige Übertretungen des Gesetzes und Anstandes kommen fast im Leben jedes Kindes vor. Aber unter dem Einfluß eingeschworener Feinde der Gesellschaft – oder wenn sie durch Behörden ertappt und als Verbrecher gebrandmarkt werden – können Kinder zu der Meinung kommen, unter anständigen Leuten keinen Platz mehr zu haben. Solange kriminelle Handlungen als Ausdruck der Verworfenheit betrachtet werden und nicht als die Folge von Leiden und Entmutigung, werden Eltern, Erzieher und Behörden dazu neigen, Kinder, mit denen sie nicht fertig werden, in diese Kategorie zu stoßen.

D) Unzulänglichkeit zur Schau stellen

Diese Kinder sind in einem solchen Maße entmutigt, daß sie auf keinerlei Erfolg mehr hoffen. Sie geben sich deshalb nicht die geringste Mühe. Ihre Entmutigung kann so hundertprozentig sein, daß sie absolute Versager werden. Vielleicht sind sie aber auch nur teilweise entmutigt, und ihre Fehler auf einige wenige Gebiete beschränkt. Die meisten Versager in schulischen Leistungen gehören in diese letzte Kategorie. Oft fängt die Entmutigung schon in der ersten Stunde an. Die Lehrer der ersten Klasse haben eine ungeheure Verantwortung. Gewisse Kinder, die keine Gelegenheit hatten, selbst etwas zu tun, sind unfähig, an die Möglichkeit, selber etwas zu leisten, zu glauben. Sobald sie auf eine Schwierigkeit treffen, neigen sie dazu, ganz aufzugeben. Andere mögen durch die Leistungen von Geschwistern, mit denen sie in Konkurrenz stehen, in eine solch hoffnungslose Haltung getrieben worden sein. Wir finden oft einen Pseudo-Schwachsinn, wenn das nächstältere oder -jüngere der Geschwister besonders brillant und erfolgreich ist. Der Irrtum der kindlichen Selbstbewertung wird selten in einem Intelligenztest erkannt, weil ein solches Kind sich anstellt, als ob es wirklich zurückgeblieben sei.

Schwierigkeiten beim Lesen oder Schreiben, die in der Sucht nach Aufmerksamkeit oder in einem Machtkampf ihren Ursprung haben, führen oft zu völliger Entmutigung. Schwierigkeiten in Mathematik werden oft bei Kindern gefunden, die überhaupt an ihrer Fähigkeit zweifeln, ein Problem zu lösen. Auch die Unfähigkeit zu zeichnen oder der Mangel an musikalischer Begabung beruht, im Gegensatz zu vorherrschenden Ansichten, auf Entmutigung. Wenn ein Kind nie singen gelernt hat und dann in eine Gruppe von Kindern kommt, die singen, ist seine Schlußfolgerung, anders und unfähiger als die anderen zu sein, sehr naheliegend. Mit dieser Begründung werden sowohl das betreffende Kind selbst als auch die Erwachsenen von seinem Mangel an Fähigkeit überzeugt. Es kann beim Vergleich mit einem begabten Bruder oder einer solchen Schwester auch selber zu einer derartigen Meinung gekommen sein. Mit ziemlicher Sicherheit läßt sich sagen, daß der Grad der erlangten Tüchtigkeit in keiner Beziehung zu den Fähigkeiten eines Kindes steht.

2. *Die spontane Reaktion des Lehrers*

Die Bedeutung des Verhaltens eines Kindes kann, wie wir gesehen haben, durch die dabei wahrzunehmende Bewegung verstanden werden, eine Bewegung, die immer auf ein Ziel hin gerichtet ist. Diese Beobachtung von außen kann durch eine nach innen gerichtete Untersuchung ergänzt werden. Dem Lehrer mag sich sein Eindruck von den Zielen des Kindes dadurch bestätigen, daß er seine eigene unmittelbare Reaktion auf das Betragen oder Vergehen des Kindes beobachtet. Was er, beinahe zwangsläufig, zu tun geneigt ist, gibt einen Hinweis auf die Absichten des Kindes. Seine automatische Reaktion entspricht dem, was das Kind von ihm erwartet. Ärgert er sich und ist bereit, zu schelten, ermahnen und tadeln, dann hat das ungezogene Benehmen des Kindes wahrscheinlich den Zweck, seine Aufmerksamkeit zu erregen und ihn mit sich zu beschäftigen. Fühlt er sich aber persönlich herausgefordert und will dem Kind zeigen, daß es ihm das nicht antun kann, dann fällt der Lehrer mit aller Wahrscheinlichkeit auf einen Machtkampf herein. Fühlt er sich tief verletzt und beleidigt und versteht nicht, ›wie jemand so gemein sein kann‹, so hat das Kind das wahrscheinliche Ziel der Vergeltung erreicht. Fühlt sich der Lehrer verzweifelt und sagt »ich weiß nicht, was ich mit dir anfangen soll«, dann will ihn das Kind wahrscheinlich dazu bewegen, es als ›hoffnungslos‹ allein zu lassen.

Es ist äußerst wichtig, daß Lehrer lernen, ihre eigenen gefühlsmäßigen Reaktionen auf das störende Verhalten des Kindes zu beobachten. Eine solche Beobachtung vermittelt ihnen nicht nur die Erfahrung, die Ziele eines Kindes zu verstehen, sondern ist eine unerläßliche Voraussetzung für eine bessere Methode der Beeinflussung. Denn solange der Lehrer seiner impulsiven Reaktion nachgibt, deren Bedeutung er ja nicht kennt, wird er das fehlgesteckte Ziel des Kindes nur verstärken, statt es zu ändern.

3. Die Reaktion des Kindes auf Zurechtweisung

Eine weitere Gruppe von Beobachtungen gestattet es dem Lehrer, seinen Eindruck von den Absichten des Kindes bestätigt zu finden. Der Sinn des kindlichen Verhaltens wird in seiner Reaktion auf die Verbesserungsbemühungen des Lehrers offenbar. In der Wechselwirkung zwischen Kind und Lehrer werden die ursprünglichen Ziele des Kindes bestätigt und noch klarer herausgearbeitet. Dies ist die sogenannte korrigierende Rückwirkung (›Corrective Feedback‹).

Ein einfaches Beispiel: Sven stört die Klasse, indem er mit seinem Nachbarn schwätzt oder aufsteht. Wie wir gesehen haben, kann dasselbe Verhalten ganz verschiedenen Zielen dienen: Im großen und ganzen unterscheidet der *Grad* von Feindlichkeit und Herausforderung den Machtkampf von einem bloßen Spiel um Aufmerksamkeit. Die Erregung des Lehrers entspricht folglich den Absichten des Kindes. Die Reaktion von Sven auf die Versuche des Lehrers, ihn zurechtzuweisen, wird auch sein Ziel enthüllen. Wollte er nur Aufmerksamkeit, so wird er sein störendes Benehmen aufgeben, wenn auch nicht für lange. Bald darauf wird er es wieder versuchen. Fordert er aber die Überlegenheit und Autorität des Lehrers heraus, wird die Zurechtweisung die gegensätzliche Wirkung haben. Der Lehrer braucht ihm nur zu sagen, daß er mit dem Unsinn aufhören soll – und schon wird es schlimmer werden. Für Sven ist die Bemerkung des Lehrers das Stichwort, diesen zu besiegen. Aus diesem Grund verstärkt jeder Versuch, ein Kind, das sich in einem Machtkampf befindet, mit Gewalt zur Ruhe zu bringen, den Konflikt.

Ein anderes Beispiel eines Betragens, das jedem der vier Ziele dienen kann: Man erwartet von den Kindern, daß sie nach Schulschluß ihren Mantel anziehen. Die kleine Julia ist langsam und bewegt sich kaum. Was geschieht nun, wenn der Lehrer Julia ermahnt oder gar versucht, ihr in den Mantel zu helfen? Wenn Julia Aufmerksamkeit und Bedienung will, wird sie freudig auf die Hilfe des Lehrers reagieren. Wenn sie aber ihre Überlegenheit zeigen will, dann wird sie etwas anderes tun, was sie daran hindert, sich anzuziehen, oder sie rennt davon, wenn der Lehrer ihr helfen will. Will Julia vergelten, so wird sie mit den Füßen treten, kratzen, beißen oder versuchen, den hilfreichen Lehrer zu verletzen. Will sie aber ihre völlige Unzulänglichkeit demonstrieren, dann wird sie passiv alles erdulden, was der Lehrer tut, ohne die geringste Mitarbeit von ihrer Seite. Aus diesem Grunde ist es für den Lehrer ratsam, immer die Reaktion eines Kindes auf seine Korrekturversuche gut zu beobachten, genau wie seine eigene impulsive Reaktion auf das störende Betragen des Kindes. Auf diese Weise wird er nicht nur der Wechselwirkung zwischen sich und dem Kind gewahr (die seine eigene Rolle, das schlechte Betragen des Kindes zu unterstützen, einschließt), sondern er wird auch ein Feingefühl für die Unterschiede der jedem Kind möglichen Ziele gewinnen.

Die Ziele des Kindes ändern

Jede Verbesserung des Betragens oder des schulischen Fortschritts eines Kindes setzt eine Änderung seiner Einstellung und Absichten voraus. Diese sind die Grundlage seines Verhaltens und Handelns. Jedermann handelt in Übereinstimmung mit seinen Überzeugungen, auch wenn er sich seiner inneren Logik nicht bewußt ist. Der gesunde Menschenverstand, die Kenntnis von Gut und Böse, Gewissen und Bewußtsein, mögen *ein* Verhaltensmuster vorschreiben, aber das Kind handelt oft nicht entsprechend seinem eigenen ›besseren Wissen‹. Es hat sich selbst nicht ›unter Kontrolle‹, weil es seine eigene ›private Logik‹ nicht kennt. Der geübte Lehrer kann die fehlerhaften Überzeugungen und Einstellungen erkennen und mit ihnen fertig werden.

Man muß wach sein, um auf die Ziele des Kindes, die es durch störendes oder unangemessenes Verhalten ausdrückt, nicht hereinzufallen. Gibt der Lehrer aber der Herausforderung des Kindes nach, so macht er das Spiel des Kindes mit und bestärkt dessen Glauben in die Wirksamkeit dieser Methoden. Ist ein Lehrer über die Ziele eines Kindes im Zweifel, so hilft es sehr, die eigene Reaktion auf das kindliche Betragen zu beobachten. Am besten ist es oft, nicht das zu tun, was das Kind erwartet, das heißt, nicht seinem ersten Impuls zu folgen, sondern ›das Gegenteil‹ davon zu tun. Dieses Vorgehen ist auch besonders dann von Nutzen, wenn ein Lehrer überhaupt nicht weiß, was er tun soll. Er braucht dann nur sich selbst beobachten und sehen, was er als erste Reaktion getan hätte und was das Kind von ihm erwartet – und dann etwas anderes tun.

Zum Beispiel ist es oft wirksam, auf häufige Klassenstörungen, die auf ungebührliche Aufmerksamkeit ausgehen, mit Aufmerksamkeit zu reagieren, aber in einer solchen Weise, die das Kind verblüfft und ihm nicht die gewünschte Genugtuung bietet. Dies muß jeder Lehrer selbst ausprobieren und, auf seine eigene Findigkeit vertrauend, entsprechend seinem Temperament seine eigene Methode entwickeln. Oft genügt es, ein Kind beim Namen zu nennen, aber ohne Tadel oder Belehrung, sondern nur zu warten, bis es antwortet. Humor hilft fast immer. Flüstert ein Kind auf eine störende Art seinem Nachbarn etwas ins Ohr, ist es zulässig, Neugierde zu zeigen, nicht aber Ärger oder Zorn, wie es das Kind erwartet. Paßt ein Kind nicht auf, kann man nach seiner Meinung über das, was soeben gesagt wurde, fragen. Auf diese Weise lenkt der Lehrer die Aufmerksamkeit dieses Kindes wieder auf den Unterricht, ohne über seine Unaufmerksamkeit zu sprechen. Spielt ein Kind den Clown, kann man mit dem Unterricht aufhören und die anderen auffordern, dem störenden Kind zuzuschauen. Weit entfernt, die Clownerie zu ermutigen, wirkt ein solches Handeln eher hemmend, besonders wenn eine Art Machtkampf im Gange ist und das Kind erwartet, getadelt zu werden.

Eine derartige Handlungsweise kann mit psychologischen und direkten Erklärungen verbunden werden, aber nicht im Augenblick des Konflikts. Mit einem Kind, das dauernd versucht, Aufmerksamkeit zu erregen, kann man in den Pausen sein Problem besprechen. Nachdem der Lehrer es gefragt hat, ob es gerne wissen würde, warum es sich so und so benehme, kann der Lehrer sagen: »Könnte es sein, daß du mich mit dir beschäftigen willst, damit du nicht übersehen wirst?« Zeigt der Erkennungsreflex, daß er recht hat, kann er eine Vereinbarung mit dem Kind vorschlagen, wie oft es während einer Stunde besondere Aufmerksamkeit braucht. »Sind zehnmal genug?« Das Kind wird kaum eine verneinende Antwort geben oder sogar denken, dies sei zu viel. Dann kann der Lehrer weiter vorschlagen: »Vielleicht wollen wir es einmal mit zehn- (oder fünf-) mal versuchen?« Die Zahl hängt von der Stärke des kindlichen Verlangens ab. Nachdem diese Vereinbarung getroffen ist, kann der Lehrer auf jede Störung mit Zählen antworten: »Sven, eins!« Ein solches Vorgehen hat sich als sehr wirksam erwiesen, obwohl keine Methode immer brauchbar ist und kein Kind immer gleich gut auf dieselbe Methode anspricht. Ein findiger Lehrer wird auf viele Mittel kommen und Situationen ersinnen, durch welche das Kind die Nutzlosigkeit seiner Bemühungen bemerkt und deshalb sein Ziel ändert.

Als allgemeiner Grundsatz sollte dann, wenn das Ziel darin besteht, Aufmerksamkeit zu erregen, eine destruktive Methode zuerst in eine konstruktive umgewandelt werden, eine passive in eine aktive, bis schließlich das Bedürfnis nach besonderer Aufmerksamkeit verschwindet. Dies bedeutet in der Praxis, daß ein Kind, das mit destruktiven Methoden Aufmerksamkeit verlangt, für *nützliche* Bemühungen und Leistungen Anerkennung bekommen soll. Diese Betonung seiner Fähigkeit, seinen Platz durch konstruktive Mittel zu finden, ist aber nur wirksam, wenn es gleichzeitig keinerlei Genugtuung mehr für störendes Verhalten erhält. Unglücklicherweise werden sich viele Erzieher, die versuchen, ein Kind zu verbessern, nicht bewußt, daß sie tatsächlich seinem Wunsch nachgeben, indem sie so viel Aufhebens von seinen Unarten machen. Man muß vorsichtig sein, nicht in diese Falle zu gehen, und dem Kind nur bei den wenigen Gelegenheiten Aufmerksamkeit geben, wo es sie auf Grund eigener Leistungen, so gering sie auch sein mögen, verdient hat. Nicht das Lob ist wirksam, sondern die Aufmerksamkeit.

Ein passives Kind kann durch ein ähnliches Vorgehen zu aktiverem Verhalten angeregt werden. Wenn wir auf seinen Wunsch, es auf Grund seiner Passivität besonders zu berücksichtigen, nicht eingehen, gleichgültig wie charmant oder herausfordernd es sein mag, sondern es überlegt ermutigen und jede aktive Anstrengung anerkennen, kann es dazu gebracht werden, seine Methoden zu ändern. Der letzte Schritt ist, aus dem Kind seine besten Bemühungen herauszuholen, ohne daß dafür Aufmerksamkeit und Lob verlangt werden. Gute Noten, Bildchen, und dergleichen beruhen auf dem gegenteiligen Prinzip.

Sobald ein Kind die Gefühle der eigenen Unzulänglichkeit überwindet und durch seine Anerkennung in der Gruppe Mut und Selbstvertrauen bekommt, kann es mit Freude teilnehmen und mitmachen, ohne um seine Geltung und Stellung besorgt zu sein. Ein Kind dahin zu bringen, nur aus Freude an der Nützlichkeit mitzuarbeiten, ist das Ziel eines Erziehers, der versucht, gefühlsmäßige Blockierungen zu entfernen und dem Kind bei seiner sozialen Anpassung und dem schulischen Fortschritt zu helfen.

Ein Lehrer sollte sich nicht entmutigen lassen, wenn seine Versuche mit neuen Methoden nicht sofort günstige Ergebnisse zeitigen. Er sollte nicht vergessen, daß seine Neuorientierung ein Lernprozeß wie Lesen und Schreiben ist und Zeit erfordert. Außerdem braucht es nicht weniger Zeit, die Haltung eines Kindes zu ändern, als ihm die Grundregeln der Groß- und Kleinschreibung beizubringen. Ungeduld ist bei beiden Bemühungen schädlich.

So schwierig es auch ist, der Herausforderung eines Kindes, das Aufmerksamkeit will, zu widerstehen, noch viel schwieriger wird es, sich zurückzuhalten, wenn es um Überlegenheit kämpft. Denn dies bedroht Autorität und Prestige des Lehrers, und nichts ist bemitleidenswerter als ein Lehrer, der ein Kind mit seiner Überlegenheit beeindrucken und nicht zugeben will, wenn er geschlagen ist. Gelingt es dem Lehrer jedoch, eine verstehende Haltung, frei von Minderwertigkeitsgefühlen und Sorge um das eigene Prestige zu entwickeln, wird er es erstaunlich leicht finden, einem machthungrigen Schüler zuerst zu widerstehen und ihn dann zu beeinflussen. Offensichtlich haben einige Erzieher mit solchen Kindern größere Schwierigkeiten als andere: der eine geht auf die Herausforderung ein, schlägt zurück und wird immer wieder besiegt, ein anderer bleibt ruhig und gefaßt und kann das Kind für die Zusammenarbeit gewinnen.

Ein machthungriges Kind ist immer ehrgeizig. Sein Ehrgeiz richtet sich aber ausschließlich auf die Verringerung der Überlegenheit derjenigen, die es zu unterdrücken suchen. Ein verständnisvoller Lehrer kann diesen Ehrgeiz auf nützliche Leistungen umlenken. Die verhältnismäßig leichten Triumphe über die Autorität können durch den Stolz auf Leistungen ersetzt werden. Man kann zum Beispiel ein Kind ermutigen, anderen Kindern zu helfen, indem es schwächere beschützt oder andere, die in bestimmten Fächern weniger wissen, schulisch fördert. Kinder, denen es um ihre Überlegenheit zu tun ist, ergreifen jede derartige Gelegenheit. Der Lehrer muß sich jedoch vor zwei Gefahren in acht nehmen. Erstens neigt ein solches Kind dazu, die ihm übertragene Macht zu mißbrauchen. Während es ein schwerer Fehler wäre, auf einen solchen Mißbrauch hin ihm diese Aufgabe wegzunehmen und damit den eingeschlagenen konstruktiven Weg aufzugeben, braucht das Kind Anleitung und Überwachung, um seine Aufgabe richtig zu erfüllen. Diese Schwierigkeit ist mit einem zweiten Faktor verbunden, der besondere Aufmerksamkeit erfordert: Während ein machthungriges Kind nach außen guten Mut, vermehrte Selbstachtung und sogar ein Überlegenheitsgefühl zeigen kann, ist es tatsächlich zutiefst entmutigt. Sein äußeres Benehmen ist eine Maske, um seinen Stolz zu retten. Es benimmt sich wie einer, der in der gefürchteten Dunkelheit pfeift oder singt. Es wäre verhängnisvoll, sein äußeres Verhalten für bare Münze zu nehmen und nicht das ängstliche Kind hinter all den Äußerungen des sich angeeigneten Großtuns zu sehen. Versuche, es von seinem hohen Roß herunterzuziehen, würden nur sein zugrundeliegendes Minderwertigkeits- und Unzulänglichkeitsgefühl verstärken. Aber Sympathie und Verständnis für seine Schwierigkeiten gehen direkt auf den weichen Kern zu und öffnen den Weg für ein gutes mitmenschliches Verhältnis. Dieses Prinzip ist besonders wichtig, wenn wir mit Jugendlichen zu tun haben, die dazu neigen, groß zu tun, um zu verbergen, wie klein sie sich fühlen.

Ein Kind, das sich gezwungen fühlt, Macht und Überlegenheit zu zeigen, um seinen Stolz zu retten, ist viel bereitwilliger, sein falsches Ziel zu erkennen, wenn der Lehrer offen zugibt, daß er keine Macht über es hat. Dies muß keinen Verlust an Prestige zur Folge haben. In einer kurzen persönlichen Unterredung kann er dem Kind erklären, daß er nicht beabsichtige, sich mit ihm in einen Kampf einzulassen, um ihm *seine* Macht zu zeigen, da er wisse, daß es in der Lage ist, ihn zu besiegen. Dies wirkt oft entwaffnend. Wenn Kinder nicht schon übermäßig gedemütigt wurden, sind sie so vernünftig und verantwortlich, wie wir sie sein lassen. Ein Appell an ihre Vernunft, ihr Mitgefühl und ihre Hilfe ist gewöhnlich wirkungsvoller als jede Drohung oder Autoritätsentfaltung, besonders wenn sie allmählich dem Bestreben des Lehrers, ihnen zu helfen, trauen. Das Kind würde gerne aus seiner mißlichen Lage herauskommen, wenn es nur wüßte, wie. Der Lehrer muß sich dauernd vor Augen halten, daß ein unartiges Kind unglücklich ist und Ermutigung und nicht Demütigung braucht. In der richtigen Gefühlsatmosphäre können Kind und Lehrer zu Vereinbarungen kommen, wie sie bei ihrer schwierigen Aufgabe einander zu helfen vermögen.

Kinder bemerken nur selten die mißliche Lage, in der sich ein Lehrer befindet, der so vielseitigem Druck ausgesetzt ist. Wenn er dem Kind das Gefühl gibt, daß es ihm bei seiner schwierigen Aufgabe und bei seiner Verantwortung gegenüber der Klasse und den Schulbehörden helfen kann, vermittelt er ihm damit ein Bewußtsein der eigenen – dieses Mal aber konstruktiven – Wichtigkeit. Zeigt das Kind hierauf dennoch seinen Trotz offen in der Klasse, dann kann der Lehrer, der seine Karten ja bereits auf den Tisch gelegt hat, mit der Klasse die Versuche des betreffenden Kindes, seine Macht zu zeigen, erwähnen und in sachlicher Weise erklären, daß sie alle dessen Überlegenheit anerkennen müßten. Es macht keinem Spaß, seine Macht zu zeigen, wenn niemand sie in Frage stellt. Macht ist nur wichtig, wenn sie angefochten wird, sonst erscheint sie sinnlos. Wird auf diese Weise gezeigt, daß die Macht des Kindes nutzlos ist, so kann es sich veranlaßt fühlen, seine Stellung in einem neuen Licht zu sehen. Dieser Rückzug vom persönlichen Machtkampf schließt den Gebrauch logischer Folgen nicht aus, mit denen man die übermäßigen Ansprüche eines Kindes zügeln kann.

Der Wunsch, seine Kraft zu zeigen, kann einen Punkt erreichen, wo das Kind nach Vergeltung und Rache trachtet. Das Verlangen nach Überlegenheit und das Trachten nach Vergeltung können leicht ineinander übergehen. Für einen Lehrer stellt ein Kind, das auf Vergeltung aus ist, eines der schwierigsten Probleme dar, weil diese Kinder Vernunftgründen nahezu unzugänglich sind. Überzeugt, daß sie hoffnungslos unbeliebt sind und keinen Platz und keine Möglichkeiten innerhalb der Klasse haben, reagieren sie mit tiefem Mißtrauen auf alle Bemühungen, sie vom Gegenteil zu überzeugen. Es erfordert ein großes Maß an Geduld, das rachsüchtige Kind durch dauernde Bemühungen davon zu überzeugen, daß es anerkannt werden kann und tatsächlich als wertvoll angesehen wird. Die Gruppe kann hierbei von außerordentlicher Hilfe sein, aber auch ein gefährlicher Komplice werden. Nur allzu bereitwillig gehen die ›guten‹ Schüler mit dem Lehrer gegen den Störenfried zusammen. Und allzuoft akzeptiert der Lehrer nur zu gerne dieses Bedürfnis, da er derartigen Herausforderungen nicht gewachsen ist. Die Kluft zwischen den ›guten‹ und den ›schlechten‹ Schülern wird dadurch vertieft und erschwert das Problem, anstatt es zu lösen. Auf der anderen Seite können Gruppengespräche helfen, das gegenseitige Verständnis und die Zusammenarbeit zu erleichtern. In persönlichen Gesprächen kann der Lehrer einen anderen Schüler um Hilfe ansprechen, indem er ihn bittet, besonderes Interesse für den Störenfried zu zeigen, ihn in die Gruppe hereinzunehmen und ihm Achtung und Zuneigung zu erweisen. Auf diese Weise ist es oft möglich, langsam eine Brücke zu schlagen, über die haß- und ganz besonders angsterfüllte Barriere, die ein solches Kind zwischen sich und der Gemeinschaft aufgerichtet hat. Lehrer und Kinder müssen einander bei dieser Bemühung unterstützen, damit sie den Mut selbst nicht verlieren. Die Feindschaft, die ein rachsüchtiges Kind angesichts von Freundlichkeit und Güte zeigt, ist verständlich, aber es ist schwierig, ihr zu widerstehen.

Die häufigste Aufgabe für Lehrer ist es, die Entmutigung eines Kindes in den schulischen Leistungen zu überwinden. Es braucht wahrscheinlich grundsätzliche Änderungen in unserem Erziehungssystem und in der Philosophie des Lehrens, bis ein versagender Schüler richtig verstanden und unterstützt werden kann. Bloße logische und moralische Verurteilung oder Nachsicht müssen durch Verständnis ersetzt werden. Statt sich nur mit der Qualität der Leistungen zu befassen, sollte ein Lehrer die Beziehungen, Ziele und die Einstellung des Kindes betrachten. Wenn es ihm weniger darum geht, *wie* ein Schüler handelt, als vielmehr zu *welchem Zweck*, dann muß auch eine hervorragende Leistung analysiert werden, um zu sehen, ob ihre Struktur gesund ist. Ist sie ungesund, sind Schritte nötig, sie zu korrigieren, ehe übermäßiger Ehrgeiz oder der Wunsch nach Aufmerksamkeit den Weg zu schließlichem Versagen und Konflikten vorbereiten. Was aber wichtiger ist: jede Unzulänglichkeit erfordert erzieherische Maßnahmen, die sie nicht verewigen oder verstärken. Um dies zu vermeiden, muß der Lehrer fähig sein, den eigenen Beitrag zur Verschlimmerung der Fähigkeiten des Kindes zu erkennen.

Die Skepsis eines Kindes, die sich durch sein Versagen schon festgesetzt hat, wird durch schlechte Zensuren noch verstärkt; das gleiche gilt für das beliebte wiederholte Abschreiben einer fehlerhaften Arbeit oder für andere Demütigungen. Die meisten Kinder haben keine Schwierigkeit, den Lehrer zu überzeugen, daß ihr Mangel an Selbstvertrauen berechtigt ist. Die destruktiven Kräfte von Schülern werden nur allzu selten durch konstruktive Kräfte des Lehrers ausgeglichen. Oft ist es nicht der Lehrer, der ein Kind beeinflußt, sondern das Kind übernimmt die Führung, indem es den Lehrer von seiner Unfähigkeit überzeugt. Während es freundliche oder unfreundliche Aufmerksamkeit bekommt, wird es nur noch tiefer in die Verzweiflung getrieben.

Das wichtigste Ziel eines Lehrers ist die Vermeidung und

eventuelle Überwindung solcher Minderwertigkeitsgefühle, der Entmutigung und kompensatorischen Sucht nach Prestige und Autorität bei sich selbst und auch bei seinen Schülern. Nur dann öffnet sich der Weg zur Freundschaft und zu einem Gefühl menschlicher Kameradschaft mit den Schülern. Ein Lehrer, der nicht der Freund seiner Schüler ist, kann kein guter Lehrer sein. Freundliche Gefühle sind aber nicht genug. Der Lehrer muß die Methoden kennen, seine freundliche Einstellung in konstruktive Handlungen umzusetzen und das Kind bei dem schwierigen Prozeß des Heranwachsens zu lenken.

Die psychologische Enthüllung

Der Lehrer ist nicht nur ein Schulmeister für verschiedene Fächer, sondern auch Erzieher in einem umfassenden Sinn. Als solcher hat er für Führung und Orientierung zu sorgen. Auch wenn er nur die Groß- und Kleinschreibung lehrt, kann er dies nicht mit Erfolg, ohne das ganze Kind mit seinen Problemen zu berücksichtigen. Man soll nicht annehmen, daß der Lernprozeß nur auf Verstandesebene erfolgt. Die Verstandesfunktion wird durch persönliche Charakterzüge und gefühlsmäßige Reaktionen beeinflußt. Ziehen wir sie nicht in Betracht, so führen wir einen hoffnungslosen Kampf mit all den Hindernissen, auf die Kinder und Lehrer bei ihrer gemeinsamen Aufgabe stoßen. Die Vernachlässigung des psychologischen Kräftespiels beim Lernprozeß ist oft an den Konflikten und Fehlschlägen sowohl der Kinder als auch der Lehrer schuld.

Die Suche nach neuen Erziehungsprinzipien hat eine entscheidende Stufe erreicht, wo Änderungen unserer Kenntnisse und Auffassungen Hand in Hand mit Änderungen unserer menschlichen Beziehungen gehen. In dem für die Vergangenheit typischen Verhältnis des Über- und Unterlegenseins schenkte man den *Gefühlen* des Kindes wenig Aufmerksamkeit. Seine Wünsche, Neigungen oder Absichten zählten nicht. Es *hatte* zu gehorchen. Seine Unterwerfung war ebenso das Ziel der sozialen Beziehungen wie der Erziehungsmaßnahmen. Zusammenarbeit bedeutete, das zu tun, was einem befohlen wurde. Heute ist gegenseitige Übereinstimmung erforderlich. In unserer demokratischen Atmosphäre brauchen wir neue Mittel, um Bereitwilligkeit zu erwirken. Es genügt nicht mehr, gebieterisch aufzutreten; der Lehrer kann nicht Willfährigkeit hervorrufen, nur weil er im Recht ist. Psychologische Faktoren beeinflussen die Beziehungen zwischen zwei Menschen entscheidender als das ›im Recht sein‹. Der Lehrer kann *logisch* recht haben und trotzdem psychologisch im Unrecht sein.

Ein Lehrer erwartet vom Schüler, daß er lernt und sich ordentlich benimmt. Es genügt nicht, die Kinder mündlich auf diese Forderungen hinzuweisen. Jedes Kind wird gelegentlich aus Gründen, die ihm selbst verborgen bleiben, Widerstand leisten. Zu wiederholen, was es tun sollte, verbessert nicht die Situation. Es ruft im Gegenteil einen Konflikt im Kind hervor und verstärkt seinen offenen Widerstand gegenüber dem Lehrer. Nur jemand, der die psychologischen Mechanismen, die das richtige Funktionieren des Kindes blockieren, versteht, kann ihm helfen, sich einzufügen und Fortschritte zu machen.

Die Situation im Klassenzimmer schließt direkte Versuche, die psychologische Einstellung jedes einzelnen Kindes zu beeinflussen, nicht aus. Sie bietet uns im Gegenteil neue und sogar wirksame Methoden. Diese lehren mehr als nur den Wissensstoff; das Kind kann lernen, sich selbst zu verstehen. Es kann seiner eigenen Beweggründe bewußt gemacht werden, besonders derjenigen, die mit den Forderungen der Situation in Widerspruch stehen. Ein solches Vorgehen hat einen doppelten Zweck: es kann die Hindernisse im Weg des schulischen Fortschritts beseitigen und es kann das ganze Leben des Kindes beeinflussen und seine soziale Anpassung für jetzt und die Zukunft anregen. Wir müssen daran denken, daß ein Kind, welches stört, nicht richtig ›funktioniert‹ und arbeitet oder sich schlecht beträgt, die Gründe für sein unangepaßtes Benehmen nicht kennt. Es wäre ein Fehler, anzunehmen, daß es sich nicht besser aufführen *möchte*. Es kann sich nicht selbst helfen, da es sich über die Ziele, die es verfolgt, nicht klar ist. Darum ist es sinnlos, ein Kind aufzufordern, sich besser zu benehmen – es weiß selbst, was es tun sollte. Ihm aber den hinter seinem Benehmen liegenden Zweck zu enthüllen, kann von außerordentlicher Hilfe sein.

Solche Aussprachen erfordern nicht viel Zeit. Sie können in kurzen privaten Unterredungen ebenso wie in Klassengesprächen stattfinden. Vor allem sollte dem Zeitpunkt Beachtung geschenkt werden. Diese Gespräche sollten nie unmittelbar hinter einer Ungezogenheit stattfinden, denn dann sind Kind und Lehrer noch zu aufgeregt, was zu Rügen, Verteidigung und verstärkten Konflikten führt. Außerdem sollten derartige Gespräche immer ohne Aufregung stattfinden. Enthalten sie Kritik und Tadel, so rufen sie nur Opposition hervor und treffen auf taube Ohren. Psychologie kann ein Werkzeug der allergrößten Hilfe sein, aber auch eine Waffe von ungeheuer zerstörerischer Kraft. Wird Psychologie in einer demütigenden Weise angewandt, kann sie mehr Schaden anrichten als jeder körperliche Mißbrauch. Der Erzieher muß ruhig und freundlich sein, um psychologische Deutungen äußern zu können. Es spielt keine Rolle, wie richtig eine Erklärung ist, wird sie aber in einem herausfordernden Ton oder zur falschen Zeit gegeben, ist ihre Wirkung nur sinnlos und störend.

Eine wirksame Unterredung mit dem Kind sollte sich nicht damit befassen, *warum* ein Kind sich schlecht beträgt oder versagt und warum es so und so handelt, sondern sollte zur Einsicht führen, *zu welchem Zweck* es dies tut. Diese Unterscheidung zwischen ›warum‹ und ›zu welchem Zweck‹ mag unbedeutend erscheinen, sie besagt aber den Unterschied zwischen der Betonung der Vergangenheit und den *gegenwärtigen* Zielen. Es mag tausend Gründe geben, die zur gegenwärtigen Haltung des Kindes geführt haben. Der Erzieher kann unmöglich all die vergangenen Einflüsse im Leben eines Kindes kennen. Außerdem hat keine Beziehung auf die Vergangenheit eine große Bedeutung für ein Kind: Niemand vermag die Vergangenheit zu ändern. Ganz verschieden ist es aber bei der Bewertung seiner gegenwärtigen Absichten. Es gibt nur *einen* Zweck für sein gegenwärtiges Verhalten, und Absichten können geändert werde, aber nicht vergangene Einflüsse und Erlebnisse.

Außerdem reagiert das Kind auf eine Erklärung der *Gründe* ganz anders als auf eine Erklärung der *Ziele* seines Handelns. Hinweise auf Eifersucht, Unsicherheit, mangelndes Selbstvertrauen, Gefühle des Vernachlässigt-, Beherrscht- oder Zurückgewiesenseins, Schuldgefühle oder Selbstbemitleidigung, ob sie nun das Verhalten zutreffend erklären oder nicht, werden vom Kind im besten Fall mit freundlicher Gleichgültigkeit aufgenommen. Sie sagen einem Kind nur was es *ist*, und können es noch weiter entmutigen. Seine Reaktion ist aber ganz verschieden, wenn man ihm klar macht, was es *möchte*: Aufmerksamkeit erregen, Überlegenheit zeigen, das Boß sein, seine Macht demonstrieren, besonders bedient oder berücksichtigt werden, vergelten oder andere bestrafen. Derartige Deutungen seiner wirklichen Absichten rufen, wenn sie zutreffen, eine unmittelbare und charakteristische Reaktion hervor. Diese automatische Reaktion besteht aus einem schelmischen Lächeln und einem eigenartigen Zwinkern der Augen, dem sogenannten ›Erkennungsreflex‹. Das Kind braucht kein Wort zu sagen oder es kann sogar ›nein‹ sagen. Sein Gesichtsausdruck verrät es dennoch. Der Erkennungsreflex ist die Bürgschaft gegen eine falsche Deutung der Absichten des Kindes. Psychologische Unterredungen dieser Art führen deshalb kaum zu Gefahr von Mißdeutungen. Der Erkennungsreflex kann bei fast allen Kindern beobachtet werden, wenn die richtige Enthüllung in der geeigneten Form und zur passenden Zeit stattfindet. Es gibt nur zwei Arten von Kindern, bei denen er nicht erzielt werden kann. Eine davon ist das Kind mit dem ›Pokergesicht‹, das jedermann mißtraut und nicht bereit ist, zu zeigen, was in ihm vorgeht. Es ist schwierig, durch seine äußere Fassade hindurchzusehen. Der andere Typ ist das Kind, das auf alles, was man ihm sagt, mit einem dummen und verlegenen Lächeln reagiert. Dies ist nur eine andere Form des Verbergens. Eine aufrichtige und offene Beziehung ist erforderlich, ehe ein Kind auf die Enthüllung mit dem Erkennungsreflex reagiert.

Richtige Enthüllungen können nicht in der Form lapidarer

Feststellungen erfolgen. Es wäre ein Fehler, dem Kind geradeheraus zu sagen, was seine Ziele sind. Selbst wenn der Lehrer in seiner Annahme recht hat, führt es nicht zur Anerkennung durch das Kind. Das Kind fühlt sich ›ertappt‹ und wird eine derartige Belehrung, die beinahe wie eine Anklage klingt, zurückweisen, selbst wenn der Lehrer sie in einem freundlichen Ton vorbringt. Einer Deutung sollte immer die Frage vorangehen, ob das Kind gern wissen würde, wozu es dies oder jenes tue oder nicht tue. Ist das Kind für eine solche Besprechung bereit, kann der Lehrer seine Deutung in einer ziemlich vagen und unbestimmten Form vorbringen: »Ich frage mich, ob du vielleicht haben wolltest, daß deine Mutter dir hilft?« – »Könnte es sein, daß du zeigen willst, daß niemand dich zwingen (oder hindern) kann?« – »Ich habe den Eindruck, daß du die Mutter verletzen willst, weil sie dir weh tat.« – »Könnte es sein, daß du willst, der Lehrer soll dich allein lassen und nichts von dir verlangen?« – Solche Andeutungen können nie schädlich sein. Ist der Lehrer auf der falschen Spur, wird er keine Reaktion sehen. Er kann dann zu einer anderen Schlußfolgerung kommen, und die Reaktion des Kindes wird zeigen, ob sie richtig ist.

Ist das Ziel festgestellt, können zukünftige Gespräche andere Möglichkeiten, einen Platz in der Gruppe zu finden, erwägen. Der Lehrer kann mit dem Kind über die Umstände sprechen, die es bei der Bildung seiner Absichten und seiner Einstellung vielleicht beeinflußt haben. Dies ist eine Gelegenheit, bei der ein Lehrer eher zuhören als sprechen sollte, um die Ansichten des Kindes kennen und verstehen zu lernen. Es sind immer Gründe da, warum ein Kind eine bestimmte Situation so und so deutet, auch wenn seine Deutung auf einer falschen Beurteilung der Tatsachen beruht. Ein Kind kann sich ungeliebt fühlen, selbst wenn es in Wirklichkeit sehr geliebt wird. Es kann glauben, gefährdet, ungeeignet oder dumm zu sein, ohne daß eine tatsächliche Begründung vorhanden ist. Es spielt keine Rolle, ob seine Auffassung richtig oder falsch ist. Wichtig ist aber, was es von der betreffenden Situation hält; dies bestimmt sein Verhalten. Ehe ein Lehrer die falsche Auffassung eines Kindes verbessern kann, muß er zuerst Verständnis und Mitgefühl für die Gefühle und die Einstellung des Kindes zeigen. Schon ein nur wenige Minuten dauerndes Gespräch vor, zwischen oder nach der Stunde kann persönlichen Kontakt entstehen lassen, Einsicht in die Probleme des Kindes gewähren und Lösungen anzeigen.

Solche Aussprachen über Ziele und verschiedene Methoden, Geltung zu erlangen, können auch in der Klasse stattfinden. Diese Gruppengespräche sollten ein Teil des regelmäßigen Lehrplans werden. Der Lehrer kann beginnen, indem er in allgemeinen Begriffen erklärt, zu welchem Zweck Kinder ungezogen sind oder keine Fortschritte machen. Hierauf kann er ein Kind seiner Klasse als Beispiel nehmen, ohne dessen Namen zu erwähnen. Viele Kinder, besonders die kleineren, werden ihre Taktik ändern, sobald sie ihre Ziele erkannt haben. Sie werden gewisse Methoden aufgeben, wenn diese zu offensichtlich für ihr Gewissen werden. Schließlich kann sich ihre ganze Lebensanschauung ändern. Solche Gespräche können und sollen das Kind anregen, seine Befürchtungen offen zu besprechen. Sie vermögen ihm zu helfen, seine Einstellung gegenüber der Schule, gegenüber dem Lehrer und auch gegenüber seinen Familienmitgliedern zu klären. Geschwister, die mit ihm in Konkurrenz stehen, können in einem neuen Licht erscheinen. Irrtümliche Minderwertigkeitsgefühle und andere irrige Auffassungen werden ihm oft verständlich, wenn der Lehrer Predigen und Beschuldigen vermeidet und es statt dessen ermutigt, selbständig zu urteilen.

Die Befähigung von Lehrern, psychologische Gespräche und Erklärungen zu führen, wird oft in Frage gestellt. Man meint, diese Aufgabe sollte z.B. den Schulpsychologen vorbehalten bleiben. Man glaubt, ein Lehrer, der in seinen Gesprächen und Erklärungen über psychologische Verhaltensweisen spricht, überschreite seine Aufgabe. Unsere Erfahrung hat jedoch gezeigt, daß ein Lehrer das psychologische Kräftespiel in einem Kind verstehen und mit ihm über seine irrtümliche Auffassung und Einstellung sprechen *muß*, um ihm helfen zu können, seine Mängel zu überwinden. Es ist ein wesentlicher Teil der Aufgaben und Pflichten eines Lehrers, psychologische Kenntnisse zu erwerben und dem Kind die dadurch möglichen Einsichten zu vermitteln. Auf diese Weise kann das sinnlose ›Predigen‹, das aus bereits bekannten ›Erklärungen‹, aus Nörgeln und Tadeln besteht, durch ein sinnvolles Gespräch zwischen Erzieher und Kind über die zugrundeliegenden Einstellungen und dem Kind nicht bewußten Überzeugungen ersetzt werden.

Die psychologische Deutung sollte jedoch nicht mit dem Versuch verwechselt werden, zu ›analysieren‹ oder in das Unbewußte und zu den tiefen Quellen der Gefühle einzudringen. Sie ist nicht dasselbe wie die Psychotherapie, die von Psychotherapeuten und geschulten Psychologen betrieben wird. Psychotherapie handelt von der vergangenen Entwicklung, der Bildung tiefsitzender Meinungen und dem Lebensstil des Kindes. Deutung auf der anderen Seite befaßt sich nur mit der gegenwärtigen Einstellung und den unmittelbaren Zielen. Die Kunst der Deutung sollte jedermann, der beruflich mit Kindern zu tun hat, bekannt sein.

4. Kapitel

Unspezifische Verbesserungsmethoden

Es besteht kein großer Unterschied darin, ob ein Lehrer mit einem sogenannten ›emotional gestörten‹ Kind zu tun hat oder mit den vielfältigen Problemen eines normalen Kindes. Die Mechanismen und Methoden, die zu einer Besserung führen können, sind sich ähnlich. Unter den gegenwärtigen kulturellen Umständen brauchen fast alle Kinder irgendwann einmal Hilfe. Neben den psychologischen Methoden, die die Motivation jedes betreffenden Kindes berücksichtigen, gibt es eine Reihe von Mitteln, mit denen der Lehrer seine Schüler zum Lernen, Teilnehmen, Mitarbeiten und zur Entwicklung anregen kann.

Das Vertrauen des Kindes gewinnen

Man kann niemand beeinflussen, wenn nicht zuvor eine freundliche Beziehung hergestellt worden ist. Diese grundsätzliche Voraussetzung wird oft mißachtet. Die meisten Schwierigkeiten mit Kindern sind die logischen Folgen einer gestörten Beziehung zwischen Kind und Erwachsenen. Das gleiche Kind, mit dem der eine Lehrer nichts anfangen kann, ist oft mit einem anderen zur Zusammenarbeit bereit. Besteht eine gute Beziehung, so tauchen kaum ernsthafte Störungen der Mitarbeit auf. Oft versucht jedoch der Lehrer, ein Kind zu beeinflussen und sein Betragen oder seine Fehler zu verbessern, ohne ihrer Beziehung Aufmerksamkeit zu schenken. In seinem Bemühen, ein falsches Verhalten oder Mängel zu verbessern, verschlechtert er oft noch die bereits bestehende schlechte Beziehung. Wenn wir den Lehrer mit dem Verkäufer vergleichen, wird uns das ungerechte Vorrecht bewußt, dessen er sich erfreut: Kennt ein Verkäufer nicht die nötige Verkaufspsychologie, um die Kaufresistenz seiner Kunden zu überwinden, so wird er entlassen. Wenn ein Lehrer hingegen nicht die wirksamen psychologischen Methoden kennt, um den Widerstand eines Schülers zu überwinden, so fällt der Schüler durch.

Mittel, die Mitarbeit eines Kindes zu gewinnen, verlangen dauernde Überlegung. Es gibt dafür weder ein Schnellverfahren noch bereitliegende Rezepte. Viel hängt von der Einstellung und Fähigkeit des Lehrers ab, von kaum erfaßbaren Faktoren, dem fast unmerklichen Ausdruck der Achtung, dem psychologischen Kräftespiel und von sozialen Werten. Jeder muß selbst seinen Weg finden. Der eine Lehrer kann mit echter Liebenswürdigkeit Erfolg haben, während ein anderer den Kindern lächerlich erscheint, wenn er sich bemüht, liebenswürdig zu sein. Es gibt nur einen Faktor, der allen erfolgreichen Methoden gemeinsam ist: *Aufrichtigkeit*. Damit allein kann man Kinder gewinnen. Sie haben früh gelernt, genau zu beobachten und sind fähig, jeden Erwachsenen in wenigen Sekunden einzuschätzen. Versucht er, den Kindern etwas vorzuspielen, spüren sie seine Verstellung sofort. Kinder sprechen auf jeden an, der den Mut hat, so zu sein, wie er ist, mit allen seinen menschlichen Fehlern und Schwächen, vorausgesetzt daß er bereit ist, seine eigenen Schwächen und Fehler zuzugeben. Dies ist immer noch die beste Art, das Vertrauen eines Kindes zu gewinnen. Den Überlegenen spielen und versuchen, besser zu wissen und besser zu *sein*, ist der schlimmste Verstoß gegen eine gute Beziehung mit Kindern. Gern und willig akzeptieren sie die überlegenen *Erfahrungen* und *Kenntnisse* Erwachsener, die ja nicht in Frage gestellt werden, wenn der Betreffende bescheiden genug ist, nicht damit zu renommieren.

Einer Persönlichkeit mit warmer und herzlicher Ausstrahlung fällt die Aufnahme guter Beziehungen leicht. Diese Eigenschaften können jedoch nicht gelernt werden; sie sind auch keine unerläßlichen Voraussetzungen. Sogar eine kalte und unfreundliche Persönlichkeit ist für Kinder annehmbar, wenn die grundlegenden Erfordernisse für ein gutes Verhältnis erkannt und beachtet werden.

Gute Beziehungen zwischen Lehrer und Schüler beruhen auf den grundsätzlichen Regeln der Zusammenarbeit und sind in einem klaren Begriff von Ordnung verankert. Diese Tatsache wird oft übersehen. Wenn die grundlegenden Prinzipien einer guten Beziehung von der Befriedigung der gefühlsmäßigen Bedürfnisse und der persönlichen Genugtuung jedes Kindes abhängen würden, wäre die Betonung von Wärme und Nachgiebigkeit gerechtfertigt. Unglücklicherweise ist diese Annahme jedoch falsch, und die Folgen sind verheerend.

Ein gutes Verhältnis in einer demokratischen Umgebung erfordert gegenseitige Achtung und Vertrauen sowie ein Gefühl der sozialen Gleichwertigkeit, die unabhängig von persönlichen Unterschieden des Wissens, der Kenntnisse, der Fähigkeiten und der Stellung ist. Ein Lehrer, der vor jedem Kind Achtung hat und es mit Würde und Freundlichkeit behandelt, kann es zur Anerkennung von Ordnung und Spielregeln bringen, die für jedes soziale Funktionieren notwendig sind. Auf der anderen Seite muß der Erzieher auch genügend Selbstachtung haben und nicht nachgeben, wo Festigkeit vonnöten ist. Viele gütige Lehrer können nicht fest sein und viele, die fest sind, sind nicht freundlich. Mit Festigkeit verbundene Güte ist jedoch Ausdruck gegenseitiger Achtung; sie ist die Grundlage für eine gute und beständige Beziehung. Kinder wollen ihre Lehrer achten, wollen aber selbst auch geachtet sein. Behandlung als sozial Gleichwertige und Gelegenheit, sich aktiv an der Verantwortung für die gemeinsame Aufgabe des Lernens zu beteiligen, lösen die besten Bemühungen der Kinder aus. Ein Lehrer kann sich so verhalten, daß er von seinen Schülern als Freund angesehen und gleichzeitig als Führung anerkannt wird.

Die Herstellung einer guten persönlichen Beziehung erfordert die volle Aufmerksamkeit eines Lehrers vom ersten Augenblick an, wenn er eine neue Klasse vor sich hat; schon im ersten Augenblick der Begegnung gewinnen die Kinder einen bestimmten Eindruck. Schon hier beurteilen sie einen Lehrer kritisch und wissen, was von ihm zu erwarten ist. Sie erraten ziemlich genau, wieviel Spaß und wieviel Schwierigkeiten sie haben werden, wie weit sie gehen dürfen oder ob sie sich gut betragen müssen. Es wäre deshalb ein Fehler, die erste Stunde der eigentlichen Schularbeit zu widmen. Viel besser ist es, mit den Kindern bekannt zu werden und sich dabei als ihr Freund und Führer zu zeigen. Manche Lehrer kennen nach Monaten noch nicht einmal die Namen ihrer Schüler, noch weniger ihre Persönlichkeit. Interesse am Kind aber wird nicht nur durch Worte bezeugt, es muß gezeigt werden. Kein Kind läßt sich überzeugen, daß alle Strafen, kritischen Bemerkungen, Verbesserungen und schlechten Noten nur seinem Besten dienen. Echtes Interesse erweist sich als solches durch einige wenige persönliche Bemerkungen, speziell durch Teilnahme und Vertrautheit mit dem, was ein Kind außerhalb der Schule tut – mit seinen Beschäftigungen, Interessen und Nöten. Echtes Mitgefühl für ein Kind mit seinen vielen Schwierigkeiten kann sich als ein Akt menschlicher Zusammengehörigkeit äußern, ohne doch dem Kind zu erlauben, ungebührliche Nachsicht und Nachgiebigkeit zu verlangen.

Humor ist ein wirksames Mittel, um jeder unangenehmen oder gespannten Situation den Stachel zu nehmen. Oft verhindert ein falscher Respektbegriff oder die übertriebene Bedeutung der eigenen Geltung und Würde einen spontanen Ausdruck von Humor. Man muß jedoch vorsichtig sein, denn Humor kann nur allzu leicht zu Demütigungen führen. Bei Kindern kann gutmütiges Lachen leicht hervorgerufen werden, manchmal schon durch eine bloße Veränderung der Stimme. Der Lehrer kann von Kindern sogar lachen lernen, wenn es ihm darauf ankommt, immer zusammen mit ihnen zu lachen. Es ist nicht ratsam, Gelächter im Klassenzimmer zu unterdrücken. Man kann ruhig abwarten, bis es sich gelegt hat; sonst kann es zu einem Ausdruck der Auflehnung werden.

Um als Lehrer Erfolg zu haben, braucht man jedoch mehr als ein gutes persönliches Verhältnis mit einzelnen Schülern. Auch die Beherrschung des Stoffes genügt nicht. Wichtiger ist die Fähigkeit des Lehrers, seinen Stoff interessant zu gestalten. Der Vorgang des Lernens hängt großenteils vom *Wunsch* zu lernen ab. Man kann ein Kind zum Lernen zwingen, doch garantiert eine solche Methode keinen Erfolg. Sie kann ihn im Gegenteil verhindern. Volle Teilnahme an jeder Arbeit bedarf der Anregung des Interesses. Wird ein Lehrstoff widerwärtig, dann wird der innere Widerstand selbst ein willfähriges Kind des vollen Nutzens des Lernens berauben. Wahrscheinlicher wird es, zumindest zeitweise, aufgeben zu lernen. Ein Lehrer muß fähig sein, solche Blockierungen zu überwinden, denn man kann Augenblicke der Langeweile, der entmutigenden Hindernisse und der Zerstreuungen nicht vermeiden. Die Überwindung solch unvorhergesehener Zwischenfälle hängt von dem Wunsch des Kindes ab, vorwärts zu kommen. Dieses Verlangen stirbt aber ab, wenn dem Kind nur schwere, unangenehme oder uninteressante Aufgaben gestellt werden. Viele Lehrer versuchen, die Kinder entweder durch Drohung oder Belohnung anzuregen. Selbst der Ansporn durch eine gute Note oder höhere persönliche Geltung ist fragwürdig; der Preis für einen derart künstlich angestachelten Ehrgeiz ist zu hoch. Auf jedes Kind, das darauf anspricht und Erfolg hat, entfallen viele andere, die versagen, weil sie jeden Versuch aufgeben.

Der Lehrer muß bei *allen* Kindern ein echtes Interesse hervorrufen, wenn er möchte, daß sie Fortschritte machen. Denn der Vorgang des Lernens soll doch für alle eine angenehme Erfahrung werden. Dies setzt Begeisterung des Lehrers für seine eigene Aufgabe, seine eigene Teilnahme voraus. Viele junge Lehrer wissen dies und beginnen ihren Beruf mit einem gewissen Grad von Begeisterung. Finden sie aber, daß ihre Schüler nicht den gewünschten Fortschritt machen, der ihrem eigenen Niveau oder dem ihrer Vorgesetzten oder der Eltern entspricht, dann verlieren sie ihren Mut und ihre Begeisterung und beginnen zu tadeln und zu strafen, und hoffen durch Druck das zu erreichen, was ihnen durch Anregung nicht gelungen ist.

Es ist nicht leicht, Eltern und auch Lehrer davon zu überzeugen, daß Zwang dem Fortschritt eines Kindes und seinem Lernbedürfnis im Wege steht. Eine solche Neuorientierung ist im Augenblick besonders schwierig, weil ein gewisser Erfolg durch Zwangsmethoden erreicht werden kann. Ohne äußeren Druck tut das Kind vielleicht gar nichts, während durch Zureden, Zwang,

Drohen und gründliche Überwachung ein gewisser Fortschritt erzielt wird. Sowohl für Erzieher als auch Kinder bedeutet dies jedoch einen überflüssigen Aufwand an Energie und eine wirkliche Quälerei. Im Vergleich zu den hohen Kosten bringen solche Methoden nur einen kleinen Gewinn. Viel mehr kann durch die Anregung des kindlichen Interesses erreicht werden, und zwar mit bedeutend weniger Anstrengung aller Beteiligten. Man kann jedermann mit Waffen zur Nachgiebigkeit zwingen, sobald jedoch die Bedrohung aufhört, ist auch die Bereitschaft mitzumachen zu Ende.

Zwangsmethoden sind für viele schlechte Arbeitsgewohnheiten verantwortlich. Sie werden nur deshalb angewandt, weil die erfolgreichen Anregungsmethoden zu wenig bekannt sind. Ein Lehrer, der einen günstigen Einfluß auf die persönliche und schulische Entwicklung eines Kindes nehmen will, erreicht sein Ziel am besten, indem er jeden Zwang vermeidet und statt dessen Methoden sucht und ausprobiert, die das Kind gewinnen und seine Mitarbeit und seinen Fortschritt anregen.

Ermutigung

Jedes Kind, das unartig ist oder seine Fehler hat, ist entmutigt. Solange es seinem Können vertraut, gebraucht es konstruktive Mittel, um einen Platz in der Gruppe zu finden. Entmutigung aber ist die Wurzel aller fehlerhaften Haltungen. Jedes Kind möchte gerne gut sein und ist nur ›schlecht‹, wenn es keine Möglichkeit sieht, anders Erfolg zu haben. Kinder werden so lange unzulänglich sein, als unsere Erziehungsmethoden eine Folge von entmutigenden Erlebnissen darstellen. Übermäßige Beschützung und Nachgiebigkeit haben dieselbe entmutigende Wirkung wie Strenge, Demütigung und Bestrafung, denn sie berauben das Kind der notwendigen Erfahrung seiner eigenen Kraft und seiner Fähigkeit, Schwierigkeiten zu überwinden und für sich selbst zu sorgen. Es lernt, sich auf andere und nicht auf sich selbst zu verlassen. Tadel und Demütigung vermehren das

Selbstvertrauen und den Mut eines Kindes nicht. Und dabei sind diese beiden Eigenschaften die Grundlage der sozialen Anpassung und des schulischen Fortschritts. Sie allein geben ein Gefühl der Sicherheit.

Der moderne Lehrer sieht sich Kindern gegenüber, die nur allzuoft schon durch ihre häusliche Erziehung im Nachteil sind. Während er versuchen sollte, ihrer Entmutigung entgegenzuwirken, fühlt er sich nur allzu leicht veranlaßt, die entmutigenden Methoden der Eltern fortzusetzen. Das Kind erwartet von seinem Lehrer dieselbe Behandlung und bringt ihn so weit, daß er in sein Programm paßt. Es erfordert ein großes Maß an Verständnis, Kraft und Geduld, solchen Erwartungen zu widerstehen.

Der Lehrer nimmt im Leben eines Kindes eine ausschlaggebende Stellung ein. Er ist neben den Eltern der erste Mensch, der planmäßig erzieherische Einflüsse ausübt. Oft ist er der erste überhaupt, der Arbeit, Pflicht und Verantwortlichkeit betont. Ist sein Einfluß entmutigend, dann kann er das Wirken des Kindes auf dem einen oder anderen Gebiet seiner Bemühungen auf lange Sicht hinaus hemmen. Viele Erwachsene leiden unter unnötigen Mängeln als Ergebnis ihrer ersten Erfahrungen in der Schule, weil ihr Lehrer, ohne sich dessen bewußt zu sein, sie von ihrer völligen oder teilweisen Unfähigkeit überzeugt hat. Es gibt intelligente, belesene und wohlunterrichtete Personen, die nicht rechtschreiben können, weil ihr Lehrer sie nicht überzeugen konnte, daß sie es können. Manche hassen Bücher, die zum Sinnbild ihrer ›Unfähigkeit‹ geworden sind. Mathematische Probleme können für immer eine Qual bleiben. Ein dauernder und starker Widerwille gegen jedes formale Wissen kann die Folge von entmutigenden Erfahrungen während der Schulzeit sein. Lehrer, die die besten Absichten haben, Wissen und intellektuelle Kräfte in den Kindern zu fördern, arbeiten oft unter falschen Voraussetzungen und merken nicht, wieviel Schaden sie dabei anrichten.

Die planmäßige Anwendung von Ermutigung und die Kenntnis und das Geschick, sie wirksam zu gebrauchen, sind Voraussetzungen für jede konstruktive und verbessernde Einflußnahme. Sie sind für jeden Lehrer unabdingbar, nicht nur um Schaden zu vermeiden, sondern auch um die vergangenen ungünstigen Erfahrungen, denen der Schüler ausgesetzt war, wieder gutzumachen. Wir alle wissen, wie man entmutigt. Wir finden es leicht, zu tadeln und auf andere herabzusehen. Stehen wir aber der Notwendigkeit gegenüber, zu ermutigen, dann sind wir ungeschickt und bewirken oft das Gegenteil. Wir wissen nicht, wie man es anfängt. Folglich korrigieren wir, wenn wir jemandem helfen wollen, und weisen auf seine Fehler hin. Wir machen uns vor, daß wir dies zu seinem Wohl tun, und merken nicht, daß dies viel weniger zu seinem als zu unserer eigenen Befriedigung geschieht. Das Kind, das getadelt worden ist, ändert nur selten sein Verhalten. Trotzdem wird dieselbe nutzlose Prozedur fortgesetzt, oft nur deshalb, weil viele nicht wissen, was man sonst tun könnte. Denn immer, wenn wir uns bei unseren Bemühungen enttäuscht fühlen, sind wir geneigt, nach einem Prügelknaben Ausschau zu halten. Und jeder Lehrer, der nicht weiß, wie ein Kind zu beeinflussen ist, neigt dazu, für das eigene Unvermögen *ihm* die Schuld zu geben. Selbst wenn er versucht, eine ermutigende Haltung einzunehmen, kann es in einer entmutigenden Weise geschehen. Sagt er einem Kind, es könnte viel besser und solch ein nettes Kind sein, »wenn es nur …«, so heißt das ganz klar, daß es *nicht* nett ist und nicht gut genug ist. Dies ist keine Ermutigung und hilft nur selten.

Es ist nicht leicht, die Methode der Ermutigung eindeutig festzulegen, da alles von der Reaktion des Kindes anhängt. Dieselben Worte, an zwei verschiedene Kinder gerichtet, können das eine ermutigen, das andere entmutigen. Wenn wir z. B. einem Kind sagen, wie gut es etwas getan hat, kann dies bei dem einen zu vermehrtem Selbstvertrauen führen und weitere Anstrengungen hervorrufen, während ein anderes denken kann, daß es nichts als Zufall war und daß es zukünftig nie wieder fähig sein wird, dies so gut fertig zu bringen. Ermutigung erfordert deshalb eine dauernde Beobachtung der Wirkung. Die Kunst der Ermutigung kann nicht auf mechanische Art gelernt werden. Denn sie besteht aus mehr als einer einzelnen Handlung und drückt die ganze gegenseitige Beziehung zwischen zwei Personen aus. Der Unterschied zwischen Ermutigung und Entmutigung ist oft äußerst fein. Wir können ein Kind entmutigen, indem wir nichts oder zuviel von ihm erwarten. Und wiederum liegt die Entscheidung des ›zuwenig‹ oder des ›zuviel‹ beim Kind – nur *seine* Reaktion entscheidet, ob unser Schritt ermutigend war oder nicht. Der Ton der Stimme, die Tonveränderung und zufällige Begleiterscheinungen können die Bedeutung einer Aussage oder einer Handlung ändern. Und noch einmal: die Absichten mögen gut gewesen sein und die angewandte Methode vielleicht in vielen Fällen wirksam, aber das Kind kann den Sinn falsch deuten, so daß die gewünschte Wirkung ausbleibt.

Ermutigung hängt also nicht so sehr von dem tatsächlichen Verhalten ab als von der tieferliegenden Einstellung. Diese Methode ist zu fein, als daß sie durch bestimmte Worte oder Handlungen gekennzeichnet werden kann. Es kommt nicht darauf an, *was* man sagt und tut, sondern *wie* es getan wird. Ermutigung ist darauf gerichtet, den Glauben des Kindes an sich selbst zu stärken. Sie setzt daher eine positive Bewertung des Kindes voraus. Nur wer an ein Kind glaubt, wie es ist, und das Gute in ihm sieht, kann ermutigen. Allzu oft wird der Begriff ›an das Kind glauben‹ mißbraucht, als ob es sich darum handelte, an seine Fähigkeiten zu glauben. Eine solche Auffassung verletzt die grundsätzliche Achtung vor dem Kind. *Wir müssen an ein Kind glauben, und zwar jetzt, ohne Rücksicht darauf, was es tun wird.*

Die äußeren Zeichen eines solchen Glaubens sind Freundlichkeit und Anerkennung. Wir dürfen aber nicht vergessen, daß Liebe und Lob nicht unbedingt auf Glauben hinweisen. Man kann ein Kind innig lieben und trotzdem nicht an seine Fähigkeiten, seine Kraft oder seinen grundlegenden Wert glauben. Aus diesem Grund bedeutet Liebe an sich nicht unbedingt Ermutigung. Im Gegenteil, sie bedeutet oft Besitzenwollen, übermäßige Besorgtheit und Nachsicht, die alle die Selbstachtung verringern. Lob und Belohnung können als Gnade und Gunst empfangen werden, die Herablassung ausdrücken. Sie haben dann natürlich nicht die Wirkung von Ermutigung.

So notwendig Lob ist – es muß mit Vorsicht gehandhabt werden, sonst kann es zu einer Abhängigkeit von Anerkennung führen.

Übertrieben angewandt kann es die Unsicherheit verstärken, weil das Kind vor der Vorstellung Angst bekommt, nicht den Erwartungen entsprechen zu können. Wichtiger ist, daß sich das Kind seines dauernden Wertes bewußt wird, und daß dieser Wert von seinem Lehrer anerkannt wird, *ohne Rücksicht darauf*, was es im Augenblick tut oder worin es versagt. Eine solche Haltung des unbeschränkten Glaubens verführt ein Kind nicht dazu, seine Pflichten zu mißachten oder seine Bemühungen einzustellen. Sie öffnet im Gegenteil den Weg für den selbstlosen Wunsch, sein Bestes zu tun.

Unser gegenwärtiges Erziehungssystem macht es dem Lehrer nicht leicht, seine Schüler zu ermutigen. In einer Atmosphäre der Konkurrenz kann kein Kind seines Platzes sicher sein. Die Notwendigkeit, Zensuren zu geben, und die Verpflichtung, gute Ergebnisse zutage zu fördern, können den Lehrer dazu bringen, sich in bestimmten Situationen pädagogisch falsch, d.h. im Hinblick auf das Kind ›entmutigend‹ zu verhalten. Denn wenn die Fehler eines Kindes als unerträglicher Widerspruchsgeist angesehen werden, dann werden die persönlichen Unzulänglichkeiten und Mängel zu stark betont. Folglich werden Zeit und Energie auf die Bemühungen verschwendet, einzelne Fehler zu verbessern, statt das ganze Kind zu beeinflussen. Bei solchen auf den Fehler konzentrierten Anstrengungen setzen sich die fehlerhafte Verhaltensweise oder die unzulängliche Arbeitsweise noch mehr fest, so daß eine weitere Entmutigung oft die unvermeidliche Folge ist.

Wir sind uns heute der Verpflichtung unseren Kindern gegenüber voll bewußt, vielleicht mehr denn je zuvor in der Geschichte der Menschheit. Unsere guten Absichten drücken sich aber oft nicht in Akten der Ermutigung aus, sondern mehr in einer Art Nachgiebigkeit, die die Rechte der Kinder nicht anerkennt, sondern ihnen lediglich die Möglichkeit an die Hand gibt, die Rechte anderer zu mißachten. Ein in dieser nachgiebigen Art erzogenes Kind bekommt kein Selbstvertrauen, sondern lernt nur, ein Tyrann zu werden. Nachgiebigkeit und Ermutigung, die so oft für ähnlich gehalten werden, sind in ihrer Wirkung tatsächlich Gegensätze.

Dieser Zustand ist aber nicht nur für die Kinder entmutigend, sondern ebenso für die Lehrer, die, in ihren besten Bemühungen enttäuscht, verwirrt werden und das Vertrauen in ihre eigenen Fähigkeit verlieren. Ein entmutigter Lehrer kann unmöglich die Quelle der Ermutigung sein. Nur einer, der seiner eigenen Kenntnisse und Fähigkeiten sicher ist, vermag dem Kind zu helfen, seine Schwierigkeiten zu überwinden. Er sieht dann die Kraft und Fähigkeit des Kindes klarer und kann die eigenen realistischen und zuversichtlichen Eindrücke an dieses weitergeben. Das heißt Ermutigung.

Die umfassende Technik der Ermutigung erfordert ein spezielles Studium. Wir sind nur allzu gut darin geübt, andere zu entmutigen; das liegt zum Teil in unserem Bedürfnis, durch Herabsetzung anderer an Selbstachtung zu gewinnen. Und es gibt wenige Lehrer, die die Fähigkeit haben, dem Kind echte Ermutigung zu geben, obwohl sie dies alle gern tun würden. Da sie aber mit den Feinheiten des Verfahrens der Ermutigung nicht vertraut sind, glauben sie, einfach lieb und nett zu sein, genüge. Man hat übrigens festgestellt, daß Worte wie ›unterstützend‹ und ›drohend‹ oft falsch verstanden werden. Glaubt ein Kind wirklich, es sei dumm, und der Lehrer weiß genau so sicher, daß es nicht dumm ist, und sagt ihm dies, dann unterstützt er so wenig wie er ermutigt, sondern er bedroht die Überzeugung des Kindes. Man muß zuerst die Situation mit den Augen des Kindes sehen, um ihm zu helfen, sein Selbstverständnis und seine Selbstbeurteilung zu ändern. Es kommt nur darauf an, wie das Kind deutet, was ihm gesagt oder getan wird.

Trotz dieser Feinheiten und Schwierigkeiten beim Studium der Kunst der Ermutigung – sie kann erlernt werden. Es erfordert nur eben jenes systematische Training, dem sich, wie wir meinen, alle Lehrer unterziehen sollten.

Berücksichtigung der Gruppe

Die Entwicklung demokratischer Verhaltensweisen untergrub die Herrschaft der Erwachsenen, und die Gruppe der Gleichaltrigen gewann in der Familie wie in der Schule zunehmende

Bedeutung. Sowohl Eltern als auch Lehrer hatten die Macht, die Befolgung ihrer Regeln zu erzwingen, und eine Rebellion – die immer latent existierte – trat in den meisten Fällen nur schwach und indirekt zutage, denn die Gruppe von Kindern, die den Maßstab der Autoritätspersonen annahm, verstärkte Konformität und Unterwerfung. Heute, in einer demokratischen Atmosphäre, unterstützen die Kameraden oft die Rebellion. Die Anerkennung der Gleichaltrigen wird wichtiger als die der Erwachsenen – der Eltern und Lehrer. Das Kind unserer Tage kann frei und offen seine Rebellion und seinen Trotz ausdrücken, sowohl zu Hause als auch in der Schule. Aber die Macht eines einzelnen Erwachsenen vermag ein unbotmäßiges Kind nicht mehr zu zügeln, wenn nicht der Druck der Gruppe zu diesem Zweck eingesetzt werden kann.

Der Einfluß der Gruppe auf das individuelle Kind kann immer dann beobachtet werden, wenn sich dieses in einer Gruppensituation befindet. Die Gruppe zur Beeinflussung eines Kindes heranzuziehen, bedeutet nicht nur eine wirksame Art des Lehrens und Verbesserns; dies ist in unserer demokratischen Atmosphäre, in der die Autorität der Gruppe die Autorität des einzelnen Erwachsenen ersetzt, unerläßlich. Die Gruppe ist die Wirklichkeit, in der das Kind sich bewegt, durch ihr korrigierendes *Feedback* (Rückwirkung) bildet und verstärkt sie die Einstellung und das Verhalten eines Kindes. Je größer die Übereinstimmung mit der Gruppe der Gleichaltrigen ist, desto unwilliger werden sich die Kinder dem durch Eltern und Lehrer vorgeschriebenen Verhaltensmuster anpassen.

Die Klasse kann ein außerordentlicher Helfer oder ein gefährlicher Komplice sein, und die Einschaltung ihres Einflusses ist im großen und ganzen ein mächtiges und wirksames Instrument. Lehrer, die das nicht wissen oder denen die Geschicklichkeit fehlt, den Druck der Gruppe für die erzieherischen Ziele einzusetzen, gestatten einem Störenfried, die Klasse ganz auf seine Seite zu ziehen. Denn die gegen den erzieherischen Prozeß eingestellten, trotzigen und feindseligen Kinder besitzen oft die überlegene Fähigkeit, die Gruppe – natürlich gegen den Lehrer – zusammenzuschweißen, besonders wenn dieser die Klasse nicht richtig führt und keine günstige Lehratmosphäre schaffen kann. Unzulänglichkeiten der üblichen Lehrmethoden werden häufig durch die unwirksame und unfähige Handhabung der ganzen Klasse verursacht.

Der Lehrer als Gruppenführer

Die meisten Lehrer meinen, ihre Aufgabe bestehe darin, einzelne Kinder zu lehren, zu beeinflussen und sie notfalls zu verbessern. Aus diesem Grunde sind große Klassen nicht gern gesehen, da sie die Aufmerksamkeit, die der Lehrer jedem einzelnen Schüler geben kann, einschränken. Meist ist sich auch der Lehrer kaum bewußt, daß er nicht 25 oder 35 Kinder unterrichtet, die zufällig in einer Klasse sitzen, sondern daß er nur *eine* Klasse lehrt, ob sie nun aus 25 oder 35 Kindern besteht. Er ist ein Gruppenführer, auch wenn er es oft nicht weiß. Manche Lehrer besitzen eine natürliche Fähigkeit zur Führung; alle Lehrer aber sollten sich diese Fertigkeit aneignen, wenn sie Erfolg haben wollen. Kann nämlich der Lehrer die Klasse nicht für seine Zwecke einsetzen, so wird sie zum Hindernis. Was ein Kind auch tut und wie es in der Klasse auch funktionieren mag, ist immer ein Teil des wechselseitigen Kräftespiels mit den anderen Kindern und beruht nicht nur auf seiner Beziehung zum Lehrer.

Eine klare Vorstellung über die Struktur der Untergruppen, die in jedem Klassenzimmer bestehen, ermöglicht dem Lehrer beispielsweise die verständnisvolle Deutung einer Störung durch ein Kind, das bei den Mitschülern nach Effekt hascht, oder die Nörgelei eines isolierten Kindes, das keine Möglichkeit sieht, in die Gruppe der Gleichaltrigen aufgenommen zu werden. Ohne die Kenntnis derartiger Zusammenhänge kann der Lehrer bestehende schädliche Beziehungen innerhalb der Gruppe unbewußt fördern, statt die Zusammensetzung der Untergruppen so zu arrangieren, daß sie seiner Einflußnahme auf die Klasse und auf das einzelne Kind zugutekommen.

Ohne den Gebrauch soziometrischer Methoden wird ein Lehrer die Zusammensetzung der Klasse wie auch die Art und das Ausmaß der Untergruppen meist nicht erkennen. Nur ein Soziogramm ermöglicht es ihm, sowohl die Gruppenstruktur zu erfassen, als auch sie erfolgreich zu ändern. Auf diese Weise kann er die feindseligen Kräfte in seiner Klasse abschwächen und die positiven Elemente der Mitarbeit stärken, so daß Einzelgänger integriert und feindselige Führer von ihren Anhängern getrennt werden.

Ohne Anwendung der Soziometrie haben Lehrer oft keine Ahnung von bestehenden Gruppenbeziehungen. Durch Sitzpläne, Arbeitsgruppen usw., die ohne Berücksichtigung der Wünsche der Schüler gebildet wurden, können gute Lernbedingungen oft verdorben oder aufgehoben werden. Dies kann Störungen in der Klasse zur Folge haben, die die sozialen Beziehungen beeinträchtigen.

Der Lehrer als Führer muß lenken, leiten, anregen und seine Schüler anfeuern. Einige Führer-Eigenschaften sind dieselben, ob es sich um ein einzelnes Kind oder um eine Gruppe handelt. Erforderlich ist die Fertigkeit, Interesse zu erwecken, Begeisterung hervorzurufen, zu ermutigen, das Selbstvertrauen zu stärken, Zusammenarbeit zu fördern, Lernen anzuregen und Hindernisse zu beseitigen. Es ist notwendig, daß der Lehrer jedes Kind, das sich falsch verhält oder Unzulänglichkeiten zeigt, versteht, weil er sonst dessen irrtümliche Ziele verstärkt, statt sie zu verbessern. In der Klasse sollte er nicht nur die unmittelbaren Ziele eines Kindes erkennen, sondern auch die Rolle, die es spielt, sowohl innerhalb der ganzen Klassengruppe als auch innerhalb einer Untergruppe, mit der es sich identifiziert. Es erfordert eine sorgfältige Beobachtung der Wechselwirkung zwischen den Kindern, um dem Lehrer den Schlüssel für die Rolle, die ein Kind spielt, an die Hand zu geben. Dies stellt eine Aufgabe für den Lehrer dar, auf die er gewöhnlich nicht vorbereitet ist.

Die Atmosphäre im Klassenzimmer

Weil die Lehrer dazu neigen, an die ganz persönliche Beziehung zwischen sich und dem einzelnen Kind zu glauben, finden sie es schwierig, gewisse Seiten der Gruppenbildung und der Gruppendynamik zu erkennen. Ein Lehrer muß lernen, wie man *mit* den Gruppen und nicht gegen sie arbeitet. Lehrer, die mit einzelnen Kindern Erfolg haben, können dieselbe Methode mit der Klassenzimmer-Gruppe versuchen – und enttäuscht werden. In der Tat ist das Verhältnis zwischen einer Gruppe und einem Lehrer grundsätzlich verschieden vom Verhältnis zwischen einem Lehrer und einem einzelnen Kind. Denn Klassengruppen sind in der Regel nicht nur Ansammlungen einzelner Kinder, sondern sie sind mehr als die Summe ihrer Teile.

Was immer ein Lehrer im einzelnen tut, er schafft eine bestimmte Atmosphäre in seiner Klasse. Diese Atmosphäre ist im allgemeinen dafür verantwortlich, ob das Lernen angeregt oder gehemmt wird. Die Anregung zum Lernen beruht auf Einstellungen, die ihrerseits auf den Normen und Maßstäben beruhen, welche eine Klasse entwickelt hat. Findet eine Gruppe Probleme interessant und lohnend, so entwickeln ihre Mitglieder Einstellungen, die zur Lösung dieser Probleme führen. Ist die vorherrschende Norm Zynismus oder Teilnahmslosigkeit, dann werden die meisten Schüler dazu neigen, sich dem positiven Lernen zu widersetzen. Der Fortschritt der Klasse hängt davon ab, wieweit die Gruppennormen es jedem einzelnen erlauben und ihn ermutigen, sich einzusetzen. Die Aufgabe des Lehrers, die Normen zu entwickeln, die das Lernen fördern, ist nicht leicht. Denn die hergebrachten Erziehungsmethoden machen es dem Lehrer beinahe unmöglich, von seiner Macht, Entscheidungen zu treffen, viel mit der Klassengruppe zu teilen, und Gruppenmethoden sind neu und zum großen Teil unerprobt. Klassen, die positiv funktionieren, haben wahrscheinlich einen guten Klassengeist. Einer seiner Hauptfaktoren ist Optimismus, das Gefühl, daß etwas Positives herauskommt und die Ziele erreichbar sind.

Eine solche Moral beeinflußt die Ziele der ganzen Klasse. Gute Verständigung, Zusammenhalt und hohe Moral sind sowohl Ursache als auch Folge zufriedenstellender Gruppentätigkeiten. Entmutigte, gelangweilte oder teilnahmslose Klassen werden den Bemühungen des Lehrers widerstehen. Jede Klasse und jeder Lehrer haben ihre jeweils eigene ›Klimazone‹. Obwohl sich das Klima aus den Persönlichkeiten der Gruppe und des Lehrers zusammensetzt, ist es der letztere, der für die Art des Klimas, das sich im Klassenzimmer entwickelt, am meisten verantwortlich ist.

Kurt Lewin unterschied in seinem Iowa-Experiment mit Jungen-Clubs drei Arten von ›sozialem Klima‹, das jeweils durch den Jugendführer geschaffen wurde. Er war entweder autokratisch, demokratisch oder anarchisch (übertrieben tolerant). Die Arbeitsfähigkeit der Gruppe unter autokratischer und demokratischer Führung war ähnlich; nur die dritte Gruppe brachte nicht viel hervor. Das sollte Erzieher zum Nachdenken anregen, weil viele glauben, Demokratie bedeute die Freiheit für jeden zu tun, was er will. Sie glauben, daß man demokratisch schon allein dadurch wird, daß man aufhört, autokratisch zu sein. Natürlich ist das eine Täuschung, denn man wird nur anarchisch; ein Mißverständnis, dem wir oft in den sogenannten ›progressiven Erziehungsmethoden‹ begegnen. Wer eine positive Führung und einen starken Einfluß ausübt, ist deshalb nicht schon autokratisch. Es ist die Art der Führung, die den autokratischen vom demokratischen Lehrer unterscheidet.

Der Hauptunterschied zwischen den Jungen unter autokratischer und demokratische Lenkung bestand im Verhalten der Kinder, wenn der Leiter nicht zugegen war. Die demokratische Gruppe konnte gut ohne Leiter funktionieren, und die Kinder waren außerhalb der Gruppe freundlich untereinander, im Gegensatz zu der autokratisch geführten Gruppe, wo sie zu streiten anfingen, sobald ihr Leiter abwesend war, und den Streit auch außerhalb der Gruppe fortsetzten.

Ein Ergebnis der Experimente Lewins ist von ungeheurerer kultureller Bedeutung, nur leider sehr wenig bekannt. Was geschah, wenn der demokratische Leiter plötzlich autokratisch wurde? Nichts. Die Kinder hatten Vertrauen zu ihm, machten auch bei seiner neuen Methode mit und benahmen sich bald in der typischen Art autokratisch geführter Kinder. Was geschah aber, wenn der autokratische Leiter plötzlich demokratisch wurde? Ein Tollhaus brach los! Es brauchte eine Woche oder mehr, ehe die Kinder sich beruhigten und sich an die demokratische Art gewöhnten.

Wo immer auch Kinder aus einer autokratischen Umgebung in eine demokratische Atmosphäre kommen, geraten sie außer Rand und Band, mißbrauchen ihre Freiheit, weil sie noch nicht gelernt haben, sich auf ihre innere Gebundenheit zu verlassen, wenn der äußere Druck sie nicht mehr zur Unterwerfung zwingt. Aus diesem Grunde haben wir auf den Gebieten die größten Schwierigkeiten, wo das Kind vorher unterdrückt und beherrscht wurde und jetzt plötzlich tun kann, was es will.

Autokratische oder demokratische Führung?

Würde man versuchen, jeden Lehrer nach dem von ihm geschaffenen sozialen Klima zu beurteilen, so würde man wahrscheinlich zu einer überraschenden Betrachtung kommen: Unsere heutigen Erzieher sind weder autokratisch noch demokratisch, sondern immer eine eigenartige Mischung von beidem, wobei sie mehr nach der einen oder anderen Seite neigen. Auch der diktatorische Lehrer, der in einer Demokratie lebt, kann nicht so brutal und gewalttätig sein wie seine Vorläufer in der Vergangenheit. Und viele sogenannten demokratischen Lehrer neigen zu einer zügellosen Nachgiebigkeit mit Rückfällen in traditionelle autokratische Obertöne. Man sollte Lehrer in allen drei Methoden ausbilden und ihnen und vielleicht auch ihren Schülern dann die Wahl lassen. Es macht einen ungeheuren Eindruck auf die Schüler, wenn sie autokratischer und demokratischer Führung ausgesetzt werden und dann wählen können, was sie vorziehen. Diejenigen, die noch nie gelernt haben, in Freiheit verantwortlich zu sein, werden es oft vorziehen, autokratisch behandelt zu werden, weil dies der einzige

Weg ist, der sie vor Mißgeschick und schlechten Taten bewahrt. Und viele andere Kinder werden die demokratische Methode vorziehen, weil sie ihnen wahrscheinlich anziehender erscheint als sich von einem ›Boß‹ handhaben zu lassen, ohne notwendigerweise die volle Verantwortung für sich zu übernehmen.

Um aber Freiheit und Verantwortlichkeit zu erreichen, muß der Unterschied zwischen autokratischer und demokratischer Führung allgemein gekannt und akzeptiert werden. Die folgende Gegenüberstellung erwies sich bei der Ausbildung von demokratischen Lehrern als wertvoll. Sie beseitigte die gegenwärtige Ungewißheit und Unschlüssigkeit. Die Liste ist jedoch keineswegs vollkommen. Viele zusätzliche Merkmale können wahrscheinlich hinzugefügt werden.

Umseitig die Verhaltungs-Methoden, die den autokratischen Führer vom demokratischen unterscheiden:

Verhalten:

autokratisch	*demokratisch*
Boß	Leiter
scharfe Stimme	freundliche Stimme
Befehl	Vorschlag
Macht	Einfluß
Druck	Anregung
Verlangen von Mitarbeit	Gewinnen von Mitarbeit
Begriffe und Meinungen aufzwingen	Begriffe und Meinungen anbieten
Beherrschung	Führung
Kritik	Ermutigung
Auf den Fehler schauen	Die Leistung anerkennen
Bestrafen	Helfen
Ich sage dir	Gespräch
Ich entscheide, du gehorchst	Ich schlage vor und helfe dir zu entscheiden
Alleinige Verantwortung des Boß	Geteilte Verantwortung in der Gruppe

Was ist der charakteristische Unterschied zwischen den beiden Reihen? Die linke zeigt den Druck von außen an, die rechte die Anregungen von innen. Diese grundlegende Differenz ermöglicht es jedem Lehrer, der daran interessiert ist, seinen eigenen ›demokratischen Index‹ zu bestimmen, jeden Schritt, den er unternimmt, zu prüfen und jede Methode, die er benützt. Der Unterschied ist so offensichtlich, daß man ihn erkennen muß, wenn man es nur will.

In diesem Schema ist Bestrafung als autoritäre Methode klar erkenntlich. Belohnung und Bestrafung, die ja den Druck von außen darstellen, sind nur in einer autokratischen Umgebung wirksam. Dort sind sie die notwendigen Mittel, um Konformität durchzusetzen. Heute aber sind sie nicht nur unwirksam, sondern schädlich. Wenn das Kind eine Belohnung bekommt, sieht es diese nicht als Ausdruck einer gütigen Autorität dankbar an – nein, es betrachtet sie als sein *Recht*. Und es ist nicht bereit, irgend etwas zu tun, wenn es nicht wieder eine Belohnung bekommt. Die Situation bei Anwendung von Strafen ist eher noch schlimmer. Bestrafung wirkt nur bei Kindern, die sie nicht benötigen, weil man mit ihnen vernünftig reden kann. Diejenigen, die der Erzieher durch die Bestrafung beeindrucken will, schütteln sie als unvermeidlichen Teil der Kriegführung von sich ab. Das eine Mal gewinnt man, ein andermal verliert man. Wenn der Lehrer ein Kind bestraft, denkt es sich: »Wenn der Lehrer oder die Eltern das Recht haben, mich zu bestrafen, habe ich dasselbe Recht, sie zu bestrafen.« Unsere Familien und Schulen sind voll von Akten der gegenseitigen Wiedervergeltung. Schon seit vielen Jahren ist die Wirkungslosigkeit der Bestrafung in einer demokratischen Umgebung bekannt ebenso wie der Unterschied zwischen Bestrafung und natürlichen Folgen. Piaget erweiterte unser Verständnis dadurch, daß er zwischen vergeltender Gerechtigkeit, was Bestrafung tatsächlich ist, und ausgleichender Gerechtigkeit unterschied, welche die Macht der Wirklichkeit und der sozialen Gruppe darstellt und uns alle, Erwachsene und Kinder, gleich berührt. Und doch erwartet die große Mehrzahl unserer Eltern und Lehrer gute Ergebnisse von einer Methode, die bestenfalls eine vorübergehende Unterwerfung bedeutet, aber weder das Verhalten beeinflußt noch irgend etwas ›lehrt‹. Ein Kind, das sich vor Bestrafung fürchtet, würde auch auf weniger drastische Formen unserer Mißbilligung reagieren. So betrachtet, können wir uns gezwungen sehen, unser System von Zensuren und seine Wirksamkeit neu zu beurteilen. Zensuren beeindrucken ein Kind gewöhnlich nur, wenn sie gut sind. Schlechte Noten verbessern den Lerneifer nur selten. Es gibt bessere Wege, das Lernen anzuregen als durch die Furcht von schlechten Noten und vor dem Versagen. Selbst im Erfolgsfall geschieht es nur um den Preis von Spannungen, Ängstlichkeit und Energieverschwendung. Wieviel mehr könnte gewonnen werden, wenn der Lehrer mit dem demokratischen Vorgehen vertraut wäre, Leistungen anzuregen, statt sie zu fordern!

In unserer Arbeit mit Eltern und Lehrern sind wir jetzt sehr darauf bedacht, die Anwendung logischer und natürlicher Folgen zu lehren. Es erfordert Feingefühl und Geschick, wirksame Folgen herbeizuführen, denn zwischen Bestrafung und Folgen besteht nur eine feine Linie der Unterscheidung: natürliche Folgen sind die logische und unmittelbare Folge des Vergehens, nicht durch eine Autorität dem Kind aufgezwungen, sondern durch die Situation selbst. Der Lehrer kann die Rolle des freundlichen Helfers beibehalten. Folgen sind nicht willkürlich, sondern überzeugen von selbst. Wenn sich jedoch der Lehrer in einen Machtkampf verwickeln ließ, kann er die Folgen nicht anwenden. Schon der Ton seiner Stimme wandelt ein gutes Beispiel natürlicher Folgen zu einer bestrafenden Vergeltung.

Die Situation des Lehrers ist weniger schwierig, wenn er sich nicht mehr allein verantwortlich fühlt für das, was in der Klasse vorgeht, was jedes Kind tut. Er kann – und sollte – die Verantwortung mit den Kindern teilen. Wenn ein Lehrer keinen Mannschaftsgeist schaffen kann, wird er immer durch die Untergruppen in seiner Klasse behindert sein, und zwar durch den Widerstreit verschiedener Interessen zwischen denjenigen, die auf seiner Seite stehen, und denjenigen, die ihn bekämpfen: zwischen den Fortgeschrittenen und den Langsamlernern.

Die Einheit der Klasse

Der Erfolg eines Lehrers hängt zu einem großen Teil von seiner Fähigkeit ab, die Klasse zu einem gemeinsamen Zweck zu vereinen. Sein Gelingen oder Versagen entscheidet oft nicht nur, was die Kinder lernen, sondern wie sie sich entwickeln, und zwar sowohl intellektuell als auch sozial. Wenn ihm hauptsächlich die wenigen am Herzen liegen, die hervorragen oder die ›richtigen Beweggründe‹ haben, dann haben einige wenige Erfolg auf Kosten der vielen, die auf der Strecke bleiben. Nur wenn er alle zu einer Einheit zusammenschweißt, kann er auf alle einwirken und ihnen zum Fortschritt verhelfen, eine Aufgabe, die ihm durch die bestehenden gegensätzlichen Lager in seiner Klasse sehr erschwert wird. Statt die Kluft zwischen ihnen aber zu überbrücken, betonen viele Lehrer beinahe absichtlich diesen Unterschied, um die Unterstützung der einen Gruppe gegen die andere zu gewinnen. Am Ende leiden alle darunter. Die Moral ist gesunken, die Atmosphäre unfreundlich, wenn nicht gar feindselig, und die Fortschritte im Lernen werden bei allen, sogar bei den sogenannten guten Schülern, beeinträchtigt.

Die Notwendigkeit, eine Klasse zur Einheit zu bringen, ist unschwer einzusehen, jedoch gehen die Meinungen, wie dies am besten zu bewerkstelligen sei, auseinander. Viele Erzieher, denen das Geschick, die Gruppe, mit der sie arbeiten, zu vereinen und zusammenzuschmieden, abgeht, befürworten gleichartige Klassen, wobei sie die Langsamlerner von den Fortgeschrittenen und die Konformisten von den Störenfrieden trennen. Eine Trennung nach Fähigkeiten kann zwar friedlichere Klassenzimmer ergeben, ist jedoch schädlich. Sie führt zur Hierarchie. Denn die vom Durchschnitt abweichenden Kinder werden dabei zur aristokratischen Minderheit. Auf diese Weise fördern unsere Schulen eine Elite von moralischen und intellektuellen Snobs, die auf die anderen heruntersehen. Eine derartige Trennung löst aber noch nicht das Problem der Vereinigung. Ein Lehrer, der nicht in der Lage ist, seine Klasse zu vereinen, wird ähnliche Feindseligkeiten in seiner fortgeschrittenen oder sogenannten homogenen Klasse finden; wenn er aber weiß, wie man eine Gruppe zur Einheit bringt, kann er dies auch mit einer sehr ungleichartigen Klasse erreichen (s. 61. Beispiel, S. 294 ff.)

Welche Mittel stehen dem Lehrer zur Verfügung? Er kann eine Klasse dadurch vereinigen, daß er Interesse, eine hohe Moral und ein Gefühl für den Gemeinsinn weckt. Viele Lehrer könnten ihre Stunden interessanter gestalten, wenn sie sich nur etwas Mühe geben würden. Gewöhnlich sind sie so stark damit beschäftigt, den Stoff darzustellen und die Kinder zu kontrollieren, daß die Möglichkeiten des Vergnügens, der Spontaneität und des schöpferischen Geistes von vielen einfach übersehen werden.

Jennings schlug lange soziometrische Ketten vor als Mittel, jedes Kind mit jedem anderen zu verbinden und damit einen Vorgang der Vereinigung zu schaffen. Sie empfiehlt den Lehrern, die Mittel zu entdecken, um den Kontakt zwischen verschiedenen Gruppen herzustellen und einen Gruppengeist zu entwikkeln, indem man Verbindungen und hilfreiche Auskünfte über die Gruppen begünstigt, die Ursachen von Absonderungen aufdeckt und ausfindig macht, welcher Lehrplan geeignet ist, um Maßstäben, die solche Absonderungen verursachen, entgegenzuwirken. Eine positive Wechselwirkung beim Lernen erlaubt den Mitgliedern einer Gruppe ihre verschiedenen Fähigkeiten zu ergänzen, zu vergrößern und so zu einer größeren Gesamtleistung beizutragen.

Viele Lehrer behandeln jedes Kind als individuell verantwortlich, geben ihm seinen Leistungen gemäß Aufgaben und betrachten Unzulänglichkeiten als dessen persönliche Angelegenheit. Das Kind wird auf diese Art systematisch dahin orientiert, auf eigenen Füßen zu stehen und nur seinen persönlichen Leistungen entsprechend sich zu verbessern oder zu verschlechtern. Es wird nicht dahin gebracht, Probleme in ihrem sozialen Zusammenhang zu sehen oder die Pläne zu entwickeln, diese Probleme gemeinsam mit anderen zu lösen. Diese Betonung des unabhängigen Handelns hat viele schädliche Wirkungen. Je mehr ein Kind damit Erfolg hat, nur ganz allein und für sich selbst zu lernen, desto größer wird der Nachteil für seinen Charakter und sein Gemeinschaftsgefühl sein.

Konkurrenz kontra Mitarbeit

Die Atmosphäre der Konkurrenz innerhalb einer Klasse verhindert die Integration des einzelnen Kindes in die Klasse. In einer solchen Umgebung kann kein Kind seines Platzes sicher sein – eine Voraussetzung für jedes harmonische Wirken in der Gruppe. Die Förderung der Konkurrenzbestrebungen kann Gruppengeist und Moral zerstören. Statt jedem Schüler ein Gefühl für Wert und Gleichwertigkeit zu geben, führt sie dazu, daß der eine sich überlegen und der andere unterlegen fühlt. So ist weder Zusammenarbeit noch Gruppengeist möglich.

Die unterschiedlichen Verhaltensweisen von Schülern, die in einem Verhältnis der Zusammenarbeit lernen und nicht in einer Atmosphäre der Konkurrenz, wurden weitgehend untersucht. Streben die Mitglieder einer Klasse nach ihrer eigenen individuellen Überlegenheit, so werden Bemühungen um Zusammenarbeit unmöglich; Gedankenaustausch, die Koordination von Bemühungen, Freundlichkeit und Stolz auf die Gruppe vermindern sich oder verschwinden schließlich ganz.

Zusammenarbeit ist ein ziemlich schwieriger Komplex von Fertigkeiten, die nicht leicht erreicht oder angewandt werden können, wenn Konkurrenzbestrebungen existieren. Durch gemeinsame Planaufgaben innerhalb der Klasse kann man sie ausmerzen. Diese stellen ein wichtiges Mittel zur Integration dar, denn sie regen die Bemühungen um Zusammenarbeit an. Das Kind dient ja nicht egoistischen Zwecken, sondern den Zielen der ganzen Gruppe, wenn es sich an einer Planaufgabe der Gruppe beteiligt. Es kann Geltung erlangen und die Bedeutung seines Beitrags genießen, auch wenn er leistungsmäßig nicht so beeindruckend und vollkommen ist wie die Arbeit anderer Mitschüler. Jeder kann seinen eigenen bedeutsamen

Beitrag leisten, ohne ihn mit dem Beitrag anderer zu vergleichen.

Auf unseren Vorschlag, daß Lehrer und Eltern Konkurrenzbestrebungen unter den Kindern vermeiden sollten, erheben sich viele Einwände. Man hält uns vor, wie könnten sie in einer Gesellschaft voll starker Konkurrenz leben, wenn sie nicht zum Wettstreit erzogen werden. Dieses Ansinnen beruht auf einem Irrtum. Je weniger einer an Konkurrenz interessiert ist, desto besser kann er sich in einer extremen Konkurrenz bewähren. Wenn er lediglich zufrieden ist, sein Bestes zu tun, dann wird er von dem, was sein Konkurrent tut oder erreicht, nicht gestört. Wer heftig konkurriert, kann Konkurrenz nur ertragen, wenn er Erfolg hat.

Klassengespräche

Gruppengespräche sind unumgänglich notwendig in einer demokratischen Klasse[1]. Sie haben viele Vorteile: Erstens erlauben sie eine völlige Integration aller Kinder, da alle teilnehmen, ihre Meinungen ausdrücken und erfahren können, was andere denken. Weiter entwickelt jeder Schüler in einem freien Gespräch ein Gefühl von Bedeutung und Verantwortlichkeit, da er das Recht hat, seine Meinung auszudrücken, und die Verpflichtung, anderen zuzuhören. Drittens teilen die Kinder die Verantwortung,

[1] »Weder Lehrer noch Schüler kennen und teilen ihr Leben und ihre Interessen miteinander. Die erste und primitivste Voraussetzung fehlt, das offene Gespräch. Ohne ein solches Gespräch wird über die Lehrer geredet, sie werden kritisiert und hinter ihrem Rücken verdammt, wie es in den meisten Schulen geschieht. Die Schüler reden auf jeden Fall, aber ohne Kontrolle, unreif, ohne ein Gefühl der Verantwortung. Solche Redereien hören auf, sobald Vorkehrungen getroffen werden, daß der Schüler sich offen ausdrücken kann. Auf diese Art wird eine öffentliche Meinung geformt, die dem unvernünftigen Schimpfen und Kritisieren entgegenwirkt. Eine solche öffentliche Meinung kann sich nur entwickeln, wenn die ganze Schülerschaft sich ausdrücken kann, einander zuhört und von einander Notiz nimmt.« So schrieb Gustav Wyneken 1910. Seine Worte sind heute noch so revolutionär wie sie damals waren.

Lösungen zu finden, mit dem Lehrer. Dieser kann sich darauf verlassen, daß seine Klasse ihm bei der Lösung ihrer gemeinsamen Probleme hilfreich zur Seite steht.

Gruppengespräche erfüllen hauptsächlich drei Aufgaben. Die erste ist, daß jedermann lernen muß, zuzuhören. In unserer Zeit weiß niemand, was der andere fühlt. Lehrer sind sicherlich nicht gewohnt, auf die Kinder zu hören. Und die Kinder, die ihm zuhören müssen, wissen kaum, was er wirklich fühlt, und zwar wegen des Anscheins von Autorität, den der Lehrer gewöhnlich zur Schau trägt.

Die zweite Aufgabe des Gesprächs ist, Kindern zu helfen, sich selbst und einander gegenseitig zu verstehen. Damit dies erreicht werden kann, muß der Lehrer in der Lage sein, die Kinder und besonders ihre Ziele psychologisch zu begreifen. Unsere Gruppengespräche befassen sich mit den Zielen des Verhaltens der Kinder. Dies schaltet Schulmeistern, Predigen und die-Rolle-des-Richters-Spielen aus, da dies alles gegen den Geist eines freien Gesprächs steht. Kinder sind an einem solchen Gespräch stark interessiert und beginnen dann, persönliche und wesentliche Fragen zu stellen. Sie geben gern Auskunft darüber, wie sie versucht haben, Aufmerksamkeit zu erregen, ihre Überlegenheit zu zeigen, sich zu rächen oder entmutigt aufzugeben, obwohl sie vor dem Gespräch kaum eine Ahnung hatten, was sie taten.

Die dritte Aufgabe des Klassengesprächs ist, jedes Kind anzuregen, einander zu helfen. Es ist nicht mehr der Lehrer mit seiner Autorität und Überlegenheit, der ›lehrt‹, sondern die Kinder helfen einander gegenseitig, für ihre Probleme bessere Lösungen zu finden. So wandelt das Gespräch die Klasse in eine zusammenhängende Gruppe. Die Kinder fühlen, wieviel sie gemeinsam haben. Der Geist der Konkurrenz wird durch eine Atmosphäre der gegenseitigen Sympathie und Hilfe ersetzt. Der schwächere Schüler – vorher ein Gegenstand der Verachtung und Geringschätzigkeit – fordert jetzt zur Hilfe auf. Das glückliche Kind, das sozial und schulisch Erfolg hat, kann sich nicht mehr in der Herrlichkeit seiner Vortrefflichkeit sonnen, sondern erkennt jetzt seine Verantwortung, anderen zu dienen.

Solche Gespräche geben dem Kind die Gelegenheit, über seine Zweifel zu sprechen, und helfen ihm, seine Einstellung gegenüber der Schule, dem Lehrer und seinen Familienmitgliedern zu klären. Vielleicht erscheint jetzt auch das konkurrierende Verhalten seiner Geschwister zu Hause gegenüber in einem anderen Licht. Irrtümliche Zweifel an den eigenen Fähigkeiten und Fehleinschätzungen von anderen können nun offenbar werden.

In dieser Art geführt, ändern Gruppengespräche das Verhalten wirksamer als die persönliche Unterrichtung, denn es geschieht dabei etwas, was einen stärkeren Einfluß auf das Verhalten ausübt als Unterricht oder persönliche Hilfe.

Kinder lernen mehr voneinander als von dem, was der Lehrer sagt. In vielen Fällen, besonders wenn man es mit älteren und trotzigen Schülern zu tun hat, ist das Gruppengespräch überhaupt der einzige Weg, eine Wirkung auf sie auszuüben. Klassengespräche sind sogar imstande, verbrecherische Tendenzen zu bekämpfen. Sie spiegeln ein Wertsystem dieser Kinder wider, welches den Werten der Erwachsenen-Gesellschaft entgegengesetzt ist. Denn Werte können nur in einer Gruppe geändert werden, und jede Gruppe stellt eine wertformende Kraft dar. Auf diese Weise kann der Lehrer mit der Hilfe der übrigen Schüler die Vorstellungen und Werte jedes einzelnen Klassenmitglieds zur Untersuchung und Überlegung ins Gespräch bringen. Dies ist jedoch nur möglich, wenn der Lehrer sich des Predigens enthält und auch die Kinder daran hindert, Moral zu predigen und zu demütigen.

Es gibt kaum einen Lehrer, der mit seinen Schülern keine Gespräche hat, sei es zeitweise oder regelmäßig. Diese Gespräche handeln aber meistens von Klassenaufgaben oder Störungen und haben wenig Einfluss darauf, einen Schüler zu verstehen oder zu verbessern. Die meisten Lehrer gebrauchen solche ›Gespräche‹, um ihre eigenen Ideen auszudrücken, zu erklären, zu predigen und Zustimmung und Bestätigung von den Schülern zu bekommen. Andere führen ihre Gespräche als ›allgemeine Rauferei‹, in einer ungehemmten und unstrukturierten Art, wobei jedes Kind sich ausdrücken darf, wie es will, ohne daß der Lehrer die Führung in die Hand nimmt. Und wenn Führung schließlich – weil nämlich Anarchie entsteht – doch unumgänglich wird, wird sie in ihrer Art oft autokratisch.

Um Leiter eines Gruppengesprächs zu sein, ist eine erhebliche Selbstsicherheit, Spontaneität und innere Freiheit erforderlich. Diese Fähigkeiten erlauben einem Lehrer, ohne Furcht zu handeln, ohne Besorgtsein um das eigene Prestige und ohne Mißtrauen darüber, was die Kinder dazu sagen mögen. Es ist wichtig, nicht sofort eine Lösung finden zu wollen, ehe Lehrer und Kinder untersucht haben, wieso irgend etwas fehlging. Eine gute Möglichkeit, das Gespräch zu unterhalten und neue Ideen hervorzubringen, ist die Frage »Was haltet ihr davon?«. Dann wagen die Kinder, neue Gedanken über die Ursachen und mögliche Lösungen vorzubringen. Dies gibt dem Lehrer Gelegenheit, die Bemerkungen zu unterstützen, die zu einer Lösung führen könnten.

Jeder Lehrer kann dazu ermutigt werden, mit dieser Art von Gespräch anzufangen. Es gibt Sicherheitsvorrichtungen. Solange der Lehrer den gesunden Menschenverstand gebraucht, die Schüler veranlaßt, sich frei auszudrücken und psychologische Deutungen nur über mögliche *Ziele* macht, nicht über Ursachen, befindet er sich auf sicherem Boden. Einige Deutungen mögen falsch sein, sie können aber keinen Schaden anrichten. Die wohltuende Wirkung, eine Moral zu schaffen, ein Gefühl der Zusammengehörigkeit zu vermitteln und Schwierigkeiten als Aufgabe für Verständnis und Verbesserung, nicht als Gegenstand des Ärgers zu betrachten, überwiegt jeden möglichen Schaden. Trotz vieler Fehler, die ein Lehrer machen kann, vermag er den Kindern erheblich zu helfen, indem er ihnen gestattet, sich frei zu äußern.

Es ist ganz offensichtlich, daß ohne Klassengespräche, an denen alle gleichermaßen teilnehmen, die Kluft zwischen den ›Guten‹ und den ›Schlechten‹, zwischen den Fortgeschrittenen und den Langsamen, zwischen den Konformisten und den Trotzigen nicht zu überbrücken ist, und eine Einheit in der Klasse nicht erreicht werden kann.

Demokratische Klassenzimmer-Organisation

Demokratisches Zusammenleben hat nichts mit Anarchie und Zügellosigkeit zu tun, wie so oft angenommen wird. Eine demokratische Gruppe verlangt Ordnung und Disziplin; allerdings kann ihre Ordnung nicht durch die Autorität eines dominierenden Erwachsenen geschaffen werden.

Im Prozeß der demokratischen Entwicklung, der unseren Kindern das Gefühl der Gleichwertigkeit gab, wurden sie gegen die Herrschaft der Erwachsenen immun. Sie wurden frei, haben aber noch nicht gelernt, die volle Selbstverantwortung auf sich zu nehmen. Dieser Mangel an Verantwortlichkeit, der in unseren Familien und Schulen oft klar zutage tritt, beruht in erster Linie auf der Tatsache, daß die Erwachsenen, Eltern und Lehrer, immer noch alle Verantwortung auf sich nehmen und nicht wissen, wie man Kinder zu einem demokratischen Leben in Freiheit, aber mit Verantwortung führt. In einer autokratischen Gesellschaft schließen sich Freiheit und Ordnung gegenseitig aus, in einer demokratischen aber braucht man sowohl die Freiheit als auch die Ordnung, weil sonst Anarchie herrscht. Dies erfordert von seiten der Lehrer neue Methoden und von seiten der Schüler zunehmende Selbstverwaltung.

Es erhob sich die Frage, ob den Schülern das Recht gegeben werden soll, zu entscheiden, ob sie lernen wollen oder nicht und was sie lernen wollen. Leider ist es keine Frage mehr, ob dies klug ist, denn sie sind bereits in der Lage, dieses Recht für sich zu beanspruchen, und wir können einen Schüler nicht zum Lernen zwingen, wenn er nicht will.

Wir unterschätzen die Kräfte unserer Kinder, ihre Intelligenz und ihre Fähigkeit zur Verantwortung sehr. Da wir sie nicht mehr beherrschen können, müssen wir sie als gleichwertige Partner bei allem gemeinsamen Tun gewinnen. Planen und Entscheidungen treffen darf nicht nur dem Lehrer oder seinen Verbündeten in der Klasse überlassen werden. Wir müssen die Trotzigen, die heute die gesetzten erzieherischen Ziele bekämpfen, mit hinzuziehen.

Die Führung des Lehrers ist nötig, um die gegenläufigen Elemente innerhalb der Jugend auf ein gemeinsames Ziel hin auszurichten, und zwar zum Wohle aller, auch der Gemeinschaft.

Kinder können eine wirksame Gruppentätigkeit entfalten. Dies erfordert aber, daß der Lehrer es fertigbringt, den Entscheidungen der Schüler zu vertrauen und an sie zu glauben, was hinwiederum die Kinder dazu bringt, einander und den Erwachsenen zu vertrauen. Schüler können sich an der Planung gemeinsamer Tätigkeiten, die sowohl für den Lehrplan als auch für sie selbst von Wichtigkeit sind, beteiligen. Wenn sie der Achtung, der Mitarbeit und der Unterstützung ihrer Lehrer sicher sind, können sie in jedem Alter schöpferisch an jedem Schulvorhaben mitarbeiten. Es gibt genügend Beispiele für Schüler, die bei der Aufstellung des Lehrplans, der Lehrmethoden und der Schulverwaltung mitgewirkt haben.

Der Punkt, auf den es ankommt, ist die Beteiligung jedes einzelnen in der Klasse und aller Klassen in der Schule an der Planung des gesamten erzieherischen Prozesses. Viele Schulsysteme haben Schülerräte, aber ihr Tätigkeitsbereich ist gewöhnlich eingeschränkt und noch oft mit der Verpflichtung belastet, Strafen für die Verletzung der von Erwachsenen aufgestellten Regeln festzulegen, was demokratischen Prinzipien zuwiderläuft. Wenn sie etwas planen dürfen, dann gewöhnlich nur unbedeutende und außerhalb des Lehrplans liegende Dinge. Die Schüler, die es am nötigsten hätten, am Schulprogramm beteiligt zu sein, weil sie dem erzieherischen Prozeß gegenüber entweder gleichgültig sind oder ihn offen bekämpfen, sind üblicherweise nicht im Schülerrat vertreten. Ohne ihre aktive Teilnahme sind sowohl die Schulverwaltung als auch die Gemeinde ernsthaft behindert, ihre erzieherischen Ziele zu erreichen.

Bei der Überbrückung der gegenwärtigen Kluft zwischen Jugend und Erwachsenen können die Schulen eine große Hilfe leisten. Sie können das Forum werden, wo Schüler, Lehrer und Eltern sich regelmäßig treffen, um ihre gemeinsamen Probleme zu besprechen. Sie müssen lernen, auf einander zu hören und sich gegenseitig zu verstehen, ehe sie den Punkt erreichen, wo die Probleme gelöst werden können. Auf diese Weise kann die Jugend sogar helfen, Gemeindeprobleme zu lösen, vorausgesetzt, daß man ihnen die Gelegenheit gibt, sich auszudrücken, und daß die Gemeinde ihre Ideen achtet, auch wenn sie nicht mit allem einverstanden ist.

II. Teil

Praktische Beispiele

5. *Kapitel*

Ermutigung

Die Anwendung der im ersten Teil dargelegten psychologischen Prinzipien kann entweder allgemein oder spezifisch erfolgen. Einige dieser Prinzipien lassen sich in jeder Situation anwenden, andere erfordern das Verständnis und die Beurteilung einer bestimmten Situation oder des betreffenden Kindes, seiner Verfassung und seiner Schwierigkeiten.

Ermutigung wurde als grundlegende Erfordernis für jeden Verbesserungsversuch dargestellt. Abgesehen aber davon, daß sie grundsätzlich immer angewandt werden kann, ja muß, wenn eine Verbesserung erzielt werden soll, ist sie auch eine *spezifische* Form der Verbesserungsbemühung um das gestörte Kind, das unter vollständiger Entmutigung (Ziel Nr. 4) leidet. Ermutigung kann also als allgemeine und (oder) spezifische Methode betrachtet werden, was vom jeweiligen Fall abhängt.

Einer der typischen Unterschiede zwischen Methoden, die allgemein anwendbar sind und solchen, die nur für eine bestimmte Situation in Frage kommen, zeigt sich in den Wirkungen dieses Vorgehens. Nur Methoden, die auf die besonderen Bedürfnisse einer Situation oder eines Kindes zugeschnitten sind, können einen dauernden Erfolg zeitigen. Unspezifische Maßnahmen hingegen führen eine allgemein verbesserte Atmosphäre herbei, in der Zusammenarbeit und Übereinstimmung erleichtert sind. In diesem Sinne hilft die Anwendung von Ermutigung jedem Kind. Bei Kindern aber, die das vierte Ziel verfolgen, hat die Ermutigung bleibenden Erfolg.

Eine ermutigende Haltung des Lehrers sollte ebenso durchgehend konstant bleiben, wie Güte und Wärme, die schon als solche ermutigende Folgen haben. Die Technik der Ermutigung jedoch muß erlernt und geübt werden, da ihre einzelnen Kennzeichen nicht so eindeutig erkannt und nicht so ohne weiteres verstanden werden wie beispielsweise die Bedeutung und Funktion der Güte.

Die Beispiele der folgenden Kapitel wurden von den Studenten meiner Seminare für Lehrer vorgelegt. Sie bilden die Grundlage für die Besprechung der Lehrmethoden, auf die in den kommenden Kapiteln immer wieder hingewiesen wird. Die Studenten meiner Universitätskurse, die überwiegend praktisch tätige Lehrer sind, werden hier Referendare genannt.

1. Beispiel

David besucht eine Sonderklasse für Sehbehinderte und kommt im übrigen jeden Tag, zusammen mit einer Gruppe Fünftklässler, in meinen naturwissenschaftlichen Unterricht. Zu Beginn des Jahres und während des größten Teils des ersten Schulhalbjahrs war er nie fähig, seine Arbeiten zur gleichen Zeit mit den anderen abzuschließen, und schien zu entmutigt, sich etwas daraus zu machen. Als ich einmal die Arbeitshefte verteilt, sagte er mir, die Lehrerin seiner Sonderklasse möchte nicht, daß er in ein Arbeitsheft schreibe. Wenn die anderen in ihren naturwissenschaftlichen Büchern lasen, sah David entweder nur die Bilder an oder ließ das Buch ungeöffnet liegen. Die Experimente, die einzelne Gruppen als Demonstration für die Klasse ausführten, waren offensichtlich ohne Interesse für ihn. Ich drängte ihn nicht, teilzunehmen, sondern ließ ihm nur die Möglichkeit dazu offen, so daß er das Gefühl hatte, willkommen zu sein, wenn immer er sich an den Arbeiten der Klasse beteiligen wollte.

Allmählich begann er zu zeigen, daß er teilnehmen wollte, und schlug selbst kleinere Arbeiten im Klassenzimmer vor, mit denen er einen Beitrag leisten könne. *Ich freute mich über sein plötzliches Interesse und zeigte meine Dankbarkeit für seine Bereitwilligkeit zu helfen.* Eines Tages bat er um ein Arbeitsheft; Frau M. (die Lehrerin seiner Sonderklasse) habe gesagt, er dürfe jetzt schreiben. Seit dieser Zeit schrieb er seine Beobachtungen über die Experimente ein und schien stolz darauf zu sein, dasselbe tun zu können wie die anderen. Wenn es jetzt

Leseaufgaben gibt, bittet er um die Erlaubnis, ein Junge der Klasse möge sie ihm vorlesen, da es ihm seiner Augen wegen schwerfalle, Gedrucktes zu lesen. Frau M. erzählte mir, daß David viel von dieser naturwissenschaftlichen Klasse erzähle und daß er wertvolle Impulse durch sie bekommen habe.

Davids Entmutigung war eine doppelte: seiner schlechten Augen wegen zweifelte er daran, überhaupt etwas arbeiten zu können, und er fühlte sich anders als die anderen, nämlich minderwertig und ausgestoßen. Offensichtlich gelang es dem Lehrer von Anfang an, ihm ein Gefühl des Willkommenseins zu geben; er ignorierte Davids Unzulänglichkeit. Es ist oft schwierig, sich von den Mängeln eines Kindes nicht beeindrucken oder herausfordern zu lassen. Trotzdem ist gerade dies die Voraussetzung für einen ermutigenden Einfluß. Das war der erste Erfolg des Lehrers. Indem er Davids Mangel als geringfügig darstellte, öffnete er die Tür für ein Gefühl der Zugehörigkeit zur Klasse. Als dann Davids Interesse an den Vorgängen in der Klasse zunahm, begann er selbst, sich aktiv zu beteiligen. Und wiederum zeigte der Lehrer seine weise Zurückhaltung, indem er ihn nicht vorwärtstrieb, sondern ihn mit dem ihm eigenen Zeitmaß sich bewegen ließ. Erst nachdem David den ersten entscheidenden Schritt getan hatte, reagierte der Lehrer, und diesmal in vollem Umfang. Beachtenswert ist die Feinheit seiner Reaktion. Er freute sich nicht nur, sondern zeigte ›Dankbarkeit‹. Dieses Fehlen jeglichen Hochmuts, diese Demut und Güte offenbart sich in jeder Zeile des Berichts. Sehr wahrscheinlich war es ganz wesentlich, den Jungen zum Teilnehmen zu bringen. Sein Erlebnis in dieser naturwissenschaftlichen Klasse war mehr als nur das Lernen in naturwissenschaftlichen Fächern. Er lernte, sich als Teil der Gruppe zu fühlen, und dies trotz des Nachteils seiner schlechten Augen. Es war ein wichtiger Schritt zur sozialen Anpassung dieses Jungen in einer Welt der Unbehinderten.

2. Beispiel

Ein entmutigt aussehender Junge meiner zweiten Klasse schlurfte auf dem Weg zum Mittagessen an mir vorbei.

»Frau P.«, sage er, »ich glaube nicht, daß ich je lesen lerne.« »Warum meinst du, daß du nie lesen lernst?« entgegnete ich. »Oh, ich glaube, ich bin eben zu dumm dazu.«

Ich griff in meine Schublade, zog einen großen Ordner heraus und sagte: »Du wirst dich wundern, Sven, aber ich weiß ganz sicher, daß du nicht dumm bist. Als du zum ersten Mal in die Schule kamst, richtete ein Lehrer viele Fragen an dich. Diese hast du so gut beantwortet, daß wir wissen, daß du nicht dumm bist.«

Dies ist ein ausgezeichnetes Beispiel dafür, wie die Lehrerin das Hauptproblem des Jungen sofort spürte und sich alsbald intensiv darum bemühte, ihm klar zu machen, daß er nicht dumm sei. Solch eine Maßnahme wird immer Früchte zeitigen.

3. Beispiel

Die achtjährige Corinna (Intelligenzquotient 106; das sind 6 % mehr als die Intelligenzleistung, die ihrem Alter entspräche) machte weder in der 1. noch in der 2. Klasse Fortschritte beim Lesen. Sie war aufmerksam während des Unterrichts, zeigte sich aber völlig hilflos, wenn sie lesen sollte. Sie wurde deshalb nicht versetzt. Während einer Handarbeit weinte sie einmal und meinte, daß alle anderen Kinder außer ihr diese Arbeit machen könnten. Als man ihr etwas half, konnte sie die Arbeit zu Ende führen.

Corinna konnte ihre Handarbeit nur nach Tränen und mit Hilfe beenden. Dies war ungebührliche Bedienung und keine Ermutigung. Später wurde diese falsche Methode durch eine konstruktivere ersetzt.

In der Klasse schnitten wir eine Buchstaben aus farbigem Papier, schrieben einen kleinen Vers auf und zeichneten dazu ein Bild. Zweimal bat

Corinna das hinter ihr sitzende Mädchen, den Buchstaben für sie auszuschneiden. Darauf gab ich ihr noch zwei Stücke Papier mit der Bemerkung, ich dächte, sie könnte einen schönen Buchstaben machen. Ich hätte von ihr gern einen Buchstaben, den ich für eine Karte brauchen würde. Sie schnitt beide Buchstaben aus und legte den einen, den sie für mich gemacht hatte, glücklich und stolz auf meinen Tisch.

Dies ist ein schönes Beispiel richtiger Ermutigung. Die Lehrerin spornte Corinna an, ihren Zweifel an den eigenen Fähigkeiten zu überwinden, der sie veranlaßt hatte, sich von anderen bedienen zu lassen. Die zusätzliche Auszeichnung, etwas für die Lehrerin zu machen, brachte Corinna soweit, ihre Arbeit zu tun.

Der wichtigste Faktor dieses zweiten Versuchs zu ermutigen war die Tatsache, daß die Lehrerin – weit entfernt, Corinna für ihr Vergehen, sich von einer Kameradin helfen zu lassen, zu tadeln und sie damit noch weiter zu entmutigen – einen guten Einfall hatte, die Bemühungen des Kindes in einer freundlichen Weise anzuregen.

4. Beispiel

Der siebenjährige Thomas ist Linkshänder. Bei Schulbeginn war seine Schrift so gut wie unleserlich, und seine Hefte waren voller Gekritzel. Ich erzählte ihm, daß viele Linkshänder gute Schreiber geworden seien und ich dächte, er habe gut gelernt, wie man Buchstaben mache. Eines Tages bat ich ihn, etwas auf die Tafel zu schreiben, um zu sehen, wie es mit seinem Schreiben stand. Ich stellte dabei eine erhebliche Verbesserung fest. Heute rief ich ihn heraus und ließ ihn von seinem Heft vorlesen. Seine Schrift war sehr schön und das Heft ordentlich. Ich hatte ihm keinerlei Schreibunterricht gegeben.

Diese Maßnahme war gut geplant und ausgeführt. Alles, was der Junge benötigte, war Ermutigung. Offensichtlich hatte er schon die Hoffnung aufgegeben, jemals richtig schreiben zu lernen. Jeder zusätzliche ›Unterricht‹ hätte ihn nur noch mehr entmutigt – obwohl die Versuchung groß gewesen sein muß, ihm zu zeigen, wie man schreibt, und seine Kritzeleien zu verbessern. Die Entmutigung von Thomas wurde überwunden, indem man ihm zuerst erzählte, daß Linkshänder gute Schreiber werden können (dies wird immer noch von vielen Erziehern bezweifelt!), des weiteren, indem man eine Leistung anerkennen konnte, nämlich seine Fähigkeit, schöne Buchstaben zu schreiben, und endlich, indem man ihm Gelegenheit gab, seine Leistungen vor der Klasse zu zeigen.

5. Beispiel

Jens kam mindestens dreimal in der Woche zu spät. Als wir neue Klassenordner wählten, bemerkte ich, daß Jens seine Hand hob – er wollte sich um das Klassenbuch kümmern. Ich gab ihm diese Aufgabe, nämlich das Klassenbuch jeden Morgen vom Rektorat abzuholen und es dem Lehrer der ersten Stunde zu bringen. Seither kam er nicht mehr zu spät.

Nichts wurde *gesagt*, um das Kind zu ermutigen. Was aber getan wurde, gab ihm das Gefühl der Wichtigkeit und die Gelegenheit, gerade da zu wirken, wo er Mängel hatte. Er bekam eine Verantwortung, die der Mühe wert war, rechtzeitig in die Schule zu kommen. Ohne irgend etwas über die psychologischen Gründe seines Zuspätkommens zu wissen, ergriff der Lehrer die Gelegenheit, um die für sein Zuspätkommen verantwortlichen Beweggründe, welcher Natur sie auch gewesen sein mögen, zu überwinden. Tadel und Bestrafung hätten nur Schaden angerichtet. Auch das bloße Ignorieren des Vergehens hätte nicht geholfen. Der Lehrer gab Jens diese Aufgabe, ohne Bedingungen daran zu knüpfen oder ihn an seine Pflicht zu erinnern. Er brachte ihm Vertrauen entgegen – und Jens sprach darauf an. Dies ist Ermutigung.

6. Beispiel

Daniel hatte Schwierigkeiten in Mathematik. Er konnte untereinanderstehende Zahlen nicht gut addieren. Eines Tages sah ich, daß

Daniel die Addiermaschine im Laden seines Vaters bediente. Auch die Schule hatte eine Addiermaschine, die ich für diese Klasse freibekam. Ich sagte den Schülern, sie könnten sie benützen, wenn sie wollten. Daniel war der einzige, der sie bedienen konnte, und ich bat ihn, den anderen zu helfen. Sein Addieren von Zahlenkolonnen verbesserte sich zusehends, und auch seine Hefte wurden ordentlicher. Da Daniel sich sehr bewußt war, hinter seinen Altersgenossen zurück zu sein, gab ihm dieses Erlebnis Gelegenheit, die Klassenkameraden auf seine Wichtigkeit aufmerksam zu machen, indem er sie anleitete, die Maschine zu benützen. Der Stolz auf diese Arbeit verbesserte seine Gesamtsituation in der Klasse.

Daniel bewegte sich von einer Minus- zu einer Plussituation. Früher mangelhaft, erwies er sich jetzt in seiner Arbeit in der Klasse als tüchtig und gewann dadurch größeres Selbstvertrauen.

7. Beispiel

Rainer in der 6. Klasse war dauernd in Kämpfe auf dem Schulhof verwickelt. Einmal besiegte er Manuel, einen der beliebtesten Jungen der Klasse. Manuel kam in Tränen zu mir und hatte einen großen Kratzer auf der Brust. Ich klebte ein Pflaster auf seine Wunde, dann sprachen wir über Rainers Streitsucht auf dem Schulhof. Wir kamen zu dem Schluß, daß er wahrscheinlich das Gefühl habe, bei den anderen unbeliebt zu sein, weil sie ihn in keinem Spiel zum Anführer wählten. Manuel war damit einverstanden, mit den anderen Jungen zu sprechen und sie zu überreden, zu Rainer netter zu sein.

In der folgenden Woche wurden neue Klassenvertreter gewählt; Rainer wurde Kassierer. Seine Aufgabe bestand darin, das Geld fürs Frühstück einzusammeln, es zum Frühstückszimmer zu bringen und dort zu sagen, wieviele heute ein warmes Frühstück haben wollten.

Diese Ermutigung von seiten der ganzen Klasse machte aus Rainer einen anderen Jungen. Viele Wochen schon hat er auf dem Schulhof nicht mehr gekämpft. Sein Interesse an den Arbeiten in der Klasse ist erheblich gestiegen. Er gibt sich jetzt Mühe, bei unseren Gesprächen mitzumachen. Und was das Wichtigste ist, seine Kameraden behandeln ihn mit Achtung, und wenn er etwas gut macht, wird ihn bestimmt einer – oder sogar mehrere – dafür loben. Als er zum ersten Mal seine Mathematikaufgabe ganz zu Ende geführt hatte, war es eine solche Überraschung, daß die ganze Klasse Beifall spendete. Rainer schien dadurch nicht in Verlegenheit zu kommen, sondern hatte es anscheinend ganz gern.

Dem Lehrer war es gelungen, für Rainer nicht nur ein ermutigendes Erlebnis, sondern eine ganze Kettenreaktion herbeizuführen. Es war eine großartige Idee, die Unterstützung des Klassensprechers zu gewinnen. Und was am wichtigsten ist, dieser Vorfall zeigt, wie eine Minussituation dazu benützt werden kann, in eine Plussituation umgewandelt zu werden, wenn nur der Lehrer die Gelegenheit dazu erkennt. Genau in dem Augenblick, als Manuel verletzt und gedemütigt war, appellierte der Lehrer an ihn und konnte sich seiner Hilfe versichern. Statt gegen den Schlechten die Partei der Guten zu ergreifen und damit die Klassenfeindschaft gegenüber Rainer zu verstärken, wie er es wohl getan hätte, benützte er diese Gelegenheit, um für Rainer Sympathie zu wecken. Und dieser wiederum wurde für eine Aufgabe in der Klasse interessiert, die er offensichtlich ausgezeichnet erledigte. Wir können annehmen, daß der Lehrer durch seine Haltung und dauernde Ermutigung auch weiterhin seinen Einfluß in der richtigen Weise geltend machen konnte, so daß sich nicht nur Rainers Benehmen besserte, sondern auch die anderen zu einer entsprechenden mitmenschlichen Haltung angeregt wurden.

8. Beispiel

Rolands häusliche Verhältnisse sind sehr ungünstig. Er lebt in einem Haus gegenüber der Schule, so daß die Kinder die zerbrochenen Fenster, den unordentlichen Hof und den Schmutz innen sehen können. Seine Familie steht im Ruf der Unehrlichkeit. Dazu kommt, daß einige seiner älteren Brüder in einer Erziehungsanstalt waren. All dies trug dazu bei, Roland zum Außenseiter seiner Klasse zu machen. Er machte nicht einmal den Versuch, den Umgang mit seinen Klassenkameraden zu pflegen und bemühte sich nicht, bei gemeinsamen Aufgaben oder Plänen mitzumachen. Gelegentlich quälte er ein kleineres Kind.

Ich überlegte, wie ich die persönliche Verfassung des Jungen heben und der Klasse helfen könnte, von ihm anders zu denken. Die Antwort kam ganz von selbst. Als eines Tages die Namensliste verlesen wurde, fragte ich Roland: »Wo ist deine älteste Schwester Lehrerin?« Einige seiner Klassenkameraden sahen erstaunt auf. Rolands Ausdruck verriet plötzlich etwas Interesse.

An diesem Tag begann eine ganz feine Änderung spürbar zu werden. Der Junge begann mehr als seither mitzumachen. Gelegentlich wurde er von Klassenkameraden zur Mitwirkung an freien Aussprachen aufgefordert. Im Lauf des Jahres verbesserte sich seine Teilnahme und Mitarbeit.

Wir können sicher sein, daß es nicht nur dieser eine Umstand war, der die Wandlung mit sich brachte. Es war eher die Entschlossenheit des Lehrers, jede Gelegenheit zu benützen, um Roland zu zeigen, daß er ihn achtete. Wahrscheinlich hatte Roland dies noch nie erlebt. Das ist in der Tat Ermutigung.

9. Beispiel

Der achtjährige Dennis ist trotz seiner normalen Intelligenz immer noch in der ersten Klasse. Es war sehr schwierig mit ihm, weil er sich an keine Ordnung hielt, die anderen tyrannisierte, während des Unterrichts schwatzte und unaufmerksam war. Er kann lesen, aber nicht genug, um in die nächste Klasse versetzt zu werden. Er kam von einer Schule in die andere und blieb nirgends lange genug, um sich anzupassen. Außerdem gab es viele Krankheiten in seiner Familie, die eine häufige Abwesenheit vom Unterricht zur Folge hatten.

Ich versuchte, Dennis zu ermutigen, indem ich den anderen Kindern sagte, sie sollten sich an ihn wenden, wenn immer sie Hilfe brauchten und ich gerade beschäftigt wäre. Ich erklärte ihnen Dennis Schwierigkeiten (sein häufiger Schulwechsel), damit sie verstehen sollten, warum er immer noch in der ersten Klasse sei. Außerdem gab ich Dennis die Aufsicht über einige Lesegruppen. Ab und zu fordere ich ihn auf, den schwächeren Kindern zu helfen. In seiner neuen Stellung scheint er zu wachsen. Auch die anderen Kinder haben jetzt Achtung vor ihm. Und was das wichtigste ist, das disziplinarische Problem ist viel kleiner geworden. Ich gab ihm Verantwortung, um ihm ein Gefühl der Zusammengehörigkeit und seiner Wichtigkeit als Mitglied der Klasse zu vermitteln.

Es erfordert Einfühlung und Verständnis, um hinter dem provozierenden äußeren Verhalten den gedemütigten Jungen zu erkennen. Die Bedeutung dieses Beispiels liegt in der Fähigkeit des Lehrers, den einen Vorteil, den Dennis besaß, zu entdecken: sein Alter, seine Größe und aufgrund seines häufigen Umgebungswechsels wahrscheinlich auch eine gewisse Erfahrung, die er vorher ausschließlich auf der unnützen Seite angewandt hatte. Ihm eine gewisse Autorität zu geben, brachte kein allzugroßes Risiko mit sich, denn viel hätte nicht passieren können, wenn es mißlungen wäre. Aber es hatte Erfolg, weil der Lehrer es fertigbrachte, ihm ein gewisses Ansehen zu geben. Dies war ein Gegengewicht gegen das verständliche Gefühl über seine soziale Demütigung.

10. Beispiel

Leonhard, ein unruhiger Junge in der fünften Klasse, der sich scheinbar für nichts interessierte, kam eines Tages zu mir und wollte an einer Aufgabe, die für die nächsthöhere Klasse bestimmt war, arbeiten. Als ich entgegnete, daß sie für ihn noch zu schwierig sei, verließ er mich mit hängendem Kopf. Ich rief ihn zurück und sagte ihm, ich hätte meine Meinung geändert und mich entschlossen, es ihn versuchen zu lassen.

Er wollte ein kräftiges Seil machen, und in den ersten zwei Stunden machte er nur einen Fehler dabei. Ich anerkannte seine schöne Arbeit und äußerte, daß ich stolz auf ihn sei. Den ganzen Tag und auch am folgenden arbeitete er daran und machte das Seil zu drei Vierteln fertig.

Am nächsten Tag brachte er es in der Pause in mein Zimmer. Ich sagte, wie schön er es gemacht habe und erlaubte ihm, es an Weihnachten dem Schulleiter zu schenken, falls es nach Fertigstellung immer noch so nett aussehen würde. In diesem Augenblick kam seine Klassenlehrerin in das Zimmer, drängte ihn hinaus und forderte ihn auf, nie wieder in mein Zimmer zu kommen, um mich zu belästigen. Außerdem solle er aufhören, an dem Seil zu arbeiten, da es für ihn zu schwierig sei.

Warum war sie so dagegen? Solange er daran arbeitete, verhielt er sich doch ruhig. Später gab mir die Lehrerin zu, daß sie oft nichts mit ihm anfangen könne.

Auf jeden Fall kam er in der folgenden Pause zu mir zurück und zeigte das Tau, das er sehr ordentlich und nett fertiggemacht hatte. Ich lobte ihn und sagte, daß er es so dem Schulleiter gut schenken könne. Er antwortete: »Ich habe Sie gern, Frau F. Wenn ich mich von jetzt an während des Unterrichts ruhig verhalte, geben Sie mir dann etwas, was ich für meine Mutter machen könnte?« Ich hatte ihm nie gesagt, er müsse ruhig sein, um an dem Seil zu arbeiten. Seit diesem Vorfall paßte er sich aber sehr gut in seiner Klasse an.

Es kommt oft zu einem Zusammenstoß zwischen einem Lehrer, der die richtigen psychologischen Methoden anwendet und einem anderen, der nur als Sittenprediger auftritt. Dieses Beispiel zeigt, daß die falschen Maßnahmen des einen Lehrers, der keinen Glauben an das Kind hat, die konstruktiven Bemühungen eines anderen nicht zu verderben brauchen. Die ermutigende Haltung einer Person kann zahlreiche entmutigende Erlebnisse, denen das Kind immer noch ausgesetzt ist, wettmachen.

Was hat diese Lehrerin eigentlich getan? Ein Junge, der bisher offensichtlich nicht gut tat, wollte etwas vollbringen, was ihm noch nicht zustand. Die Lehrerin, die das Bedürfnis nach Leistung in einem sonst teilnahmslosen Kind spürte, gab ihm diese Gelegenheit. Dieser Entscheidung ließ sie wiederholte Anerkennung folgen. Sie wurde seine Verbündete in einer feindlichen Schulsituation. Er fühlte ihr Vertrauen und rechtfertigte es.

11. Beispiel

Ein Lehrer gab uns seine Beurteilung über die Schüler als Beispiele der Ermutigung. In jedem einzelnen Fall berichtete er von einer Verbesserung, und zwar jeweils auf dem Gebiet, auf dem das Kind seine Schwierigkeiten hatte. Seine Bemerkungen entsprachen immer der Wahrheit, aber er unterließ es, Fehler zu betonen.

Ein Bericht lautet: »Michael ist bei seinen Klassenkameraden beliebt. Sie wählten ihn zum Klassensprecher, und er füllte diesen Posten sehr gut aus. Außerdem wurde er als Vertreter seiner Klasse in den Schülerrat gewählt. Bei dem Gespräch im Club der zukünftigen Lehrer meldete er sich als erster und nannte ausgezeichnete Gründe für seinen Wunsch, Lehrer zu werden. Er arbeitet gut. Ich hoffe, daß er bald an einer anderen Lesegruppe teilnehmen kann.«

Tatsachen: Michael ist im Lesen um drei Jahre zurück. Er hat einen Intelligenzquotienten von 75. Ich erwähnte nicht sein dauerndes Schwatzen während des Unterrichts.

Ein anderer Bericht: »Dorothee hilft in der Schule, indem sie verschiedene kleine Pflichten übernommen hat. Auf der Bühne kann sie sehr gut Gedichte hersagen. Ich bin stolz darauf, wie sie ihre Schüchternheit in der Klasse überwindet. Sie ist freundlich zu anderen und hat viele Freundinnen. Sie hilft mir viel, ist gut im Lesen und verbessert sich in Mathematik.«

Tatsachen: Dorothee ist 14 Jahre alt und hat einen Intelligenzquotienten von 60. Sie hatte zwei Stiefmütter und war in einer Erziehungsanstalt. Sie lebt jetzt bei einer Tante, die sie auf Anraten einer Beratungsstelle im staatlichen Heim für Schwachsinnige unterbringen will.

Ich sagte ihr, daß ich dem Ergebnis des Intelligenztests nicht traue und hoffe, sie mindestens ein Schuljahr lang in meiner Klasse zu behalten. Die Tante war einverstanden. Dorothee liest jetzt das Lesebuch der vierten Klasse und kann Zahlen unter 10 addieren.

Ein anderer Bericht: »Maja arbeitet in allen Fällen überdurchschnittlich. Im Umgang mit anderen hat sie durch ihre Erfahrung als Helferin im Büro wertvolle Übung bekommen. Sie ist immer bereit, alles zu tun, was man von ihr verlangt.«

Die Tatsachen: Maja ist in der sechsten Klasse und hat einen Intelligenzquotienten von 113. Ihre Note im Lesen ist 1, im Wortschatz 1 und in Mathematik 2. Sie ist körperlich und geistig entwickelt, wird aber nie zu irgend etwas gewählt. Sie meldet sich selten freiwillig. Als man ihr eine organisatorische Aufgabe gab, versagte sie. Trotzdem ist in dem Bericht alles über sie wahr – und wie ich hoffe, ermutigend.

Die Berechtigung solcher Beurteilungen mag von vielen in Frage gestellt werden. Kann ein Kind, das *nicht* auf seine Fehler hingewiesen wird, sich je verbessern? Täuscht nicht eine ›gute‹ Beurteilung die Eltern und gibt ihnen den Eindruck, alles sei in Ordnung, wenn es tatsächlich gar nicht der Fall ist? Natürlich wären die Einwände berechtigt, wenn Unrichtigkeiten mitgeteilt würden. Der Lehrer vergewisserte sich aber, daß die guten Seiten der Beurteilung der Wahrheit entsprachen. Nur darauf kommt es an: Worin ist das Kind gut und wie sind seine Fortschritte? *Fehler werden durch ihre Betonung nicht ausgeschaltet.* Man kann nicht auf Schwäche, sondern nur auf Stärke aufbauen. Vermehrtes Selbstvertrauen führt ganz allgemein zu einer Verbesserung und speziell auch in schwachen Fächern. Es ist wohl möglich, daß diese Verbesserung nicht auffallend oder sogar nicht einmal genügend ist, aber die Betonung der Mangelhaftigkeit in einer Beurteilung kann kaum zum Besserwerden beitragen, trotz des Drucks, den Eltern vielleicht deshalb ausüben. Dies trifft besonders dann zu, wenn das Kind schon entmutigt ist.

12. Beispiel

Ich gebe Zensuren mit Bildern – ein Gesicht, das lächelt, und eines, das die Stirn runzelt. Die schwachen Schüler fühlen sich durch diese Art des Notengebens nicht so beunruhigt und zurückgesetzt, wie wenn sie eine Fünf oder Sechs bekommen. Statt dessen lächeln sie und zeigen ihren Kameraden ihre Bilder. Früher war das langsamere Kind oft versucht, seine Arbeit zu verbergen, und fühlte sich niedergeschlagen.

Die beiden letzten Beispiele zeigen den großen Spielraum von Möglichkeiten, auf eine ermutigende Art Noten zu geben, sofern man guter Einfälle fähig ist.

13. Beispiel

Der zwölf Jahre alte Sebastian hat zwar einen Intelligenzquotienten von 102, aber eine ganz schlechte Note im Lesen. Der Unterschied zwischen dem Intelligenzquotienten und seiner Lesefähigkeit schien darauf hinzudeuten, daß Sebastian entweder im Lesen ungenügend unterrichtet worden war oder in den früheren Klassen nicht richtig mitgemacht hatte und dadurch zurückgefallen war.

Während der ersten Unterrichtswoche versuchte ich durch direkte mündliche Ermutigung ihn dahin zu bringen, sich in der Klasse und beim Gruppenlesen zu beteiligen. Diese Maßnahme hatte aber keinen Erfolg.

In der zweiten Woche sprach ich mit dem Lehrer, den Sebastian im vergangenen Jahr gehabt hatte. Es stellte sich dabei heraus, daß Sebastian sich bei ihm genau so benommen hatte und daß der Lehrer ihn nicht so weit gebracht hatte, richtig mitzumachen, obwohl Sebastian dazu in der Lage gewesen wäre.

In den beiden nächsten Wochen richtete ich kein Wort an Sebastian wegen seines Verhaltens, sondern ließ ihn nur dasitzen.

Nach zwei Wochen der Passivität kam Sebastian endlich zu mir und fragte, ob er im hinteren Teil des Klassenzimmers an dem Tisch lesen dürfe, auf dem die Ergänzungslesebücher aufgeschichtet waren. Ich sagte ihm, es käme auf ihn an, er könne an dem Tisch lesen, wenn er wolle, er könne genau so gut nichts tun, da es mir gleichgültig sei. Sebastian entschied sich zu lesen.

Offensichtlich hatte dieses Vorgehen Erfolg. Dies bedeutet, daß die Vermutung des Lehrers – Sebastians Nichtlesen sei ein Versuch, den Lehrer zu besiegen – richtig war. Und der Lehrer, der einen leisen Anfang von Erfolg sah, machte im gleichen Stil weiter, indem er sein persönliches Unbeteiligtsein betonte. Soweit steht dieses Beispiel mehr für logische Folgen als für Ermutigung. Doch wollen wir sehen, wie es weiterging.

Zuerst sah sich Sebastian nur die Bilder in den Büchern an. Dann begann er, die leichteren Bücher zu lesen. Es dauerte nicht lange, und er machte in der Klasse mit und holte sie im Lesen ein.

Der Lehrer gab diesen Bericht als ein Beispiel für Ermutigung, fügte dann aber als Nachgedanken hinzu »durch logische Folgen«. Er schließt seinen Bericht mit einer eigenen Analyse des Geschehens.

Ich weiß nicht, ob dies die beste Methode für Sebastian war. Nachdem ich ihn aber nicht zum Lesen gezwungen habe, wurde ihm das Unbeteiligtsein in der Klasse bald zu langweilig, und er bat darum, lesen zu dürfen. Noch wichtiger aber war, daß ich als Lehrer mich anders verhielt, als Sebastian erwartete. Da er den Eindruck hatte, daß ich mich wegen seines Nichtstuns nicht aufregte, entschied er sich, doch etwas zu lesen. Es könnte auch sein, daß der Mißerfolg, vom Lehrer Aufmerksamkeit zu bekommen, sein Vorgehen geändert hat.

Eines der Prinzipien im Verhalten des Lehrers war seine Bemühung, das Gegenteil von dem zu tun, was das Kind erwartete, ein im allgemeinen wirksames Vorgehen. Die Analyse des Lehrers ist richtig mit Ausnahme des letzten Satzes. Wäre Sebastians Verhalten durch den Wunsch, Aufmerksamkeit zu erregen, hervorgerufen worden, hätte er den Lehrer dauernd mit sich beschäftigt. Es war offensichtlich ein Machtkampf, und merkwürdigerweise beschränkte er sich fast nur auf die Arbeit in der Klasse und auf das Lesen.

14. Beispiel

Johannes wiederholt die zweite Klasse. Seine Rechtschreibung ist ungenügend, und sein Interesse daran noch mehr. Eines Tages beauftragte ich ihn, die Rechtschreibewörter des Tages an die Tafel zu schreiben – eine Arbeit, die ich üblicherweise den Besseren vorbehielt. Johannes war begeistert. Sein Interesse an der Rechtschreibung war geweckt, und bald hatte er bessere Noten.

Es bedarf nicht vieler Worte, um den wohltuenden Einfluß dieses ausgezeichneten Beispiels für Ermutigung zu erklären. Noch wichtiger ist jedoch das offene Eingeständnis des Lehrers, eine der schädlichsten Gewohnheiten unseres Schulsystems und unserer allgemeinen Erziehungsmethoden mitzumachen. Die Ermutigung, die sich in einer Ehre ausdrückt, wird nur denen gegeben, die sie am wenigsten brauchen, weil sie ja schon ausgezeichnet sind. Diejenigen, die am meisten Anerkennung und auch das Erlebnis der eigenen Wichtigkeit benötigen, bekommen im allgemeinen keine Ermutigung.

15. Beispiel

Ich hatte eine Lesegruppe von acht Kindern, die Schwierigkeiten hatten, ihr Lesebuch zu lesen. Der Lehrer riet davon ab, neue Lesestoffe zu verwenden, da sie die Kinder verwirren könnten. Ich suchte deshalb nach einer Begründung für die Wiederholung des Stoffes, um den grundlegenden Wortschatz zu verbessern. So beschloß ich, jede Geschichte als ein Spiel zu betrachten. Als die Kinder den Wortschatz einer Geschichte wiederholten, entwickelten sie ein Spiel daraus. Waren sie mit einer Geschichte fertig, führten sie das Spiel den anderen Kindern in der Klasse vor. Auch einer anderen Erstklässlergruppe der Schule zeigten sie eines ihrer Spiele. Da ihre Bemühungen erfolgreich waren und von anderen Gruppen anerkannt wurden, fühlten sie sich erheblich ermutigt.

Ich glaube durch dieses Verfahren zwei Dinge erreicht zu haben. Die Kinder hatten einen wirklichen Anlaß, ihren Stoff zu wiederholen, und sie bekamen auch das Gefühl, gut genug zu lesen, um etwas Besonderes daraus zu machen.

Die Lehrerin benützte ihre Phantasie, um eine langweilige Arbeit interessant zu machen. Was noch wichtiger ist, sie gab der Lernsituation einen nützlichen Anstrich. Auf diese Weise vermied sie die vielen Gefahren, die so oft bei der Wiederholung des Lesestoffs auftreten: Langeweile, Mangel an Anreiz, Nutzlosigkeit usw. Lernen kann Spaß machen – und dies sollte es immer.

6. Kapitel

Natürliche und logische Folgen

Der Unterschied zwischen den natürlichen und den logischen Folgen besteht darin, daß natürliche Folgen ohne Dazutun des Lehrers eintreten, während logische Folgen ›arrangiert‹ werden können, wenn nämlich die natürlichen Folgen ausbleiben. Die natürlichen Folgen wirken immer, während die logischen Folgen bei einem Machtkampf zwischen Lehrer und Kind meist unwirksam sind, selbst wenn sie richtig und mit den notwendigen Vorsichtsmaßnahmen herbeigeführt wurden. Den natürlichen Folgen eines Vergehens ihren Lauf zu lassen, erfordert weder eine Untersuchung noch das Verständnis der psychologischen Ursachen des falschen Verhaltens oder des Fehlers des Kindes. Die richtige Beurteilung eines Vorfalls und die entsprechenden Überlegungen weisen auf die Folgen einer gegebenen Situation hin. Sie beeindrucken das Kind durch den Nachteil, der mit dem Beibehalten seiner schlechten Anpassung, seiner Mißachtung der Ordnung oder anderer Formen mangelnder Zusammenarbeit verbunden ist. Natürliche und logische Folgen sind allerdings nicht die einzigen Formen verbessernder Einflüsse, denn viele Vergehen sind so beschaffen, daß weder natürliche Folgen eintreten noch logische Folgen arrangiert werden können. Trotzdem sind letztere in Händen eines ausgebildeten und überlegenden Lehrers in vielen Situationen anwendbar.

Wie es scheint, fällt es vielen Lehrern schwerer, die Dynamik der Folgen zu verstehen als etwa den Mechanismus der Ermutigung. Dies zeigt sich in einigen der folgenden Beispiele. Ebenso wie Ermutigung oft mit Belohnung verwechselt wird, neigen viele Lehrer dazu, die Folgen mit Bestrafung gleichzusetzen. Ermutigung ist jedoch nicht dasselbe wie Belohnung, obwohl

Lob, das als ein Mittel zur Ermutigung benützt werden kann, wie Belohnung aussehen kann. Ermutigung geht weiter als Belohnung; sie drückt Vertrauen und Glauben zu einer Zeit aus, in der das Kind sich falsch benimmt.

Ebenso kann das Verhalten eines Lehrers, der die logischen Folgen anwenden will, in mancher Beziehung wie eine Strafmaßnahme aussehen. Die Ähnlichkeit ist aber nur oberflächlich. Bei näherer Betrachtung haben diese keine der Vergeltungseigenschaften der Bestrafung und – wenn richtig angewandt – auch nicht die Kennzeichen der persönlichen Macht und Überlegenheit des Lehrers, die für Strafen charakteristisch sind. Natürliche und logische Folgen drücken die Macht der sozialen Ordnung und nicht die einer Person aus, obwohl es der Lehrer ist, der für das, was geschieht, verantwortlich ist. Er handelt nicht nur als eine machtvolle Autorität, sondern als Vertreter einer Ordnung, die alle angeht.

16. Beispiel

Auf Sicherheit im Schulhof pflegte ich immer sehr zu achten. Ehe ich am Anfang des Schuljahres meine Erstklässler zur Pause hinausnahm, hatte ich eine einfache und lebhafte Aussprache mit ihnen über die Sicherheit auf dem Schulhof. Wir sprachen von den Einrichtungen, die die Kinder benützen dürfen, in welchem Hof (wir haben drei) sie sich aufhalten sollen und vor allem, welche Spielsachen sie gebrauchen dürfen. Nachdem wir diese Punkte besprochen hatten, betonte ich, daß es nicht erlaubt sei, mit Stöcken, Gewehren und Glas zu spielen oder gar Steine zu werfen. Dann machten die Kinder eine Liste von den Regeln, die sie aufstellen, und bestimmten, was getan werden solle, wenn einer sich nicht an diese Regeln halte. Wir entschieden, daß das ›unartige‹ Kind eine Woche lang im Klassenzimmer bleiben solle, solange die anderen im Freien spielten. Alle waren damit einverstanden, und wir wandten immer diese Folgen an. Der einzige Unfall, der passierte, bestand aus aufgefallenen Knien.

Das Vorgehen war teilweise gut. Der Lehrer fing richtig an. Zuerst gewann er das Interesse und die Mitarbeit der Kinder. Er machte ihnen klar, wozu gewisse Regeln existieren, und beeindruckte die

Kinder von Anfang an mit seiner Entschiedenheit, sich an diese Regeln zu halten. Das war wahrscheinlich die Ursache seines Erfolgs. Als er aber versuchte, die logischen Folgen eintreten zu lassen, versagte er, weil er mit ihrer Dynamik und Anwendung noch nicht genügend vertraut war. Es ist richtig, die Kinder entscheiden zu lassen, was bei einer Mißachtung der Regeln getan werden soll. Kinder sind aber noch nicht geschult, demokratisch miteinander zu leben; sie sind genau so autokratisch wie die Erwachsenen. Die Reaktion der Kinder auf die Aufforderung des Lehrers wäre eine wunderbare Gelegenheit gewesen, ihnen die Notwendigkeit gegenseitiger Achtung und eines demokratischen Vorgehens zur Aufrechterhaltung der Ordnung klarzumachen. Anscheinend hatte der Lehrer aber keine Bedenken, ein Kind, das den Regeln nicht gehorchte, ›unartig‹ zu nennen. Er verpaßte so eine Gelegenheit, den Kindern zu erzählen, daß es keine unartigen Kinder gibt, obwohl jedes Kind sich manchmal unartig benimmt. Außerdem sollten wir sie dafür nicht bestrafen, sondern ihnen helfen zu lernen, wie man sich besser benimmt. Wie können wir dies in der geschilderten Situation erreichen? Sobald ein Kind den Regeln nicht folgt, muß es natürlich den Hof verlassen, weil es offensichtlich noch nicht gelernt hat, sich richtig zu verhalten. Aber am nächsten Tag oder beim nächsten Mal sollte man ihm Gelegenheit geben, sich ordentlich zu benehmen. Verhält es sich weiterhin falsch, dann muß es länger als einen Tag warten, ehe es wieder mitmachen darf. Wenn es sich auch dann noch nicht zu betragen weiß, muß man es vielleicht eine ganze Woche lang von der Teilnahme am Spiel im Hof befreien. »Wir können aber ziemlich sicher sein«, hätte der Lehrer den Kindern sagen können, »daß jedes von euch es rasch lernen wird, so daß wir nicht allzuviel versäumen.«

Das ist der Geist der logischen Folgen. Die Entscheidung, »daß das unartige Kind eine Woche lang im Klassenzimmer bleiben solle«, ist Bestrafung und unverfälschte Vergeltung. »Du warst unartig, ich werde dir zeigen, was bösen Kindern geschieht.« Daß die ganze Gruppe der Kinder damit einverstanden war, ändert nichts an der Tatsache der Bestrafung.

Dieser feine Unterschied zwischen Bestrafung und Folgen ist unendlich wichtig. Letztere erlauben das Aufrechterhalten von Ordnung, ohne das Kind zu demütigen. Außerdem ist die Wirkung auf das Kind viel tiefer, da keine Unterwerfung erzwungen und deshalb keine verborgene Feindseligkeit hervorgerufen wird. Ein gedemütigtes Kind wartet nur auf den ersten besten Augenblick, um sich an dem Bestrafenden zu rächen.

17. Beispiel

Julian ist ein Erstklässler, der am glücklichsten ist, wenn er im Mittelpunkt der Aufmerksamkeit stehen kann. Vom ersten Schultag ab schaukelte er in seinem Stuhl vor- und rückwärts, gewöhnlich so weit, daß er das Umkippen gerade noch vermied. Sein Lehrer wies auf diese Gefahr hin; Julian schaukelte aber weiter. Eines Tages gab es einen großen Krach – Julian hatte zu weit geschaukelt. Er stand auf, rieb sich und setzt sich ruhig hin. Die Kinder gaben ihm keine Aufmerksamkeit, und der Lehrer setzte den Unterricht fort. Er hatte es anscheinend nicht bemerkt.

Ich glaube, daß dies eine Situation natürlicher Folgen war, weil Julian unter den Folgen seines Verhaltens zu leiden hatte. Außerdem bekam er nicht die gewünschte Aufmerksamkeit der Klasse. Gegenwärtig benützt Julian seinen Stuhl, um darauf zu sitzen und nicht, um damit zu turnen.

Das Umkippen war eine natürliche Folge, mit der der Lehrer praktisch nichts zu tun hatte. Es war richtig, den Vorfall zu ignorieren. Die natürlichen Folgen wären nicht wirksam gewesen, hätte er sich in einer Predigt ergangen, die den Jungen von den selbstverschuldeten Folgen abgelenkt hätte.

Es gab aber eine Situation, wo der Lehrer die Folgen hätte früher anwenden können. Statt dessen hat er geredet, weil er nicht wußte, was er tun sollte. Er wies Julian auf die Gefahr seines Schaukelns hin – als ob dieser das nicht selbst gewußt hätte. Das wäre die Zeit gewesen zu handeln, indem er nämlich auf eine freundliche Art vorgeschlagen hätte, diesen Stuhl zu entfernen, falls er ihn nicht richtig benützen könnte.

Der Lehrer befindet sich in einer viel ungünstigeren Situation als Eltern, was die Folgen anbelangt, die mit einer gewissen Gefahr verbunden sein können. Eltern können etwas riskieren, was Lehrer nicht können. Aus diesem Grund ist es nicht ratsam, ein Kind, besonders einen Erstklässler, in seinem Stuhl schaukeln zu lassen, bis die natürlichen Folgen des Umkippens eintreten. Die Vorsicht verlangt, sich schon früher einzumischen und andere – logische – Folgen herbeizuführen, nämlich die Entfernung des Stuhls. Das muß jedoch in einer freundlichen Weise geschehen, sonst würde es als Bestrafung angesehen.

18. Beispiel

Vor einigen Wochen fing einer der Jungen meiner Klasse an, dauernd aufzustehen und sich über sein Pult zu lehnen. Dabei tat er seine Arbeit aus einer halb stehenden Stellung. Dies wiederholte sich mehrere Male. Schließlich fragte ich ihn, ob er bei der Arbeit lieber stehen oder sitzen wolle. Mir wäre es gleichgültig, was er lieber täte. Der Junge erklärte, lieber zu stehen. Darauf sagte ich ihm, daß er keinen Stuhl mehr brauche und wir deshalb seinen Stuhl aus dem Zimmer entfernen könnten – was wir auch taten, wobei wir dem Jungen erlaubten, den Rest des Tages zu stehen.

Am folgenden Tag fragte ich am Anfang des Unterrichts wieder, ob er lieber stehen oder sitzen wolle. Diesmal wollte er lieber sitzen. Wir hatten von da an keine Schwierigkeiten mehr, was seine halb stehende Stellung anbelangte.

Dies ist ein gutes Beispiel einer richtig ausgeführten logischen Folge, nämlich dem Jungen täglich die Wahl zu lassen, was er vorziehe.

19. Beispiel

Anna ist ein einziges Kind. Ihre Mutter widmet ihrer Erziehung viel Zeit und Mühe und nimmt jede Gelegenheit wahr, sie zu fördern. Nachdem sie einige Monate in meiner Klasse war, kam sie mit ihrer Mutter zu mir, die mich fragte, ob das Mädchen jeden Freitag eine Stunde früher heimgehen dürfe, um an einem Tanzunterricht teilzunehmen. Ich erklärte, daß die Schule solchen Bitten nicht entsprechen könne, da es weder für Schüler noch Lehrer noch für die Schule ratsam sei, solche besonderen Vergünstigungen zu gewähren. Die Mutter verstand die Berechtigung einer derartigen Vorschrift, hatte aber immer noch das Gefühl, Anna sollte eine besondere Genehmigung erteilt werden, da sie so gut tanze und so sehr am Tanzen interessiert sei. Da ich nicht nachgab, ging sie mit ihrem Problem zum Schulleiter, der ihr schließlich die Erlaubnis gab.

Einige Monate später hatte die Klasse an drei aufeinanderfolgenden Freitagen in der letzten Stunde etwas Besonderes auf dem Programm, nämlich eine gemeinsame Besichtigung, ein Fernsehprogramm und einen Film. Vor dem dritten Freitag kamen Anna und ihre Mutter und baten darum, den Film schon früher zu zeigen, damit Anna ihn sehen könne. Ich sagte, dies sei völlig unmöglich, ohne den Stundenplan für verschiedene andere Klassen durcheinanderzubringen. Sie entschlossen sich hierauf, den Tanzunterricht ausfallen zu lassen. Ich bemerkte aber, daß dies nicht gehe, da sie sich seinerzeit dafür entschieden hätten, Annas Tanzunterricht der letzten Schulstunde am Freitag vorzuziehen. Sie müßten sich nun an diese Entscheidung halten; Anna könne sich nicht aussuchen, was ihr an einem bestimmten Tag gerade wichtiger erscheine.

Dies ist ein Beispiel, wie der Lehrer sowohl das Kind als auch die Mutter zu beeinflussen suchte. Es ist interessant, weil es zeigt, wie schwierig es sein kann, zwischen bestrafender Vergeltung und logischen Folgen zu unterscheiden.

Einige mögen es einfach als Vergeltung ansehen und der Meinung sein, daß ein ruhiges Akzeptieren der Änderung netter und wirksamer gewesen wäre. Andere glauben vielleicht, daß der Lehrer die logischen Folgen fest und ruhig angewandt habe und – wahrscheinlich mit einer günstigen Wirkung für Mutter und Tochter – die Situation und die einmal aufgestellte Ordnung habe für sich selbst sprechen lassen, indem er lediglich den ungebührlichen Forderungen nicht nachgab.

Es war aber schließlich die Entscheidung der Mutter gewesen, diese Klassenstunde durch Tanzstunden zu ersetzen. Der Lehrer hatte sich lediglich an diese Vereinbarung zwischen Mutter und Schule gehalten. Tat er es aber vielleicht, weil er nicht einverstanden war, daß die Mutter seine Entscheidung seinerzeit mißachtet und eine gegensätzliche Entscheidung vom Schulleiter erlangt hatte?

20. Beispiel

Nach der Pause kam Dirk zu spät zum Unterricht. Dies geschah einige Male, so daß er die Aufgaben und Erklärungen für eine schriftliche Arbeit, die immer unmittelbar nach der Pause gegeben wurden, nicht mitbekam. Es wurde Dirk gesagt, daß es den anderen Kindern gegenüber nicht fair wäre, wenn der Lehrer ihm alles nochmals erklären müsse, nur weil er seine Spielpause nach Gutdünken verlängere.

Als Dirk nächstes Mal wieder zu spät kam, wurde ihm nichts erklärt, so daß er die Arbeit nicht mitmachen konnte. Als er fragte, was er zu tun habe, wurde ihm gesagt, daß er die Erklärung bekomme, sobald die anderen fertig seien und heimgehen dürften. Er mußte also nachsitzen, um die Arbeit zu machen. Seither kam er nicht mehr zu spät.

Dies ist ein ausgezeichnetes Beispiel für logische Folgen, das den Unterschied zwischen dieser Methode und der Bestrafung zeigt. Der Lehrer weigerte sich einfach, dem Jungen spezielle Aufmerksamkeit während der Stunde zu geben, so daß dieser sich der Situation anpassen mußte. Und er kannte die Situation schon vorher und wußte, daß er das, was passierte, sich selbst zuzuschreiben hatte.

21. Beispiel

Die hier demonstrierte Art logischer Folgen klang sehr gewagt, als ein Lehrer zum ersten Mal über diese Erfahrung berichtete. Andere versuchten es dann auch, und zwar mit dem gleichen Erfolg. Hier die Einzelheiten:

Eines Tages war die Klasse mit zweiundzwanzig Langsamlernern des siebenten Schuljahres besonders unruhig, und einige Jungen unterhielten sich laut in einer ziemlich trotzigen und angeberischen Art, jedes Mal wenn ich anfing, die Aufgaben zu erklären. Schließlich sagte ich: »Ich gehe jetzt in die Bücherei und lese ein gutes Buch. Wenn ihr soweit seid, könnt ihr kommen und mich holen.« Ich saß mit meinem Buch und bösen Ahnungen in der Bibliothek und überlegte mir, was ich wohl tun könnte, wenn sie mich nicht holten. Nach acht Minuten jedoch kam eine Delegation von zwei der Jungen mit ernsten Gesichtern herein: »Wir sind jetzt bereit, bitte kommen Sie zurück.« Später, wann immer die Klasse laut wurde und ich mein Mißfallen zeigte, sagte jemand zu den besonders Unruhigen: »Vorsicht, sonst geht er wieder!« Dieses Experiment erwies sich als große Hilfe.

Meine sechste Klasse war sehr unruhig, so daß ich sagte, ich könnte ihnen nichts über Kunst erzählen, solange sie so laut seien. Da das Schwätzen immer noch nicht aufhörte, verließ ich das Zimmer und bemerkte, sie sollten mich holen, wenn sie dazu bereit seien. Sobald ich das Zimmer verlassen hatte, wurde es ruhig, und sie holten mich sofort. Wir hatten dann eine sehr schöne Stunde über Kunst.

Nach der Pause wurde die Klasse nicht ruhig. Ich bat um Ruhe, da die Glocke schon geläutet hätte. Sie redeten weiter. Ich wartete immer noch. Nach etwa einer Minute erklärte ich schließlich: »Bei diesem Lärm kann ich nicht unterrichten«, nahm meine Tasche, und sagte, als ich das Zimmer verließ: »Wenn ihr soweit seid, laßt es mich wissen, ich bin im nächsten Zimmer.« Ich verließ die Klasse und ging ins Lehrerzimmer. Drei oder vier Minuten später kamen zwei Jungen und sagten, daß die Klasse jetzt bereit wäre. Als ich ins Klassenzimmer kam, herrschte absolutes Schweigen. Es war so ruhig, daß es mir schwer fiel, ein Lächeln zu unterdrücken.

Wir gingen eben zu einem anderen Fach in meiner Klasse über, und ich hatte das Gefühl, daß diese Viertklässler nun genügend Zeit gehabt hatten, ihre Vorbereitungen für die kommende Stunde abzuschließen. Ich stand an der Tafel und wollte mit der Einführung der neuen Arbeit anfangen. Gewöhnlich genügte es, nur dazustehen und zu warten, bis alles ruhig war. Dieses Mal wurde es aber nicht ruhig. Ich klopfte mit dem Lineal auf die Tafel, sie redeten weiter. Ich klopfte stärker und sagte: »Ich habe den Eindruck, daß die Klasse nicht arbeiten will. Ich wollte euch auf eure Lesearbeit vorbereiten, aber offensichtlich braucht ihr keinen Lehrer. Ich denke, daß ich ins Lehrerzimmer gehe und mich dort aufhalte. Wenn ihr für eure Lesestunde bereit seid, dann schickt jemand, um mich zu holen und ich werde dann gern wiederkommen.«

Nachdem ich ein oder zwei Minuten im Lehrerzimmer gesessen hatte, kam ein Mädchen, um mir zu sagen, daß die Klasse zum Lesen bereit sei und sie mich bäten, zurückzukommen. Als ich durch die Tür kam, hätte man eine Stecknadel fallen hören können. (Ich konnte kaum das Lachen unterdrücken – solch engelhafte Gesichter!)

Diese Methode heißt schweres Geschütz auffahren. Man kann sie nicht zu oft wiederholen und sollte sie nicht für kleinere Zwischenfälle benützen, wo andere Methoden ausreichen. Es scheint ratsam, vorher die Situation genau zu beurteilen. Wenn der Widerstand in der Klasse groß ist oder sich eine starke Gruppe gegen den Lehrer richtet, sollte man diese Methode vorsichtig vorbereiten, um sicher zu gehen, daß mindestens die Hälfte der Klasse auf seiten des Lehrers ist. Nur in diesem Fall kann man den Versuch machen[1].

---

[1] Es ist interessant, daß in unserem Seminar keiner der Referendare Bedenken gegen dieses Vorgehen hatte. Einige probierten es aus, nachdem zum ersten Mal darüber berichtet worden war. Meine Mitarbeiter dagegen, mit denen ich später diese Methode besprach, drückten starke Zweifel aus, ob es nicht zu gefährlich sei, besonders wenn man nicht zuerst mit dem Schulleiter gesprochen habe. Was würde passieren, wenn der Lehrer nicht zurückgerufen würde, eine Situation, die sich in dem einen oder anderen Fall tatsächlich ereignet hatte? Offen gesagt teile ich diese Befürchtung nicht, abgesehen von der in meiner Stellungnahme ausgedrückten Vorsicht. Fast alles scheint von dem Selbstvertrauen des betreffenden Lehrers abzuhängen. Manche können es mit Erfolg versuchen, während andere es sich nicht zutrauen und deshalb wohl auch einen Mißerfolg hätten. Speziell in einer Klasse von älteren und schwierigen Kindern muß man vorsichtig sein, sie allein zu lassen, außer wenn man die Klasse darauf vorbereitet hat, ihre eigene Verantwortlichkeit zu übernehmen.

22. Beispiel

Der fünfjährige Thomas in der ersten Klasse ist ein wacher, intelligenter Junge, der viel Aufmerksamkeit verlangt. Eines Morgens betrat er das Klassenzimmer, hatte aber noch Mütze, Mantel, Überschuhe und Handschuhe an, und setzte sich so in die Bank. (Die Kinder haben außerhalb des Zimmers ihre Schränke und legen dort alles ab, ehe sie ins Klassenzimmer kommen.) Er wurde gebeten, zu seinem Schrank zu gehen und seine Sachen draußen zu lassen. Am nächsten Tag hatten wir während der Naturkunde ein Klassengespräch über Kleider und die Notwendigkeit, sie abzulegen, wenn wir in ein geheiztes Zimmer kommen. Thomas schlug viele Erklärungen vor, warum der Mantel usw. ausgezogen werden müsse. Trotzdem kam er die nächsten drei Tage immer voll angezogen und mußte jedes Mal gebeten werden, an seinen Schrank zu gehen. Als er es zum fünften Mal tat, sagte ich nichts, sondern ließ ihn dick vermummt dasitzen. Nach etwa einer Viertelstunde wurde es ihm unbequem, und er wollte an seinen Schrank gehen. Ich sagte ihm, er müsse bis zum Ende der Stunde warten, was etwa dreißig Minuten später war. Seitdem hat er nie wieder das Klassenzimmer mit Mantel und Mütze betreten.

Der Lehrer deutete das Verhalten von Thomas zu Recht als Erregen von Aufmerksamkeit. Thomas tat das, was er tun sollte, erst auf besondere Aufforderung hin. (Hätte es sich um das Ziel der Überlegenheit oder Rache gedreht, hätte er nicht so rasch gehorcht.)

Es war also richtig, im Augenblick des Verstoßes keine Worte zu verschwenden, aber am nächsten Tag zur geeigneten Zeit ein Klassengespräch zu führen. Der Lehrer irrte sich jedoch, als er annahm, Thomas wisse nicht, was er mit seinen Kleidern zu tun habe und warum. Es war offensichtlich, daß er all die guten Gründe kannte, die dafür sprechen, die Kleidung vorher abzulegen. Sein Wissen hielt ihn jedoch nicht davon ab, das Gegenteil davon zu tun.

Die gefundene Lösung war ausgezeichnet. Hätte der Lehrer von Anfang an gewußt, wie man mit einem Kind, das ungebührliche Aufmerksamkeit erregen will, wirksam umgeht, so hätte er wahrscheinlich nicht bis zum fünften Mal gewartet, um an die Möglichkeit der Anwendung logischer Folgen zu denken. Es war jedoch besser gewesen zu warten, bis er die richtige Methode gefunden hatte, als in falscher Weise zu reagieren, nämlich durch Schimpfen, Predigen, Drohen usw. Es gibt viele logische Folgen, die in einer solchen Situation anwendbar sind, wie zum Beispiel mit dem Unterrichtsbeginn zu warten, bis er soweit sei – was etwas anderes ist, als ihn aufzufordern, hinauszugehen und seine Kleidung abzulegen. Jedoch scheint der Lehrer eine der wirksamsten Methoden gefunden zu haben, da sie keinerlei Worte erforderte. Dies ist immer ratsam, soweit es die Umstände erlauben.

23. Beispiel

Ich gebe für die vierten, fünften und sechsten Klassen Turnen und habe während des ersten Schulhalbjahrs verschiedene Sportmannschaften organisiert. Weitere will ich im zweiten Schulhalbjahr ins Leben rufen. Dabei hielt ich es für klug, die Regel aufzustellen, daß nur diejenigen, die die Trainingsstunden mitmachen, dann auch bei den vorgesehenen Spielen mitspielen dürfen, ohne Rücksicht auf ihre Fähigkeiten.

Bei den Fußballmannschaften gab es einige gute Spieler, die durch ihre Abwesenheit während der Trainingsstunden auffielen. Sie kamen nur zu den eigentlichen Spielen. Für mich als Mannschaftsführer war es schlecht, die besseren Spieler, auch wenn sie nicht übten, nicht einsetzen zu können. Auch für den Geist der Mannschaft, für ihren Ruf und ihr Prestige war es nicht günstig. Als Folge unserer Regel spielten nun die Kinder, die vorher trainiert hatten, und die besseren Spieler mußten daneben auf den Bänken sitzen, wo sie sich herumdrückten und kritisierten. Die Erfolge dieses Schulhalbjahrs waren nicht so gut, wie sie hätten sein können. Es scheint aber, daß ich richtig gehandelt habe, denn während des nächsten Schulhalbjahrs hatte ich keinerlei Schwierigkeiten mit den Spielern, die jetzt regelmäßig zu den wöchentlichen Trainingsstunden kamen.

Es hätte nahegelegen, schwach zu werden und nachzugeben und damit den Verstoß gegen die Ordnung gutzuheißen; der Sportlehrer handelte jedoch richtig, und es brachte ihm mehr ein, daß er nicht den bequemen Weg ging. *Ordnung ist viel zu wertvoll, als daß sie der Zweckdienlichkeit geopfert werden sollte.* Logische Folgen mögen sowohl für das Kind als auch für den Lehrer manchmal sehr unbequem sein, und es scheint einfacher, zu schimpfen, zu predigen oder gar zu bestrafen. Die Erfolge zeigen aber, daß es sich bezahlt macht, wenn wir Geduld haben und sogar unmittelbare Vorteile opfern, um durch praktische Erfahrungen Ordnung zu schaffen und aufrechtzuerhalten. Nur in dieser Weise kann die tatkräftige und dauernde Mitarbeit der Kinder gewonnen werden. Die Mitarbeit, die wir nur durch Drohung und Druck erreichen, bedeutet Unterwerfung und ist in den meisten Fällen von kurzer Dauer.

24. Beispiel

Einer meiner Schüler hatte eine Hausaufgabe nicht geschrieben, die als Vorbereitung zum heutigen Stoff im Englischen verlangt war. Ich sagte ihm, daß er die Aufgabe am nächsten Tag bringen solle oder in der Klasse nicht zu erscheinen brauche. Am nächsten Tag hatte er die Aufgabe gemacht und las sie vor. Er bezog sich darin auf einen Streit zwischen einem Schüler und einer Lehrerin, wobei diese als ›alte Ziege‹ bezeichnet wurde. Es war offensichtlich, daß er mich meinte. Nachdem er seinen Aufsatz vorgelesen hatte, erhob er sich und wollte die Klasse verlassen, weil er befürchtete, daß ich ihn auf jeden Fall hinauswerfe. Ich bat ihn aber nur, sich wieder zu setzen, da er ja den verlangten Aufsatz geschrieben habe.

Nach diesem Vorfall änderte sich die Einstellung dieses Jungen in der Klasse und auch mir gegenüber. Er wurde nicht nur ein guter Schüler, sondern blieb mir freundschaftlich zugetan. Seine ältere Schwester erzählte mir, daß ihr Bruder gesagt habe, er würde sich über das, was er getan habe, immer schämen müssen.

Das Ende dieser Geschichte und ihre gute Wirkung verdunkelt etwas das Element der logischen Folgen. Die Lehrerin selbst überschrieb diesen Bericht als ein Beispiel dafür, »die Erwartungen des Schülers zu erkennen und dann das Gegenteil zu tun«. Und sie hatte recht. Dies ist der eindrucksvollste Teil ihres Berichts. Er ist ein gutes Beispiel für eine der Techniken, die für Situationen, in denen man nicht weiß, was man tun soll, geeignet erscheinen.

Dieses Beispiel ist jedoch absichtlich hier aufgeführt, weil es eine wichtige, stillschweigende Folgerung der logischen Folgen zeigt. Das ursprüngliche Problem war die Weigerung des Schülers, eine Hausaufgabe zu schreiben. In dieser Situation wandte die Lehrerin die logischen Folgen an: »Komme morgen nicht in die Schule, wenn du nicht deine Aufgabe gemacht hast!« Dies ist eine verhältnismäßig gute Methode; der Schüler war damit einverstanden – aber nicht, ohne zurückzuschlagen. Der Grundsatz, den die Lehrerin offensichtlich erriet, ist, *sich nicht auf eine Nebensache einzulassen, wenn man ein Kind mit den logischen Folgen seines Verhaltens beeindrucken will.* Gegenüber dem bestehenden Problem, daß nämlich die Hausaufgabe unbedingt erforderlich ist, zählt nichts anderes; sonst lassen wir zu, daß das Kind uns ablenkt und wir das ursprüngliche Problem aus den Augen verlieren. Dies hat die Lehrerin nicht getan, indem sie offen erklärte, daß sie zufrieden gestellt sei, denn schließlich hatte er ja die Aufgabe gemacht. Die Weigerung, sich auf ein Nebenproblem einzulassen, zusammen mit dem Grundsatz, das Gegenteil von dem zu tun, was das Kind erwartete, machte dieses Vorgehen wirksam.

25. Beispiel

Während in meiner vierten Klasse unsere Lektion vorgelesen wurde, hatten Larissa und Viola, die beieinander saßen, ein privates Gespräch, wobei sie eine Zeichensprache benützten. Ich versuchte, ihre Aufmerksamkeit dadurch zu erregen, daß ich in ihre Richtung blickte. Sie waren aber so beschäftigt, daß sie mich nicht sahen. Schließlich sagte ich: »Larissa und Viola, ihr habt euch anscheinend etwas Wichtiges mitzuteilen, etwas, was nicht warten kann, bis wir zu Ende sind. Ihr dürft beide hinausgehen und es euch erzählen. Wenn ihr damit fertig seid, dürft ihr wieder hereinkommen.« Als sie das Zimmer verließen, sagte

Viola: »Ich habe nicht gesprochen.« Ich erwiderte: »Ich weiß, daß du es nicht warst, sondern deine Hände.«

Die zwei Kinder gingen hinaus, kamen aber nach wenigen Minuten herein und beteiligten sich an unserem Gespräch. Nach der Schule kam Viola zu mir und bat mich, ob sie sich an einen anderen Platz setzen dürfe. Ich gestattete es ihr.

Dieser Vorfall enthält eine Anzahl wichtiger Punkte. Der Lehrer redete nicht unnötig. Er versuchte zuerst das Gespräch der Mädchen dadurch zu beenden, daß er in ihre Richtung blickte. Manchmal genügt es, in einer solchen Situation die Namen aufzurufen. Dies hätte wahrscheinlich die Mädchen unterbrochen, wenigstens für eine Weile. Der Lehrer meinte aber mehr tun zu müssen und ließ die logischen Folgen eintreten. Es ist wichtig, daß er die Logik der Folgen den Kindern mit Erfolg klarmachen konnte. Auch ließ er sich durch den Versuch des einen Kindes nicht irreleiten, auf das Problem des ›Schwätzens‹ einzugehen.

Das ganze Geschehnis dauerte nur wenige Minuten. Die Kinder kamen zurück und alles war in Ordnung. Diese ruhige Handhabung der unmittelbaren Störung hatte eine Wirkung auf die tatsächliche Ursache. Sie brachte das eine Kind dazu, eine Situation in Ordnung zu bringen, die durch mögliche neue Vergehen gefährdet war. Während des ganzen Vorgangs blieb der Lehrer fest und gleichzeitig freundlich und voll Verständnis.

26. Beispiel

Während der Rechenstunde spielte Jonas herum. »Du kannst die Aufgabe jetzt machen oder nach der Schule«, sagte ich ihm. Jonas antwortete nicht, sondern spielte weiter herum, verschwendete die Zeit und blickte umher. Am Ende der Stunde gab er sein Heft ab, das nur eine einzige Rechenaufgabe enthielt, und diese war noch falsch. Ich sagte ihm, er müsse nach Schulschluß dableiben, um seine Arbeit fertig zu machen. Er erwiderte nichts. Nach der Schule gab ich Jonas sein Heft mit der Bemerkung zurück, er müsse es jetzt fertig machen. Er entgegnete, daß er nicht bleiben könne, da er irgendwohin gehen müsse. »Tut mir leid, du weißt aber, daß diese Aufgabe gemacht werden muß« sagte ich ihm. »Ich muß aber heimgehen!« wiederholte er. »Du kannst heimgehen, sobald deine Arbeit fertig ist.« Jonas nahm sein Heft an seinen Platz und brach nach einer Minute in Tränen aus, wobei er heftig schrie. Ich sagte: »Ich weiß, wie du dich jetzt fühlst, Jonas, ich möchte auch gern heimgehen; wenn die Arbeit aber nicht fertig ist, muß ich halt so lange hierbleiben.« Jonas schrie weiter. Ich bemerkte, daß er ab und zu seinen Kopf hob, um nach mir zu schauen. Nach einer Weile hörte er auf zu weinen und brachte seine Arbeit in einer verhältnismäßig kurzen Zeit zum Abschluß, wobei jede Aufgabe, mit einer Ausnahme, richtig war.

Die logische Folge, ein Kind seine Fehler in der Arbeit nach Schulschluß in Ordnung bringen zu lassen, ist so allgemein üblich, daß sie allein keine Diskussion verdiente. Der obige Vorfall ist jedoch insofern bemerkenswert, weil es einen Augenblick gegeben hatte, in dem der Lehrer das, was leicht als Bestrafung hätte erscheinen können, in eine wirklich logische Folge verwandelt hatte. Es war die Bemerkung, daß er verstehe, wie der Junge sich fühle, wobei er sich mit ihm gleichsetzte: auch er würde gern heimgehen, müsse aber zuerst seine Arbeit beenden. Dies waren die richtigen Worte, auf die es in dieser Situation ankam. Sie ließen nicht den Lehrer als Autorität erscheinen, sondern die Ordnung, und zwar als die über beiden stehende Autorität. Die in seinen Worten liegende Demut verringerte seine Festigkeit nicht.

Das Beispiel zeigt eine bestimmte Art von Beziehung, die der Lehrer anknüpfen kann, wenn ein Kind nach der Schule dableiben muß, und die ganz anders sein kann, als das gegenseitige Verhältnis während des Unterrichts. Eine Anekdote illustriert dies gut: Sven muß nachsitzen, um seine Arbeit fertig zu machen. Er war so nett und benahm sich so gut, daß der Lehrer in seiner Überraschung sagte: »Ich kann nicht verstehen, warum du während des Unterrichts so unangenehm, ja unartig und gemein bist, und jetzt so freundlich und nett und bereit zur Mitarbeit.« Der Junge sah auf und sagte: »Gerade dachte ich dasselbe von Ihnen.«

27. Beispiel

Dieses Beispiel logischer Folgen zeigt eine interessante Seite, die vielleicht in Frage gestellt werden kann:

Schüler meiner Mathematik-Stunde hatten die Neigung, einander zu helfen, sowohl bei den Hausaufgaben als auch bei Klassenarbeiten. Eines Tages sagte ich ihnen, daß, soweit ich es beurteilen könne, dies nicht falsch sei; da aber immer zwei Schüler nötig seien, um zu den richtigen Antworten zu gelangen, würde die vergebene Note nur die Hälfte zählen können. Darauf hörten einige sofort auf, einander zu helfen. Andere mußten erfahren, wie fortan bei der Notengebung verfahren wurde, bevor sie ihre Zusammenarbeit einstellten.

Dieses Beispiel wird bei jedem Lehrer Widerspruch erregen, der sich an die Tradition hält, daß für eine Arbeit keine Note gegeben werden darf, wenn sie nicht allein vollbracht wurde Und doch ist es gerade die unkonventionelle Einstellung des Lehrers zu diesem besonderen Problem, welche das Beispiel interessant macht.

Das wirkliche Problem ist das *Betrügen*. Dazu nahm der Lehrer eine bemerkenswerte Haltung ein. Er machte sich klar, daß gegenseitige Hilfe als solche nicht tadelnswert ist. Schüler neigen dazu, sich gegenseitig zu helfen. Manche Lehrer lehnen dies völlig ab, andere übersehen es und wieder andere akzeptieren es vielleicht. Ein Geist gegenseitiger Hilfe ist in jeder gut organisierten Klasse unvermeidlich. In einer Atmosphäre der Konkurrenz wird er nicht geduldet, in einer Klasse aber, in der die Kinder einander gegen den Lehrer helfen, tritt er verstärkt auf. Es kann nicht erwartet werden, daß sich während einer Klassenarbeit die Beziehung zwischen den Kindern plötzlich ändern sollte. Kein Hinweis auf einen Ehrenkodex und keine Strafandrohung kann diese Tatsache ändern. Folglich wird solange abgeschrieben, als eine bestrafende Autorität versucht, ihren Willen einer widerstrebenden und oft rebellischen Klasse aufzudrücken. Man denke: abschreiben wurde sogar schon als der erste Schritt zur Kriminalität angesehen! In Wirklichkeit ist es menschlich und verständlich.

Gelingt es den Lehrern, das Problem, ohne schweres Geschütz aufzufahren, d.h. ohne großes Aufhebens davon zu machen, anzugehen, so steht ihrem Erfolg nichts im Weg. Unter diesem Aspekt ist das Beispiel von Bedeutung: Der Lehrer hängt sich kein Mäntelchen moralischer Entrüstung um, er war weder entsetzt noch erzürnt – im Gegenteil, er sagte ganz klar, daß, soweit er es beurteilen könne, »dies nicht falsch sei«. Seine Erklärung, daß bei der Partnerarbeit die Noten nur noch halb so viel zählen würden, ist kein Beispiel für eine Vergeltungsmaßnahme eines autoritären Lehrers, sondern beleuchtet lediglich die Situation – nicht ohne einen gewissen Humor. Obwohl die ›Hälfte‹ einer Note als Ergebnis nicht unbedingt zufriedenstellend erscheint, beruht dieses Verfahren auf einer logischeren Begründung als die Praxis, für eine Arbeit, die man nicht allein gemacht hat, überhaupt keine Noten zu geben. Leider besteht die übliche Reaktion aufs Abschreiben immer noch meistens aus Strafen.

Wenn Klassenarbeiten eine Bedeutung haben – und es gibt einige Zweifel an ihrem Wert und ihrer Notwendigkeit – scheint es ratsam, die Folgen des Abschreibens als logische und nicht als strafende herbeizuführen. In diesem Sinn hat dieses Beispiel einen positiven Beitrag geliefert.

7. *Kapitel*

Den kindlichen Lebensstil verstehen

Das Ziel der psychologischen Ausbildung der Lehrer ist ein doppeltes: Lehrer müssen lernen, die *unmittelbaren* Ziele von Kinder, die bewegenden Kräfte unter der Oberfläche, zu verstehen. Dies ist die unabdingliche Voraussetzung für jede Bemühung, ein Kind erfolgreich zu behandeln und verbessernde Einflüsse auszuüben. Der Lehrer, der sich dieser Ziele nicht bewußt ist, wird zum Opfer der unbewußten Absichten des Kindes und wird dabei Neigungen, die er bekämpfen will, nur verstärken. Für den geschulten Erzieher sind die unmittelbaren Ziele des Kindes jedoch so offensichtlich, daß er sie durch bloße Beobachtung eindeutig feststellen kann.

Das zweite und umfassendere Ziel psychologischer Schulung richtet sich auf die Fähigkeit, die *grundlegenden* Meinungen und Neigungen des Kindes, seinen Lebensstil, zu erfassen. Dies erfordert mehr als genaue Beobachtung. Der Lehrer muß sich über die Entwicklung eines Kindes detaillierte Auskünfte einholen: über seine Familienkonstellation, seine Beziehungen zu Eltern und Geschwistern, seine Ausbildung usw. Dazu braucht es nicht nur eine gute Vorbereitung und Schulung, sondern darüber hinaus viele Schritte, die oft nicht im Klassenzimmer unternommen werden können.

Das folgende Beispiel gibt ein ungefähres Bild über die Methoden, mit denen der Lebensstil und die Ziele eines Kindes von geschulten Leuten mit Sicherheit festgestellt werden können. Das Gespräch und die nachfolgenden Schritte wurden durch einen Psychologen als Demonstration für eine Klasse von Referendaren durchgeführt.

28. Beispiel

Der sieben Jahre alte Daniel kam mit seiner Mutter und seiner Lehrerin zur Beratung. Während die Kinder sich im allgemeinen in einem anderen Zimmer aufhalten, solange mit der Mutter gesprochen wird, wurde in diesem Fall entschieden, Daniel im Hintergrund des Zimmers sitzen zu lassen, um ihn zu beobachten.

Die Mutter erzählte folgende Geschichte: Daniel ist der ältere von Zweien. Sein Bruder Richard ist eineinhalb Jahre jünger. Daniel konnte schon mit neun Monaten gehen, fing mit einem Jahr zu sprechen an und war mit sechzehn Monaten schon sauber. Jedoch entwickelte sich bei sonst völlig normaler körperlicher Entwicklung sein Sprechen überhaupt nicht weiter. Nur bei seltenen Gelegenheiten sagte er einige wenige Worte und machte seine Wünsche durch Gesten klar.

Abgesehen von diesem Mangel war er gut angepaßt. Er hatte keine Eß-Schwierigkeiten, zog sich aber noch nicht ganz alleine an. Dinge, die Sprechen nicht erforderten, konnte er gut ausführen. Er machte einen durchaus glücklichen Eindruck. Die Lehrerin berichtete, daß Daniel zwar im Unterricht mitmache, daß er aber nicht zu hören schien, was gesprochen wurde, und überhaupt nicht sprechen könne. Sie nahm an, daß er deshalb auch nicht lesen lerne, weil er sich ja nicht mit Worten ausdrücken könne, und ließ ihn die erste Klasse wiederholen. Sie glaubte, er habe einen Hörfehler, da er oft nicht hörte, wenn sein Name aufgerufen wurde. Die Mutter war derselben Ansicht, weil der Junge überhaupt nicht reagierte, wenn er zum Essen gerufen wurde.

Das Kind war zu einem Sprachtherapeuten geschickt worden, der auch meinte, daß ein organischer Fehler vorliegen müsse.

Der jüngere Bruder Richard war selbständig, redete viel, gehorchte aber nicht allzu bereitwillig. Er jammerte und weinte leicht. Daniel provozierte ihn manchmal, und er wurde zornig, wenn er sich enttäuscht fühlte.

An diesem Punkt wurde noch keine bestimmte Diagnose gestellt, obwohl bereits klar schien, daß Daniel seine Unfähigkeit zu sprechen dazu benützte, andere in seinen Dienst zu stellen. Augenscheinlich tat die Mutter für beide Kinder vieles, was sie selber hätten tun können; sie zog Daniel z. B. immer noch an, obwohl er gut selber dazu in der

Lage war. Es schien ganz unwahrscheinlich, daß er nur manchmal nicht hören sollte. Die Annahme einer emotionalen Störung, viel eher als die einer organischen, wurde durch das Fehlen irgendeines krankhaften körperlichen Befundes bei den vorangegangenen Untersuchungen noch unterstützt. Der Lehrerin wurde gesagt, daß sie lediglich durch Daniels Unfähigkeit, sich in Worten auszudrücken, noch nicht beurteilen könne, ob Daniel lesen könne oder nicht. Es gibt andere Mittel, um die Lesefähigkeit zu testen, durch einfache geschriebene Bitten und so weiter. Aber anscheinend waren solche Tests nie versucht worden.

Als die Mutter und die Lehrerin das Zimmer verließen, wurde Daniel gebeten, nach vorn zu kommen. Er war von einigen der anwesenden Lehrer beobachtet worden, die später über seinen Gesichtsausdruck berichteten. Er schien an der Diskussion interessiert zu sein. Als man ihn bat zu kommen, saß er ruhig da, als ob er nichts hören würde. Als die Einladung mit dem Zusatz, daß er wahrscheinlich verstehe, was los sei, wiederholt wurde, krümmte er sich und bedeckte sein Gesicht mit der Hand, und zwar in der Weise, daß er mit einem Auge immer noch sehen konnte, was um ihn herum gespielt wurde. Die Diskussion setzte sich fort, und als sein Benehmen den Lehrern erklärt wurde, daß er nämlich nur so täte, als ob er nichts höre, um ›uns‹ eine Niederlage zu bereiten, begann er in der charakteristischen Art des Erkennungsreflexes zu lächeln. Daraufhin versuchte einer der Lehrer, ihn nach vorn zu bringen. Nun leistete Daniel aktiven Widerstand, kämpfte, um sich zu befreien, und mußte gegen seine erheblichen Anstrengungen nach vorn getragen werden. Damit bestand über die Diagnose kein Zweifel mehr. Es war ein ausgesprochener Machtkampf.

Sobald er auf einen Stuhl gegenüber dem Psychologen gesetzt wurde, beruhigte er sich und war zur ›Mitarbeit‹ bereit. Er beantwortete alle Fragen, die er beantworten wollte, mit Kopfbewegungen oder dem Zucken seiner Schulter. Meistens hatte er sein Gesicht halb bedeckt. Es folgte ein lebhaftes ›Gespräch‹ – was ihn betrifft – ohne Worte. Unter anderem wußte er nicht, was er werden wollte, wenn er einmal groß sei (ein Zucken der Schulter), und er verweigerte jede Antwort, als er gefragt wurde, ob er überhaupt groß werden wolle. Dieser Punkt wurde mit der Gruppe diskutiert, während Daniel zuhörte. Es könnte ja sein, daß er gar nicht groß werden, sondern klein bleiben wolle, damit die anderen für ihn sorgen? Er antwortete nicht, doch war ihm dieses Gespräch offensichtlich unangenehm. Jedes Mal schüttelte er den Kopf, wenn er gefragt wurde, ob er seine Mutter, seinen Vater, seinen Bruder oder seine Lehrerin gern habe. Ob dies nun nur für den Augenblick Gültigkeit besaß, oder ob es tatsächlich stimmte, Daniel zeigte jedenfalls an, daß er keinen von ihnen mochte. Als er gefragt wurde, ob er lesen könne, ließ er weder Zustimmung noch Ablehnung erkennen, sondern machte eine Bewegung, als ob er hierüber nichts aussagen wolle. Dann wurde er gefragt, ob er gern wissen möchte, warum er Gesicht und Augen mit seinen Händen bedecke. Er schüttelte energisch den Kopf und wollte es nicht wissen. Trotz seiner negativen Antwort wurde diese Frage besprochen, wobei erwähnt wurde, daß er vielleicht darauf warte, daß irgend jemand ihm die Hände vom Gesicht nehme. Er wolle wohl auch zeigen, daß er tun könne, was er wolle. Darauf entfernte er sofort seine Hände und zeigte damit, daß unsere Vermutung richtig war.

Jetzt wurden die Mutter und die Lehrerin wieder hereingebeten. Sofort legte Daniel seine Hände wieder aufs Gesicht, die die Mutter gleich beiseite zog. (Dies wollte Daniel ja erreichen.)

Der Mutter und der Lehrerin wurde erklärt, warum Daniel sich so verhielt und nicht redete. Er wollte nicht nur Aufmerksamkeit und Bedienung, sondern vereitelte die Forderungen aller Autoritäten. In seiner passiven Art war er der Boß. Typisch war seine Weigerung, nach vorn zu kommen. Auch die Hände vor dem Gesicht waren bezeichnend. Mit eineinhalb Jahren war er entthront worden, aber es war ihm gelungen, sich trotz der Geburt seines jüngeren Bruders die Aufmerksamkeit und Bedienung seiner Mutter zu erhalten. Er leistete der mächtigen Mutter keinen offenen, sondern einen passiven Widerstand. Indem er sich weigerte zu sprechen, konnte er nicht nur ihrer Macht und ihrem Zwang entgehen, sondern erhielt außerdem ihre Bedienung. Er war tatsächlich nicht zur Mitarbeit bereit, wie es schien. Sicherlich verstand er alles, was gesagt wurde, und konnte wahrscheinlich sogar gut reden, wenn er nur wollte.

Mutter und Lehrerin waren beide skeptisch, die Lehrerin vielleicht noch mehr als die Mutter. Diese konnte nicht glauben, daß ihr gehorsamer, zur Mitarbeit bereiter Sohn versuchen würde, ihre Bemühungen zu vereiteln, und die Lehrerin war sicher, daß mit seinem Gehör etwas in Unordnung sei und er tatsächlich nicht reden könne.

Der Mutter wurden einige Empfehlungen gegeben: sie solle, was sie sage, nicht wiederholen und ihn nicht öfter als ein Mal zu den Mahlzeiten rufen. Sie solle nicht glauben, daß er nichts verstehe. Statt dessen sei es wichtig, mit beiden Kindern zu spielen und beiden ihre Zuneigung zu zeigen. Wenn Daniel zornig würde, solle sie das Zimmer verlassen. Auch die Lehrerin wurde gebeten, so zu tun, als ob Daniel verstehen und sprechen könne, und kein Aufhebens zu machen, wenn er es nicht täte.

Mutter und Lehrerin kamen nach zwei Wochen wieder. Ihre Zweifel waren verschwunden. Die Mutter hatte gemerkt, welche Dienste Daniel von ihr verlangte. Sie gab sich nicht mehr dazu her, und Daniel wurde selbständiger und zog sich jetzt allein an. Nachdem er eine Mahlzeit versäumt hatte, weil er beim ersten Ruf nicht gekommen war, konnte er jetzt ›hören‹, wenn er gerufen wurde. Schließlich wurde sie von den psychologischen Gründen überzeugt, als einige Tage später Daniels Vetter zu Besuch kam und sie die beiden Jungen frei und laut im oberen Stock sprechen hörte, weil Daniel dachte, niemand würde ihn hören. Seit dieser Zeit ignorierte sie sein Deuten und Gestikulieren völlig. Wenige Wochen später sprach Daniel beinahe schon normal.

Angeschlossen an ein derartiges Beispiel folgt in der Regel eine Reihe von kurzen Berichten der Referendare aus der Zeit, in der sie lernten, den Lebensstil eines Kindes zu erforschen. In jedem dieser Fälle wird das Problem zusammen mit Auskünften über die Umgebung des Kindes dargestellt, hierauf die Situation gedeutet, und schließlich werden Verbesserungsvorschläge gemacht. Da die Lehrer am Anfang sich in den Techniken der psychologischen Untersuchung verständlicherweise noch nicht so gut auskennen, wie diejenigen, die unsere Methoden schon zuvor erprobt hatten, sind die Berichte nicht alle auf der gleichen Ebene.

In einer solchen Lehrerklasse werden die Fälle in ähnlicher Weise besprochen wie in diesem Kapitel. Bemerkungen des Ausbildungsleiters und der Lehrer beziehen sich auf die richtige oder falsche Deutung, auf angemessene oder ungenügende Unterlagen, wie auch auf fehlende Daten, ohne die eine zuverlässige Bewertung des einzelnen Kindes unmöglich ist. Einige der anfänglichen Berichte wurden später Gegenstand von Untersuchungen der Art, wie sie im elften Kapitel besprochen werden.

Diese Fälle zeigen verschiedene Stufen von Unvollständigkeit und Ungenauigkeit. Sie werden nicht für eine endgültige Analyse des Kindes verwendet, sondern eher zur Klärung der unter der Oberfläche wirkenden dynamischen Prozesse und Probleme. Mit anderen Worten, sie dienen nur didaktischen Zwecken. Es war nicht unser Ehrgeiz, bei den Verbesserungsmaßnahmen eine klinische Sicherheit zu erreichen, denn der Versuchscharakter aller Aussagen darf nie vergessen werden, wenn er auch im Verlauf der Gespräche nicht immer offen auf der Hand liegt. Eine Seite der folgenden Gespräche mag noch eine gewisse Klärung erfordern, da die dabei angewandte Technik auf theoretischen Annahmen beruht, mit denen nicht alle vertraut sind. Es wird versucht, die Lücken, die durch unvollständige Unterlagen entstanden sind, durch die spekulative Exploration möglicher Einzelheiten aus dem Lebenslauf und der Vergangenheit zu schließen. Wir können nur raten, aber unsere Vermutungen sind mehr als bloße Einfälle; sie beruhen auf bestimmten Erfahrungen.

Da menschliches Verhalten nach unseren Erfahrungen zielgerichtet ist, und da individuelle ›Eigenschaften‹ nicht Teil einer Persönlichkeit, sondern Ausdruck der Bewegung und Wechselwirkung sind, zeigt jeder Bericht über ein Kind, über seine Persönlichkeit und besonders sein Verhalten mehr an als bloß das, was das Kind *ist* und was es *tut*. In einem leeren Raum geschieht nichts. Sein Charakter und seine Persönlichkeitsmerkmale spiegeln die Wechselwirkungen mit seiner Familie wider, und sein Verhalten in der Klasse drückt die Wechselwirkungen mit Lehrern und Klassenkameraden aus. Aus diesem Grund können wir uns in vielen Fällen die Gegenspieler des Kindes zu Hause und in der Schule gut vorstellen. Auch wenn die Berichte nicht alle notwendigen Auskünfte enthalten, vermögen wir die Möglichkeiten zu erraten. Wir können nicht sicher sein und werden auch nie dazu in der Lage sein, da die in den Beispielen genannten Fälle nicht weiter verfolgt wurden. »Das Raten in der richtigen Richtung«, wie der Psychoanalytiker Adler es nannte, ist aber ein wesentlicher Prozeß, das Verständnis zu fördern. Falsches Raten ist immer besser als überhaupt nicht zu raten versuchen. Eine falsche Annahme kann immer berichtigt werden; ohne Mutmaßungen kann man aber gar nichts erkennen. In der Praxis können diese Mutmaßungen – und sie werden es auch – durch jede zusätzlich erreichbare Auskunft geprüft werden.

In unserer künstlichen Lehrsituation müssen wir uns damit zufrieden geben, von Wahrscheinlichkeiten ohne den jeweiligen Nachweis der Richtigkeit zu sprechen. Aus diesem Grunde können unsere Schlußfolgerungen nur als Versuche angesehen werden. Wir haben jedoch in den Fällen, in denen ein Nachweis möglich war, die Erfahrung gemacht, daß unsere ›Mutmaßungen‹ größtenteils der Wahrheit entsprachen.

Typische Beispiele für solche Schlußfolgerungen sind der Charakter und die Persönlichkeit von Geschwistern, die Art, wie das Kind von seinen Eltern behandelt wurde und ähnliche Faktoren, die angenommen werden können, wenn wir die Persönlichkeit und das Verhalten des Kindes als Ausdruck der gegenseitigen Wechselwirkung ansehen. Ein Kind, das bereitwillig lächelt und Charme zeigt, beweist die Wirksamkeit der Methode des Lächelns und Charmes in seiner Familie. Ob der Lehrer diese Auskunft hat oder nicht, wir können ziemlich sicher sein, daß wichtige Mitglieder seiner Familie darauf reagieren. Ohne Zuneigung zu Hause erfahren zu haben, hätte das Kind nicht gelernt, Reaktionen der Zuneigung in anderen zu erwecken. Unsere Schlußfolgerungen aus der Beschreibung des Kindes ermöglichen es uns, entweder anzunehmen, was wir nicht wissen, oder dem zu widersprechen, was nur als bloße Annahme des Berichterstatters anzusehen ist.

Auf dieser Stufe ist es verhältnismäßig unwesentlich, ob alle unsere Mutmaßungen und Annahmen richtig sind. Es ist jedoch von allergrößter Wichtigkeit, daß die Lehrer sich mit dieser Form des Denkens und Nachforschens vertraut machen. Sie müssen lernen, das Kind in seiner ganzen Lebenssituation zu sehen und nicht als einen isolierten Teil. Unsere Betonung der Forderung, eine weitere Nachforschung über die Menschen in der Umgebung des Kindes zu betreiben und seine Reaktion auf diese weiterzuverfolgen, dient diesem Zweck.

29. Beispiel

Der zehnjährige Thomas wurde zur Untersuchung gebracht, da er außerordentlich nervös war und einen schwerwiegenden Sprachfehler hatte.

Einen solchen Fall auszusuchen ist ziemlich gewagt. Nervosität und ein komplizierter Sprachfehler sind ernsthafte Störungen. Die psychologische Analyse für beides erfordert sorgfältiges Nachforschen und Geschick. Dies ist ein Bericht eines gerade beginnenden Lehrers, der trotz seines Diploms kaum als zuständig für psychologische Methoden angesehen werden kann.

Die Schulschwester, der Schularzt, Lehrer, Klassenkameraden, Eltern und der Schulpsychologe wurden befragt.

Der Lehrer ging bei seinen Erkundigungen sehr gründlich vor. Er wandte sich an alle Quellen. Konnte er die notwendigen Auskünfte bekommen?

Thomas wurde von der Schulschwester begutachtet, die feststellte, daß seine Sehfähigkeit mit beiden Augen normal sei, daß er aber etwas Untergewicht habe.

Der normalen Sehfähigkeit scheint in diesem Augenblick keine große Bedeutung zuzukommen. Die Aufführung solcher Einzelheiten braucht jedoch nicht besonders gerügt zu werden, wenn dafür alle anderen wichtigen Einzelheiten festgestellt worden sind. Können wir dies aber von einem kurzen Bericht erwarten? Ein Lehrer, der den Dingen nachgeht, muß sich über die relative Bedeutung jedes Teils der verschiedenen Auskünfte im klaren sein, sonst bringt er zu viele Einzelheiten, die wenig oder gar nichts bedeuten, und geht an dem vorbei, war er wissen müßte.

Der Schularzt sagte, daß der allgemeine Zustand gut sei. Thomas hat Bronchialasthma und einen zu engen Nasenkanal. Er sollte nicht unter Druck gesetzt werden. Die Mutter berichtete, daß Thomas von einem Allergie-Spezialisten behandelt werde, den er zweimal in der Woche aufsuche. Sie erzählte auch, daß sein Appetit normal sei, daß es aber vieles gebe, was er nicht gern esse.

Hier sind nun einige wichtige Einzelheiten, wie Thomas' Bronchialasthma und Allergie, die beide auf Überempfindlichkeit hinweisen. Unter diesem Aspekt wird die Feststellung der Schwester über sein Untergewicht und der Bericht der Mutter, daß er vieles nicht gern esse, bedeutsam. Es ist ihm also wichtig, was er gerne hat und was nicht; und wahrscheinlich kann er das, was er nicht gern hat, nicht ertragen. Er war (und ist es noch) ein Kind mit Eßproblemen. Diese Tatsache weist auf eine typische Mutter-Kind-Beziehung hin.

Die Familie hat eine Sechs-Zimmer-Wohnung in einer gepflegten Umgebung. Der Rasen vor dem Haus ist gut in Ordnung, das Haus besonders sauber. Auf dem Boden liegen weiße Teppichmatten, ohne jeden Fleck. Das Heim vermittelt jedoch nicht den Eindruck, der Behaglichkeit und Freude zu dienen. Ihre Wohnung peinlich sauber und in vollkommener Ordnung zu halten, scheint Frau R.'s ganzer Stolz zu sein.

Hier haben wir vom psychologischen Standpunkt aus eine Überfülle unwichtiger Einzelheiten. Der in dem letzten Satz ausgesprochene Eindruck hätte genügt. Die Mutter ist überehrgeizig und wahrscheinlich eine Perfektionistin. Dies ist sehr wichtig, um das Kind zu verstehen.

Der Vater arbeitet in den Stahlwerken, die Mutter als Sekretärin. Sie geht zur Arbeit, seit der Zeit als Thomas acht Monate war. Sie weiß, daß er nervös ist und stottert. Sie bemerkte, daß er zu den Mahlzeiten nicht stillsitzen könne; er sei dauernd in Bewegung.

Dies ist bisher der erste wichtige Schlüssel für ein Verständnis des Jungen. Wir wissen, daß das Essen ein Problem ist; er ißt nicht, was er sollte. Besonders bei den Mahlzeiten zeigt sich seine Ruhelosigkeit. Offensichtlich ist sie ein Teil eines Kampfes, wahrscheinlich in erster Linie mit der Mutter. Aber sowohl seine Ablehnung gewisser Speisen als auch seine Ruhelosigkeit können dasselbe Ziel haben: seiner Mutter in einer passiven Art, nicht in offener Rebellion, eine Niederlage zu bereiten und sie zur selben Zeit mit sich zu beschäftigen.

Die Mutter sagt, daß sie sich um die Kinder Sorgen mache. Der Vater glaubt, daß sie diese durch ihr dauerndes Anschreien beunruhige. Sie erklärte, daß sie versuche, den Kindern alles zu geben, was man mit Geld kaufen könne. Wenn sie aber von der Arbeit heimkomme, sei sie müde, und die Kinder »gingen ihr auf die Nerven«.

Wir haben hier eine wichtige Einsicht in die gesamte Familiensituation. Zuerst: die Mutter scheint ein nervöser Typ zu sein. Sie sorgt sich um die Kinder, und diese gehen ihr auf die Nerven. Könnte es sein, daß Thomas sie imitiert? Die Mutter ist eine Kämpfernatur, kämpft aber nicht offen, sondern durch ihr Besorgtsein. Nach ihrer eigenen Meinung dient ihr Schreien nur dem Wohl der Kinder. Wahrscheinlich merkt sie nicht das Ausmaß, in dem sie mit jedermann kämpft, in der Annahme, daß die anderen sie bekämpfen. Sie und der Vater ziehen nicht am selben Strang. Wir können uns vorstellen, wie ungerecht sie sich von ihm behandelt fühlt, wo sie sich doch so abmüht, alles für die Kinder zu tun.

Thomas ist das zweite Kind; er hat einen älteren Bruder.

Es ist nicht sehr glücklich, daß der Lehrer nicht mehr über den Bruder berichtet. Wahrscheinlich ist er die Schlüsselfigur, um Thomas zu begreifen. Wir sollten wissen, wieviel älter er ist, und was besonders wichtig ist, was für eine Art Junge er ist. Da das erste und zweite Kind in jeder Familie im allgemeinen in Charakter und Persönlichkeit verschieden sind, und zwar um so mehr, je größer der Geist der Konkurrenz in der Familie ist, können wir uns Thomas' Bruder ganz gut vorstellen. Thomas spielt den Hilflosen, so daß sich sein Bruder wahrscheinlich unabhängig und ›stark‹ gibt. Thomas bekämpft seine Mutter in einer passiven Art – sein Bruder rebelliert vermutlich in aktiver Weise. All das wäre sehr wichtig zu wissen. Die Beziehung zum älteren Bruder hat wahrscheinlich eine große Bedeutung für die Entwicklung von Thomas.

Mit den Gleichaltrigen scheint Thomas gut auszukommen. In ihrer Gegenwart wirkt er entspannt und spricht und spielt frei mit anderen Kindern. Seine Schwierigkeit scheint in seiner Beziehung zu den Erwachsenen zu liegen. Die Mutter erlaubt seinen Freunden nicht heimzukommen, weil sie zuviel Unordnung und Lärm machen.

Hier sehen wir die gute soziale Anpassung von Thomas. Er ist ein guter Junge, wahrscheinlich wieder seiner Mutter ähnlich, die das ist, was man im allgemeinen eine ›tüchtige Person‹ nennt. Mit den Gleichaltrigen ist Thomas unter Gleichwertigen. Besondere Ansprüche werden nicht gestellt. Offensichtlich tut er sich aber mit Menschen schwerer, die ihm ›überlegen‹ sind. Diese Eigenschaft der Überlegenheit kennzeichnet die meisten Erwachsenen, in deren Gegenwart er nervös ist. Wahrscheinlich ist er übertrieben ehrgeizig wie seine Mutter und befürchtet deshalb, ihren hohen Maßstäben nicht entsprechen zu können. Diese Maßstäbe zeigen sich auch darin, daß sie seine Freunde nicht zu Hause haben will. Solange von Thomas nichts erwartet wird, kann er sich entspannen, nicht aber, wenn er ein gewisses Leistungsniveau erreichen muß.

Frau R. wurde allein befragt, um die Beziehung zwischen den Eltern zu ermitteln.

Es wäre besser gewesen zu sagen ›um weitere Informationen‹ über das Verhältnis der Eltern zu erhalten; denn wir haben schon gesehen, daß die Beziehung keine gute ist, da die Mutter über die kritische Einstellung ihres Mannes schon berichtet hatte.

Frau R. erklärte, daß ihr Mann zuviel trinke. Er komme oft heim und fange einen Streit an. Sie und ihr Mann haben sich bei zahllosen Gelegenheiten getrennt. Sie nahm die Kinder immer wieder zu sich, oder – wenn er das Haus verließ – blieben die Kinder bei ihr.

Es ist gut möglich, daß Frau R. die typische Frau eines Alkoholikers ist. Solche Frauen sind so gut, daß niemand ihren Maßstäben entsprechen kann. Folglich empfindet der Mann seine Fehlerhaftigkeit mehr und mehr und findet dann entweder Trost im Alkohol oder benützt diesen, um die Kraft zu haben, mit seiner Frau zu streiten. Sein Trinken ist sowohl ein Ausdruck von Entmutigung als auch von Rebellion. Und Frau R. gibt dann immer wieder nach und nimmt ihn wieder auf. Sie ist zu ›gut‹, um ihn völlig zu verlassen – sie stößt ihn aber dauernd ein Stückchen weiter nach unten.

Wir können annehmen, daß Thomas ihre Partei gegen den Vater ergreift und sein Bruder sich wahrscheinlich mit dem Vater verbündet. Thomas hat gelernt, wie wichtig es ist, gut zu sein. Sonst ist man genau so schlecht wie ein schlechter Vater – oder Bruder, wie auch immer.

Der Schulpsychologe hatte Thomas untersucht und einen Intelligenzquotienten von 114 festgestellt. Seine Lehrer scheinen sich einig darüber zu sein, daß er sich in der Klasse Mühe gibt und mitmachen will. Seine Nervosität läßt ihn jedoch keine ganze Stunde lang ruhig sitzen. Scheinbar muß er sich dauernd bewegen. Bittet man ihn, etwas aufzusagen, regt er sich so auf, daß er nicht sprechen kann. Bei jedem mündlichen Beitrag wird er nervös.

Wir können das Verhalten von Thomas jetzt verstehen. Er wird aufgeregt und nervös, wenn er etwas leisten soll. Er ist sich nie sicher, ob er gut genug ist oder etwas gut genug machen kann. Aus diesem Grund kann er zeitweise nicht einmal sprechen. Dieselbe Angst, nämlich sich nicht gut und klar genug auszudrücken, ist wahrscheinlich der Grund für seine Sprechschwierigkeiten. Diese wiederum vermehren sein Gefühl des Ungenügens, welches für ein überehrgeiziges ›gutes‹ Kind unerträglich ist. Je mehr er sich Mühe gibt, desto weniger bringt er zustande. Auf diese Weise wird er immer mehr entmutigt.

Die Frage erhebt sich: Warum ist er so unruhig und nicht in der Lage stillzusitzen? Seine ›Nervosität‹ erklärt dies nicht. Er erscheint nervös, weil er nicht stillsitzen will. Aber wozu?

Es gibt nur einen klaren Hinweis, nämlich seine Unruhe bei den Mahlzeiten. Wir vermuten, daß er sie dazu gebraucht, gegen die Anforderungen seiner Mutter zu rebellieren und sie mit sich zu beschäftigen. Dieser Mechanismus findet sich häufig bei schlechten Essern. Sie verärgern ihre Eltern, zwingen aber auch ihre Mutter, etwas Besonderes für sie zu kochen, zuzureden, zu ermahnen und zu drohen. Frau R. gehört zu den Müttern, die sich leicht in einen Streit mit dem Kind einlassen. Ihr übertriebenes Pflicht- und Verantwortungsgefühl erlauben es nicht, daß sie ruhig daneben sitzt, wenn das Kind nicht genügend ißt. So macht sie sich zum Sklaven der kindlichen Herausforderungen, während sie gleichzeitig versucht, das Kind zu unterdrücken.

Sehr wahrscheinlich ist es Thomas gelungen, seine Lehrer in ein ähnliches Verhältnis hineinzumanövrieren. Er zwingt sie, ihn zu ermahnen, zu verbessern, mit ihm zu reden, ihn zu ermutigen und anzutreiben, während er doch so ein guter Junge zu sein scheint. Mit anderen Worten, er hat gelernt, seine Feindseligkeit und Rebellion hinter offenbar guten Absichten zu verbergen. Dies ist der typische Mechanismus von Neurose und Nervosität[1]. Thomas, der schöpferisch und erfinderisch ist, handelt nicht nur auf ein einziges Ziel hin. Manchmal sucht er wahrscheinlich Aufmerksamkeit zu erregen. Zu anderen Zeiten ist er in einem nicht so offensichtlichen Kampf um Überlegenheit verwickelt.

---

1 Die teleologische Deutung psychopathologischer Zustände ist kennzeichnend für die Individualpsychologie Alfred Adlers, auf deren Erkenntnissen dieses Buch beruht.

Zu wieder anderen Zeiten zeigt er seine Unfähigkeit, überhaupt etwas zustandezubringen, denn er wird ja durch einen übertriebenen Ehrgeiz und eine übermäßige Angst vor dem Versagen getrieben.

Trotz ungenügender Einzelheiten bekommen wir ein ziemlich gutes Bild von dem Jungen und den treibenden Kräften für seine Schwierigkeiten. Wollen wir sehen, was der Lehrer von diesem Fall hält und welche Empfehlungen er gibt.

Deutung und Empfehlungen: Thomas hat ein starkes Unsicherheitsgefühl, weil seine Mutter zur Arbeit ging, seit er acht Monate alt war. Dies läßt vermuten, daß er von Fremden aufgezogen wurde und von seinen Eltern die für die emotionale Sicherheit so notwendige Liebe und Zuneigung nicht bekommen hat. Vielleicht gaben die Eltern sogar viele materielle Dinge, um die beschränkte Zeit, die sie mit ihren Kindern verbringen konnten, wieder gutzumachen. Beide Eltern sollten versuchen, sich für Thomas mehr Zeit zu nehmen.

Offensichtlich verstand der Lehrer die Schwierigkeiten von Thomas und ihre Gründe nicht. Wahrscheinlich hat er recht, daß dieser kein starkes Gefühl der Sicherheit hat, doch bedeutet eine solche Feststellung praktisch nichts. Jedes Kind, das sich nicht richtig verhält, fühlt sich unsicher. Unsicherheit an sich erklärt nicht, warum Thomas sich so beträgt. Es wäre besser, das Wort ›unsicher‹ durch das Wort ›entmutigt‹ zu ersetzen. Entmutigung ist ein allgemeiner Begriff, der auf alle Arten von Mängeln und störenden Verhalten angewendet werden kann. Der Unterschied dieser Begriffe ist jedoch mehr als ein bloßes Spiel mit Worten. Er öffnet ganz verschiedene Aussichten. *Sicherheit* ist etwas, das man von irgendwoher oder von irgend jemand bekommt – oder nicht bekommt. Mut auf der anderen Seite ist etwas, was man in sich selbst trägt. Mut kann man nicht von außen bekommen, obgleich die Umgebung seine Entwicklung anregen oder verhindern kann. Das *Gefühl* der Sicherheit kommt von innen, vom Mut, von der Verwirklichung der eigenen Kraft und Fähigkeit, mit allem was das Leben uns zu bieten hat, fertigzuwerden.

Hätte der Lehrer Thomas als entmutigtes Kind erkannt, dann würde er nicht annehmen, daß die Arbeit der Mutter außer dem Haus die Ursache seiner Schwierigkeiten sei. Mütterliche Abwesenheit als solche kann kein Kind ›entmutigen‹. Ihr Verhältnis zum Kind kann aber eine solche Wirkung haben, besonders wenn sie Mitleid mit ihm hat und versucht, ihre ›Vernachlässigung‹ durch übermäßige Beschützung auszugleichen. Wieso sollte die Arbeit seiner Mutter anzeigen, daß Thomas nicht genügend Liebe und Zuneigung von seinen Eltern bekommt? Es kommt nicht auf die Länge der Zeit an, die eine Mutter mit ihrem Kind verbringt, sondern darauf, *wie* sie diese Zeit verbringt. Um Liebe und Zuneigung zu schenken, bedarf es nicht vieler Zeit. Liebe kann in wenigen Sekunden ausgedrückt werden und alle Erlebnisse, die das Kind mit seinen Eltern hat, durchdringen. Nein, es ist die Art der Beziehung, die in der Familie herrscht, und besonders diejenige zwischen der Mutter und Thomas, die diesen veranlaßte, seine Meinung vom Leben und von sich selbst zu entwickeln und entsprechend zu handeln.

Man hat das Gefühl, daß Thomas auf Erwachsene genau so reagiert wie auf seine Eltern. Sie sind autoritär, verlangen immer etwas, sind aber inkonsequent. In Gegenwart Erwachsener scheint er nervös und gespannt zu sein. Man sollte ihm erlauben, seine Freunde bei sich zu Hause zu empfangen. Freunde, die ihn akzeptieren, können ihm das Gefühl größerer Sicherheit geben.

Natürlich färbt die Beziehung, die Thomas zu seinen Eltern hat, auf seine Beziehung zu anderen Erwachsenen ab, aber wir vermuten, daß dies nur auf Erwachsene wie z. B. Lehrer zutrifft, die von ihm etwas verlangen und erwarten, während er mit anderen Erwachsenen gute und entspannte Beziehungen haben könnte. Unser Lehrer macht den verbreiteten Fehler, alle Eltern und Erwachsenen als Autoritätspersonen anzusehen, die in Thomas Spannungen verursachen können. Dies ist eine mechanistische und ungenügende Erklärung. Die frühere Besprechung wies auf die dynamische Wechselwirkung zwischen Thomas und seiner

Mutter und in ähnlicher Weise auf diejenige zwischen ihm und seinen Lehrern hin. Es steckt mehr dahinter als die autoritären Forderungen der Eltern und ihr inkonsequentes Verhalten, welches aus dem Bericht nicht ersichtlich ist.

Selbstverständlich sollte man Thomas erlauben, seine Freunde zu sich nach Hause kommen zu lassen, aber auch in diesem Fall ist die Begründung für eine solche Empfehlung eine andere als der Lehrer dachte. Seine Freunde werden Thomas nicht ›sicherer‹ machen. Er fühlt sich mit ihnen nicht unsicher, und sein gutes Verhältnis mit ihnen färbt nicht auf seine Beziehungen zu Erwachsenen ab. Die Anwesenheit seiner Freunde zu Hause hätte eine ganz andere Wirkung: sie könnte seine Mutter veranlassen, weniger perfektionistisch zu sein und zu lernen, die Kinder so zu akzeptieren, wie sie sind, statt sich über ihre kleinen Fehler zu ärgern. Dies muß sie grundsätzlich lernen, ob es sich nun um Thomas oder andere Kinder handelt. Dadurch würde sich auch ihre Beziehung ändern, und Thomas bekäme die Gelegenheit, mehr den notwendigen ›Mut zur Unvollkommenheit‹ zu lernen, als es ihm bei dieser perfektionistischen Mutter bis jetzt möglich war.

Thomas kann sich in einer kleineren Spezialklasse vielleicht besser anpassen. Er könnte den Lehrer besser kennenlernen und auch mit den Schülern eine innigere Verbindung haben.

Diese Empfehlung beruht auf einem Mangel an dynamischem Verständnis und weist auf eine mechanistische Art der Lösung hin. Thomas muß seine eigenen irrtümlichen Auffassungen verstehen und seine Methoden des Verhaltens gegenüber Erwachsenen und ihren Forderungen ändern. Dies kann auch in einer sehr großen Klasse erreicht werden und hängt nicht von der Klassengröße ab, sondern vom psychologischen Verständnis und der Fähigkeit des Lehrers. Thomas muß lernen, an sich zu glauben, *wie er ist,* und aufhören, besonders gut sein zu wollen und Angst vor Fehlern zu haben. Dann wird er keine besondere Aufmerksamkeit mehr brauchen und auch nicht gegen die Forderungen und Erwartungen gewisser Erwachsener rebellieren. Der Lehrer und seine

Mutter können ihm helfen, die notwendige Neuorientierung zu finden, vorausgesetzt, daß sie anfangen, die Situation zu verstehen, und sich darauf einstellen. In diesem Fall ist die Mutter das Problem; sie vor allem würde Hilfe und Führung brauchen.

30. Beispiel

Der neunjährige Martin will weder arbeiten noch irgend etwas Konstruktives ausführen. Seine Aufgaben macht er nie; dies läßt ihn jedoch völlig kalt. Er denkt nicht daran, irgend etwas zu lesen, selbst wenn ich ihn darum bitte. Wenn die Kinder zusammen Spiele machen, macht er nicht mit, sondern zieht es vor, mit einer Bande von Jungens zu kämpfen. Sein Verhalten liegt ›auf der unnützen Seite‹, wobei er immer dumme Dinge sagt und die Klasse so weit bringt, daß sie über ihn lacht. Spricht der Lehrer oder versucht er, eine Aufgabe zu erklären, fängt Martin mit irgend jemand Streit an oder versucht andere dumme Tricks. Ganz sicher bekommt er genügend Aufmerksamkeit. Nur wenn er etwas selber organisiert hat, arbeitet er mit. Er wird zornig, wenn er nicht der Erste sein kann und zeigt dann seine Gereiztheit. Er ist ein rauher, kräftig aussehender Junge.

Wir können uns den Jungen gut vorstellen – und ebenso die Reaktion des Lehrers. Jede Zeile seines Berichts verrät sein Gefühl, besiegt zu werden. Dies ist ein typischer Kampf um Überlegenheit. Und es ist kennzeichnend, daß weder der Junge noch der Lehrer sich dessen bewußt sind. Hätte der Lehrer eine Ahnung, dann würde er das Spiel des Jungen nicht mitspielen. Offenbar gelang es dem Jungen, die ganze Klasse auf seine Seite zu bringen; aus diesem Grund spielt er ›doof‹ und versucht allerlei kleine Tricks, um die Aufmerksamkeit zu erregen, und zwar gerade dann, wenn der Lehrer etwas sagt oder eine Aufgabe erklärt. Unglücklicherweise drückt sich der offensichtlich übermäßige Ehrgeiz des Jungen in unnützen Dingen aus. Es ist ihm um Überlegenheit und Macht zu tun, er möchte immer der Erste sein und jede Situation beherrschen und bekommt Zornausbrüche, wenn er seinen Willen nicht durchsetzen kann. So weit wissen wir noch nichts über die Gründe seines Verhaltens. Glücklicherweise hat der Lehrer aber eine weitere Einzelheit berichtet.

Sein Bruder ist sehr ruhig. Er bekommt lauter Einser. Er arbeitet in den Gruppen mit, hilft beim Organisieren, hat es aber nicht gern, für irgend etwas getadelt zu werden.

Wir wissen nicht, ob der Bruder älter oder jünger ist, aber wahrscheinlich das erstere. Auch er ist übermäßig ehrgeizig, bewegt sich aber im Gegensatz zu Martin auf der nützlichen Seite des Lebens. Es besteht kein Zweifel, daß seine Leistungen einen gewissen Zusammenhang mit Martins Schwierigkeiten haben: Martin ist durch seinen erfolgreichen Bruder entmutigt worden. Andererseits können wir annehmen, daß der Bruder, der ›gute‹ und körperlich wahrscheinlich schwächere Junge von der Anerkennung anderer abhängt, während Martin selbstbewußter ist und sich stark genug fühlt, die ganze Welt mit der linken Hand fertigzumachen. Man kann ihn wohl kaum einschüchtern, und offensichtlich ist er ein guter Kämpfer. Solche Kinder können gewonnen und zur nützlichen Seite des Lebens umgelenkt werden, wenn der Lehrer ihnen Gelegenheit gibt, ihre Beherztheit zu zeigen, indem sie zum Wohl der Klasse beitragen. Um dies zu erreichen, müßte der Lehrer zuerst aufhören, auf den Jungen nur zu reagieren, d.h. sein Spiel mitzumachen, nämlich mit ihm zu streiten.

Der Begriff ›Auf die nützliche Seite umlenken‹ bedarf noch einer Erklärung. Viele betrachten Kinder wie Martin als von irgendeiner inneren Feindseligkeit besessen, die sich nach außen wendet. Sie neigen dazu zu fragen: Würde dieses ›auf die nützliche Seite umlenken‹ bedeuten, daß er mit Kämpfen aufhört oder würde er im ›guten‹ Sinn ein Kämpfer werden? Würde er seine Feindseligkeit durch etwas anderes ersetzen, unterdrücken oder in nützlichere Bahnen lenken? Würde es helfen, ihm einen Punchingball zu kaufen, damit er seine Feindseligkeit abreagieren kann, ohne sie in der Klasse zu zeigen?

Das sind keine Lösungen. Feindseligkeit in einem Kind ist

keine Kraft oder Energie, die man wie Gas aus einem zu stark gefüllten Ballon ablassen kann. Martins Feindseligkeit ist ein Teil seines Versuchs, sich eine Stellung zu erringen, einen Platz in der Gruppe zu finden. Er glaubt, dies dadurch zu erreichen, daß er mit dem Lehrer kämpft. Man könnte auch sagen, daß er die Leitung des Lehrers in der Gruppe erfolgreich in Frage stellt. Er ist nicht ›voller Feindseligkeit‹, sondern benützt seine feindseligen Gefühle zu seinem Vorteil, um überlegen zu erscheinen. Er kämpft also nicht nur um des Kämpfens willen, oder weil er dieses Ventil benötigte, sondern um seine Überlegenheit zu zeigen, zu gewinnen und in männlicher Weise ›Erfolg‹ zu haben.

Bei dieser Betrachtung bedeutet ›Umlenkung zur nützlichen Seite‹ lediglich eine Änderung der Methode, mit der man am besten eine Stellung in der Gruppe erlangt. Der Junge würde nicht gegen den Lehrer – gleichgültig was er ihm bedeutet – kämpfen, wenn er erwartete, durch ihn eine Stellung zu erlangen. Das ist es aber, was der Lehrer erreichen muß, indem er ihm die Gelegenheit gibt, durch Beitragen und Helfen sich wichtig zu fühlen statt zu kämpfen und zu opponieren. Martins maßgebender Beweggrund scheint sein Verlangen nach Bedeutung zu sein. Er will der Erste sein. Allmählich muß er dieses Ziel ändern, um sich anzupassen. Im gegenwärtigen Zeitpunkt jedoch kann man gerade diese Sucht benützen und zu nützlichen Beiträgen umlenken.

31. Beispiel

Der sechseinhalbjährige Richard ist ruhig, passiv und in der Schule unaufmerksam. In vielen Klassenarbeiten macht er nicht mit. Er tut, was man ihm sagt, ist immer beschäftigt, aber allein, spielt mit kleinen Autos, zeichnet, sieht sich ein Buch an. Er verursacht keinerlei Störung. Er hält sich an die allgemeinen Gepflogenheiten, wenn er nicht mit seinen eigenen Gedanken beschäftigt ist. Hat der Lehrer der Klasse etwas zu sagen oder erklärt er die Aufgaben, muß er es für Richard wiederholen, da er nicht zuhört. Er spielt gut mit anderen Kindern und hat einen besonderen Freund, einen Nachbarsjungen seines eigenen Alters.

Richard stört nicht allzusehr in der Schule, aber er verärgert den Lehrer. Dies und die Tatsache, daß er wiederholt gerufen werden muß, würden anzeigen, daß er Aufmerksamkeit erregen will – und sie offensichtlich auch bekommt. Sogar sein isoliertes Spielen macht ihn verdächtig.

Die Familienkonstellation: Richard hat drei Schwestern, drei, sechs und acht Jahre älter als er. Der Vater ist ein ruhiger Mann, die Mutter eine geschäftige Hausfrau, die sich für alles, was ihre drei Teenager-Töchter tun, sehr interessiert. Die drei Mädchen sind fleißig und helfen viel im Haushalt. Richard ist zu klein, um zu arbeiten. Die Unterhaltung bei Tisch und zu anderen Zeiten konzentriert sich auf die Probleme der Mädchen. Die Familie kommt gut miteinander aus; es herrscht Liebe und Harmonie. Zu irgendwelchen Schulveranstaltungen kommt die Mutter nicht. Sie war beim Einkaufen, als die Klasse Richards Zuhause besuchte, wie wir dies bei jedem hier machen.

Eindruck: Richard kam in die bereits bestehende Situation einer Vorherrschaft des weiblichen Elements in der Familie – nichts wird von ihm erwartet. All seinen Wünschen wird Rechnung getragen. Er hat sich angewöhnt, dem Gespräch um ihn herum nicht zuzuhören, und sich in seine eigene Welt zurückgezogen. Es gibt nichts Anerkennenswertes, das er für die Familie tun könnte. Nichts, was ihn betrifft, wird als wichtig angesehen.

Er möchte wirklich zuhören, wenn der Klasse etwas gesagt wird, und hat auch die geistige Fähigkeit dazu, aber die Angewohnheit der Unaufmerksamkeit ist so gut ausgebildet, daß er, selbst wenn er interessiert wäre, sich auf jeden Fall in seine eigene Traumwelt zurückzieht.

Die Familienkonstellation ist gut beschrieben, der kleine Junge in einer matriarchalischen Familie mit vier älteren weiblichen Wesen. Man kann darauf hinweisen, daß auch der Vater ruhig ist – die zwei Männer zählen offensichtlich nicht allzuviel. Richard hat also zwei Nachteile: einmal ist er das Baby, das zu klein ist, um zu arbeiten, und dann ist er ein Mann – »was kann man von einem Mann schon erwarten«!

Soweit ist der Bericht gut. Aber es scheint nicht ausreichend zu sein, sein Verhalten lediglich auf die ›Angewohnheit der Unaufmerksamkeit‹ zu schieben. Dies erklärt nicht, warum er »sich angewöhnt hat, dem Gespräch um sich herum nicht zuzuhören«. Wieso hat er sich in seine eigene Welt zurückgezogen? Das ist die wichtige Frage, die der Lehrer noch nicht versucht hat zu beantworten. Hätte er dies getan, so wäre er vielleicht darauf gekommen, daß es fraglich ist, ob Richard »wirklich dem zuhören will, was der Lehrer der Klasse zu sagen hat«. Sein passives Verhalten ist nicht nur ein Rückzug, sondern eine Möglichkeit, in dieser passiven und ›unaufmerksamen‹ Weise seinen Platz in der Gruppe zu suchen. Wie der Lehrer ganz richtig bemerkte, kann er seinen Platz in seiner Familie nicht dadurch finden, daß *er* etwas beiträgt, sondern nur dadurch, daß er tut, was er will und andere sich um ihn kümmern läßt. Das ist es, was wahrscheinlich geschehen ist. Aufmerksamkeit zu erregen und bedient zu werden ist das Ziel und der Zweck seines Verhaltens.

Bei einer Unterredung mit seiner Mutter fragte ich sie, ob Richard tatsächlich so vernachlässigt wäre. Sie gab es zu, hatte sich aber nicht klar gemacht, daß sie damit Richard, der so gut und ruhig war, unrecht tat.

Es ist kein Zweifel, daß Richard sich etwas zu kurz gekommen und vernachlässigt fühlt. Das ist aber nur ein Teil des Bildes. Während seines Gesprächs mit der Mutter hätte der Lehrer noch auf andere ungebührliche Arten der Bedienung kommen können, deren sich Richard in seiner Familie erfreut, zum Beispiel beim Anziehen, Essen usw. Er erkannte diesen Punkt nicht und konnte deshalb die Mutter nicht auf irgendwelche besonderen Dienste aufmerksam machen, die sie und einige seiner Schwestern für ihn leisteten.

Ich bat die Mutter und die Mädchen, Richard zu Hause einige Pflichten zu geben, für die er allein verantwortlich sei, und ihm dabei nicht zu helfen. Auch forderte ich die Mutter auf, bei jeder Mahlzeit Richard wenigstens eine Gelegenheit zu geben, etwas zu erzählen, was während seiner Schulzeit geschehen war, und die Mädchen zu bitten, ihn an der Unterhaltung teilhaben zu lassen. Ferner empfahl ich der Mutter, sich für Richards Schularbeiten genau so zu interessieren wie für die der älteren Mädchen.

All diese Empfehlungen scheinen hervorragend zu sein, besonders der Rat, daß man Richard nicht helfen solle, wenn er einige kleine Pflichten auf sich nimmt. Es braucht aber mehr Bemühungen und auch Aufsicht darüber, daß die Mutter und die Mädchen sie auch ausführen. Es wäre sehr wichtig zu wissen, welche der vier Frauen am meisten dazu neigt, ihre ungebührliche Hilfe fortzusetzen. Mit anderen Worten, so recht der Lehrer hatte, vorzuschlagen, daß man für Richard mehr tun solle, so wenig sah er, daß für ihn auch weniger getan werden sollte. Und sein blinder Fleck in dieser Beziehung mag auf der Tatsache beruhen, daß er sich nicht bewußt ist, wieviel ungebührliche Aufmerksamkeit er selbst Richard gibt.

32. Beispiel

Das Problem: Der siebenjährige Robin isoliert sich von der Gruppe. Er weiß alles besser und weigert sich zu tun, worum er gebeten wird. Er schlägt jedermann, dessen Worte so klingen, als ob er sich über ihn lustig machte. Beim Gehen schlurft und fällt er und ist nervös. Kommentiert oder korrigiert ihn ein Lehrer oder ein Klassenkamerad, versteift er sich und versucht, das Gegenteil von dem zu tun, was sie sagen. Kann er seinen Willen nicht durchsetzen, so zieht er sich von der Gruppe zurück. Zu Aufgaben braucht er viel länger als die übliche Zeit. Er kann nicht warten, bis die Reihe an ihn kommt.

Diese Beschreibung gibt ein ziemlich umfassendes Bild. Wir sehen Verteidigungsstellung und Feindseligkeit, Druck und Entmutigung, den Wunsch nach Überlegenheit und Macht, sowie Trotz und Widerstand. Wollen wir sehen, ob der Lehrer in dieses Chaos etwas Ordnung bringen kann.

Analyse: Robin ist das einzige Kind ziemlich alter Eltern, die Vollkommenheit von ihm erwarten. Sie kritisieren alles, was weniger als hervorragend ist. Robin möchte einen Platz in der Klasse haben, glaubt aber, dies nur durch vollkommenes oder hervorragendes Benehmen zu erreichen. Er fühlt sich deshalb von jedermann kritisiert, wenn er nicht vollkommen ist oder wenn er nicht besondere Aufmerksamkeit erregt. Negative Kritik ist unerträglich und er kämpft dagegen an. Er beendet seine Arbeiten nicht, weil er zeigen will, daß er nicht zu tun hat, was ihm jemand sagt, und weil er auch zeigen will, daß er anders ist. Statt etwas fertig zu machen, macht er nur einen kleinen Teil einer Aufgabe in einer besonders hübschen, ungewöhnlichen Art. Oft ist die Arbeit auch zu leicht, um ihn anzureizen.

Vieles erklärt sich dadurch, daß Robin das einzige Kind von überehrgeizigen Eltern ist. Er ist verwöhnt und möchte seinen Willen durchsetzen. Er ist wahrscheinlich überzeugt, daß er etwas Besonderes ist, ganz anders als irgend jemand sonst, und jeder, der ihm nicht einen ganz besonderen Platz einräumt, ist ungerecht zu ihm. In seinem Benehmen zeigt sich auch so etwas wie Rache. Er ist nicht sicher, einen Platz zu haben, und weiß nicht, ob er geliebt und akzeptiert wird.

Der Lehrer hat wahrscheinlich recht, wenn er annimmt, daß sein Gefühl der Mangelhaftigkeit und seine Angst davor durch seine übertriebene Meinung von der Notwendigkeit, wichtig und etwas Besonderes zu sein, noch verstärkt wird. Was immer er auch tut, er ist eine Ausnahme, wenn auch nicht immer in nützlicher Weise. Er vergewissert sich, anders als andere zu sein. Dies erklärt den ersten Eindruck ungewöhnlicher Kompliziertheit in seinem Verhalten.

Robin ist weit über dem Intelligenzdurchschnitt. Er reagiert auf Ermutigung und Freundlichkeit und scheint ein verkörpertes ›Dankeschön‹ zu sein, wenn er gelobt wird; er möchte jedermann, der ihn gern zu haben scheint, auch seinerseits gefallen.

Dies scheint den früheren Eindruck zu bestärken. Ein einziges Kind, das völlig von der Meinung anderer abhängt. Robin glaubt nur durch andere Bedeutung zu erlangen, nicht durch eigene Kraft, die doch nie der Stärke der Eltern gleichkommt, welche die einzigen anderen Mitglieder der Familiengruppe sind, in welcher er zuerst versuchte, seinen Platz zu finden. Sein Eifer zu gefallen läßt darauf schließen, daß er noch nicht die Hoffnung aufgegeben hat, geliebt zu werden und sich akzeptiert zu fühlen, obwohl er nicht sicher ist, ob er dies erreichen kann. Jede ungünstige Bemerkung ruft diese Gefahr hervor.

Mögliche Verbesserungsmaßnahmen: Ich kann aufhören, Robin zu ermahnen, und müßte versuchen, sein Freund zu werden und ihm das Gefühl zu geben, daß er wichtiger als seine Arbeit ist. Seine guten Arbeiten und entsprechendes Benehmen sollte ich öfter anerkennen und meine Kritik positiver ausdrücken. Die natürlichen Folgen sind anzuwenden, und Zwang ist zu vermeiden. Weiter will ich darauf achten, ihm gelegentlich auch interessantere Arbeit zu geben.

All diese Vorschläge sind ausgezeichnet. Am wichtigsten scheint es, Robin das Gefühl zu geben, daß man ihn ohne Rücksicht auf seine Arbeiten und Leistungen akzeptiert. Er ist übermäßig ehrgeizig und glaubt, nur gut zu sein, wenn er außergewöhnliche Arbeit leistet. Deshalb muß er lernen, daß er auch dann einen Platz hat, wenn er nicht so gut ist. Bemühungen in dieser Richtung mögen mit der Anerkennung guter Arbeit und entsprechenden Verhaltens in Konflikt geraten. Eine solche Anerkennung kann hilfreich sein, doch muß man Vorsicht üben, die Bedeutung der guten Arbeit nicht zu übertreiben, weil dies Robin wieder dazu bringen könnte, seine irrtümliche Annahme von der Notwendigkeit, vollkommen sein zu müssen, beizubehalten. Es ist wichtig, ihn zu nichts zu zwingen, denn er ist ausgezeichnet vorbereitet, der Gewalt zu widerstehen, und hat wahrscheinlich seine Eltern bei unzähligen Gelegenheiten besiegt. Wirksam wird es aber sein, an seinen Ehrgeiz zu apellieren, anspruchsvolle Arbeiten auszuführen, vorausgesetzt, daß man jede Andeutung unterläßt, daß er etwas Besonderes sei.

33. Beispiel

Das kleine Mädchen dieser Untersuchung ist die jüngste von drei Kindern. Die Älteste ist zweiundzwanzig, der Bruder zwanzig und Anna sechs Jahre alt. Sie wurde während eines Auslandaufenthalts ihres Vaters geboren, war kein Wunschkind und kam zu einem ungünstigen Zeitpunkt auf die Welt. Die Mutter mußte ihre Arbeit aufgeben, obwohl sie das Geld nötig hatte.

Der Lehrer hat recht: Von allem Anfang stand vieles gegen Anna. Wahrscheinlich der größte Nachteil ist jedoch die große Altersdifferenz zwischen den Geschwistern. Sie ist ein sogenanntes ›Super‹-Baby, ein Nachzügler, das wie ein einziges Kind und dazu noch mit mehreren Vätern und Müttern (die viel älteren Geschwister) aufgewachsen ist. Für ihre Entwicklung war dies vermutlich wichtiger als die ungünstigen Umstände bei ihrer Geburt. Denn welche Gefühle ihre Mutter dabei auch gehabt haben mochte, sie hätten sich später ändern können. Ihre ›Kleinheit‹ in einer Familie von Erwachsenen wurde anscheinend auch während der ganzen Bildungsjahre noch als irgendwie unpassend empfunden. (In dieser Beziehung können die verschiedenen psychologischen Schulen unterschiedlicher Meinung sein.)

Anna war bei der Geburt sehr klein und nicht allzu gesund. Die anderen Kinder waren sehr kräftig gewesen. Die Mutter ließ dem Kind jede körperliche und gefühlsmäßige Sorgfalt, die sie aufbringen konnte, angedeihen. Die Schwester war damals sechzehn und der Bruder vierzehn Jahre alt. Beide wurden willige Sklaven des kleinen schwachen Babys.

Der Lehrer hat offenbar die Vermutung einer frühen Zurückweisung durch die Mutter selbst aufgegeben. Es ist jetzt offensichtlich, daß der Altersunterschied zwischen Anna und ihren Geschwistern von beträchtlicher Bedeutung ist.

Als ich die Familie zum ersten Mal kennenlernte, war Anna zwei Jahre alt und konnte noch nicht gehen und sprechen. Die Mutter war beim

Arzt, der feststellte, daß mit dem Kind organisch alles in Ordnung sei. Anna bewegte sich halb kriechend und halb ziehend. Sie gab nur unverständliche Laute von sich. Zu dieser Zeit war der Vater heimgekommen und wurde nicht nur ein weiterer williger Sklave für sein Kind, sondern war gegen jeden Versuch, sie selbständiger zu machen. Er glaubte, sie müßte auf eine ganz besondere Weise behandelt werden.

Dieser Fall zeigt Umstände, die zu einer langsamen Entwicklung eines Kindes führen können. Er illustriert eindeutig die große soziale Bedeutung, die einem Kind lediglich dadurch, daß es nichts tut oder Fehler macht, zukommen kann.

Der Bruder war das einzige Mitglied der Familie, das den Wunsch hatte, Anna zu ermutigen und ihr zu helfen, unabhängig zu werden. Wenn er mit ihr allein war, gab er ihr nicht, was sie wollte, sondern ermutigte sie, die notwendigen zwei oder drei Schritte selbst zu tun, um etwas zu bekommen. Er versuchte auch, ihr Worte und Namen beizubringen. Dabei entdeckte er, daß sie einfache Worte klar sagen konnte, wenn sie wollte. Wenn aber die anderen Familienmitglieder um sie herum waren, kehrte Anna zu ihrem üblichen Verhalten zurück. Die Mutter und der Bruder setzten sich zusammen und besprachen die Situation. Nach diesem Gespräch versuchte die Mutter, die Methode des Bruders anzuwenden.

Dies ist eine interessante Situation, die sehr spannungsgeladen ist. Auf wen sollte die Mutter hören? Es ist indessen klar, daß auf Anna positiv eingewirkt werden würde, wenn die Methoden des Bruders angewandt wurden.

Die Familie lebte in einer Nachbarschaft, in der es gleichaltrige Kinder gab. Die Mutter ermutigte andere Kinder zu kommen, und zwar mit oder ohne ihre Eltern. Bald bemerkte sie, daß sich Anna im Spiel mit den anderen Kindern vergaß. Manchmal beobachtete sie ihren Versuch, einen Schritt zu machen oder etwas zu sagen. Mehr und mehr begann die Mutter, Anna so zu behandeln wie ihre anderen Kinder, als sie in Annas Alter waren. Sanft, aber fest weigerte sie sich, sie hochzunehmen und herumzutragen. Bald machte das Kind mehr und mehr Schritte. Mit vier Jahren konnte Anna gut gehen und rennen. Aber immer noch sprach sie nur wenige Worte.

Anscheinend lernte die Mutter langsam, sich von Annas Forderungen zurückzuziehen und sich von der Beherrschung durch das Kind zu befreien. Es ging jedoch sehr langsam, denn Anna verspürte noch nicht die Notwendigkeit, deutlich zu sprechen.

Die anderen Kinder der Nachbarschaft gingen in eine Krabbelgruppe. Der Vater weigerte sich, Anna dorthin gehen zu lassen. Erst als sie das Alter für den Kindergarten hatte, durfte sie in diesen gehen. Zuerst nahm die Mutter sie mit, bald aber zeigte Anna deutlich, daß sie mit den anderen Kindern allein gehen wollte. Die Mutter sandte sie mit einem älteren Mädchen. Die Kinder der Nachbarschaft hatten gelernt, ihr Gemurmel zu verstehen und spielten nett mit ihr. Sie fiel öfters als die anderen hin und weinte häufiger, wurde aber doch bald ein brauchbarer Spielkamerad. Der Vater arbeitete viel, und da die Mutter versuchte, sie ›aus dem Haus zu haben‹, hatte Anna viel Gelegenheit, mit anderen zu spielen. Bei diesen Gelegenheiten blieb die Mutter, soweit dies möglich war, zu Hause.

Zweifellos hatte die Mutter die richtige Haltung. Wir wissen jedoch nichts über irgendwelche Einzelheiten, die sich zu Hause ereigneten, ob Anna sich selbst anzog, ob sie zu den Mahlzeiten kam, wenn sie gerufen wurde, ob es Schwierigkeiten bei Tisch gab oder andere Zwischenfälle, die zeigen würden, bis zu welchem Grad die Mutter die frühere ungebührliche Bedienung fortsetzte, vielleicht durch den übermäßig beschützenden Vater und Annas Widerstand dazu getrieben.

Die ersten Erfahrungen Annas in der Schule waren nicht befriedigend. Sie tat dem Lehrer leid, der es den anderen Kindern nicht nur erlaubte, sondern auch beibrachte, sie wie ein Baby zu behandeln, ihr die Kleider anzuziehen und so weiter. Anna war es auf diese Weise möglich, sich von anderen bedienen zu lassen, ohne unangenehme Folgen ihres Verhaltens zu erleben.

Dies ist ein großartiges Beispiel der kaum zu glaubenden Macht des ›Schwachen‹ über die Starken. Anna stellte ihren Lehrer und die ganze Klasse in ihren Dienst. *In der beeindruckenden Hilflosigkeit eines Kindes, das darauf wartet, daß andere für es sorgen, liegt ein feines wechselseitiges Spiel der Kräfte.*

Diese Lage erfordert noch eine andere Erklärung für einen dynamischen Vorgang, der vielen Lehrern und Eltern leider unbekannt ist. Es ist die Wirkung, die Mitleid auf ein Kind ausübt. Jeder Erwachsene, dem ein Kind leid tut, gleichgültig wie berechtigt das Mitleid auch sein mag, schadet dem Kind. In vielen Fällen ist der durch das Mitleid bewirkte Schaden größer als die Folgen ernsthafter Mißgeschicke. Ein Kind, das das Mitleid anderer fühlt, glaubt sich berechtigt, sich selbst zu bemitleiden. Und niemand fühlt sich so elend, wie einer, der sich selbst bemitleidet. Einem Kind Mitleid zu zeigen, hat die verheerendsten Folgen. Wenn Erwachsene wüßten, welchen Schaden sie damit anrichten, auch wenn das Mitleid sehr gut verständlich ist, so würden sie damit aufhören. Was das Kind braucht, ist kein Mitleid, sondern Einfühlung. Wir können einem Kind zeigen, daß wir verstehen, wie es sich fühlt, ohne deshalb Mitleid zu zeigen. In Annas Fall bemitleidete sie der Lehrer genau so wie der Vater. Und Anna zahlte den Preis dafür.

Anna wiederholt nun die erste Klasse. Ihre neue Lehrerin läßt sich nicht so bereitwillig ›verführen‹. Ein anderer Vorteil ist die Tatsache, daß die meisten Kinder ihrer Klasse sie vorher nicht kannten. Sie muß deshalb sprechen lernen, um mitmachen zu können und einen Platz in der Klasse zu haben. Sie kann sich jetzt selber anziehen, kann in Sätzen sprechen, Bilder malen, rennen, hüpfen usw. Sie macht gute Fortschritte.

Man könnte vielleicht denken, daß es eben dieses eine Jahr des Wachstums ist, das für die Verbesserung verantwortlich ist. Wenn wir jedoch die Gesamtsituation betrachten, muß man dem

Berichterstatter zustimmen, daß die verständnisvolle Lehrerin, die Annas Klassenkameraden beeinflußte, wahrscheinlich für ihren Fortschritt verantwortlich ist.

Der Fortschritt des Kindes zu Hause ist nicht so gut wie in der Schule, und zwar wegen der väterlichen Haltung und gelegentlicher Rückfälle ihrer Mutter. Die ältere Schwester, die sich gut mit ihr verstand, ist nicht mehr zu Hause. Der Bruder ist immer noch da und spielt eine große Rolle bei ihrer Entwicklung.

Ob Fortschritt oder nicht, hängt von der Lage ab, in der sich Anna befindet. Wahrscheinlich hat die Mutter die Bedeutung der übermäßigen Beschützung und der Bedienung, die sie Anna gab, immer noch nicht restlos erkannt. Der Vater sieht die Rolle, die er spielt, vermutlich überhaupt nicht ein. Es ist interessant zu sehen, bis zu welchen Grad Anna der Mittelpunkt sich widerstrebender Kräfte innerhalb der Familie war, wobei Vater und Schwester gegen Mutter und Bruder waren, wahrscheinlich auch noch bei anderen Gelegenheiten als nur in ihren verschiedenen Haltungen gegenüber Anna.

Ich glaube, dieses Kind stellte eine passiv-destruktive Form des Aufmerksamkeit-Erregens dar. Dies war Anna möglich, weil sie mit so vielen Erwachsenen lebte. Ihre Schwäche gab den Erwachsenen Anlaß, sie allzulange wie ein Baby zu behandeln. Der Bruder erkannte ihr Verhalten besser oder wurde es müde, sie zu bedienen. Er war der wesentliche Faktor für die Änderung der Einstellung und des Verhaltens der Mutter gegenüber dem Kind und damit für die Wandlung des Kindes selbst.

Zu dieser Zusammenfassung ist nicht mehr viel hinzuzufügen. Es ist noch nicht sicher, in welchem Ausmaß dieses Kind geistig zurückgeblieben ist. Wir haben keine psychologischen Berichte darüber. Es ist jedoch wahrscheinlich, daß die Intelligenz des Kindes nicht unter dem Durchschnitt liegt, sondern eher darüber.

Anna scheint jetzt rasch zu einem aktiv-konstruktiven Verhalten überzugehen. Sie tut gern etwas. Als ich ihre Wohnung vor einigen Tagen besuchte, wurde ich mit einem freundlichen »Guten Tag« empfangen. Sie beantwortete nicht nur alle meine Fragen über Weihnachten, sondern machte selbst einige Bemerkungen in ganzen Sätzen. Sie bot mir etwas Kuchen an und bestand darauf, ihn mir zu bringen.

Hierzu ist eine Stellungnahme nicht mehr nötig.

8. Kapitel

Die Ziele des Kindes ändern

Das vorhergehende Kapitel befaßte sich mit den Bemühungen des Lehrers, die Beweggründe eines Kindes zu verstehen, um die Ziele zu deuten, die sich das Kind sowohl für das Leben an sich als auch für bestimmte Situationen gesetzt hat. Dieses Kapitel erklärt die Methoden, die angewandt werden können und sollten, wenn und sobald das Ziel eines Kindes erkannt ist. Für jedes Ziel sind wieder andere Methoden nötig. Es ist weder das augenscheinliche Benehmen noch die Art der Fehlhaltung, sondern der Zweck dahinter, der ein besonderes Reagieren erfordert. Zum Beispiel gibt es keine bestimmte Regel, was man mit einem Kind tun sollte, das faul ist. Wenn seine Faulheit ein Mittel ist, Aufmerksamkeit zu erregen, erfordert sie von seiten des Lehrers eine völlig andere Reaktion als wenn dieselbe Faulheit dazu gebraucht wird, Autorität zu mißachten, und so die Form eines Kampfes um Überlegenheit darstellt. Andererseits erfordern die vielen verschiedenen Verhaltensweisen, die benützt werden, um Bedienung und Aufmerksamkeit zu erreichen, ähnliche Reaktionen. Die Methode, die auf der Erkenntnis eines spezifischen Ziels hinter der Störung oder Fehlhaltung eines Kindes beruht, wird die besten Wirkungen mit sich bringen, obwohl, wie schon angedeutet wurde, auch allgemeine Methoden erfolgreich sein können.

Die kurzen Berichte in diesem Kapitel werden in vier Gruppen dargestellt, jede Gruppe steht für eines der vier Ziele. Jede illustriert die begrenzte Absicht dieses Kapitels: nachdem nämlich die Ziele des Kindes erkannt sind, zu entscheiden, welche Methoden richtig und welche schädlich für den betreffenden Zweck sind. Wir sprechen hier noch nicht von den komplizierten

Verbesserungsmaßnahmen, die dem ausgebildeten Lehrer in der Klassenzimmer-Situation zur Verfügung stehen.

Vielleicht erhebt sich die Frage, ob dieses Vorgehen auch eine Dauerwirkung zu erzielen vermag. Ohne Zweifel gibt ein Kind, welches sich für ein bestimmtes Ziel entschieden hat, dieses nicht ohne weiteres auf, nur weil der Lehrer in der Lage war, bei der einen oder anderen Gelegenheit die zielgerichteten Anstrengungen des Kindes unwirksam zu machen. Wenn es jedoch dem Lehrer bei ähnlichen und sich wiederholenden Situationen gelingt, das Kind von der Nutzlosigkeit seines Ziels zu überzeugen, wird es wahrscheinlich sein Ziel ändern. Bei dieser Neuorientierung des Kindes ist es wichtig, daß es sich einer konstruktiveren Richtung zuwendet. Aus diesem Grund sollte das spezifische Eingehen auf ein irrtümliches Ziel Teil eines allgemeinen Verbesserungsbemühens sein, in dem Ermutigung eine unentbehrliche Rolle spielt.

Sozusagen zur Einführung kann es nützlich sein zu untersuchen, was geschieht, wenn der Lehrer versucht, wie im folgenden Beispiel, einen notwendigen Schritt zu überspringen.

34. Beispiel

Der zehnjährige Jonas in der fünften Klasse ist ein natürlicher, von seinen Klassenkameraden wohlgelittener Anführer. Er hat kein Fach gern, unterhält andere aber um so lieber. Bei jeder Art von Tätigkeit, die er nicht selber organisiert, verweigert er die Mitarbeit. Er lenkt die Aufmerksamkeit aller, die in seiner Nähe sitzen, ab. Schularbeiten, um welche es sich auch handeln mag, macht er nur aus Angst oder unter Zwang. Er zögert nicht, zu lügen oder zu betrügen, um jede Autoritätsperson dahin zu bringen, ihn für den Augenblick in Ruhe zu lassen.

Wie kann man mit dieser Situation fertig werden?

Der Lehrer scheint nach einer Lösung zu suchen, ehe er die Tatsachen, die er berichtet, verstanden hat. Er macht keinen Versuch, zuerst zu analysieren.

Jonas' Verhalten ist nicht schwer zu verstehen. Offensichtlich befindet er sich mit jeder Autoritätsperson in einem persönlichen Kampf, und besonders mit seinem Lehrer. Er ist der Anführer der Gleichaltrigen. Alles, was er tut, richtet sich an ›sein Publikum‹. Die Bemühungen des Lehrers, die Aufmerksamkeit der Klasse zu gewinnen, vereitelt er. Nur wenn er muß, gibt er nach, das heißt, wenn der Zwang oder die unangenehmen Folgen zu stark werden. Aber wie in jedem Krieg sind alle Mittel erlaubt, um den Feind zu besiegen. So lügt und betrügt er und wendet jeden Kunstgriff an, um dem Lehrer eine Niederlage zu bereiten.

Hätte der Lehrer diese Situation voll erkannt, dann hätte er es vermieden, irgend etwas zu tun, um diesen Krieg zu schüren, und statt dessen alles versucht, sich von diesem Machtkampf zurückzuziehen und Jonas für sich zu gewinnen. Was aber tat er?

Ich habe alles versucht, was in den Büchern steht. Ich versuchte, seine Beweggründe herauszubringen und die Stunden so zu organisieren, daß sie interessant werden. Ich versuchte mit Jonas zu reden, mit ihm zu argumentieren und ihm besondere Pflichten zu geben, so daß er sich allmählich wichtiger fühlen könnte.

Alle Bemühungen des Lehrers, mit Ausnahme der letzten, waren vergeblich. Auch die interessanteste Stunde kann keine Wirkung auf Jonas ausüben, solange er so wenig an der Schule interessiert ist. Und die Art des Redens und Argumentierens können wir uns bei der gefühlsmäßigen Reaktion des Lehrers, die aus dem Bericht hervorgeht, leicht vorstellen. Vermutlich predigte er, erklärte, ermahnte und sagte ihm Dinge, die er schon wußte, und wahrscheinlich alles etwas von oben herab. Das ist die Art, wie solche ›Gespräche‹ vor sich gehen. Und das ist auch der Grund, warum sie so nutzlos sind. Zu versuchen, Jonas spezielle kleine Pflichten zu geben, damit er sich wichtig fühlen kann, ist im allgemeinen eine gute Methode. Warum sie in diesem Fall nicht funktionierte, ist ziemlich klar. Wahrscheinlich gab der Lehrer diese speziellen Aufgaben auf dieselbe überhebliche Art, die er in allem, was Jonas betraf, einnahm, und die Jonas in seinem Entschluß, den Lehrer zu besiegen, nur noch bestärkte. Die Idee des Lehrers, die Anerkennung, die Jonas durch sein destruktives Verhalten bekam, in nützliche Kanäle zu leiten, war gut. Da er aber das Ziel von Jonas' Verhalten nicht kannte, wußte er nicht, wie man es ändern konnte.

Um irgendeine Art von Lösung zu finden, schüttelte ich ihn kräftig durch. Ich sagte ihm, er wisse, was in der Klasse zu tun sei; jede Klasse brauche eine Ordnung und auch er müsse mitarbeiten.

Hier erklärt der Lehrer offen seinen Bankrott, aber ohne es zu wissen. Er glaubte »eine Lösung zu finden«, während er tatsächlich Jonas nur zeigte, daß er nicht wußte, was er mit ihm tun solle. Es ist zweierlei, ob ich einem Jungen sage, daß er mitarbeiten *muß*, oder ob ich ihn dazu gewinne. Was hat der Lehrer erreicht?

Jonas ging heim, und seine Mutter kam am nächsten Tag wutentbrannt in die Klasse und sagte, sie würde auch den Vater schicken, um die Angelegenheit in die Hand zu nehmen. Ich erwiderte, daß ich ihre Mitarbeit brauchen würde. Wenn einunddreißig Arbeiten jeden Tag abgegeben würden, warum könnte nicht eine der einunddreißig Arbeiten von ihrem Sohn sein? Sie versprach, mit mir zusammenzuarbeiten.

Daß der Lehrer es leichter fand, die Mitarbeit der Mutter und nicht die des Jungen zu gewinnen, ist nicht erstaunlich. Schließlich hatten beide mit der Rebellion des Jungen zu kämpfen, und die Mutter verstand, welches Problem der Lehrer mit Jonas hatte. Während es wahrscheinlich der Fehler der Eltern war, daß Jonas überhaupt in diesem schlechten Zustand war, war es andererseits nicht der Fehler der Mutter, daß der Junge keine Aufgaben machte. Es war Sache des Lehrers, ihn dazu zu bringen. Er hätte Erfolg haben können, vorausgesetzt, daß er die Methoden, die in einem solchen Fall anzuwenden sind, gekannt hätte. Den Jungen zu schütteln, verbunden mit sinnlosen Reden, gehört sicherlich nicht zu den wirksamen Methoden. Wir können jedoch sein Gefühl des Versagens und der Verzweiflung gut verstehen.

Dieses Beispiel zeigt, wie die Reaktion des Lehrers Teil eines wechselseitigen Kräftespiels zwischen ihm und dem Kind ist. Bei dieser Wechselwirkung spielen Ziel und Zweck des Kindes eine Rolle. Der Lehrer ist Gegenstand einer gut geplanten und erfolgreich durchgeführten, wenn auch unbewußten Strategie des Kindes. Dies müssen die Maßnahmen des Lehrers berücksichtigen, sonst kann er nie mit dem Jungen fertig werden.

1. Aufmerksamkeit erregen

35. Beispiel

Paul, ein verwöhnter Erstklässler, der mit seinen Großeltern zusammen lebt, hatte eine einzigartige Reaktion auf meinen Vorschlag, jedesmal, wenn er meine Aufmerksamkeit ohne Berechtigung erregen wolle, würde ich seinen Namen vor der Klasse nennen und dazu die Zahl, wie oft es an diesem Tag schon passiert sei. (Zum Beispiel: »Paul, geh an deinen Platz zurück – dies ist das fünfte Mal, daß ich heute morgen deinen Namen nennen muß.«) Paul liebte jede Minute dieses ›Spiels‹ und antwortete mit »Herr S., Herr S., schauen Sie, das ist Nummer 23!«

Das Beispiel scheint zu zeigen, daß diese Methode bei Kindern, die allzu häufig Aufmerksamkeit fordern, fehlschlagen kann und deshalb nicht günstig ist. Ist es aber ein Beweis?

Es ist ein gutes Beispiel dafür, wieviel von der richtigen Ausführung eines gewissen Vorgehens abhängt. Es wurde auf Seite 72 empfohlen, daß der Lehrer mit dem Kind eine Vereinbarung treffen solle, wie oft es während der nächsten Stunde dächte, besondere Aufmerksamkeit zu bedürfen. Und dann sollte der Lehrer nur den Namen und die Nummer sagen: »Paul, Nummer eins«, »Paul, Nummer zehn« usw. Diesen Rat hat der Lehrer nicht befolgt. Denn dieses Vorgehen hätte Erfolg gehabt, da das Kind ja mehr Aufmerksamkeit als nur diese haben will. Was der Lehrer wirklich tat, war eine Art Theater, wobei er dem Kind jedesmal eine Predigt hielt und so in seine Hände spielte. Nachdem diese irrtümliche Technik mit dem Lehrer besprochen worden war, berichtete er wieder:

Ich versuchte diese Methode mit Patrick, einem einzigen Kind aus einer Familie, in der viel Gewalttätigkeit herrscht, ein Kind, das täglich weinte, wenn es in die Klasse gebracht wurde. Auch Patrick mußte immer wieder daran erinnert werden, etwas zu tun. Jetzt braucht er nur noch wenige Ermahnungen. Die Zahl der Augenblicke, in denen er Aufmerksamkeit erregt, wurde auf ein Minimum beschränkt.

36. Beispiel

Ralph in der vierten Klasse, zehneinhalb Jahre alt, zeigt einen verlegenen und bittenden Ausdruck. Seine Augen betteln um Bedienung und Aufmerksamkeit. Doch scheint er nie genau zu verstehen, was man von ihm erwartet.

Das »doch« ist sinnlos. Fordert er keine Bedienung, wenn er nicht zu verstehen scheint, was zu tun ist? Zeigt nicht die Beschreibung des Lehrers, daß er sich gezwungen fühlt, zu ›erklären‹?

Eines Tages war Ralphs Klasse mit Worten und Bildern beschäftigt, die auf Pappe geklebt werden sollten. Ralph brachte eines davon, das ihm gegeben worden war, und zeigte mir, daß er es ungeklebt erhalten hätte. Er schien sich dafür zu interessieren und wollte, daß ich irgend etwas dazu tue. Ich fragte ihn, was er dazu tun wolle. Er ging auf seinen Platz zurück, hielt die zwei Stücke Papier in seiner Hand und schaute verloren und hilflos drein. Ich wartete in einiger Entfernung hinter ihm. Da drehte er sich um und beobachtete mich, wobei er mit seinen Augen immer noch um Hilfe bar. Dann begann er zu sich selbst zu reden. Ich fragte ihn, was er sagte. Er antwortete, aber mit einer so leisen Stimme, daß ich es nicht verstehen konnte. Als ich näher kam, hörte ich ihn sagen, »ich könnte dies in Ordnung bringen, wenn ich etwas Tesafilm hätte«. Er saß eineinhalb Stunden von einer offenen Schüssel mit Leim entfernt und wußte, daß diese für jedermann zum Gebrauch dastand. Ich fragte ihn, was er wohl statt Tesafilm verwenden könne, und bekam wieder einen hilflosen Blick. Einige seiner Klassenkameraden wurden aufmerksam und wollten ihm helfen. Ich winkte ihnen aber ab.

Ralph saß da und schaute uns alle flehend an. Dann sagte ich:

»Ralph, du wartest darauf, daß ich dir sage, was du tun sollst. Ich aber warte darauf, daß du dich erinnerst, daß du zehneinhalb Jahre alt und in der vierten Klasse bist und für diese Arbeit keinerlei Hilfe brauchst.« Unmittelbar verschwand der kindliche Ausdruck und er begann mich ernsthaft anzusehen. Jetzt war die ganze Klasse aufmerksam geworden. So sagte ich zu ihnen: »Kinder, wollen wir alle die Uhr beobachten und sehen, wie lang es dauert, bis Ralph sich entschieden hat, daß er diese Arbeit allein tun kann.« Da wir nun alle auf die Uhr schauten, sprang Ralph hoch, ging direkt auf den Leimtopf zu und klebte die Papiere zusammen. In all der Zeit, in der ich Ralph gekannt habe, habe ich ihn nie so rasch sich bewegen sehen oder irgendeine Arbeit in einer solch selbstbewußten Art ausführen.

Als späteren Einfall – oder als Erklärung? – fügte der Lehrer hinzu:

Ralph ist der älteste von Vieren und der einzige Junge.

Dies ist ein gutes Beispiel für ein Kind, das Aufmerksamkeit und Bedienung möchte. Und der Lehrer gibt wahrscheinlich die richtige Begründung für Ralphs Verhalten an: er ist der einzige Junge bei drei Schwestern und einer Mutter, die ihn wahrscheinlich alle bedienen. (Vielleicht ist die älteste seiner Schwestern genau so tüchtig wie die Mutter, so daß sein eigenes Bemühen weder notwendig noch möglich ist.) Hat es der Lehrer aber tatsächlich vermieden, ihm ungebührliche Aufmerksamkeit und Bedienung zu geben? Er weigerte sich, ihm zu helfen und zu sagen, was zu tun sei. Obwohl er dieser Bitte nicht nachkam, beschäftigte er sich aber trotzdem viel zuviel mit ihm. Es war eine gute Idee, die ganze Klasse zur Beobachtung aufzufordern, wie lange Ralph brauchen würde. Ehe der Lehrer aber handelte, hatte sich zwischen ihm und Ralph ein munteres ›Gespräch‹ entwickelt, auch wenn letzterer nur mit seinen Augen sprach, wie der Lehrer selbst bemerkte. Mit anderen Worten, der Lehrer fiel auf den Jungen herein, obwohl er glaubte, seinen Tricks zu widerstehen. Dem Jungen machte das Predigen natürlich nichts aus, solange es an ihn gerichtet war. Dieses Beispiel zeigt, wie vorsichtig man sein muß, wenn man vermeiden will, auf die Absichten eines Kindes hereinzufallen.

37. Beispiel

Der sechsjährige Philipp ist in meiner Klasse. Er ist ein im allgemeinen normales, glückliches Kind. Nur manchmal will er nicht so recht. Ein Beispiel: Es kann fünfzehn Minuten dauern, bis er seinen Mantel abgelegt hat. Er steht dann an der Tür und wartet darauf, daß ich Notiz von ihm nehme. Tue ich es, geht er langsam in das Zimmer, beinahe als ob er wolle, daß ich sage »Beeile dich!« oder ihm noch beim Hinsetzen helfe.

Da ich jetzt weiß, daß dies nur ein Mittel ist, um Aufmerksamkeit zu erregen, rufe ich einfach ein anderes Kind, das schon bereitsitzt, auf, anzufangen. Wenn ich dann wieder nach Philipp schaue, ist auch er an seinem Platz.

Augenscheinlich hatte der Lehrer am Anfang dauernd auf Philipp geschaut. Obwohl er vielleicht nicht gesagt hat, was ihm auf der Zunge lag, gab er ihm trotzdem Aufmerksamkeit und beobachtete, ob er sich niedersetzte. Dies war für Philipp genügend Anlaß, noch länger damit zu warten. Erst als der Lehrer nicht mehr auf sein Zögern hereinfiel, fand er es sinnlos, es fortzusetzen.

Als ich eines Tages nach Philipp schaute, lag er auf dem Boden und strampelte mit den Füßen. Da wir gerade ein Spiel beginnen wollten, das alle Kinder mögen, sagte ich »Der, der jetzt anfangen darf, ist jemand, der nett dasitzt!« Philipp eilte auf seinen Platz zurück. Es gelang mir, Philipp diesmal nicht aufzurufen, sondern die anderen Kinder dahin zu bringen, daß sie ihn wählten.

Das war sehr geschickt gemacht. Der Lehrer ignorierte Philipps Tun und handelte, was diesen beeindruckte. Keine direkte Aufmerksamkeit, kein Wort des Zuredens oder all dieser überflüssigen Ermahnungen, die bei solchen Gelegenheiten üblich sind!

Als ich Philipp zum ersten Mal diese Tricks aufführen sah, sprach ich mit seiner Mutter. Sie war nicht überrascht, da er sich zu Hause ähnlich verhielt. Ich erklärte ihr, daß er sich nur deshalb so verhalte, um unsere Aufmerksamkeit zu erregen. Wenn wir seinen Trick, Baby zu spielen, und sein ›komisches Betragen‹ ignorieren würden, würde er es vielleicht aufgeben. Er hat einen Bruder, der zwei Jahre jünger ist, und ich deutete der Mutter an, daß Philipp und sein Bruder wahrscheinlich um ihre Aufmerksamkeit wetteiferten. Sie hielt dies für möglich. Sie versprach, es zu beobachten und dafür zu sorgen, daß sie nicht mehr darauf hereinfalle.

Jetzt, einige Monate später, hat Philipp diese Schaustellung fast ganz aufgegeben. Er zeichnet nett und kommt mit den anderen Kindern gut zurecht. Er hat ein viel größeres Interesse am Lernen, Malen und am gemeinsamen Tun als zu Beginn. Ich habe Philipp ermutigt, dies zu versuchen, und sein Erfolg dabei hat allem Anschein nach zu seiner Befriedigung beigetragen.

Der Lehrer schließt seinen Bericht mit der Frage, ob er verstanden und diesen Fall richtig in die Hand genommen habe.

In dieser Situation hätte man sich nicht besser verhalten können. Nicht nur, daß der Lehrer Philipp gut verstanden hat und schließlich darauf gekommen ist, welche Maßnahmen am besten anzuwenden seien, sondern er war offensichtlich auch in der Lage, dasselbe Verständnis bei der Mutter zu wecken und sie zu veranlassen, gleichfalls die richtige Methode anzuwenden. Trotzdem war diese Art, die Dinge zu sehen und entsprechend zu handeln für ihn so neu, daß er immer noch nicht sicher war, ob er das Richtige tat. Oder wollte er nur Anerkennung?

38. Beispiel

Die sechsjährige Janina ist die älteste von drei Geschwistern. Ihr Bruder ist drei Jahre und ihre Schwester zwei Monate alt. Als Janina im September zur Schule kam, war sie ein schüchternes, abhängiges, aber reizendes kleines Mädchen. Als die Kleinste in der Klasse wurde sie von den anderen als das Baby der Gruppe und nicht als Klassenkameradin betrachtet.

Indem sie ihre Schüchternheit zeigte, akzeptierte Janina diese Rolle des Babys. Sie hatte ihre Klassenkameraden bald so weit, all das für sie zu tun, von dem sie glaubte, es nicht selber tun zu können (oder zu wollen).

Daß sie die Kleinste in der Klasse war, unterstützte diesen Vorgang, aber es war nicht der wirkliche Grund, daß die Kinder sie zum ›Baby‹ machten. Dies zeigt die so feine, aber wirksame Wechselwirkung, die stattfindet, wenn ein Mitglied der Gruppe in eine bestimmte Stellung gedrängt wird – oder sich drängen läßt. Es ist schwer zu sagen, wer eine solche Entwicklung begann, obwohl es im allgemeinen das ›Opfer‹ ist, das bewußt oder unbewußt seine Kameraden und auch die Lehrer dazu bringt, es so zu behandeln, wie es erwartet, behandelt zu werden. Janina zeigte gewiß eine erhebliche Beherztheit, alle anderen Kinder ihrer Klasse dazu zu bewegen, ihre selbsternannten Sklaven zu sein.

Dann folgte ein Gespräch mit ihrer Mutter. Es kam dabei heraus, daß Janinas Eltern getrennt lebten, daß sie während der Schulwochen bei einer Tante wohne und das Wochenende mit ihrer Mutter verbringe. Beide Frauen behandelten sie wie ein Baby. Janina hatte keine selbständigen Pflichten, zog sich nie selbst an, mußte ihre Spielsachen nicht aufräumen und benahm sich nie schlecht. Sie wurde als sehr gutes Kind angesehen, im Gegensatz zum drei Jahre alten, jüngeren Bruder, »mit dem immer irgend etwas los war«. Ihr passives, aber angenehmes Verhalten machte sie zum Mittelpunkt der Aufmerksamkeit zu Hause und wurde auch in das Klassenzimmer übertragen.

Diese wenigen Tatsachen ›erklären‹ Janinas Benehmen genügend. Sowohl ihre Tante als auch ihre Mutter fallen auf ihren Charme und ihre Passivität herein. Welche Rolle der Vater spielt, ist nicht ganz klar. Der Bruder zeigt wahrscheinlich dieselbe Neigung, andere mit sich zu beschäftigen, nur mit gegensätzlichen, nämlich aktiven Mitteln – vielleicht weil er der männlichen Leitlinie folgt, die in dieser Familie herrscht. Man kann Janinas Verhalten als eine passiv-konstruktive Form des Erregens von Aufmerksamkeit bezeichnen, da es ihr gelang, allen denjenigen, die sie als Baby behandelten, erhebliche Befriedigung und Vergnügen zu bereiten. Ihr Bruder gebraucht die aktive-destruktive Methode des Aufmerksamkeit-Erregens.

Manchmal stand Janina an ihrem Kleiderschrank, sah traurig aus und weinte auch zweimal, bis jemand ihr half, den Mantel abzulegen und aufzuhängen. Beim Spielen stand sie allein da, bis eine Kameradin kam und sie bat, zu kommen und mitzuspielen. Als der Lehrer sie aufforderte, in der Lesestunde etwas über ein Bild zu erzählen, steckte sie ihre Finger in den Mund und lächelte süß.

In der gemeinsamen Bemühung, sie von der Methode des ›Bekommens‹ abzubringen, wurde sie von der Klasse bald als Tischhelferin gewählt. Dabei hatte sie die Verantwortung, für alle notwendigen Utensilien wie Papier, Bleistift, Scheren und Bücher zu sorgen. Sie machte dies mit großer Freude. Nach einer Weile ging sie ohne Zögern zu ihrem Schrank, hängte ihren Mantel auf und beeilte sich, wieder an ihre Arbeit zu gehen. Sie begann ein *aktiveres* Interesse an den Kindern und an ihren Arbeiten zu gewinnen.

Dies war ausgezeichnet. Ohne etwas über Janinas Fehlhaltung zu sagen, gelang es dem Lehrer, ihr Anerkennung und einen Platz zu geben, wo sie durch Handeln Aufmerksamkeit errang. Die Befriedigung, die Janina dadurch bekam, machte es ihr möglich, die Befriedigung aufzugeben, die sie früher durch ihre passive Herausforderung erreicht hatte.

Janinas passive Art, Aufmerksamkeit zu erregen, begann sich zu ändern. An ihrem Geburtstag saß sie, wie es in unserer Klasse üblich ist, im Geburtstagsstuhl und strahlte, als die Kinder ihr das Geburtstagslied sangen. Sie erzählte ihnen, was sie zu ihrem Geburtstag bekommen hatte, und sprach von den Plänen für ihre Geburtstagsgesellschaft. Als Geschichten erzählt wurden, saß Janina immer noch im Geburtstagsstuhl und bat darum, eine Geschichte erzählen zu dürfen. Als sie sie beendet hatte, freute sie sich, wie positiv die Gruppe darauf reagiert hatte. Seither ist sie ein aktives Mitglied in ihrer Lesegruppe und arbeitet selbständig an ihrem Tisch.

Dieser Höhepunkt bestätigt des Lehrers Meinung von Janinas Wandlung. Ihre Freude über das Geburtstagslied der Kinder war eine passive Form der Reaktion auf die Aufmerksamkeit, die sie bekam. Ihr freiwilliger Bericht von ihren Geschenken und Plänen dagegen stellt schon eine aktivere Art dar, im Mittelpunkt zu bleiben. Ihre Bitte schließlich, eine Geschichte erzählen zu dürfen, war ganz aktiv-konstruktiv. Und die letzten Bemerkungen des Lehrers zeigen an, daß das Mädchen sogar zur vollen Teilnahme ohne irgendeine Forderung nach Aufmerksamkeit vorwärtsstrebte, was ja das erwünschte Endziel darstellt. Man mag sich vielleicht fragen, ob all dies nur durch die Erlebnisse im Klassenzimmer, die durch den Lehrer angeregt wurden, erreicht werden konnte, oder ob es dem Lehrer gelungen war, auch in Janinas Heim andere Methoden einzuführen. Der Lehrer beendet seinen Bericht mit einer Zusammenfassung.

Ich glaube, daß Janina, als sie entdeckte, daß sie akzeptiert wurde, ein Teil der Gruppe sein und Aufmerksamkeit durch Leistungen erregen konnte, allmählich aus ihrem passiv-konstruktiven Verhalten herauswuchs und jetzt mehr und mehr Zeichen eines aktiv-konstruktiven Benehmens zeigt.

Wir können hinzufügen – sogar ohne noch irgendein Verlangen nach Aufmerksamkeit zu zeigen.

Diese Beispiele legten wichtige Prinzipien dar, welche bei der Behandlung von Kindern empfohlen werden, deren Verhalten als der Mechanismus, Aufmerksamkeit zu erregen, erkannt wird. Die gleichen Grundsätze gelten für alle Verhaltensformen mit demselben Ziel. Unsere Bemühungen müssen sich darauf richten, destruktives Verhalten in konstruktives, passives in aktives zu verwandeln.

Will ein Lehrer auf das Ziel des kindlichen Verhaltens nicht hereinfallen, so muß er den Wunsch nach Aufmerksamkeit entweder ignorieren oder ihn in einer Weise erwidern, die das Kind nicht erwartet. Den Plan des Kindes, der gegen Lehrer und Klasse gerichtet ist, kann der Lehrer dabei zu einem Teil eines erzieherischen Erlebnisses werden lassen. Dies macht aus der ungebührlichen Aufmerksamkeit eine berechtigte und nimmt so dem Kind die Befriedigung seiner irrtümlichen Bemühungen. Wenn ein Kind durch die Reaktion von Lehrern, die sein Ziel verstehen, keine Befriedigung mehr aus seinem störenden Verhalten ziehen kann, bleibt kein Grund, dieses fortzusetzen.

Zwei Formen des Erregens von Aufmerksamkeit, die in diesen Berichten erschienen, mögen einige kurze Bemerkungen erfordern. Die eine ist die Rolle des übermäßigen Ehrgeizes, der zum Wunsch nach Aufmerksamkeit führt (32. Beispiel). Es muß nicht immer die aktiv-destruktive Methode sein, obwohl Anerkennung durch andere dabei immer verlangt wird. Unsere Formulierung des ›Erregens von Aufmerksamkeit‹ schließt den Wunsch nach der Aufmerksamkeit des Lehrers ein. Das Bemühen um eine besondere Stellung in der Gruppe jedoch, die oft Anlaß zu übermäßigem Ehrgeiz ist, braucht nicht unbedingt die Forderung nach ungebührlicher Aufmerksamkeit seitens des Lehrers zu enthalten. Wenn es trotzdem so ist, dann deshalb, weil das Kind noch nicht an seine Fähigkeit glaubt, ohne aktive Hilfe seitens eines Erwachsenen seinen Platz unter den Gleichaltrigen zu erringen, was sich dann in seiner Abhängigkeit von besonderer Aufmerksamkeit ausdrückt. Es ist auch einleuchtend, daß übermäßiger Ehrgeiz eine wichtige Rolle bei der Entwicklung des vierten Zieles spielt (33. Beispiel). Dies wird jedoch später noch klarer werden. Der andere Punkt, der noch einer Klärung bedarf, ist das Verlangen des Kindes nach Bedienung. Dies ist *immer* eine Methode, Aufmerksamkeit zu erregen. Dem Kind kommt es in erster Linie aber nicht darauf an, *was* der Lehrer oder die Eltern für es tun, sondern *daß* sie etwas tun.

Durch dieses Mittel des Bekommens und Bemerktwerdens erschleicht sich ein Kind das Gefühl der Zugehörigkeit. Es profitiert von allem, was seine Forderungen nach ungebührlicher Hilfe und Unterstützung – was Bedienung ja ist – rechtfertigt.

2. Der Kampf um Überlegenheit

Die Situation ist ganz anders, wenn der Lehrer sich einem Kind gegenüber sieht, das seine Überlegenheit in Frage stellt. In diesem Fall ist das Hauptprinzip der richtigen Haltung, sich vom Machtkampf zurückzuziehen, so daß die Bemühungen des Kindes zunichte werden. Es ist, als ob wir den Wind aus seinen Segeln nehmen, oder besser gesagt, wir müssen unsere Segel aus seinem Wind nehmen. Nur so ist es möglich, die Anstrengungen des Kindes in konstruktivere Kanäle umzulenken. Wenn das Verlangen nach Überlegenheit Teil eines allgemeinen übermäßigen Ehrgeizes ist, ›jemand‹ zu sein und sich wichtig zu fühlen, dann ist die erfolgreiche Methode ähnlich derjenigen, die im Falle des überehrgeizigen Erregens von Aufmerksamkeit wirksam ist.

39. Beispiel

Jan ist ein intelligenter Achtjähriger. Die übliche Arbeit in der Klasse genügt ihm nicht. Er macht seine Arbeiten nicht fertig und verlangt viel Aufmerksamkeit, indem er sich häufig meldet. Er kritisiert jedermann. Ein Beispiel: Ich schrieb eine Aufgabe an die Tafel »schreibe vierhundertsieben in Zahlen«. Er meldete sich und wies darauf hin, daß das Wort »und« ausgelassen sei, es sollte »vierhundert*und*sieben« heißen.

Jan hat noch die Merkmale eines Kindes, das Aufmerksamkeit erregen will. Daß er aber eine kritische Überlegenheit gegenüber dem Lehrer zeigt, weist auf einen beginnenden Kampf um Überlegenheit hin, obwohl dieser im Augenblick noch auf das Intellektuelle beschränkt sein mag. Wenn das nicht erkannt wird und die Reaktion nicht die richtige ist, kann das Kind seinen Kampf um Überlegenheit auch auf das Gebiet des Verhaltens ausdehnen.

Jeden Tag schreibe ich fünf Aufgaben an die Tafel, die von den Kindern, sobald sie ins Zimmer kommen, gemacht werden müssen. Während ich ihre Arbeiten prüfe, fahren sie mit einer anderen Aufgabe in ihren Büchern fort. Wenn ich beim Notengeben finde, daß ein Kind einen Fehler gemacht hat, bitte ich es, die richtige Antwort an die Tafel zu schreiben. Gewöhnlich beruht der Fehler auf Nachlässigkeit und nicht auf einem Mangel an Kenntnissen. Nur wenn das Kind tatsächlich Schwierigkeiten mit der richtigen Antwort hat, helfe ich ihm herauszufinden, wo die Schwierigkeit liegt. Später gebe ich jedem Kind seine Note. Bei einem Fehler schreibe ich ein F, bei einer richtig gelösten Aufgabe ein R.

Als ich Jan seine Note gab, ein F, sagte er: »Sie haben meine Arbeit falsch bewertet. Sie gaben mir ein F und es sollte ein R sein.« Ich erinnerte mich, welche Aufgabe er falsch gemacht hatte, und sagte ihm, was in seinem Heft stand. Ich wollte ihn an die Tafel kommen lassen, um die Aufgabe dort zu lösen. Aber gerade vor Jan hatte ein anderes Kind denselben Fehler gemacht, der also schon besprochen worden war. Er bestand immer noch darauf, daß er die richtige Antwort für die Aufgabe hatte, eine Addition, bei der 48 herauskommen mußte. In seinem Heft stand aber die Zahl 47. Ich sagte: »Vielleicht habe ich tatsächlich deine Aufgabe falsch korrigiert. Komm heraus, und wir werden es zusammen herausfinden.« Wir sahen in sein Heft – ich sah ihn an, er sah mich an –, er hatte darin die Zahl 47 stehen. Er meinte: »Ich dachte, ich hätte 48 geschrieben.« Sonst wurde nichts gesagt.

Offensichtlich versuchte Jan, den Lehrer in einen Streit zu verwickeln. Wahrscheinlich hat er gelernt, Leute dadurch zu besiegen, daß er mit ihnen debattiert. Er war hartnäckig und gab nicht nach. Statt sich aber darauf einzulassen, forderte der Lehrer ihn auf, in sein Heft zu schauen. Der wichtigste Teil des Berichts ist der Schlußsatz »Sonst wurde nichts gesagt«. Es wäre so leicht gewesen, diesen Augenblick des Sieges über Achim auszuschlachten, zu predigen und ihn mit seinem falschen Verhalten zu beeindrucken. Jeder derartige Sieg hätte aber seinen Entschluß verstärkt, das nächste Mal zu gewinnen. Der Lehrer ließ sich nicht in einen Machtkampf verwickeln.

Neulich vergaß ich, den Kindern etwas von der bevorstehenden Mondfinsternis zu sagen. Ich glaubte, damit eine Gelegenheit zu haben, Jan in konstruktivere Bahnen zu lenken. Ich rief ihn zu Hause an und sagte ihm, er solle die Mondfinsternis beobachten und morgen der Klasse berichten. Dies würde ihm Gelegenheit geben, für die Klasse einen nützlichen Beitrag zu leisten, und ihm so innerhalb seiner Gruppe zu einer Stellung verhelfen. Er fühlte sich nicht als Teil seiner Gruppe und beklagte sich, daß die anderen nicht mit ihm spielten.

Am nächsten Tag war Jan begierig, der Klasse zu berichten. Er brachte die Quelle seiner Kenntnis mit, ein kleines Büchlein über das Sonnensystem, das er zu Hause gehabt hatte. Inhalt und Art seines Berichts waren hervorragend. Wir beschlossen, seinen Bericht in der Schulzeitung zu bringen, die wir monatlich veröffentlichen, und seinen Namen darunter zu setzen.

Wenn wir die Ziele eines Kindes ändern wollen, ist es wichtig, solch eine günstige Gelegenheit zu ergreifen. Es erfordert allerdings Phantasie, Aufmerksamkeit und vor allem das Erkennen des vorliegenden Problems.

40. Beispiel

Der achtjährige Lukas ist im vergangenen Jahr in einer anderen Schule sitzengeblieben. Im allgemeinen verstehen wir uns gut, doch bin ich manchmal überrascht, wie leicht Trotz, Zerstörungswut und ein Machttrieb sich in ihm erheben können.

In der Klasse macht er mit, zeigt aber diesen Zerstörungstrieb besonders in seinen Arbeiten über Kunst und bei Klassenarbeiten. Neulich weigerte er sich einfach, an einer Klassenarbeit teilzunehmen. Er redete mit einem anderen Jungen, während ich mit der Klasse sprach. Ich stellte seinen Stuhl an einen anderen Platz und machte weiter. Er wurde trotzig und sagte: »Gerade hier wollte ich gerne sitzen«. Ich lächelte und sagte: »Dann ist es ja gut!«

Der Lehrer zeigt, wie ›gut‹ er sich mit ihm ›versteht‹. Er handelte einfach und redete nicht. Und als der Junge ihn dadurch herausforderte, daß er so tat, als ob dies gerade das sei, was er wollte, ließ er sich nicht provozieren, sondern ließ ihn mit einem gewissen Lächeln so tun, als ob er gesiegt hätte.

Nach der Schule behielt ich ihn da und gab ihm ein Stück Papier, um die Lektion, die er in der Klasse nicht gemachte hatte, nachzuholen. Er sagte, er hätte schon die ersten vier Sätze geschrieben und würde deshalb nur die letzten weiter machen. Als er die letzten zwei fertig hatte, sah ich sie mir an und sagte: »Gut!« Verblüfft schaute er mich an. Dann forderte ich ihn auf, sein Buch zur Tafel zu nehmen und die ersten vier Sätze an die Tafel zu schreiben. Anscheinend tat er es gern.

Was machte der Lehrer, um den Jungen dahin zu bringen, zu tun, was er zuerst so entschieden abgelehnt hatte? Er machte keinerlei Theater, sondern lobte ihn für das, was er gut gemacht hatte, ohne über seine Fehler zu sprechen. Eine solche Behandlung war der Junge von einem Lehrer nicht gewohnt, was wohl aus seinem früheren Versagen geschlossen werden kann. Der Lehrer erwies sich als Freund und ließ sich auf keinen Machtkampf ein. Als Folge davon arbeitet der Junge mit ihm zusammen.

Am nächsten Tag bemerkte ich, daß er an einer ähnlichen Aufgabe arbeitete. In der Pause brachte er sie mir freiwillig, um mir zu zeigen, wie gut er es gemacht habe. Ich sagte ihm, ich hätte bemerkt, wie gut er gearbeitet habe.

Der Lehrer hätte keinen Erfolg gehabt, wenn er den Jungen unbedingt hätte ›zum Arbeiten bringen‹ wollen. Aber es gelang ihm, ihn dazu anzuregen, seine Arbeit zu tun. Das ist der Hauptunterschied, an den wir denken müssen, wenn ein Kind einen Machtkampf herausfordert.

41. Beispiel

In einer Spezialklasse las der achtjährige Benjamin »Wort – Wort – Wort« ohne ein Gefühl für die Bedeutung eines Satzes. Als er mitten in einem Satz aufhörte, um von etwas anderem zu reden, sagte ich: »Oh, jetzt hast du mitten drin aufgehört, jetzt mußt du noch einmal anfangen.«

Er sagte: »Nein, ich habe diese ersten Worte schon gelesen, und ich werde sie nicht noch einmal lesen.« »Gut«, antwortete ich, »wollen wir doch aber einen Augenblick innehalten und darüber sprechen, warum ich dich gebeten habe, dies zu tun. Nimm an, ich würde den Satz ›sieh den Vogel auf dem Ast des Baumes‹ wie folgt lesen: ›Sieh den Vogel – glaubst du, daß es bald regnet? Es ist wirklich ein herrlicher Tag – auf dem Ast – das ist ein hübsches Spiel, das du gemacht hast, ich habe es gern – des Baumes.‹ Da, glaubst du, daß es einen Sinn gibt?« Benjamin lachte und sagte: »Sie sind lustig!« Ich stimmte mit ihm überein und lachte auch.

»Siehst du«, erklärte ich, »genau so hast du gelesen, und ich wundere mich nicht, daß du nicht gern liest. Es wäre wirklich sehr mühsam, nur nach den einzelnen Wörtern zu lesen. Wenn du aber ganze Sätze liest, gibt es einen Sinn und ist genau so, wie wir sprechen. Möchtest du jetzt den ganzen Satz wieder lesen und schauen, ob er einen Sinn ergibt?«

Er tat so und las den Rest seiner Lektion in Sätzen. Ich glaube, daß er eine völlig neue Auffassung des Leseprozesses erreicht hat, und sagte ihm, daß er heute einen großen Schritt vorwärts getan habe.

Dies ist ein typisches Beispiel dafür, wie weit Kinder gehen, wenn sie nur so tun, als ob sie lesen wollen, tatsächlich aber sich weigern, es richtig zu tun. Mitten im Satz aufzuhören zeigte Benjamins Bestreben, den Lehrer zu besiegen, und er zeigte seinen offenen Trotz, indem er sich weigerte, die gleichen Worte noch einmal zu lesen.

Wie entzog sich der Lehrer dieser gefährlichen Situation? Zunächst, indem er auf die Herausforderung nicht hereinfiel. Er umging die Angelegenheit auf zwei Wegen. Mit einer Spiegeltechnik zeigte er dem Jungen, wie dumm sein Handeln war; außerdem wandte er Humor an und brachte ihn zum Lachen. Dies allein hätte schon die Situation entspannt und Benjamin geholfen, im Geist der Mitarbeit weiterzumachen. Was der Lehrer tat, war aber mehr. Er zeigte Verständnis für die Tatsache, daß der Junge das Lesen haßte. Er brachte ihn dazu, den ganzen Satz zu lesen und damit das Hindernis zu beseitigen, welches auf Benjamins Annahme beruhte, daß Lesen sinnlos und sowieso nichts anderes als Unterwürfigkeit sei. Auch seine Meinung, daß er nicht lesen könne, wurde auf diese Art richtiggestellt.

42. Beispiel

Der Lehrer beginnt seinen Bericht mit den folgenden Bemerkungen: »Dieser Bericht zeigt meine Verwirrung und meine Fehler bei der Anwendung der Prinzipien und Ideen, die wir gelernt und besprochen haben. Ich hoffe, daß ich in meinen Methoden Fortschritte erzielen konnte.«

Der fünfzehneinhalbjährige Marius ist ein Schüler in meiner siebten Klasse. Er ist klein und leicht und beinahe drei Jahre älter als die anderen Schüler. Er stammt aus einer großen Familie, in der einige ältere Kinder schon verheiratet sind. Eine um ein Jahr jüngere Schwester ist in der gleichen Klasse wie er. Ferner gibt es noch ein Baby, einen Neuankömmling in der Familie.

Diese Auskünfte über Marius' Familie geben noch nicht allzu viel Aufschluß. Es scheint, daß er und seine jüngere Schwester sich nahestehen. Während es ihr irgendwie gelungen ist, ihn einzuholen, hat sie ihn doch nicht überholt. Wahrscheinlich ist sie also auch langsam. Beide sind die Jüngsten in einer großen Familie mit viel älteren Geschwistern. Dies ist bis jetzt vermutlich die interessanteste Einzelheit.

Vor vier Monaten übernahm ich diese Klasse, in der ich vorher nur aushilfsweise tätig gewesen war. Während dieser Zeit war Marius nicht zu Mitarbeit bereit, sondern wollte nach eigenem Gutdünken herumspazieren und sprechen, wann er gerade Lust dazu hatte. Häufig ignorierte er meine Bitte, an seinen Platz zurückzugehen und zu arbeiten. Wenn er auf mich hörte, stolzierte er zurück, stand aber bald wieder auf. Er störte oft die ganze Klasse, indem er Dinge herumwarf und andere stieß, wenn sie an ihm vorbeigingen. Auch andere Kinder störten in der Zweieinhalb-Stunden-Periode, aber Marius war der aggressivste von allen.

Aus der Beschreibung seines Benehmens ist ersichtlich, daß Marius zu der Gruppe von Kindern gehört, die die Macht der Autorität bekämpfen, obwohl auch eine Spur Rache in seiner Bosheit und im Herumstoßen anderer liegt. Die Demonstration seiner Überlegenheit scheint jedoch im Vordergrund zu stehen.

Da ich die Situation nicht verstand, tat ich zuerst nichts, als ihn zu beobachten und versuchte, freundlich und höflich zu sein, immer mit dem Gedanken, ihn zur Ordnung zu bringen. In anderen Klassen wurden Strafen ausgesprochen, um Disziplin zu erzwingen, und man riet mir, dasselbe zu tun. Ich wollte sie aber nicht einsetzen, obwohl Marius mich sehr herausforderte und mir große Sorgen machte.

Die Technik der Gruppendiskussion wird in einem späteren Kapitel besprochen. Anscheinend wußte der Lehrer nicht, wie man eine Diskussion ohne Störung der Ordnung durchführen kann.

Ich bemerkte, daß Marius die Gesellschaft der größeren und rauheren Jungen suchte und bei jeder Gelegenheit mit ihnen Boxhiebe austauschte. Einmal zeigte er ein Messer, und ich sagte ihm ruhig, er solle es nicht mehr vor meinen Augen herausziehen, sonst müsse ich es konfiszieren. Er war damit einverstanden, es nicht mehr zur Schule zu bringen – ein Versprechen, von dem ich glaube, daß er es nicht immer hielt, obwohl er das Messer mir nicht mehr zeigte.

Marius war offensichtlich durch ein immer noch vorherrschendes männliches ›Ideal‹ angesteckt. Rauh zu sein bedeutete ein Mann zu sein, überhaupt ›jemand‹ zu sein und einen Platz zu haben. Bis jetzt wandte der Lehrer ziemlich wirksame Methoden an. Das Geheimnis seines Erfolgs, Marius dazu zu bringen, sich an gewisse Regeln zu halten, war seine Ruhe und Festigkeit. Niemand zweifelte daran, daß er das Messer konfisziert hätte, wenn er es wieder unter die Augen bekommen hätte. Die Feststellung, daß er es nehmen würde, war keine Drohung und auch keine Herausforderung, die den Jungen dazu hätte bringen können, das Messer erst recht zu zeigen. Der Junge reagierte gut auf eine solch ruhige, aber feste Methode.

Als ich einmal nach vielen höflichen, aber festen Ermahnungen – Tag für Tag – etwas verzweifelt war, fragte ich Marius, was er wieder außerhalb von seinem Platz suche. Er sagte, er hätte sein Buch verloren und würde es suchen. Die Aufgaben aus diesem Buch waren schon vor 15 Minuten gegeben worden. Fest, aber nicht in der Absicht, ihn einzuschüchtern, sagte ich: »Vielleicht setzt du dich besser hin, ehe du deinen Platz verlierst.« Die Klasse lachte, und Marius ging widerstrebend zu seinem Platz zurück.

Zunächst war der Lehrer nicht allzu erfolgreich. Er erzählte uns warum, obwohl er sich dessen nicht bewußt war. Gleichgültig, wie höflich ermahnt wird, sobald es täglich und wiederholt geschehen muß, ist etwas daran falsch. Seine Methode mußte aber vor allem fehlschlagen, weil er verzweifelt war, d.h. weil er nicht mehr an seinen Erfolg und die Fähigkeit, in dieser Situation noch etwas tun zu können, glaubte. Und das ist genau das, was der Junge wünschte, daß er nämlich dieses Gefühl habe. Es war der Junge, der bestimmte, was geschah, und der Lehrer gehorchte nur seinem Befehl – bis er sich entschied, wieder zu handeln. Er hätte den Unterricht unterbrechen können, bis Marius wieder auf seinem Platz gesessen hätte, oder er hätte seine Niederlage ohne irgendwelche bitteren Gefühle offen zugeben können und Marius nach seinem Buch suchen lassen. Er wählte den Humor – und siehe da, es funktionierte. Damit zog der Lehrer die Klasse, wenn nicht sogar Marius, auf seine Seite, und die Situation war gerettet. Der Appell zur Ausübung eines Drucks durch die Gruppe ist im allgemeinen eine machtvolle und wirksame Methode. Diejenigen Lehrer, die sie nicht kennen, gestatten dem Störenfried dagegen, die Klasse auf *seine Seite* zu ziehen, wobei das Gelächter dann auf Kosten des Lehrers geht. Natürlich ist es besser, wenn alle zusammen lachen können.

Bei einer anderen Gelegenheit nahm ich Marius aus dem Zimmer und versuchte, mit ihm über seine Verhaltensweise zu sprechen. Ich schimpfte. Er weinte und sagte, daß ich immer etwas sage, was die Klasse zu Lachen bringe. Ich dachte zunächst, dies sei eine ziemlich freche Bemerkung, aber nachdem ich mir überlegt hatte, ob diese Kritik wirklich berechtigt sei, sagte ich, daß er es vielleicht falsch verstehe. Es sei nicht meine Absicht, die Klasse so weit zu bringen, daß sie über ihn oder über irgend jemand anderen lache. Ich wolle nur, daß er in der Klasse mitmache, ohne deshalb lästig zu sein. Wenn er glaube, ich würde ihn lächerlich machen, würde ich mich entschuldigen. Marius sagte: »Ach, ist schon recht, ich glaube, ich war im Unrecht.«

Dies war eine interessante Unterhaltung, die wirksam war, obwohl die unter der Oberfläche wirkenden Kräfte nicht klar herausgestellt wurden. Zuerst schien es nützlich, die Klasse dazu zu bringen, Marius lächerlich zu machen. Der Junge gab seine Niederlage zu, der rauhe Kerl weinte. An diesem Punkt nun nahm der Lehrer den vollen Vorteil seiner strategischen Stellung war. Statt seinen Angriff weiterzuverfolgen, entschied er sich für einen strategischen Rückzug. Zuerst bestritt er seine Absicht, Marius vor der Klasse lächerlich machen zu wollen. Dies war natürlich nicht wahr, denn genau das hatte er ja getan, beabsichtigt oder nicht. Ausgesprochen freundlich war es dagegen zu betonen, daß er Marius nicht verletzen, sondern nur erreichen wollte, daß er mitmache. Und es spricht für eine gewisse Demut, eine Entschuldigung anzubieten. Dies nahm den Wind aus Marius Segeln. Er reagierte mit dem offenen Einverständnis, daß er im Unrecht war.

Immer wieder muß betont werden, daß ein einzelner Vorfall wie dieser keine Dauerwirkung erzielen kann, besonders wenn der Junge schon fünfzehneinhalb Jahre alt ist. Jeder einzelne Schritt ist aber ein Schritt in der richtigen Richtung und begründet eine Beziehung der Gleichwertigkeit und des freundlichen Verstehens, ohne die wirkliche Hilfe nicht möglich ist.

Bei jeder sich bietenden Gelegenheit anerkannte ich Marius' Arbeit als gut, ebenso seine Fortschritte und die Zusammenarbeit mit den anderen. Aber immer noch gab es Zeiten, in denen er mit anderen Klassenkameraden zusammenstieß.

Erwartete denn der Lehrer, daß er plötzlich vollkommen würde? Oder war der Lehrer selbst übermäßig ehrgeizig?

Meine Beobachtungen brachten mich auf den Gedanken, daß Marius einen Komplex wegen seiner geringen Körpergröße haben könne und er deshalb versuchte, einen Ausgleich zu finden. Gelegentlich prahlte er offen von Auseinandersetzungen, die er mit der Polizei gehabt habe, und er spielte immer den starken Mann. Er sagte, Lars habe er gern, weil der sich vor nichts fürchte.

Wahrscheinlich hat der Lehrer recht. Es erfordert ein erheblich gründlicheres Studium, um zu den psychologischen Gründen vorzustoßen. Die Ausrichtung nach einem männlichen Leitbild, die bei Marius so offensichtlich ist, beruht oft auf einer Familientendenz, die ihrerseits mit einer bestimmten kulturellen Richtung zusammenhängen kann. Es könnte aber genau so gut sein, daß seine Kleinheit ihm besondere Sorge macht, weil sie ihn daran erinnert, daß er nur ein ›Baby‹ in der Familie ist. Die Annahme, daß er nach Kompensation strebt, ist berechtigt.

In einem kurzen Gespräch mit Marius erwähnte ich gelegentlich, daß – wenn Größe der einzige Maßstab für einen ›Mann‹ wäre – ein Gorilla dann ein männlicherer ›Mann‹ wäre als jeder andere von uns. Er meinte, ich hätte wahrscheinlich recht, und ich ermutigte ihn, sich seines Gehirns zu bedienen, da er doch sehr intelligent sei.

Wieder ein Schritt in der richtigen Richtung.

Marius verbesserte sich weiterhin. Seine Versuche, mich herauszufordern, wurden weniger häufig. Die Klasse beklagte sich jedoch, daß ich Marius in gewissen Dingen nachgeben würde, für die ich jemand anderes tadeln würde. Ich gab Marius Arbeiten, die er richtig ausführte.

Während des dem Lehrer gelungen war, die Mitarbeit von Marius zu gewinnen, hat er offensichtlich darin versagt, dasselbe mit der Klasse zu erreichen. Einmal benützte er die Unterstützung der

Klasse gegen Marius und wurde von dem Jungen prompt darauf aufmerksam gemacht. Vielleicht wechselte er wirklich auf die andere Seite über und zog Marius jetzt den anderen vor.

Man kann unmöglich mit irgendeinem Kind fertig werden, wenn es nicht gelingt, die ganze Klasse für sich zu gewinnen und damit die Probleme der Gesamtsituation zu lösen.

Zweimal während meiner ersten zwei Monate in dieser Klasse bekam ich von der Verwaltung einen Tadel für schlechte Disziplin. Einmal, als ich versucht hatte, logische Folgen wirken zu lassen, indem ich einem Schüler vorschlug, außerhalb des Klassenzimmers zu warten, bis er das Gefühl habe, wieder mit der Gruppe arbeiten zu können, und ein anderes Mal, weil ich meiner Klasse mitten in der Zweieinhalb-Stunden-Periode eine ›Pause‹ gab.

Als der Schulleiter hereinkam, hatte ein Schüler gerade eine Banane in der Hand. Er sagte: »Pause?« und ging hinaus. Am nächsten Tag wurde mir gesagt, ich solle strenger sein, damit könne ich mehr erreichen.

Unterschiedliche Auffassungen über Erziehung gibt es nicht nur zwischen den verschiedenen Schulsystemen, sondern oft genug innerhalb des gleichen Schulsystems und sogar innerhalb derselben Schule. Methode, die einer demokratischen Richtung in der Erziehung folgen, passen natürlich nicht gut in ein Schulsystem, in welchem strenge Strafen nicht nur möglich sind, sondern sogar empfohlen werden. Es erfordert Überzeugung und manchmal erheblichen Mut von einem Lehrer, neue Methoden anzuwenden.

Nach diesen zwei Monaten setzte ich, wenn auch mit Widerstreben und Bedauern, Strafen ein, indem ich versuchte, meinen Verrat dadurch zu beschönigen, daß ich sie als natürliche Folge nach zwei Warnungen anwandte. Es hatte sich aber herumgesprochen, daß in meiner Klasse keiner Angst vor Strafen zu haben brauche.

Äußerlich zeigte Marius keinen Widerwillen. Seine Teilnahme verbesserte sich wiederum. Er kritisierte übrigens seine Schwester wegen ihrer Unaufmerksamkeit und ihres Schwätzens.

Tatsächlich geht mit dem Jungen eine Veränderung vor sich. Er gibt sein Ideal von der männlichen Rauheit auf und ersetzt es durch Interesse an Zusammenarbeit. Natürlich erhebt sich die Frage, wie tief dieser Wandel geht.

Ein Vorfall zeigte, was in Marius vorging. Eines Tages schlug ich freie Themenwahl vor, etwa so: »Was mich glücklich oder unglücklich macht«, »Was ich sein möchte, wenn ich erwachsen wäre« usw. Marius meldete sich. »Darüber brauche ich nicht zu schreiben, das kann ich Ihnen sagen. Ich möchte der schlimmste Verbrecher im Land sein. Ich möchte ein Dutzend Revolver haben, zwei Dutzend Messer und jedermann im ganzen Land totschießen.« Die Frage »Warum, Marius?« wurde gestellt, ging aber leider in der Diskussion unter.

Kein schlechter Ehrgeiz für einen Baby-Jungen! Interessant, wie Marius bei dieser Gelegenheit beinahe absichtlich übertrieb. Die Art, wie er es sagte, könnte darauf hinweisen, daß ihm langsam klar wird, was er tut. Die alten Methoden sind immer noch vorhanden, aber nicht mehr so tief verwurzelt. Seine fast humorvollen Worte waren mehr Prahlerei als wirkliche Absicht.

Früher hatte Marius öfters berichtet, daß er der Polizei und dem Aufsichtspersonal in Kaufhäusern entkommen sei. Er hat schon ein kleines Sündenregister. In der Schule gehörte er zu einer Bewährungsklasse.

Marius rebellierte nicht mehr, als von ihm verlangt wurde, in der Klasse richtig mitzuarbeiten. Ich hatte das Gefühl, in einer Klasse, in der es viele Verhaltensprobleme gab und der Durchschnitt der Intelligenzquotienten bei etwa 80 lag, doch schon deutlich Erfolge erzielt zu haben.

In meinem Aprilbericht schrieb ich von Marius, daß er auf allen Gebieten Fortschritte mache, weil er mehr Verantwortung auf sich nähme und Aufgaben zu Ende führe, obwohl er manchmal versuche abzuschreiben, um zeitig fertig zu werden. Als ich aber sein Verhalten zu bewerten hatte, kamen mir einige Bedenken. Ich schrieb, daß er auf zwei Gebieten Hilfe – oder eigenes Bemühen – brauche, nämlich was sein aktives Interesse am Wohl seiner Gruppe und seine Haltung mir gegenüber anbelange.

Gewiß macht der Lehrer Fortschritte. Es ist jedoch nicht ganz klar, ob er versteht, warum Marius abschreiben will, um zeitig fertig zu werden. Dies ist ein weiteres Anzeichen seines erheblichen Ehrgeizes. Der Lehrer hat aber damit recht, daß Marius sich der Gemeinschaft noch nicht ganz angepaßt hat. Er betrachtet sich selbst noch nicht als würdiges Mitglied, obwohl er seinen Kampf gegen die Vertreter der Gesellschaft vermindert hat.

Für alle Schüler unter dem Durchschnitt wurde ein Kurzbericht verlangt. Ich zögerte lange, ehe ich mich entschloß, es auf eine Auseinandersetzung mit der Behörde ankommen zu lassen und einen Kollegen zu fragen, ob er glaube, daß ich damit meine Kompetenzen überschreite. (Er kam mit Marius nur fünfundvierzig Minuten jeden zweiten Tag zusammen. Marius hatte für ihn gute Arbeit geleistet und war dafür gelobt worden.) Dieser meinte nach sorgfältiger Überlegung, daß ich meine Befugnisse nicht überschreiten würde. Ich überlegte noch einmal zwei Tage, ehe ich auf der Rückseite von Marius' Beurteilung unter ›Bemerkungen‹ nach der Tatsache, daß sich Marius in allen Schulfächern verbessert habe, schrieb: »Marius' nicht gerade positive Haltung gegenüber seiner Klasse hängt vielleicht zusammen mit der negativen Haltung, die er gegen sich selber hat. Er scheint zu denken, daß er nicht wichtig genug sei. Wir betrachten Marius als eine wichtige Person, genau so wichtig wie jeder andere, weil er Marius ist und nicht weil er ein Grobian ist und zeitweise nicht mitmacht.«

Als Marius dies beim Verlassen des Klassenzimmers las, fragte er: »Wer schrieb dies auf meine Karte?« Ich erwiderte: »Das werde wohl ich gewesen sein, Marius.« Er ging ohne weitere Bemerkung weg und hat den Vorfall nie wieder erwähnt.

Genau wie bei seinen früheren feinfühligen Reaktionen auf eine kitzlige Situation gelang es diesem Lehrer, eine kritische Bemerkung hinter ermutigenden und aufschlußreichen Worten zu verbergen. Psychologisch hat er völlig recht. Die Art und der gewählte Zeitpunkt dieser Worte müssen Eindruck machen. Falls Marius wirklich verstehen kann, was der Lehrer meint, und seine irrtümliche Auffassung von sich selbst zu ändern vermag, wird es ihm gelingen, sich in den normalen Schulbetrieb einzupassen.

Dann war Marius beinahe wieder an dem Punkt angelangt, an dem wir angefangen hatten, nämlich nicht bereit zur Mitarbeit und voller Rebellion. Er verließ häufig seinen Platz und machte nicht die Hälfte seiner Arbeit. Er spielte vor meinen Augen mit Würfeln, hörte aber damit auf, als ich ihn darum bat. Während eines prahlerischen mündlichen Berichts über den Vorfall spielte er mit einem Messer. In der Klasse für bildhaftes Gestalten von Frau D., wohin er zweimal in der Woche ging, malte er das Bild einer Frau und versah sie mit einem kleinen Spitzbart in der Form der Initialen der Lehrerin. Sie gab ihm das Bild als nicht annehmbar zurück.

Es schien mir, als ob das Verhalten von Marius über den Machtkampf hinausgehe und sich zum Ziel der Rache verschlechtere. Muß man vielleicht annehmen, daß Marius mit sich selber Mitleid hat?

Der Lehrer hat recht, daß Marius sehr nahe daran ist, das Ziel der Rache gegen eine Gesellschaft und ihre Vertreter zu verfolgen, durch die er sich mißbraucht und ungerecht behandelt fühlt. Es stimmt auch, daß er dazu neigt, sich selbst zu bemitleiden. Viele Kinder, die sich in einem intensiven Machtkampf befinden, haben mindestens zeitweise die Neigung, sich zu rächen. Sie betrachten es als ungerecht, wenn andere ihnen nicht nachgeben, und versuchen ihrerseits, andere dahin zu bringen, sich ihren Forderungen zu unterwerfen. Ein großer Teil des gegenseitigen Kampfes besteht aus Wiedervergeltung und gegenseitiger Bestrafung, was praktisch ja Rache bedeutet.

Dieser Fall ist jedoch ein typisches Beispiel eines Kampfes um Überlegenheit. Marius reizte die Lehrer dazu, sich mit ihm in einen Machtkampf einzulassen, und er reagiert scharf auf jedermann, der ihm seine Macht und Autorität zeigen will.

Für unseren Lehrer besteht kein Anlaß, bezüglich seines eigenen Beitrages zu Marius Entwicklung entmutigt zu sein. Natürlich ist der Junge vielen ungünstigen Einflüssen und Erfahrungen ausgesetzt, ähnlich diesem letzten Erlebnis mit Frau D. Wir dürfen aber annehmen, daß der Einfluß des rücksichtsvollen Lehrers dem Jungen die Möglichkeit gezeigt hat, daß es auch andere Arten von Beziehungen gibt. Selbst als Marius den Gipfel seiner Feindseligkeit erreicht hatte, gab er die Würfel ab, sobald er darum gebeten wurde. Das gute Verhältnis war nicht zerstört. Es ist möglich, daß Marius diese Beziehung in seiner Klasse nur testete. Leider haben wir keinen ausführlichen Bericht über die Reaktion des Lehrers auf Marius' Rückfall in sein früheres Verhalten. Vielleicht bestand der Lehrer diese Prüfung nicht; seine letzten Bemerkungen klingen zumindest ziemlich entmutigt. Möglicherweise war er als diejenige Person, die die Quelle der Ermutigung für ein Kind sein sollte, aber nur vorübergehend entmutigt. Wir können auf jeden Fall annehmen, daß die Art von Beziehung, die der Lehrer in diesem Jahr schaffen konnte, bei der Entwicklung des Jungen Früchte trägt.

Am Ende seines Berichts fügt der Lehrer in einer Fußnote hinzu:

Dieser Bericht braucht nicht so düster zu enden. Nach einem Gespräch mit Marius habe ich Hoffnungen, daß er sich wieder macht.

3. Rache

Die Unterscheidung zwischen einem intensiven Kampf um Überlegenheit und dem Verlangen nach Rache fällt nicht immer leicht. Beide können bei Kindern, die eine feindliche Haltung gegen die Gesellschaft als solche oder mindestens gegen die Schule einnehmen, gleichzeitig vorhanden sein. In vielen Fällen jedoch gleitet ein Machtkampf nur zeitweise zur Wiedervergeltung ab, wenn das Kind nämlich mit Gewalt unterdrückt wird.

Grundsätzlich ist es die Intensität der Feindlichkeit und Bösartigkeit, die Rache von einem Machtkonflikt unterscheidet. Im Kampf um Überlegenheit möchte das Kind nur gewinnen oder mindestens die Macht des Lehrers besiegen. Bei Rachegefühlen möchte es verletzen, wo es am meisten wehtut.

Was nun Verbesserungsmaßnahmen anbelangt, kann in einer Situation, in der das Kind nur durch den Wunsch nach Rache getrieben wird, kaum etwas Konstruktives getan werden, außer auf den richtigen psychologischen Augenblick zu warten, um das Kind zu gewinnen. Der grundsätzliche Fehler eines solchen Kindes liegt in der Annahme, daß es nicht geliebt oder akzeptiert werden könne. Jedes Handeln – Worte sind im allgemeinen nicht allzu wirkungsvoll, wenn sie nicht gut gewählt sind – das dem Kind eine andere Selbstbewertung vermitteln kann, wird hilfreich sein. Im großen ganzen erfordert es einen erheblichen Aufwand an Zeit, Mut und Bemühung, ein solches Kind davon zu überzeugen, daß auch es akzeptiert werden kann. Solche Bemühungen werden im allgemeinen nicht nur durch das Kind vereitelt, welches nicht an den aufrichtigen Willen des Lehrers glaubt, sondern auch durch andere Erwachsene, die sich mehr mit ihrer eigenen in Frage gestellten Autorität befassen als mit dem Wohlergehen des Kindes. Die Lage dieser Kinder wird noch schwieriger, weil auch die ausdauerndsten und geschicktesten Leute nicht alle Kinder dieser Art beeinflussen können, und in vielen Fällen sind Monate dauernder Bemühungen nicht von Erfolg begleitet. Ist es jedoch einmal gelungen, ein Kind vom unvermeidlichen Schicksal des Verbrechens und Elends zu retten, so erfahren wir eine derartige Befriedigung, daß sie alle anderen Enttäuschungen aufwiegt.

Auf den richtigen Augenblick zu warten, in dem das Kind beeinflußbar ist, heißt, dauernd mit Herausforderungen konfrontiert zu werden. Es ist notwendig, Gefahren und Schäden zu vermeiden, andere Kinder gleichzeitig zu beschützen und mit einem Minimum an Zwang und einem Maximum an ruhiger, freundlicher Festigkeit Ordnung zu halten. Strafen müssen unbedingt vermieden werden, so verständlich sie als impulsive Reaktion auf die Herausforderung des Kindes auch sein mögen. Sie sind nicht nur völlig wirkungslos, sondern – was schlimmer ist – sie bestärken das Kind in seinen irrtümlichen Überzeugungen.

43. Beispiel

Der sechsjährige Jonas war letztes Jahr in meiner Klasse. Er war im Ausland geboren und hatte einen um zwei Jahre jüngeren Bruder.

Er kam unordentlich zur Schule, war körperlich aber weder schwächer noch kleiner als die anderen Kinder. Er folgte dem üblichen Schulbetrieb ohne irgendeinen bemerkenswerten Zwischenfall, bis eines Tages der Schulleiter kam und berichtete, daß Jonas mit einer Lehrerin einen Zusammenstoß gehabt und sie derart in die Seite geboxt habe, daß sie eine Rippe gebrochen habe. Ich kannte ein derartiges Benehmen nicht an ihm und nahm ihn an wie jedes andere Kind.

Ich glaube, ich behandelte Jonas genau wie die anderen. Ich half ihm, als er um Hilfe bat, und machte ihn zu einem Gruppenführer, wie andere auch. Doch irgend etwas mußte ich falsch gemacht haben, weil die Dinge langsam eine andere Wendung nahmen.

Eines Tages hatte ich die Klasse zur Pause hinausgenommen. Nach wenigen Minuten kam ein kleiner Junge schreiend zu mir, Jonas hätte Sand in sein Gesicht und auf seine Kleider geworfen. Ich rief Jonas sofort. Wir besprachen die Sache gemeinsam, um von den beiden Jungen ein Bild über das Geschehen zu bekommen. Sie beschuldigten einander, gaben aber beide zu, daß sie eine Regel überschritten hätten, nämlich diejenige, wie man den Sandkasten richtig benütze. Sie wurden deshalb auf die Stufen des Sandkastens gesetzt und mußten den anderen zusehen, wie man sich im Sandkasten benimmt. Beide saßen da, als Jonas ganz plötzlich aufsprang, an mir vorbeirannte und schrie, daß er mich nicht gern habe und nicht in der Schule bleiben würde. Er rannte vom Spielplatz weg und schien heimzulaufen. Dies war mir noch nie passiert; ich konnte meine Klasse nicht verlassen und ihm nachjagen und sandte deshalb einen Jungen zum Rektor. Ich wollte den Vorfall melden, falls Jonas auf seinem Heimweg irgend etwas zustoßen sollte. Etwa eine Stunde später kam Jonas mit seinem Vater und seiner Stiefmutter zur Schule zurück. Sie hatten schon mit dem Rektor gesprochen, und Jonas gab zu, daß er im Unrecht sei und sich zu entschuldigen habe. Ich nahm die Entschuldigung an und vergaß den Vorfall.

Bis jetzt wissen wir noch nicht, ob es Jonas um einen Kampf um Überlegenheit zu tun war, weil er seinen Willen nicht durchsetzen konnte, oder ob er Rachegedanken hatte, weil er sich zurückgesetzt fühlte. Man kann die Vermutung der Lehrerin, sie habe vielleicht einen Fehler gemacht, verstehen, obwohl es andererseits nicht ihr Fehler gewesen sein muß. Dinge außerhalb des Klassenzimmers können daran schuld sein, wenn ein Kind sich aufregt und explodiert. Es ist jedoch gut, sorgfältig zu überlegen, ob man irgend etwas dazu beigetragen hat, wenn ein Kind plötzlich Schwierigkeiten macht. Nur allzu oft ist ein Lehrer sich seiner eigenen Rolle nicht bewußt und macht das Kind oder andere für zunehmende Schwierigkeiten verantwortlich.

Die Arbeit des Jungen war gut, wenn auch etwas unsauber. Er las ordentlich und schien sich in der ersten Klasse wohlzufühlen. Aber wieder einmal nahmen die Dinge einen anderen Verlauf. Er zerkratzte das Gesicht eines Jungen, weil dieser ihm gesagt hatte, er solle an seinem Platz bleiben, bis ich zurückkäme. Bei einer anderen Gelegenheit verschmierte er die Hefte anderer Jungen und Mädchen, solange sie bei einer Lesegruppe waren. Da ich den Eindruck hatte, daß er andere verletzen wolle, sprach ich mit dem Rektor über ihn.

Ich schrieb einen Brief an seine Eltern, in welchem ich sie bat, zu mir zu kommen. Im Gespräch mit ihnen merkte ich, daß beide Jonas nicht mochten. Sie hatten ihn schon verschiedene Male in Heime gebracht, wo er aber so ungezogen war, daß sie ihn immer wieder zurückholen mußten. Seine Stiefmutter erzählte mir, daß er ihr gleichgültig sei, daß sie aber seinen jüngeren Bruder, der auch ihr Stiefsohn war, lieben würde. Sie war es müde geworden, sich um Jonas' Kleidung zu kümmern, weil er immer mit einem schmutzigen Hemd heimkam. Ich versuchte ihr zu erklären, daß auch einige meiner anderen Jungen genau so heimkommen würden; sie tat dies aber mit einer Handbewegung ab. Sie liebte Jonas nicht und ließ es ihn auch wissen. Als ich dies erfahren hatte, nahm ich dem Jungen gegenüber eine andere Haltung ein, denn er wollte ja Liebe, Zuneigung und das Gefühl der Sicherheit.

Es war sehr klug, mehr über den Jungen herauszufinden, nachdem er sich in der Schule in einer ungewöhnlichen und feindseligen Weise benahm, die durch nichts herausgefordert worden war. Und was die Lehrerin fand, war sehr wichtig. Wir können sehen, wie der Junge durch seinen jüngeren Bruder besiegt wurde, der ihn nicht nur entthronte, sondern ihn tatsächlich dadurch überholte, daß er die Zuneigung seiner Eltern gewann, wahrscheinlich durch Charme und vielleicht auch durch gutes Benehmen. Da Jonas feindselig und trotzig war, können wir vermuten, daß sein Bruder genau das Gegenteil davon war.

Ich behandelte Jonas immer noch wie zuvor und versuchte, ihm näher zu kommen. Ich ließ ihn nach der Schule noch etwas da, wenn er helfen wollte, die Tafel zu reinigen und die Tische in Ordnung zu bringen. Während dieser Augenblicke erzählte er mir von sich, und wie wenig erwünscht er sich von seinen Eltern fühlte. Er sprach viel von seinem jüngeren Bruder und ihren gemeinsamen Spielen. Dies half mir, den Jungen viel besser zu verstehen, doch erlaubte ich mir nicht, ihm zuviel Zuneigung zu zeigen.

Dies ist die richtige Methode für ein Kind, das sich unerwünscht und isoliert fühlt. Seine Beziehungen zu seinem bevorzugten jüngeren Bruder sind nicht ganz klar und etwas eigenartig. Ist er als der zwei Jahre ältere der Führende und spielt er deshalb gern mit ihm?

Eine Weile ging alles gut, und Jonas erzählte der Klasse mehrmals von seinen gemeinsamen Taten mit dem Bruder. Aber wieder einmal wandte es sich zum Schlechteren, und Jonas schien immer gemeiner zu werden. Nie, wenn er sich so benahm, brachte ich ihn dazu, auf mich zu hören oder mit mir zu sprechen. Eines Tages gefiel ihm die Zeichenarbeit, die er gemacht hatte, nicht: er zerriß sie und zerstampfte sie noch im Papierkorb. Ich ging zu ihm, um ihn danach zu fragen und auch um zu sehen, ob er es nicht auf eine andere Art machen könne. Er war verkrampft und schrie: »Nein!« *Ich tadelte ihn deshalb,* worauf er zu weinen begann, zum Kleiderschrank lief, seinen Mantel holte und zur

Türe wollte. Ich war aber zuerst dort und fragte ihn, wohin er ginge. »Heim!« Ich versuchte ihn aufzuhalten; er kickte und kratzte mich aber, beschimpfte mich und sagte mir, ich solle still sein. Ich kämpfte mit ihm, entschlossen, dieses Mal nicht nachzugeben. Wir kämpften, bis meine Arme zitterten, als ich ihn losließ, um zu sehen, ob er sich beruhigen würde, da ich gedachte, dieses Mal die Oberhand zu behalten. Ich verließ daher auch nicht die Tür, weil ich wußte, er würde hinausrennen. Statt dessen stand ich da und sah ihn an.

Dies dauerte einige Minuten, dann stand er auf, rannte zum Papierkorb, leerte ihn auf den Boden und verstreute den Inhalt im ganzen Raum. Schließlich stand er weinend da. Ich wartete immer noch, um ihn zu beobachten, sandte dann einen Jungen hoch, um den Rektor zu holen, damit er sehen könne, was Jonas angerichtet habe. Dieser kam herunter und versuchte mit Jonas zu sprechen, der aber sein Gesicht abwandte. Schließlich nahm er ihn aus dem Zimmer, während die Klasse sich wieder an die Arbeit machte. Jonas war bis zum Schluß der Stunde oben. Dann kam er herunter und sagte, er wäre im Unrecht, wolle sich entschuldigen und in meiner Klasse bleiben. Er sprach davon, »mir eine weitere Chance zu geben!«

Dies ist eine interessante Seite der Bemühungen der Lehrerin, Jonas zu verstehen und ihm zu helfen. Was war mit ihr geschehen? Warum ließ sie sich in einen Machtkampf mit ihm ein? Tatsächlich lag kein dringender Anlaß dafür vor. Alles, was der Junge getan hatte, war, seine Arbeit zu zerreißen und in den Papierkorb zu werfen. Dann aber überstürzten sich die Ereignisse, weil sie dem Jungen nachging und ihn tadelte. Dies war ein entscheidender Augenblick im Leben von Jonas, aber die Lehrerin wußte es nicht.

Wenn wir es uns überlegen, war die Situation gar nicht so schwierig. Die Lehrerin hätte wissen können, daß Jonas' Feindseligkeit sich in einem Wutausbruch äußerte. Niemand ist bei einem Wutausbruch Vernunftgründen zugänglich. Die beste und einzig mögliche Methode ist, ein Kind in einem solchen Augenblick allein zu lassen. Bald wird es den Anfall überwunden haben, dann kann man mit ihm reden. Von ihren Erfahrungen mit Jonas hätte sie wissen sollen, wie weit der Junge in Augenblicken der Wut gehen konnte.

Dieser kleine Umstand war ihr offensichtlich nicht bewußt. Außerdem war ihre Unkenntnis der richtigen Methode, mit einem wütenden Kind umzugehen, für die Verschlechterung der Beziehungen verantwortlich. Die Lehrerin führte es allem Anschein nach auf etwas zurück, was *im* Jungen vor sich ging: »Er wurde immer gemeiner.« Trotz der Tatsache, daß sie Gründe für diese Entwicklung angab, waren ihr die Zusammenhänge nicht klar. Sie sagte: »Nie, wenn er sich so benahm, brachte ich ihn dazu, auf mich zu hören oder mit mir zu sprechen.« Sie wußte nicht, daß man in einer solchen Situation gleich gar nicht versuchen sollte, mit einem Kind zu reden. Sie versuchte aber noch mehr, nämlich den Jungen zu veranlassen, zu ihr zu reden. Man kann die Spannung zwischen beiden fühlen. Kein Wunder, daß er immer gemeiner wurde – genau wie die Lehrerin.

Was sonst hätte sie tun können? Einige mögen der Ansicht sein, daß sie ihn ›tadeln‹ *mußte*, damit er den anderen kein schlechtes Beispiel gebe, wenn sie es ihm ›durchlasse‹. Dies kann vermieden werden, wenn der Lehrer ruhig bleibt. Es mag Takt und Haltung erfordern, mit einem solchen Kind in der Klasse das Interesse und eine ruhige Atmosphäre beizubehalten, aber es ist grundsätzlich möglich. Einige freundliche, verständnisvolle Worte können dabei sehr viel bewirken. Schließlich hatte es einen Augenblick gegeben, in dem die Lehrerin gewußt hatte, warum Jonas sich so benahm, und sie hatte Mitgefühl empfunden. Sie hätte dieses Gefühl zeigen können, und die Klasse hätte sich nicht durch Jonas herausgefordert zu fühlen brauchen, sondern hätte ihre Hand freundschaftlich einem armen Jungen reichen können, der noch nie ein Zugehörigkeitsgefühl erlebt hatte.

Statt einen wohltuenden Einfluß auf Jonas auszuüben, fiel die Lehrerin auf seine Bemühungen – zu beweisen, daß niemand ihn liebhabe – herein. Ohne den unerschütterlichen Entschluß, nie aufzugeben, sollte man nie versuchen, einem Kind, das sich nicht geliebt fühlt, zu helfen. Es ist viel schlimmer, einem Kind Hoffnung zu machen und es dann fallen zu lassen, als nie zu versuchen, ihm nahezukommen. Wer nicht gelernt hat, auf jede Entmutigung bei sich selbst und auf jede Herausforderung seitens des Kindes, das ja beweisen will, daß man nicht sein Freund sein kann, zu achten, sollte jede Einmischung unterlassen.

Wieder hatten wir eine ruhige Zeit im Klassenzimmer. Jonas blieb bei uns und wußte, daß er bei einem weiteren Wutausbruch ein für allemal wegkäme.

Glaubt die Lehrerin wirklich, daß diese Art von Gewalt Jonas dazu bringen könnte, sich akzeptiert zu fühlen, und daß es niemals mehr zu einem Wutausbruch kommen würde? Statt dem Kind zu helfen, damit fertigzuwerden, indem man den Wutausbruch als unwichtig ansieht und damit seiner Wirksamkeit beraubt, machte sie daraus eine entscheidende Angelegenheit, die die ganze Beziehung zerstören konnte. Es war sehr schade für Jonas, daß seine Lehrerin zu dieser Zeit nicht mehr von Psychologie verstand.

Während der Wintermonate brachte Jonas etwas zum Essen in die Schule. Bald kamen die Kinder zu mir und beklagten sich, Jonas esse ihr Obst und ihren Kuchen. Ich fragte, ob sie es ihm gegeben hätten, und sie sagten ja, weil er darum gebeten habe. Ich sprach mit Jonas darüber, und er meinte, daß er dies so gern esse, es selbst aber nie bekommen würde. Darauf hielt ich es für notwendig, mit seiner Stiefmutter darüber zu sprechen, weil ich natürlich nicht wollte, daß es so weiterging. Sie erwiderte, Jonas wolle nie etwas anderes als belegte Brote. Ich sagte ihr, was er tat, und bat sie, ihm ab und zu ein Stückchen Kuchen oder Obst mitzugeben. Das geschah aber nie, und Peter beteiligte sich weiterhin am Essen der anderen Kinder. In den Pausen ging er sogar an die Tische anderer Kinder und nahm etwas zum Essen heraus. Eines Tages hatte er seine Brote weggeworfen und sagte mir, daß er nichts zum Essen hätte. Ich überlegte und tat dann so, als ob ich nicht wüßte, was er getan habe, und bat ihn, mit mir zusammen zu essen. (Ich dachte, dies könnte ihm vielleicht das Gefühl geben, daß ihn jemand gern habe.) Es war sehr nett, und er bestellte sich Würstchen, Pommes frites und

Kakao, Dinge, die jeder andere auch bestellt hätte. Als wir wieder in der Schule waren und gerade mit den Nachmittagsstunden begonnen hatten, spielte sich Jonas wieder auf. Ich war gerade beim Rektor, um ihm von dem Mittagessen zu erzählen. Als ich zurückkam, berichtete die Klasse, daß Jonas zwei Mädchen mit einem Buch über den Kopf gehauen und einen kleinen Jungen mit einem unserer kleinen Lesestühle geschlagen habe. In diesem Augenblick wußte ich einfach nicht, was ich davon halten und was ich tun sollte, als die Folgen auszuführen, die angedroht waren. Ich nahm ihn zum Rektor hoch und erzählte ihm die Geschichte.

Das ist es, was geschieht, wenn Lehrer ein Kind nicht verstehen. Unsere Lehrerin war so nahe an diesem Verständnis und versagte dann so gründlich. Offensichtlich konnte Jonas nicht glauben, daß irgend jemand ihn gern haben könne. Deshalb fühlte er sich beinahe gezwungen – nachdem er gerade von ihr zum Essen eingeladen worden war – ihr nicht durch Worte, sondern durch Taten zu zeigen, wie schlecht er war. Sie verstand das nicht und fiel auf diesen überzeugenden ›Beweis‹ herein. Das widerfährt den meisten Erwachsenen, die mit einem solchen Kind zu tun haben. Statt die falsche Meinung des Kindes von sich selbst zu korrigieren, ließ sich die Lehrerin vom Kind überzeugen und gab die Hoffnung auf, dem Kind zu helfen – und es gern zu haben.

Wenn die Lehrerin die Situation verstanden hätte, hätte sie diese Reaktion erwarten müssen, nachdem sie ihm diesen großen Beweis ihrer Freundschaft gegeben hatte. Als es dann geschah, wäre sie nicht so überrascht und hilflos gewesen, sondern hätte Jonas erklären können – was er eben nicht wußte – daß er jetzt ihr zu beweisen versuche, wie schlecht er sei und daß er keine Hoffnung habe. Diese Folge von Ereignissen hatte er aber schon viel früher begonnen. Die Lehrerin ließ den Jungen schon damals fallen, als sie mit ihm wegen der mißachteten Zeichnung stritt. Dann drohte sie ihm, daß er von der Schule fliegen würde, wenn er je wieder einen Wutausbruch bekäme. Das war nicht wie ein Freund gehandelt, dem man trauen konnte. Die Aktion des gemeinsamen Mittagessens war ein weiterer Fehlschritt. Es bestand weder die Notwendigkeit, mit dem Jungen Mitleid zu haben, weil er keine Kuchen und Früchte bekam, noch hatte es irgendeinen Sinn, an die Stiefmutter zu appellieren, die so oder so nicht daran dachte, ihn zu verwöhnen. Die Lehrerin berichtete nicht, was sie unternahm, damit Jonas nicht mehr das Frühstück der anderen Kinder nahm und an ihre Schubladen ging. Aufgrund des Vorangegangenen müssen wir aber annehmen, daß sie auch diese Angelegenheit nicht besonders geschickt anfing, sondern wahrscheinlich redete, tadelte und drohte. Den Jungen dann zum Essen einzuladen, nachdem er sie gerade angelogen hatte, war auch keine gute Idee. Sie hatte gedacht, sie könne tun, als ob sie nicht wisse, daß Jonas seine Brote weggeworfen habe, aber ein geschickter und argwöhnischer Junge wie Jonas läßt sich nicht so leicht täuschen. Sie hätte ziemlich sicher sein können, daß Jonas Bescheid wußte. Das Mittagessen als eine ›Belohnung‹ für seine Tat hat weder mit Aufrichtigkeit noch Vertrauenswürdigkeit etwas zu tun. So testete Jonas die Lehrerin, und diese fiel darauf herein. Aber jeder Lehrer ohne tiefere Einsicht in die Probleme von Jonas hätte wahrscheinlich ähnlich gehandelt.

Nach diesem Vorfall wurden die Eltern von Jonas zu einem weiteren Gespräch gebeten, zu dem auch der Schulpsychologe eingeladen worden war. Es wurde entschieden, Jonas von der Schule zu verweisen. Alles, was ich zu sagen habe, ist, daß dieser Junge all diejenigen verletzen und hassen möchte, die nett zu ihm sind, weil Vater und Stiefmutter ihn falsch behandeln und hassen.

Es scheint einfach und vielleicht sogar angenehm zu beobachten, welche Fehler andere machen. Unglücklicherweise gelang es dieser Lehrerin, die wohlwollend, aufrichtig, voll der besten Absichten und ursprünglich voller Sympathie für den Jungen war, beinahe, ihn zu gewinnen und ihm eine neue Chance zu geben, die vielleicht sein ganzes zukünftiges Leben hätte beeinflussen können – und dann versagte sie, weil sie nicht wußte, was man mit Kindern wie Jonas tun kann. Ihr Fehler war nicht irgendeine tiefliegende gefühlsmäßige Unzulänglichkeit, sondern einfache

Unkenntnis. Selbst der Rektor, an den sie sich dauernd um Hilfe und Schutz wandte, wußte keinen Rat, wie man einem solchen Kind helfen kann.

44. Beispiel

Tobias war das älteste von zwei Kindern. Ich sah ihn zum ersten Mal in meiner Englisch-Stunde. Nur selten bereitete er sich auf seine Aufgaben vor, beteiligte sich kaum an den Klassengesprächen und war im übrigen der typische Schwätzer. Seine Eltern waren geschieden, seit er elf Jahre alt war. Die Mutter unterstützte die Familie, indem sie von vier Uhr nachmittags bis Mitternacht arbeitete. Während dieser Zeit waren die beiden Jungen sich selbst überlassen.

Tobias und zwei Klassenkameraden wurden ertappt, als sie in eine Wohnung einbrachen und bereits viele Dinge aus anderen Häusern geraubt hatten. Tobias war der Führer des Trios. Allen wurde Bewährungsfrist zuerkannt.

In der Schule war er nervös, reizbar und ohne Respekt. Er nahm an, daß jedermann gegen ihn sei. Als ich z. B. während einer Klassenarbeit ganz zufällig zu ihm hinsah, bemerkte er sofort: »Wozu beobachten Sie mich?«

Diese Verteidigungsstellung ist typisch für einen Jungen, der sich bei der kleinsten Herausforderung aufregt, bereit, mit jedermann sofort abzurechnen, der ihn verletzen oder anderer Meinung sein könnte, was für ihn dasselbe bedeutet. Eine derartige Haltung ist bei einem Kind, das viel herumgestoßen wurde, eine derartige Behandlung erwartet und sie damit auch herausfordert, verständlich. Rache ist der Beweggrund all seiner Handlungen. Rache gegen eine Gesellschaft, in der er keinen Platz hat, und gegen ihre Vertreter, die ihn verletzen.

Als wir ein Theaterstück einstudierten, bat ich Tobias, eine bestimmte Rolle zu lesen. Er tat es ausgezeichnet. Ich bemerkte ausdrücklich, wie gut er gelesen habe und schlug vor, daß er sich auch in der höheren Klasse an Rollen versuchen solle. Er las jede männliche Rolle im Spiel und las jede Rolle besser als jeder andere Junge. Ich gab ihm eine führende Rolle für das vorgesehene Theaterstück unter der Bedingung, daß er seine Arbeit in der Klasse nicht vernachlässigen dürfe.

Tobias war ehrgeizig und fähig. Beide Fähigkeiten zeigten sich schon bei seinen kriminellen Vergehen. Jetzt aber kamen sie zur Geltung in der Zusammenarbeit innerhalb einer Gemeinschaft und nicht gegen sie. Die antisoziale Haltung des Jungen konnte jedoch noch nicht allzu tief verankert sein, sonst wäre die Bedingung, die der Lehrer stellte, für ihn nicht annehmbar gewesen. Der Lehrer riskierte es. Im allgemeinen hat es keinen Zweck, ein Kind, welches schon entmutigt und antisozial eingestellt ist, nur unter gewissen Bedingungen zu akzeptieren. Erst nachdem er sich eingepaßt hat, können solche Bedingungen ohne Gewalt und Drohung angenommen werden.

Es braucht nicht erwähnt zu werden, daß er bei der Aufführung als bester Spieler auffiel und als solcher auch anerkannt wurde. Während des Restes des Schuljahres arbeitete er mit. Er interessierte sich für seine Fächer und schwänzte nie wieder. Sogar seine Persönlichkeit wandelte sich; er wurde direkt nett. Der Schulrat, der Rektor und die anderen Schüler bemerkten die große Änderung, die mit Tobias vor sich gegangen war.

Es ist nicht sehr wahrscheinlich, daß diese eine Handlung, ihn am Spiel teilnehmen zu lassen, allein für den grundlegenden Wandel in dem Jungen verantwortlich sein soll. Ein verstehender und ermutigender Lehrer kann sehr viel freundliche Wechselwirkung hervorrufen. Sicher geschah mehr, als der Lehrer berichtete. Man kann auch vermuten, daß der Junge sein antisoziales Verhalten, das er durch die Art seiner ›Freundschaften‹ entwickelt hatte, fallen ließ, als er Verbindung mit den Schülern bekam, die im Spiel mitmachten. Wahrscheinlich machte ihn dieses eine Ereignis zu einem Teil der Gruppe, von der er früher nicht akzeptiert worden war. Er wollte Anerkennung um jeden Preis und konnte diese früher nur unter den Kriminellen finden. All dies sind aber nur Vermutungen, freilich mit einem gewissen Grad von Wahrscheinlichkeit. Sie könnten den raschen und vollständigen Wandel erklären.

Der Rektor hatte mir seinerzeit den Rat gegeben, Tobias bei der Aufführung nicht mitspielen zu lassen. Ich gebe zu, daß ich ziemlich gehemmt und voller Angst war, ob ich dieses große Risiko auf mich nehmen solle.

Das ist ein Beispiel für den Mut des Lehrers, der notwendig ist, um mit Kindern dieser Art fertigzuwerden. Obwohl dieser Bericht zu gut erscheint, um wahr zu sein, und zu einfach, um zu überzeugen, zeigt er die Art von verbessernden Bemühungen, die manchmal notwendig sind.

45. Beispiel

Die zwölfjährige Laura ist in meiner siebten Klasse. Vergangenes Jahr hatte jedermann sie aufgegeben, denn sie stahl häufig, kämpfte mit Lehrern und Schülern und versagte in allen Fächern. Auch dieses Jahr fing sie im alten Stil wieder an, stahl dreimal in zwei Wochen und lag dauernd mit jemand im Streit.

Sie ist ein mittleres Kind. Das ältere ist ein Junge.

Dies ist eine wichtige Einzelheit. Ein mittleres Kind fühlt sich oft nicht zugehörig und falsch behandelt. Vielleicht ist Lauras Verhalten eine Reaktion auf diese Situation, die sogar noch verständlicher würde, wenn wir herausfänden, daß die Mutter die Partei der beiden anderen ergreift. Wir sollten wissen, was für eine Art Kind der Bruder ist. Eine große Hilfe wäre es, wenn die Lehrerin mehr über Lauras häusliche Verhältnisse herausbringen könnte.

Zur Lehrerin und diesem Bericht ist noch eine Bemerkung notwendig. Sie hatte sich entschlossen, diesen Fall als einen ›kurzen Bericht‹ zu schreiben. Da sie in den individualpsychologischen Methoden schon fortgeschritten ist, wußte sie, was ihre kurzen Feststellungen bedeuten. Jemand, der noch nicht so weit ist, versteht vielleicht nicht, was gemeint ist. Für sie genügte es aber, darauf hinzuweisen, daß Lauras Stellung die eines mittleren Kindes ist. Dieselbe Annahme, daß nämlich jeder weiß, was sie meint, ist auch für einige der folgenden Bemerkungen typisch.

Vor einiger Zeit informierten Nachbarn die Schule, daß Laura an verschiedene Schülergruppen auf der Straße Zigaretten verteile. Wir hatten am nächsten Tag ein Klassengespräch über die Ziele, die ein solches Verhalten wohl habe. Namen wurden nicht erwähnt.

Am darauf folgenden Tag verhielt Laura sich anders. Sie wurde freundlicher. Sie ergriff meine Hand, als sie eine Frage stellte und arbeitete mehr mit als je zuvor. Sie begann von sich selbst zu erzählen, erzählte all die ›schlechten‹ Dinge, die ihr widerfahren waren, die Prüfungen, die sie nicht bestanden hatte, und von den Zeiten, in denen die Lehrer sie aus dem Zimmer geschickt hatten. Sie erwähnte aber nie den Tag, als sie die einzige in der Klasse war, die eine Mathematik-Aufgabe völlig richtig gelöst hatte, was ich erst später herausfand.

Ich führte zwei kurze persönliche Gespräche mit ihr und besuchte sie zu Hause. Wir sprachen allgemein über das Stehlen und bemerkten, daß es viele Kinder gibt, die dies manchmal tun, daß sie aber damit aufhören, sobald sie ihrer selbst sicherer werden.

Die Reaktion der Lehrerin auf die Information hin, daß das Mädchen an andere Schüler auf der Straße Zigaretten verteile, war bemerkenswert. Alles, was sie arrangierte, war lediglich ein Gruppengespräch über die Ziele eines solchen Handelns. Sie enthielt sich sogar, die Schuldige zu nennen. Eine solche Zurückhaltung setzt eine ziemlich große psychologische Feinfühligkeit voraus. Wie leicht hätte man versucht sein können, die Gelegenheit zum Predigen, zum Ermahnen und Drohen zu benützen – und es auch völlig klarzustellen, wer der Schuldige war. Aber die Lehrerin war sich sicher, daß Laura daraus lernen würde, obwohl ihr Name nicht erwähnt wurde oder vielleicht gerade, weil er nicht erwähnt wurde.

Die zweite wichtige Einzelheit ist die Art des Gesprächs, das die Lehrerin anregte. Sie sprach nicht über die moralische Seite des Falles und warum es nicht gut ist, Zigaretten zu verteilen, oder was die Leute denken würden, oder daß die Schule verantwortlich wäre und ähnliche Aspekte, die auf viele Lehrer Eindruck gemacht hätten, sondern sie besprach den Zweck eines solchen Verhaltens. Leider hat sie über den Inhalt dieses Klassengesprächs nicht berichtet. Wahscheinlich zog sie verschiedene Möglichkeiten in Betracht oder – was noch besser ist – richtete das Augenmerk der Kinder darauf, sich verschiedene Möglichkeiten zu überlegen, die Trotz, herausfordernde Wiedervergeltung und Bestrafung mit einem nachfolgenden Gefühl des Unrechts usw. einschließen. Es ist bedauerlich, daß keine Aufzeichnungen über dieses Gespräch verfügbar sind.

Der Wandel, der in dem Mädchen stattfand, ist nicht überraschend. Sie erkannte, daß die Lehrerin ihre Freundin sei und eröffnete sich ihr. Es spricht für das Feingefühl der Lehrerin, daßdie die bedeutsame Geste des Mädchens, als dieses ihre Hand nahm, um eine Frage zu stellen, erwähnt. Auch kann man die Richtung der Bemühungen der Lehrerin erkennen, die die Möglichkeit positiver Leistungen untersuchte – und sie auch fand.

Weiter erwähnt die Lehrerin zwei persönliche Gespräche, bespricht aber nicht ihren Inhalt. Sie beschreibt sie nur indirekt, und betont, worüber *nicht* gesprochen wurde, was aber wahrscheinlich das Hauptthema für einen weniger ausgebildeten Lehrer abgegeben hätte. Sogar als sie über das Stehlen redete, geschah es nicht auf eine herabsetzende, sondern auf ermutigende Art. Und schließlich brachte sie diese Vergehen mit einem Mangel an Selbstvertrauen in Zusammenhang und berührte damit das Hauptproblem der schlechten Anpassung des Mädchens.

Ich versuchte, eine herzliche Beziehung mit ihr anzuknüpfen. Zu einem Abend, an dem Laura auf dem Klavier vorspielte, war ich eingeladen worden und kam.

Wieder drückte ich meine Anerkennung aus und erwähnte in der Klasse am nächsten Tag so beiläufig, wie fein Laura gespielt hätte.

Sieben Wochen lang kam es zu keinem Diebstahl. Ihre Berichtskarte der letzten Woche zeigt in allen Fächern genügende Noten. Ihre Haltung gegenüber Lehrern und Mitschülern hat sich gebessert.

Der Lehrerin war es gelungen, in Laura das Vertrauen zu sich selbst und zu anderen wiederherzustellen. Man kann sich vorstellen, was geschehen wäre, wenn sie ihre Zuflucht zum Predigen und Bestrafen genommen hätte, oder nicht fähig gewesen wäre, eine herzliche Beziehung anzuknüpfen und das Kind dazu zu bringen, frei über seine Probleme zu reden, und – was das Wichtigste ist – wenn sie nicht in der Lage gewesen wäre, das Mädchen auf eine annehmbare Art zur Einsicht zu bringen.

4. Sein Unvermögen zeigen

Dieses Ziel, wie auch die anderen Ziele – das Erregen von Aufmerksamkeit, das Streben nach Überlegenheit und das Verlangen nach Rache – muß nicht immer *alle* Handlungen eines Kinds kennzeichnen. In einigen Fällen ist es das Gesamtverhalten, in anderen aber erscheint es nur unter gewissen Umständen und in besonderen Situationen. Die Entmutigung, die zur Überzeugung der Fehlerhaftigkeit führt, kann auf bestimmte Funktionen beschränkt sein, sie kann aber das Kind auch bei allem, was es tut, erfassen. Unfähigkeit als Entschuldigung wird dazu benützt, alles Tun, ob es nun als gut oder schlecht, hervorragend oder fehlerhaft beurteilt wird, zu vermeiden. Und bei den schulischen Fächern handelt es sich ja um Leistungen, die dauernd beurteilt werden. Sie vermitteln einem Kind sehr leicht das Gefühl des Unvermögens, worauf es bald so sehr von seiner Unfähigkeit überzeugt sein kann, daß es sich überhaupt nicht mehr anstrengt. Es spielt dabei keine Rolle, ob dieses Unvermögen tatsächlich vorhanden oder nur ›eingebildet‹ ist. *Für das Kind ist es immer eine Tatsache,* und beruht immer auf einem Vergleich mit den anderen.

Ermutigung stellt eine allgemeine Voraussetzung für alle Verbesserungsmaßnahmen dar, sie ist aber *das* spezifische Mittel gegen die Überzeugung der Unfähigkeit. Die Schwierigkeit für den Lehrer liegt in der Tatsache, daß es einem solchen Kind leichter fällt, den Lehrer von seinem äußersten Unvermögen zu überzeugen, als umgekehrt von seiner Fähigkeit überzeugt zu werden. Der Erfolg des Lehrers erfordert einen erheblichen Glauben an die Fähigkeit des Kindes, mit der eigenen Schlechtmacherei fertigzuwerden. Für einen entmutigten Lehrer sind solche Anforderungen zu groß. Und für einen Lehrer, der auf den eigenen Erfolg und sein Prestige bedacht ist, werden solche Bemühungen zu Mißerfolg führen. Nur ein Lehrer, der, demütig genug, sein bescheidenes Bestes zu tun, an die angeborene menschliche Fähigkeit glaubt, die in uns allen so stark unterentwickelt ist, vermag langsame Fortschritte zu erzielen. Vielleicht hat er selbst da Erfolg, wo er es niemals erwartet hätte.

46. Beispiel

Sandra wiederholt die dritte Klasse. Ihre Lernfähigkeit ist wahrscheinlich sehr gering. Zum Beispiel gibt sie ganz verschiedene Lösungen für eine mathematische Aufgabe an, oder schreibt Aufgaben nur ab und gibt überhaupt keine Lösung dafür. Sie scheint auch Angst zu haben, etwas aufzusagen.

Das Kind ist offensichtlich zutiefst entmutigt. Es bewegt sich auf einer tieferen Stufe als es seinen Fähigkeiten entspricht. Jedes Kind kann aufsagen, wenn keine Sprechschwierigkeiten bestehen, für die wir hier keine Anzeichen haben.

Ich hatte mit der Klasse einige kurze Gespräche darüber, wie man ein guter Zuhörer sein kann. Wir beschlossen, daß derjenige, der aufgerufen würde, Gelegenheit bekommen solle, aufzusagen, und nur wenn er wirklich Hilfe benötige, wollten wir sie ihm geben. Wir stimmten darin überein, daß, wenn alle Kinder ihre Hand hochheben, dies manchmal denjenigen, der etwas sagen soll, davon abhält, sich wirklich Mühe zu geben. Es wäre deshalb besser, die Hände nicht zu erheben, bis der Lehrer die Klasse um Hilfe bitten würde.

Nach diesem Gespräch hörte die Klasse auf, ihre Hände zu strecken, sobald ich Sandra bat, etwas zu sagen. Kam ihre Antwort nur zögernd, warteten wir, bis sie zu Ende war. Langsam begann sie Vertrauen zu gewinnen und fing selbst an, ihre Hand zu strecken, wenn jemand anderes Hilfe benötigte.

Dies war eine sehr schöne Art, die ganze Klasse soweit zu bringen, Sandra Ermutigung und moralische Unterstützung zu geben. Besonders hilfreich für Sandra war das allgemeine Gespräch darüber, wie man vermeidet, andere Schüler zu entmutigen.

Wenn mathematische Aufgaben an die Tafel geschrieben wurden, benötigte Sandra im allgemeinen mehr Zeit dafür als der Rest der Klasse. Ich beschloß, ihr diese Zeit zu geben und ihr zu erlauben, eine ganze Woche daran zu arbeiten. In der nächsten Woche hatte Sandra jede Aufgabe richtig, Ich gab ihr eine Eins und sagte ihr vor allen anderen, wie stolz ich war. Am nächsten Tag löste sie alle Aufgaben des Tages und bekam wieder eine Eins mit einer Bemerkung in ihrem Heft: »Ich bin stolz auf dich!« Auch am nächsten Tag gelang ihr eine Eins, und ich zeichnete ein lachendes Gesicht in ihr Heft. Am Ende der Woche hatte sie jeden Tag eine Eins bekommen. Die Klasse war begeistert. Ich sandte sie zum Büro, um ihr Heft dem Schulleiter zu zeigen. Sie kam zurück und sagte, daß auch er stolz auf sie sei. Man konnte das Gefühl des Erfolgs in ihrem erregten Gesicht sehen.

Wie erreichte der Lehrer diese Wandlung der Einstellung und Leistung? Zuerst ging er jedem Punkt der Entmutigung schrittweise nach. Er machte es sich klar, daß Sandra Angst hatte aufzusagen, weil die anderen schon darauf warteten, einzuspringen, wenn immer sie versagte. Der Lehrer machte dem ein Ende, folglich verlor das Kind seine Angst vor dem Aufsagen. Dann entfernte der Lehrer jeden Druck und gab ihr Zeit, die Aufgaben entsprechend ihrem eigenen Arbeitstempo zu lösen. Sobald Sandra entdeckte, daß sie Aufgaben lösen konnte, nahm ihr Tempo zu, und sie konnte sie zur selben Zeit lösen wie die übrigen.

Aber der Lehrer achtete auch darauf, daß die Leistungen von Anfang an anerkannt wurden. Mit anderen Worten, seine Bemerkungen waren auf die Entmutigung des Kindes abgestimmt und nicht auf ihre *absoluten* Leistungen. Auch andere Kinder bekamen Einsen, ohne daß viel darüber geredet wurde. Sie brauchten es nicht, während Sandra es nötig hatte. Und da der Lehrer durch das Gruppengespräch bereits eine Atmosphäre gegenseitiger Hilfe geschaffen hatte, war die Klasse nicht gegen Sandras Erfolg, sondern nahm Anteil daran. Sie betrachteten ihn als ihre eigene Leistung.

Noch ein anderer Faktor tritt in diesem Beispiel kaum zutage. Niedergeschlagene Kinder, die völlig aufgegeben haben, können immer noch übermäßig ehrgeizig sein. Sandras Stolz auf ihre Leistungen zeigt, wie ehrgeizig sie tatsächlich war. Und der Lehrer benützte diesen starken Ehrgeiz, obwohl das Kind ihn nicht gezeigt hatte, als es zuerst in die Klasse kam.

47. Beispiel

Rainer, ein schlanker, blasser, ängstlicher Junge von acht Jahren, wurde in meine Klasse für spezielle Hilfe gebracht, weil er im ersten Jahr beim Lesen nicht mitkam. Auch in seinem zweiten Lesejahr war es ein grimmiger Kampf, Verwechslungen auszubügeln und eine phonetische Grundlage zu schaffen. Er las in diesem Jahr den Stoff der ersten Klasse und nur ganz leichte Stücke der zweiten.

Sein Verhalten und sein Ausdruck während der ersten Woche verrieten äußerste Anspannung und Enttäuschung. Er war ängstlich und unsicher und versuchte mit aller Mühe, seine Aufgaben fertigzubringen, zeigte aber eine große Unselbständigkeit in neuen Situationen. Seine Hände zitterten und schwitzten. Er lächelte überhaupt nicht.

In der zweiten Woche kam seine Mutter zu einem Gespräch. Sie gab zu, daß sie Rainer übermäßig beschützt hatte. »Ich behandelte ihn zu sehr wie ein Baby.« Er war ihr drittes Kind, aber das erste, das überlebt hatte. Die im Ausland geborenen Eltern kamen aus einem kulturellen Milieu, welches Kinder länger als notwendig in Abhängigkeit hält. Die Hingabe der Mutter, die ihn dauernd bediente, wurde noch durch ihre Angst, auch dieses Kind zu verlieren, verstärkt, besonders da er nicht sehr gesund war. Sie war entschlossen, er müsse am Leben bleiben.

Deshalb tat sie alles für ihn, traf seine Entscheidungen, sorgte sich um ihn und dachte für ihn.

Diese kurze Erklärung über Rainers häusliche Verhältnisse brachte sehr wichtige Einzelheiten. Rainers schwieriger Start ins Leben, der Grund für seine Unsicherheit, Abhängigkeit und Hilflosigkeit ist gut beschrieben. Jedes Kind, das nach dem Tod eines anderen geboren ist, hat von vornherein einen belastenden Nachteil. In Rainers Fall waren zwei ältere Kinder gestorben, und die übermäßige Sorge der Mutter wurde noch durch die Tendenzen des alten kulturellen Milieus verstärkt. Er hatte keinerlei Gelegenheit, selbst etwas zu tun oder die eigene Kraft zu erproben.

Rainers Bruder Philipp war nur ein Jahr jünger, aber aggressiv, energisch und aktiv. Er war größer und stärker als der weiche, ruhige und passive Rainer. Jedesmal, wenn Rainer versuchte, mit seinem Bruder in Wettbewerb zu treten, verlor er.

Die Folgen der belastenden Kindheit Rainers machten es dem jüngeren Bruder leicht, ihn zu überholen. Je aktiver und aggressiver Philipp wurde, desto mehr unterwarf sich Rainer. Sie waren einander Anlaß, sich völlig gegensätzlich zu entwickeln. Wahrscheinlich ist es kein Zufall, daß Rainer kränklich und Philipp der größere und stärkere wurde. Dies wiederum war eine weitere Quelle für Rainers Minderwertigkeitsgefühl.

Ich versuchte, die Ängstlichkeit der Mutter zu verringern, und sagte ihr, daß Rainer schulisch sehr gute Fortschritte mache und daß sie sich über die Zeit, die er für seine Aufgaben brauche, keine Gedanken machen solle. Sie solle sich auch keine Sorgen machen, daß Philipp ihn einhole. Ich war mehr um Rainers Unfähigkeit, sich zu entspannen, besorgt, über sein unglückliches Gesicht und die Verkrampfung, wenn er zu arbeiten versuchte. Auch seine Abhängigkeit von anderen gab mir zu denken.

Es ist nicht sicher, ob der Lehrer in seinem Bericht klar ausdrückte, was er der Mutter tatsächlich beibringen wollte. Natürlich war es wichtig, die Ängste und Befürchtungen der Mutter zu lindern, aber das sollte man nicht durch beschönigende Feststellungen versuchen. Zu der genannten Zeit gab es noch keine Anzeichen dafür, daß Rainer in der Schule gut mitkam. Wir können aber mit dem Lehrer voll darin übereinstimmen, daß sein schulischer Fortschritt in diesem Augenblick weniger wichtig war als seine gefühlsmäßige und persönliche Anpassung. Der Lehrer hatte recht, seine Bemühungen auf letztere zu konzentrieren in der Hoffnung, damit schließlich auch die schulischen Fehler zu verbessern.

In der zweiten Woche ging Rainer zum Stahlschrank, um sich ein Blatt Papier zu holen. Er zog, aber die Tür ging nicht wie gewöhnlich auf, denn der Handgriff mußte zuerst hochgelegt werden. Er sah mich flehentlich an und sagte: »Ich kann es nicht aufmachen.« Ich antwortete: »Rainer, wenn die Tür für mich auf diese Art nicht aufginge (ich zeigte diese Bewegung mit meinem Arm), würde ich es auf eine andere Art versuchen.« Nach verschiedenen Versuchen und Irrtümern ging er an seinen Platz zurück *mit* seinem Papier und lächelte – wie nach einem Sieg.

Das war ziemlich gut. Der Lehrer gab dem um Hilfe flehenden Jungen zwar eine gewisse Unterstützung, doch nicht zuviel, so daß er auch selbst noch etwas leisten mußte. Es lag immer noch an ihm, sein Problem zu lösen. Man sieht, wie er seine ›Abhängigkeit‹ als Forderung nach Bedienung benützte.

Rainer brauchte sehr viel mehr als die übliche Zeit, um seine Aufgaben zu machen. Er schrieb immer noch mit der großen Schrift der ersten Klasse. Dabei schrieb er schön, wie gemalt. Eines Tages sagte ich ihm, daß die Kinder in der dritten Klasse nur noch über einen Zwischenraum schreiben, nicht über zwei, wie er es tat. Ich anerkannte sein Lesen und meinte, daß er in einem Monat so weit sei, um den Stoff der dritten Klasse zu lesen. Ich machte eine Bemerkung über die Schönheit seiner Buchstaben und schlug vor, daß er zur üblichen Größe überginge. »Wie wäre es, wenn du diese Worte im Stil der dritten Klasse schreiben würdest?« Ich gab ihm fünfzehn Minuten Unterricht mit Beispielen, und schon nach dieser ersten Lektion befand er sich auf dem richtigen Weg. Die Reduzierung der Schriftgröße und das Selbstvertrauen, das die natürliche Folge davon war, hat die Geschwindigkeit seines Schreibens erheblich gefördert.

Die wichtigen Merkmale der Methode des Lehrers waren: zunächst die Betonung der Schönheit der Handschrift, obwohl das Schreiben noch fehlerhaft war, und dann die Vertauschung des Bewertungsmaßstabs von richtig und falsch in die niederen und höheren Grade der Leistung. Statt den Jungen damit zu beeindrucken, was er nicht richtig machte, wies er ihn auf die Möglichkeit, Fortschritte zu machen, hin. Ebenso wichtig war, daß der Lehrer sich die Zeit nahm, dem Jungen zu zeigen, was er wollte, um sicherzugehen, daß dieser sich nicht unter Druck fühlte, sondern für fähig hielt, zu tun, was man von ihm erwartete. Auf diese Weise begegnete er der Entmutigung des Jungen und seinem Mangel an Glauben an die eigene Fähigkeit.

Während eines Diktates wandte sich Rainer eines Tages um (ich stand hinter ihm), sah mich mit Schrecken in den Augen an und teilte mir ängstlich mit, daß er gerade seinen Bleistift abgebrochen habe. Ich sagte: »Rainer, deshalb geht die Welt noch lange nicht unter!« Ich lächelte, und er lächelte sklavisch zurück. Ehe Rainer meine Frage, was er nun wohl tun könne, beantworten konnte, sprang ein Schüler mit Selbstvertrauen rasch ein: »Komm, spitze doch deinen Bleistift, Rainer!« und ich fügte hinzu: »Rainer, wenn dies wieder geschieht, sage nur, ich bitte um Entschuldigung, ich muß meinen Bleistift spitzen. In Ordnung?« Er nickte, hatte einen Schimmer in seinen Augen und ging.

Die Haltung des Lehrers war ermutigend, jedoch zeigte er in diesem Vorfall eine Neigung, zuviel zu reden und zu predigen. Auf diese Weise bekam Rainer zuviel ungebührliche Aufmerksamkeit für seine ›Hilflosigkeit‹. Dies ist immer schädlich. Wenn der Lehrer meinte, noch etwas sagen zu müssen, nachdem der andere Junge es schon gesagt hatte, hätte er diesen etwas zurechtweisen und darauf hinweisen können, daß Rainer wahrscheinlich schon selbst wisse, was zu tun sei. Dies hätte die Überlegenheit der anderen Kinder entmutigt und zur gleichen Zeit Rainer ermutigt, für sich selbst zu sorgen.

Eine andere Einzelheit, die der Lehrer nicht beachtet hatte: Im Augenblick der Störung sollte man weder reden noch ›erklären‹. Dies befriedigt nämlich die Forderung des Kindes nach besonderer Aufmerksamkeit. Rainer zu sagen, daß er sich entschuldigen und seinen Bleistift spitzen könnte, ist in Ordnung, aber nicht in diesem Augenblick. Je weniger in einem solchen Augenblick gesagt wird, desto besser. Wenn etwas erklärt werden muß, ist dafür Zeit in einem kurzen allgemeinen Gespräch. Man kann beispielsweise die Frage aufwerfen, was zu tun sei, wenn ein Bleistift abbricht. Dann ist es vollkommen richtig, daß auch die anderen ihre Meinung äußern. Im Augenblick der Störung aber ist die Situation anders: Hier zählt nur das Handeln, und Worte sollten auf einen Hinweis zum Handeln beschränkt werden.

Am Anfang hatte Rainer Schwierigkeiten, den Lesestoff der ersten und zweiten Klasse zu lesen. Als er eine solide Grundlage der Lautschrift hatte, lobte ich ihn sehr für seine Beherrschung der Vokale und ihrer Verbindung mit den Konsonanten. In der zweiten Woche gab ich ihm ein Arbeitsbuch mit 64 Seiten Lese- und Aussprachestoff. Er mußte mit diesem Buch nach Beendigung der regulären Arbeit in der Klasse arbeiten – und er wurde in zwei Wochen damit fertig. Am ersten Tag, als er zwanzig Seiten hinter sich brachte, bemerkte ich: »Rainer, du rast durch dieses Buch wie ein Düsenjäger«. Und er lachte – von einem Ohr bis zum anderen. Sein Durchschnitt war beinahe eine Eins. Sein Fortschritt schien zu beweisen, daß eine gute phonetische Grundlage sich für die Kenntnis von Worten und für die Unabhängigkeit im Lesen bezahlt macht. Ich gab ihn die Aufgabe, die hundertneunzehn Worte, die der dieses Jahr fehlerlos gelernt hatte, aufzuschreiben, und er tat dies fehlerlos (dabei zählte ich einen vergessenen i-Punkt oder t-Querstrich als Fehler). Man kann sich vorstellen, daß ich meine Befriedigung deutlich zeigte. Ich bewertete sein Heft mit einer riesigen Eins. Er strahlte. Das Fingerzittern und Schwitzen der Hände war verschwunden. Jedesmal, wenn er eine Aufgabe bekam, hatte er einen Ausdruck, als ob er sagen wollte: »Ertappe mich, wenn du kannst.«

Trotz des offensichtlichen Erfolgs des Lehrers mit Rainer erheben sich bei seiner Methode einige Fragen. Aus Rainers häuslichen Verhältnissen hatten wir erwartet, daß er übermäßig ehrgeizig ist und hervorragen will. Sogar sein unzureichendes Schreiben, sich nämlich an die großen Buchstaben des ersten Jahres zu halten, zeigt seinen Perfektionismus. Als der Lehrer bemerkte, wie schön jeder Buchstabe geschrieben sei, appellierte er, im Bestreben, den Jungen zu ›ermutigen‹, an seinen Perfektionismus. (Könnte es sein, daß auch der Lehrer ein Perfektionist war, der vergessene i-Punkte oder t-Querstriche kritisierte? Vielleicht waren Lehrer und Rainer von der gleichen Art, was die Grundlage ihres gegenseitigen Verstehens und Auf-einander-Eingehens war?) Auf jeden Fall fragt man sich, was geschehen wird, wenn Rainer nicht wieder eine riesige Eins bekommt. Wird er wieder entmutigt werden? Das ist die Gefahr einer solchen Methode.

Ferner bekam Rainer so viel besondere Aufmerksamkeit von diesem Lehrer, daß er wieder von ihm abhängig wurde, vielleicht nicht so sehr von seiner Hilfe, sondern von seinem Lob, was gleich schädlich und gefährlich ist.

Die falsche Methode des Lehrers setzte ein mit seinem Mißverständnis von Rainers Familiensituation. Als er mit der Mutter sprach, erkannte er nicht die besondere Rolle, die Rainer unter diesen Umständen spielte. Und da er das Bestreben und die Fähigkeit des Jungen, einen besonderen Platz zu finden, mißverstand, ließ er ihm dieselbe Art im Klassenzimmer durch. Man möchte fragen, beeinflußte der Lehrer mehr den Jungen oder umgekehrt? Er lehrte ihn buchstabieren und lesen und war von diesem Gesichtspunkt her erfolgreich. Und wenn die Meisterung der Aufgaben als Hauptzweck der Schule angesehen wird, dann konnte der Lehrer sehr zufrieden sein. Jedoch erkannte auch er, wie wichtig es war, sich mehr um die gefühlsmäßige Anpassung als um den schulischen Fortschritt zu kümmern. Er hätte darauf hinweisen können, daß er auch, was die Verkrampfung und das unglückliche Aussehen des Jungen anbelangte, Erfolg hatte. Das Zittern und Schwitzen verschwand, Rainer lächelte mehr und sah glücklicher aus. War dieser Fortschritt aber durch eine größere Anpassung an die Gruppe erreicht oder durch seine Abhängigkeit von einem Lehrer, der ihn so gut ›verstand‹, daß er ihn in den Mittelpunkt stellte?

Dies sind Fallgruben, gegen die ein Lehrer sich wappnen muß. Es sind Feinheiten, die nur erfaßt werden können, wenn die psychodynamischen Methoden eines Kindes klar verstanden werden. Entmutigung kann viele Gründe und Ursachen haben. Folglich muß sich Ermutigung, obwohl sie immer gut ist, nach den Zielen des einzelnen Kindes richten, wenn sie als spezifische Methode für die Lösung seiner Probleme benützt wird. In diesem Fall hatte der Lehrer bei der Ermutigung Rainers Erfolg, aber wahrscheinlich nicht in dem, was seine persönliche Anpassung betrifft.

48. Beispiel

Robin und Thomas waren achtjährige Zwillinge. Robin versäumte in der Schule viel durch Krankheit und war deshalb weit hinter seinem Bruder zurück. Er entwickelte deshalb einen Minderwertigkeitskomplex. Wenn er etwas gefragt wurde, schlug er vor, man solle seinen Bruder Thomas, der ja gescheiter als er sei, fragen. Tatsächlich war der Intelligenzquotient von Thomas niedriger als der von Robin. Ich kannte diese Situation, als die beiden in meine dritte Klasse kamen.

Neulich hatte Robin Schwierigkeiten mit dem Wort ›gescheit‹. Ich ließ es ihn buchstabieren, und er verstand es. Ich sagte ihm, daß es gescheit sei, dies so schnell und so gut zu kapieren. Er strahlte und ging zu seinem Sitz zurück. Wenige Minuten später kam er wieder heraus und dankte mir.

Der tiefe Eindruck, den die einfache Art der Ermutigung des Lehrers auf Robin machte, erklärt wahrscheinlich die ganze Geschichte. Zuerst befand er sich durch seine Abwesenheit von der Schule im Nachteil und fiel deshalb zurück. Dann hatte er einen höheren Intelligenzquotienten als sein erfolgreicherer

Zwillingsbruder, was sich bei ihm nachteilig auswirkte. Man kann die destruktive Wirkung fühlen, die die Verbindung dieser beiden Faktoren auf Robins Lehrer hatte – und wahrscheinlich auch auf seine Eltern. Sie konnten nicht anders, als ihm mit seinen nicht genutzten Möglichkeiten Eindruck zu machen, seine Fehler zu kritisieren und ihn unter Druck zu setzen. Der Erfolg dieser leider allzu verbreiteten Methode war vermehrte Entmutigung. Einem Kind zu sagen »Ich weiß, du kannst es besser!« ist ein sehr zweifelhaftes Kompliment. Es beinhaltet: »Warum tust du's aber nicht?« Dies ist Kritik und keine Ermutigung. Dieser Lehrer unterbrach offensichtlich die Kette der schädlichen Erlebnisse, denen der Junge ausgesetzt war. Sonst könnte man nicht seine tiefe Dankbarkeit verstehen für das einfache Lob des Lehrers, dem allerdings nichts beigefügt wurde. (Die gute Wirkung der Ermutigung wird oft durch nachfolgende Bemerkungen aufgehoben, wie: »Wenn du immer so arbeiten würdest …« usw.)

Durch Ermutigung dieser Art fühlte ich, daß Robin Selbstvertrauen bekam. Er macht jetzt nicht nur seine Arbeiten fertig, sondern hat seither auch nicht mehr erwähnt, daß er glaube, Thomas sei gescheiter. Manchmal bekommt er sogar bessere Noten als sein Bruder, der jetzt wahrscheinlich in gewisse Schwierigkeiten kommen wird, auf die ich aufpassen muß.

Der Lehrer hat recht, wenn er für den Zwillingsbruder Thomas diese Schwierigkeiten voraussieht, in einer Situation, die einer Wippe vergleichbar ist. Die beiden Jungen stehen offensichtlich in Konkurrenz, sonst hätte Robin nicht gefühlt, daß er so weit hinter seinem Bruder herhinkt. Jetzt, wo Robin im Kommen ist, kann sein Bruder entmutigt werden, und der Lehrer tut gut daran, auf eine solche Entwicklung zu achten und sich vorzubereiten, damit fertigzuwerden, und zwar in derselben Art, mit der er Robins Entmutigung begegnete.

Dieses Beispiel weist auf einen wichtigen Faktor hin, der ein Kind oft dazu führt, entmutigt aufzugeben. Es ist für ein Kind wichtig, wie gut es ist und wie es vorwärtskommt und ob es besser oder schlechter als andere ist. Das Gefühl der Minderwertigkeit, die Überzeugung, nicht gut genug zu sein, hat keinen Zusammenhang mit den tatsächlichen Fähigkeiten. Einige Kinder reagieren vermutlich so, weil sie tatsächlich nicht fähig sind, mit anderen Schritt zu halten. In vielen Fällen ist es eine erwiesene Tatsache, daß eine Fähigkeit dafür verantwortlich ist, wenn das Kind in Verzweiflung aufgibt, wie im Fall von Robin. Es war seine Fähigkeit, die Eltern und Lehrer veranlaßte, von ihm mehr zu verlangen, als er glaubte leisten zu können. In ähnlicher Weise sind übertriebener Ehrgeiz und das Verlangen, überlegen und hervorragend zu sein, imstande, den Augenblick der Verzweiflung herbeizuführen, in welchem das Kind keinen Sinn mehr darin sieht, mit seinen Bemühungen fortzufahren, weil es doch keine Chance hat, so gut zu sein wie es möchte. Eltern und Lehrer geben einem Kind nie das Gefühl, daß es so wie es ist, gut genug ist. Dies treibt zahllose Kinder zu dem Punkt, wo sie jede Bemühung einstellen, weil sie überzeugt sind, daß sie nicht die Möglichkeit haben, es gut genug zu tun, das heißt so gut wie andere (Konkurrenz), so gut wie sie es tun sollten (Druck) oder so gut wie sie es möchten (übertriebener Ehrgeiz).

Übertriebener, aber unbefriedigter Ehrgeiz ist vielleicht der häufigste Grund für die Resignation. Kinder, die gewohnt sind zu glauben, daß es wichtig ist, anderen überlegen zu sein, geben alles auf, was ihnen nicht die Gelegenheit gibt, ihre Überlegenheit zu beweisen. Natürlich ist ihr Ehrgeiz nicht mehr leicht festzustellen, nachdem sie aufgegeben haben. Deshalb finden viele Eltern und Lehrer es schwierig, eine psychologische Deutung des übertriebenen Ehrgeizes in einem Kind zu akzeptieren, das überhaupt nicht versucht, etwas zu tun. Sobald aber die Entmutigung überwunden ist, wird der übermäßige Ehrgeiz wieder ersichtlich.

9. *Kapitel*

Das Klassengespräch

Die Technik, ein Gruppengespräch in Gang zu bringen, kann ganz verschieden sein, und hängt von der persönlichen Art des jeweiligen Lehrers ab. Er kann eine aktive Rolle dabei spielen oder sich mehr im Hintergrund halten. In jedem Falle muß er ein feines Gefühl für die Situation haben und die Führung behalten. Es gibt Augenblicke, wo es falsch wäre, die Kinder ohne Hilfe weitermachen zu lassen, während es zu einem anderen Zeitpunkt wiederum nicht angebracht wäre, dazwischenzutreten, um dem Gespräch eine andere Richtung zu geben. Der entscheidende Faktor ist die gemeinsame Verantwortlichkeit, das Durchdenken der zur Rede stehenden Probleme und die Untersuchung von Alternativen. Die gemeinsame Verantwortung erreicht man am besten mit der Frage: »Was können wir hierzu tun?« Der Lehrer kann die Kinder beispielsweise in die gewünschte Richtung lenken, indem er die richtige Frage stellt. Diese Technik, die schon Sokrates anwandte, nämlich durch entsprechende Fragen das Denken anzuregen, ist auch heute noch nachahmenswert.

Einige Lehrer haben ihre eigenen Methoden entwickelt, um das Gruppengespräch einzuführen. Hier sind einige Beispiele.

Gruppengespräche können beginnen, sobald ein Lehrer seine Klasse kennenlernt. Er kann die Schüler zu Vorschlägen auffordern, wie man das Klassenzimmer ausschmücken kann, was die Klasse in den ersten zwei Tagen am liebsten tun möchte, wie die Arbeit, die Organisation von Ausschüssen und die Verteilung verschiedener Pflichten geplant werden kann. Hält der Lehrer Hausarbeiten für nötig, so sollte er ihre Vor- und Nachteile besprechen, ehe er sie gibt. Er hat die Pflicht, sich die Kritik seiner Schüler anzuhören, wenn sie glauben, daß die Arbeit kein praktisches

Ergebnis habe, sondern nur dazu diene, sie zu ›beschäftigen‹. In den unteren Klassen erfordern schon einfache Probleme ein Gespräch, z. B. über das Austreten, die Ordnung in der Schule und auf dem Hof usw.

Der Lehrer sollte alle Kinder auffordern, Anregungen zu geben oder ihre Meinung zu äußern. Ist ein Kind gehemmt oder völlig passiv, so sollte er es nach seiner Meinung fragen. Er sollte aber nie um Ratschläge oder Vorschläge bitten, wenn er sie nicht auch ernsthaft in Erwägung ziehen will. Außerdem ist es wichtig, auch die anderen aufzufordern zu dem, was vorgeschlagen wurde, Stellung zu nehmen. Später kann der Lehrer andere Probleme über die gegenseitige Hilfe zur Diskussion stellen, z. B. die Notwendigkeit, rechtzeitig zur Schule zu kommen und mit den Sachen Ordnung zu halten oder die Schwierigkeiten, die einige Kinder mit dem Lehrstoff haben.

Jüngere Kinder möchten oft gern an einem solchen Gespräch teilnehmen, wissen aber nicht wie, weil sie zu Hause entweder herrschen oder Befehlen gehorchen, ohne sie in Frage zu stellen. Sie haben selten ein freundliches Gespräch erlebt. Sind die Kinder noch nicht so weit, daß wirkliche Probleme mit ihnen besprochen werden können, so kann der Lehrer die Gruppe dazu anleiten, Verhaltensweisen zu untersuchen und ein indirektes Verständnis anzuregen, indem er Geschichten lesen läßt, in denen die Personen Schwierigkeiten bei der sozialen Anpassung haben. Solche Geschichten findet man oft in Lesebüchern. Eine ausgezeichnete Geschichte für ein solches Gespräch ist die des jungen Elefanten mit Namen Tippy, der den Leuten gern die Hüte vom Kopf nimmt und sie zerstampft. Hier folgt ein Gespräch, das nach dieser Lektüre stattfand.

49. Beispiel

Lehrer: Was für ein Gefühl habt ihr denn, wenn Tippy alle Hüte zertrampelt? Mögt ihr das gern?

Die meisten Kinder werden sagen, daß sie ein solches Verhalten nicht billigen.

Lehrer: Warum nicht?
Ein Kind: Es ist nicht nett.
Lehrer: Warum glaubst du das?
Kind: Es ist den Leuten gegenüber nicht fair.
Lehrer: Warum verhält sich Tippy so?
Ein anderes Kind: Es macht ihm Spaß.
Lehrer: Einige Kinder haben das Gefühl, daß es nicht nett und nicht fair ist. Warum macht es jemand Spaß, etwas zu tun, was andere weder nett noch fair finden?
Kind: Vielleicht macht er andere gern unglücklich.
Ein anderes Kind: Es macht ihm nichts aus, ob es nett ist oder nicht.
Lehrer: Wieso könnte irgend jemand andere unglücklich machen wollen?
Ein Kind: Vielleicht, wenn wir uns über sie ärgern.
Lehrer: Ärgert sich Tippy über die Leute, die in den Zoo kommen, um ihn zu sehen? Glaubst du, er hätte lieber, daß sie nicht kommen?
Ein Kind: Ich glaube, daß er will, daß sie kommen, denn sonst könnte er ja ihre Hüte nicht zertrampeln. Ich glaube nicht, daß er sich über sie ärgert. Es macht ihm nur Spaß.
Lehrer: Hat Tippy noch einen anderen Vorteil daraus, außer daß es ihm Spaß macht, die Hüte zu zertrampeln?
Ein Kind: Nein, weil seine Mutter und der Wächter ihn dafür ausschimpfen.
Der Lehrer: Wieviele von euch glauben, daß Tippy es nicht gern hat, wenn er von seiner Mutter und dem Wächter ausgeschimpft wird?
Es ist erstaunlich, daß nur wenige Kinder ihre Hand hochstrecken.
Lehrer: Also macht es ihm nun Spaß oder nicht, wenn er ausgeschimpft wird?
Ein Kind: Ja, es macht ihm Spaß.
Ein anderes Kind: Ich glaube auch.
Lehrer: Warum?
Ein Kind: Ja, es ist so, wie wenn man Aufmerksamkeit bekommt, und das hat er gern.
Lehrer: Ja, das kann ich mir gut denken. Von wem bekommt er sonst noch Aufmerksamkeit?
Ein Kind: Von allen anderen Tieren.

Ein anderes Kind: Ich glaube, er möchte die anderen Tiere eifersüchtig machen.

Lehrer: Was für ein Gefühl bekommt er, wenn er so viel Aufmerksamkeit erregt?

Ein Kind: Er glaubt, daß er von allen der Wichtigste ist und mehr Aufmerksamkeit verdient als die anderen.

Lehrer: Vielleicht hast du recht. Er glaubt, daß dies ihn zum großen Tier macht. Kennst du Kinder, die sich so wie Tippy benehmen?

Der Lehrer, der zu beobachten weiß, wird viele Augen sehen, die niedergeschlagen sind, die den Blick des Lehrers vermeiden oder kichern, was dem Eingeständnis, ›ertappt‹ zu sein, gleichkommt.

Manchmal gibt ein Kind sogar freiwillig zu, daß es gerade das ist, was es selber tut. Und plötzlich haben viele andere auch den Mut, über ihr eigenes fehlerhaftes Verhalten zu sprechen. Solche Gespräche wirken immer und zeitigen Erfolge.

Beinahe jede Geschichte kann zu einem Gespräch führen, das die sozialen Beziehungen und die Deutung der Beweggründe der Charaktere für ihr Verhalten aufzeigt. Ein Lehrer, der Erfahrung in solchen Gesprächen hat, kann damit die Probleme seiner Klasse zur Sprache bringen, ohne dabei einen Schüler festzunageln.

Durch das Gespräch über die Figuren in Geschichten können Schüler also dazu gebracht werden, ihr eigenes Verhalten und auch dasjenige anderer Kinder in Frage zu stellen und zu verstehen. Wenn sie lernen, die Tatsache zu akzeptieren, daß jeder Fehler macht, daß Fehler aber auch verbessert werden können und daß man sich nicht scheuen sollte, eigene Probleme zu besprechen, kann der Lehrer darangehen, spezifische Probleme einiger Kinder seiner Klasse ins Gespräch zu bringen.

Hat eine Klasse bereits Übung in solchen Gesprächen, so schlage ich vor, daß sie ihre eigene ›Regierung‹ in Form eines Schülerrates bildet, der ein- oder zweimal in der Woche zusammenkommt und in dem die Kinder alles, was sie wollen, besprechen. Dieser Vorschlag wird meist mit großer Begeisterung aufgenommen. Der Schülerrat erwies sich immer als sehr erfolgreich, gewöhnlich aber erst nach einigen mühsamen Wochen. Denn zunächst herrscht häufig eine erhebliche Verwirrung, die Lehrer, welche nicht genügend Vertrauen zu ihren Kindern haben, leicht entmutigen kann.

Zwei oder drei Mitglieder werden von der Klasse für eine gewisse Zeit gewählt, gewöhnlich für zwei Wochen. Alle Beschwerden und Vorschläge werden ihnen zuerst vorgetragen. Dann bringen sie diese vor der gesamten Klasse zur Diskussion. Die Meinung des Rats hat mehr Gewicht als die Meinung des Lehrers. Wenn beispielsweise der Rat die Störungen bespricht, die Sven dadurch hervorruft, daß er auf sein Pult klopft, wird dieses Problem immer zufriedenstellender gelöst, als wenn der Lehrer Sven getadelt hätte. Alle zwei Wochen wählt die Gruppe einen neuen Rat, bis alle Kinder der Klasse an der Reihe waren.

Es braucht Zeit, ehe die Kinder soweit sind, ihre Gespräche ordentlich und demokratisch durchzuführen. Lernt aber ein Kind, die Werte der Gruppe zu akzeptieren, so wird sich seine Meinung über sich selbst und über seine Beziehungen zu anderen ändern. Auf diese Weise beginnt die Lösung einiger seiner emotionaler Probleme.

Während des ersten Teils des Jahres sollte der Lehrer aktiv als Mitglied der Gruppe teilnehmen. Wenn das Gespräch abschweift, muß er es in seine ursprüngliche Richtung zurückführen. Er kann den Schülerrat darauf hinweisen, daß einige Kinder noch nicht aufgerufen wurden, ihre Ansicht zu äußern, oder daß einem Kind erlaubt wurde, zu lange zu sprechen. Manchmal muß der Lehrer vielleicht ein gesondertes Gespräch mit den Mitgliedern des Rates führen, um auf besondere Probleme der Klasse aufmerksam zu machen, damit auch diese besprochen werden. Der Schülerrat sollte sich regelmäßig treffen und als wichtiger Teil der Schule betrachtet werden.

Vielleicht erhebt sich die Frage, was für Beschwerden die Kinder denn vorbringen. Kinder sollten in der Lage sein, alles, was sie angeht und ihr Denken beschäftigt, vorzutragen. Es kann sich um Situationen handeln, die ihnen bedrohlich erscheinen, z. B. irgendwelche Prüfungen oder Gespräche des Lehrers mit ihren

Eltern über ihr falsches Verhalten oder ein ›ungerechtes‹ Verhalten des Lehrers, Strafen, Betragen im Schulhof, Abschreiben usw.

Je besser die Beziehungen eines Lehrers mit seiner Klasse sind, desto freier wird das Kind alles, was es bedrückt, zur Diskussion bringen.

Einige Kinder bringen auch häusliche Probleme zur Sprache. Hier einige Beispiele:

Paula fragte die Klasse, ob sie ein Mädchen zu ihrer Geburtstagsgesellschaft einladen solle, auch wenn dieses Mädchen sie nicht zu der ihrigen einlade. Es wurde ihr geraten, dieses Mädchen ohne Rücksicht darauf, was es mache, einzuladen, wenn sie es wirklich dabeihaben wolle. Paula nahm den Rat an und berichtete später, daß sie jetzt die besten Freundinnen seien.

Florian wollte wissen, wieviel die anderen Kinder zu Hause helfen müssen. Er war der Meinung, daß seine Mutter viel zuviel von ihm verlange. Dies entwickelte sich zu einem Gespräch über Familienzusammengehörigkeit und Verantwortung. Das Ergebnis war, daß wir die Arbeiten, die die Kinder zu Hause machen, nicht miteinander vergleichen können, da jedes Haus verschieden ist. In jedem Fall haben wir unseren erforderlichen Beitrag zu leisten.

Susanne wollte wissen, ob es richtig sei, daß sie zur gleichen Zeit wie ihr jüngerer Bruder ins Bett gehen müsse. Während des Gesprächs kam heraus, daß sie jedesmal einen großen Kampf zu Hause begann, wenn sie mehr als ihr Bruder helfen mußte. Sie verlangte, daß die Aufgaben gleichmäßig verteilt werden sollten. Die Gruppe war der Meinung, daß sie unter diesen Umständen kein Recht habe, abends für sich besondere Vorteile zu verlangen. Wenn sie als die Ältere mit mehr Rechten behandelt werden wolle, dann müsse sie auch mehr Verantwortung auf sich nehmen als der Jüngere. Susanne besprach dies darauf mit ihren Eltern und nahm den Vorschlag der Gruppe an.

50. Beispiel

Dies ist die teilweise Niederschrift eines tatsächlichen Gesprächs:

Wir hören jetzt die Sitzung eines Schülerrats in einer dritten Klasse: Unsere Klassennummer ist 33, und der Name unserer Lehrerin ist Frau G. Mein Name ist Janina, und ich bin eine der Vorsitzenden im Schülerrat. Jeden Dienstag haben wir Wahlen, und jedes Kind hat Gelegenheit, in den Schülerrat hineinzukommen. Jeder kann sein Problem, das besprochen werden soll, in unser Buch eintragen und wir rufen nur diejenigen auf, die sich eingetragen haben. Wir sprechen nicht immer über Probleme, sondern auch über diejenigen, die sich gebessert haben und die, die nicht mehr zu spät kommen. Wir sprechen aber auch über Puppenspiele und Gesellschaften. Dann stimmen wir darüber ab.

Janina: Bitte Ruhe. Wir fangen jetzt mit unserem Schülerrat an. Die Folgenden haben sich für heute ins Buch eingetragen: ... (es werden einige Namen genannt).

Ein Mädchen: Ich habe etwas über den Toilettenraum zu sagen. Ich glaube, daß jemand immer etwas auf die Wände schreibt, und bin der Meinung, daß das nicht schön ist. Und ich weiß, wer diese Person ist, aber ich möchte nicht ihren Namen nennen.

Janina: Gut, wer möchte dazu etwas sagen?

Ein Junge: Ich bin der Meinung, daß derjenige, der es getan hat, wer immer es sein möge, dies in Zukunft nicht mehr tun soll.

Ein anderer Junge: Wir sollten ihm noch einmal die Chance geben, wenn er aber so weitermacht, soll der Rat sich damit befassen.

Ein anderes Mädchen: Ich habe etwas zu sagen. Ich glaube, Paul hat sich gemacht. Er hört jetzt besser zu und arbeitet auch rascher.

Janina: Wer möchte sich dazu äußern?

Ein anderes Mädchen: Auch ich glaube, daß Paul Fortschritte gemacht hat und jetzt zuhören kann.

Ein anderes Mädchen: Ich kenne Paul von früher her, und er ging nicht gern zur Schule. Er konnte auch nicht gut lesen. Er war ein schlechter Junge und hat sich jetzt gewaltig gemacht.

Janina: Möchte sonst noch jemand dazu etwas sagen?

Ein Junge: Ja, ich glaube, daß er jetzt viel lieber zur Schule geht als früher.

Janina: Paul, was hältst du davon?

Paul: Ich glaube, daß ich mich gebessert habe und lieber zur Schule gehe.

Janina: Die nächste ist ...

Ein Mädchen: Wenn ich zur Schule gehe und am Kiosk vorbei durch

die Allee komme, belästigen mich die Jungen, und am nächsten Haus komme ich kaum vorbei, weil da dieser große alte Hund ist. Er bellt mich immer an, und ich habe Angst.
Ein anderes Mädchen: Ich glaube, sie wohnt ganz nahe bei unserer Kirche und könnte durch unseren Garten gehen. Ich glaube, daß niemand etwas dagegen hat, wenn sie durch unseren Garten geht.
Ein Junge: Warum telefonierst du nicht mit den Leuten, denen der Hund gehört, und sagst ihnen, sie möchten ihn einsperren, bis du an ihrem Haus vorbei bist.
Das Mädchen mit dem Problem: Sven, ich glaube, ich werde das tun.
Janina: (nennt einen anderen Namen)
Ein Junge: Ich möchte sagen, daß ihr mir mit meinem Problem zu Hause geholfen habt.
Janina: Ich freue mich darüber. Möchte sich jemand äußern?
Ein anderer Junge: Was war das Problem?
Der Junge mit dem Problem: Mein Problem war, daß meine Schwester mich dauernd herumkommandierte, aber jetzt tue ich eben das, von dem ich glaube, daß es recht ist.
Die Lehrerin: Was meinst du damit, du glaubst, das zu tun, was recht ist? Ich verstehe nicht ganz, was du damit meinst.

Dieses Beispiel stellt die Feinfühligkeit der Lehrerin besonders gut heraus. Sie läßt dem Kind solche Verallgemeinerungen oder moralische Wertsetzungen nicht durch. Denn sie möchte ja die wirkliche Bedeutung seiner ›Verbesserung‹ aufdecken.

Junge mit dem Problem: Ja, z. B. wenn sie mir sagt, daß ich etwas tun soll, tu ich es, wenn es richtig ist. Oder wenn sie mir etwas sagt, was ich nicht gern habe, tue ich es nicht.
Lehrerin: Du tust nicht, was du nicht *gern* hast oder glaubst, daß es nicht *richtig* ist?
Junge: Wenn sie mir etwas sagt, was nicht recht ist, dann tue ich es nicht.
Lehrerin: Was das vorher aber nicht genauso? Was ist jetzt anders?
Der Junge: Früher stritt ich mit ihr, tat aber, was sie sagte. Jetzt tu ich es eben nicht, wenn sie etwas sagt, was nicht recht ist.

Die Lehrerin: Was ist der Unterschied jetzt?
Der Junge: Wir streiten nicht mehr miteinander. Und sie hat aufgehört, mich zu bevormunden.
Janina: (ruft den nächsten Jungen)
Jens: Jedesmal, wenn ich meinen Freund besuchen will, rennt mein Bruder mir nach und fängt an, mich zu hauen.
Ein anderer Junge: Warum schlägt er dich?
Jens: Weil ich zu meinem Freund zum Spielen gehe und er nicht will, daß ich dorthin gehe, das ist der Grund.
Ein Mädchen: Ich glaube nicht, daß man Jens fragen sollte, weil er, wenn er wüßte, warum sein Bruder ihn schlägt, es nicht vor den Schülerrat bringen würde.
Ein anderes Mädchen: Ich glaube, daß dein Bruder denkt, daß du nie mit ihm spielst usw.
Jens: Doch, ich spiele mit ihm im Haus. Und wir spielen zusammen mit der Eisenbahn.
Mädchen: Wir wissen, wie du dich in der Schule beträgst, Jens, und vielleicht ärgerst du deinen Bruder, so daß er dich schlägt.
Jens: Ich ärgere ihn nicht. Nicht immer ärgere ich ihn. Er belästigt mich dauernd.
Mädchen: Du solltest mehr mit ihm spielen, und er wird aufhören, dich zu belästigen.
Die Lehrerin: Bis jetzt hat noch niemand Jens etwas Bestimmtes empfohlen. Nach all dem, was er sagt, braucht er Hilfe. Was glaubt ihr, könnte er tun?
Mädchen: Du solltest deinem Bruder sagen, daß du mit ihm eine Stunde oder eine halbe Stunde spielen wirst, und dann wird es aufhören.
Ein anderes Mädchen: Ich glaube, daß der Bruder von Jens eifersüchtig ist, weil die Lehrerin wahrscheinlich viel von Jens erzählt.
Ein Junge: Warum sagst du nicht deiner Mutter, daß dein Bruder dich schlägt?
Jens: Ich frage ihn, warum er mich schlägt, und er sagt, ich solle nicht mehr darüber sprechen usw.
Janina (zu dem Jungen): Was du sagst, ist nicht gut. Man sollte die Mutter von Jens nicht mit hineinziehen.
Ein anderes Mädchen: Ja, das stimmt. Die Mutter von Jens sollte nicht

hineingezogen werden, weil sonst der Bruder von Jens vielleicht glaubt, daß die Mutter Jens lieber habe, und er wird dann wahrscheinlich noch schlimmere Dinge tun.

Ein Junge: Wenn du etwas kaufst, gib deinem Bruder einen Teil davon.

Ein Mädchen: Er sollte nicht versuchen, soviel Aufmerksamkeit zu erregen, dann würde sein Bruder nicht eifersüchtig werden.

Lehrerin: Ihr alle habt ihm gesagt, was er nicht tun soll. Niemand aber sagte, was er tun soll. Seinem Bruder Geschenke geben, heißt, ihn bestechen. Das ist nicht der richtige Weg, um Freundschaft zu schließen. Vielleicht hat Jens eine Lösung. Was glaubst du, könntest du tun, um ein besserer Freund deines Bruders zu werden? Hast du irgendeine Vorstellung?

Jens: Nein, ich habe keine Ahnung.

Lehrerin: Hat jemand eine Idee?

Ein Mädchen: Ja, ich glaube, daß Jens mit seinem Bruder spielen sollte, dann würde er ihn nicht mehr schlagen.

Lehrerin: Wie sollte er mit ihm spielen?

Mädchen: Freundlich sein und ihn das tun lassen, was er möchte, und dann würde er ihn nicht mehr schlagen.

Lehrerin: Gibt es sonst nichts, was Jens tun könnte? Weiß Jens, wie oft er seinen Bruder ärgert? Er glaubt, daß er ihn nicht ärgert. Was meint ihr?

Ein Mädchen: Vielleicht spielt er sich auf, weil er älter ist, und sein Bruder hat das nicht gern.

Lehrerin: Was glaubt ihr, tut Jens, wenn sein Bruder ihn schlägt?

Ein Junge: Er brüllt und wird zornig.

Lehrerin: Was könnte Jens sonst tun?

Ein Mädchen: Jens könnte ihm zeigen, daß er kein so großes Tier ist, sondern sein Freund sein möchte.

Lehrerin: Du meinst, sie sollten mehr miteinander als gegeneinander sein?

Jens: Ich glaube, das ist eine gute Idee.

Ein Mädchen: Versuche es, und wenn es wirkt, kannst du es uns erzählten.

Jens: Danke.

Janina: (ruft das andere Mädchen auf)
Mädchen: Ich glaube, wir sollten uns einige neue Ziele stecken, weil wir die alten schon so lange haben.
Ein anderes Mädchen: Ich glaube, sie hat recht. Wir haben diese Ziele schon lange. Ich glaube, man sollte sie ändern.
Ein anderes Mädchen: Ich glaube, wir sollten uns Mühe geben, ruhiger zu sein, wenn die Lehrerin nicht im Zimmer ist. Es ist schon besser geworden, aber ich denke, wir sollten noch mehr daran arbeiten.
Ein anderes Mädchen: Ich glaube, wir sollten uns auch darin verbessern, in den Toiletten nicht mehr auf die Wände zu schreiben.
Ein Junge: Ich glaube, wir sollten viel ruhiger sein, wenn wir die Treppen hinuntergehen, statt dauernd auf und ab zu rennen.
Ein Mädchen: Ich glaube, wir reden wirklich weniger, aber wir könnten auch mit unseren Füßen weniger Lärm machen.
Ein anderes Mädchen: Ich bin auch dieser Meinung, wollen wir doch darüber abstimmen.
Es wird abgestimmt.
Janina: Die meisten sind damit einverstanden, was sie vorschlägt; so werden wir dies als Ziel haben.
Dies ist das Ende unserer Sitzung, und das ist alles für heute.

Dies ist ein Beispiel einer Klasse, die gelernt hat, miteinander zu sprechen und ihre Probleme mit einem Minimum von Einmischung seitens des Lehrers zu lösen. Der Ernst und das Interesse, welches die Kinder füreinander haben, kommt nicht so klar heraus, wenn wir das Vorhergehende nur lesen, statt ihren Stimmen zuzuhören. Es ist ein Erlebnis, Teil einer Gruppe zu sein, wo sich jeder für den anderen verantwortlich fühlt und wo alle als Freunde handeln, auch wenn sie nicht immer der gleichen Meinung sind.

51. Beispiel

Während die Rechenhefte eingesammelt wurden, kam Bernd und wollte mit mir sprechen. Ich sagte ihm, er solle warten, bis wir fertig wären.

Der achtjährige Bernd wollte wissen, was er tun könne, um nicht dauernd mit seinem gleichaltrigen Vetter Streit zu bekommen, wen dieser auf Besuch komme. (Bernd hat auch in der Schule dauernd Streit – die anderen Jungen wollen nicht mit ihm spielen, und er beklagt sich, daß sie ihn necken.)

Ich fragte ihn: »Worum streitet ihr denn, wenn dein Vetter kommt?« Er antwortete: »Um Spielzeug«. Ich bat Bernd, seine Frage vor der Klasse zu wiederholen und uns mehr über diese Kämpfe zu berichten. Er erzählte, daß er einmal einen eisernen Papierkorb auf seinen Vetter geworfen und ihn ziemlich stark verletzt habe. Ich fragte die Klasse, ob jemand eine Idee habe, wie Bernd mit diesen Streitereien aufhören könne.

Dies ist ein Beispiel für einen Lehrer, der angefangen hatte, Klassengespräche über allgemeine und interessante Probleme, wie sie gerade auftauchen, zu führen. Ein Problem immer gleich sofort zu erörtern, wenn ein Kind es vorbringen will, ist nicht empfehlenswert. Es ist besser, für solche Diskussionen eine regelmäßige Zeit vorzusehen, wie der Rest dieses Berichts zeigen wird.

Der Lehrer fing mit dem Gespräch richtig an. Er bat den Jungen, sein Problem zu wiederholen und auf Einzelheiten einzugehen. Aber dann wollte er gleich eine Lösung finden, ehe untersucht werden konnte, warum Bernd sich stritt. Eine gute Art, das Gespräch in Gang zu halten und neue Gedanken anzuregen, wäre die Frage gewesen, die nach dem Bericht Bernds an die ganze Klasse hätte gestellt werden sollen: »Was haltet ihr davon?« In diesem Fall hätten die Kinder selber einige Ideen vorgebracht, sowohl über die Gründe des Streits als auch über mögliche Lösungen. Erst hierauf wäre es Sache des Lehrers gewesen, auf die Bemerkungen einzugehen, die die möglichen Beweggründe für diese Streitigkeiten nannten.

Einer sagte: »Bernd hat kein sehr gutes Gedächtnis. Wir haben neulich einen Film gesehen, wie man mit Streiten aufhört.« Er fuhr fort: »Im Film stritten sich zwei Jungen um ein Fahrrad. Sie kämpften so hart, daß nachher keiner es benützen konnte. Schließlich kam ein anderer

Junge die Straße entlang und sagte ihnen, sie sollten dem Kampf ein Ende machen, indem sie abwechselnd das Fahrrad benützen. Der Junge meinte, daß auf diese Weise kein Kampf entstünde. Die Jungen beschlossen, das Fahrrad abwechselnd zu benützen. Zuerst fuhr der eine um den Block und dann der andere. Da jetzt jeder abwechselnd an die Reihe kam, hörte der Streit auf.«

Bernd sagte: »Meine Situation war nicht die gleiche wie im Film. Es waren *meine* Spielsachen.« Der andere Junge antwortete: »Bernd versteht nicht, daß es genau dasselbe wie im Film war. Hätte er seinen Vater gerufen, ich wette, dieser hätte ihm auch gesagt, er solle seine Spielsachen mit anderen teilen, statt zu streiten. Sie brauchen nicht immer mit den gleichen Sachen zu spielen, sondern hätten die Spielsachen genau so teilen können wie die Jungen das Fahrrad.«

Bernd bestand immer noch darauf, daß seine Situation eine andere sei. Und dann wollte er wissen, warum die anderen Jungen sich immer gegen ihn verbünden würden. Ein Mädchen fragte: »Haben die Jungen einen guten Grund dafür, sich gegen dich zu verbünden?« Die Glocke klingelte; wir mußten mit dem Gespräch aufhören.

Das sind die Folgen, wenn der Lehrer die Zeit für das Gespräch nicht richtig einteilt. Sobald es interessant und wichtig wird, läutet die Glocke. Es ist sehr schade, daß an diesem Punkt das Gespräch abgebrochen werden mußte, weil es Bernd mit dem verstärkten Gefühl zurückließ, daß die anderen ihn nicht verstehen und sich gegen ihn verbünden. Wahrscheinlich war dieselbe Annahme, nämlich »die anderen sind unfair zu mir« für seine Kämpfe mit dem Vetter verantwortlich.

In Wirklichkeit war es kaum eine Gruppendiskussion. Der Lehrer erlaubte dem einen, zu predigen und Bernd zu demütigen. Man hätte ihn unterbrechen müssen. Schon seine Bemerkungen über Bernds schlechtes Gedächtnis hätten den Anfang eines Gesprächs abgeben können. So wie es nun einmal war, trug das Gespräch weder zur Klärung des Problems bei noch verbesserte es die Beziehung zwischen Bernd und seinen Klassenkameraden. Das Mädchen, das sich am Gespräch beteiligte, fing richtig mit diesem Punkt an, doch ging er dann verloren. Später ist es viel schwieriger, das Gespräch an dem Punkt, wo es aufgehört hat, wieder anzuknüpfen.

52. Beispiel

Die dreizehnjährige Laura glaubt, daß viele Klassenkameraden sie nicht gern haben. Sie beklagt sich oft, daß andere an ihr herummeckern und sich über sie lustig machen. Eines Tages bat ein Mädchen, von der sie sich einen Bleistift ausgeborgt hatte, um dessen Rückgabe, weil gerade ein Diktat bevorstand. Laura warf ihr, die zwei Reihen hinter ihr saß, den Bleistift zu. Die Klasse machte mich sofort darauf aufmerksam, daß es wegen der möglichen Gefahren verboten sei, Dinge herumzuwerfen. Sie meinten, Laura sollte für diesen Ungehorsam bestraft werden. Aber wie? Ich ergriff die Gelegenheit zu einem Gespräch. Die Kinder meinten, Laura sollte nachsitzen. Ich bat um andere Vorschläge. Ein Junge wollte abstimmen lassen, ob Laura nachsitzen sollte oder nicht. Theresa, die ihr den Bleistift gegeben hatte, bemerkte, daß dies nicht richtig wäre, weil viele Laura nicht gern hätten. Das Gemurmel in der Klasse zeigte die Unzufriedenheit mit diesen Worten, und ich war etwas beunruhigt, daß das Gespräch eine solche Wendung genommen hatte. So sagte ich: »Nein, Theresa, bitte verzeih mir, ich bin anderer Meinung. Ich glaube nicht, daß die Klasse Laura nicht gern hat.« Da Laura jetzt neben mir stand, kam mir plötzlich ein Gedanke, und ich sagte: »Laßt uns doch einmal sehen ... Laura, würde es dir etwas ausmachen, einen Augenblick mit dem Rücken zur Klasse zu stehen?« Laura drehte sich um, ich stand neben ihr. »Ich bitte jetzt diejenigen, die Laura wirklich nicht gern haben, die Hand zu heben.« Wir warteten einen Augenblick, aber niemand erhob die Hand.

»Bleibt gerade so«, sagte ich und wandte mich zu Laura: »Laura, möchtest du dich umdrehen und sehen, wieviele deiner Kameraden dich nicht mögen?« Sie wandte sich langsam um, sah keine Hände und erwiderte: »Aber Theresa hat mich nicht gern.«

»Wie ist das möglich? Sie sagte, daß eine Abstimmung nicht fair wäre, sie verteidigte dich.« Laura wandte sich um und ging ruhig auf ihren Platz zurück.

Hier gibt es eine ganze Reihe wichtiger Punkte. Zuerst betrachtete der Lehrer, der die gesamte Klassensituation erspürte, das Vergehen Lauras nicht als ein besonderes Ereignis, sondern eher als eine willkommene Gelegenheit für ein Klassengespräch über die Beziehung der anderen Schüler zu Laura. Der Lehrer fing richtig an und ließ die Kinder sich frei ausdrücken, lenkte dabei aber immer noch die Richtung des Gesprächs. Er zeigte Phantasie und Mut, Eigenschaften, die immer notwendig sind, wenn man mit Kindern zu tun hat. Er fiel nicht auf die Versuchung herein, diejenigen zu tadeln, die Nachsitzen empfohlen hatten. Weder predigte er, noch gab er Ratschläge. Er rief lediglich eine Aktion hervor, und diese war für Laura ermutigend. Es ist offensichtlich, daß ein einzelnes derartiges Erlebnis nicht genügt, die Meinung eines Kindes über die Ungerechtigkeit anderer zu ändern oder es davon abzuhalten, andere herauszufordern, damit sie ihm einen neuen Beweis für seine Unbeliebtheit liefern. Aber Erfahrungen wie die obige bewirken, daß sowohl Laura als auch die anderen zu einer Art Überlegung kommen, die ihre Meinungen und Taten in einem anderen Licht erscheinen lassen.

53. Beispiel

Das folgende Beispiel stammt von einem Lehrer, der mit einer Reihe von Gruppengesprächen experimentiert hat.

Die fünf Jungen dieses Experiments wurden von ihrem Sonderlehrer nach der Reihenfolge der schlechtesten Anpassung in ihrer Gruppe ausgesucht. Sie waren alle viel älter als der normale Durchschnitt der siebten Klasse und gehörten zu einer sogenannten Spezial- oder Langsamlerner-Gruppe. Vier der Jungen hatten durchweg besonders schwierige Betragensprobleme. Der fünfte, Roland, hatte keine Schwierigkeiten im Betragen, gab sich aber in fast keinem Fach irgendwelche Mühe.

Vom Schulleiter wurde den Jungen gesagt, daß sie Gelegenheit hätten, über ihre Schwierigkeiten zu sprechen und mehr über sich selbst zu lernen. Wenn sie wollten, könnten sie auf zwei Stunden des normalen Unterrichts verzichten, um daran teilnehmen zu können. (Der

Lehrer, der diesen Versuch durchführte, war noch in einem anderen Fach ihr Lehrer.) Die Gruppe traf sich gegen Ende des Schuljahres drei Wochen lang zweimal in der Woche jeweils vierzig Minuten und hatte in der vierten Woche eine abschließende Sitzung. Es waren also insgesamt sieben Zusammenkünfte, die in einem Lehrerzimmer, neben dem Klassenzimmer des Lehrers, stattfanden, um zu zeigen, daß diese Zusammenkünfte etwas anderes als die übliche Arbeit in der Klasse zu bedeuten hatten. Stühle mit angebautem Pult waren zum Kreis angeordnet.

Die Gespräche wurden vom Lehrer, sobald es ihm nach der Sitzung möglich war, aufgeschrieben, um die Atmosphäre der Gruppensituation und die Richtigkeit des Protokolls zu gewährleisten. Das Protokoll diente dem Lehrer zur Erinnerung und zur Entscheidung darüber, womit bei der nächsten Sitzung begonnen werden sollte.

Diese Gespräche wurden als Sonderunternehmung eingerichtet und sind insofern einer Gruppenberatung vergleichbar. Lehrer, die sich mit der Anpassung einzelner Schüler befassen, ferner Schulpsychologen und Klassenlehrer, sollten im Lauf der Zeit darin ausgebildet werden, ähnliche Gespräche mit der gleichen Wirkung als Teil des regelmäßigen Unterrichtsplans durchzuführen. Selbstverständlich können und sollen solche regelmäßigen Gespräche nicht als ›therapeutisch‹ bezeichnet werden. Obwohl die angewandten Methoden denen der Gruppentherapie ähneln, liegt in diesem Verfahren unfraglich ein erzieherischer Prozeß.

Erste Sitzung: Florian erklärte Roland den Zweck dieser Sitzungen, da er gestern nicht da war, als der Rektor den Jungen den Plan erklärt hatte. Ich sagte ihnen, wir wären wie eine Gruppe guter Freunde, die sich alles sagen können, was sie wollen. Auch bezüglich dieses Zimmers und der Sitzungen könnten sie ihre Wünsche äußern. Es sei anders als in einer Klasse, weil es weniger Jungen seien und weder Aufgaben gestellt noch gelöst werden müßten. Ohne ihre Einwilligung würde keine ihrer Äußerungen einem anderen Lehrer mitgeteilt werden.

Dies war eine gute Art, eine Atmosphäre zu schaffen. Ganz klar geht aus diesem Bericht allerdings nicht hervor, ob der Lehrer nur diese Feststellungen machte oder ob darüber ein Gespräch stattfand. Wenn er jetzt weitermachte, ohne die Jungen sich selbst ausdrücken zu lassen, was sie von den Sitzungen erwarteten und überhaupt von diesem Unternehmen hielten, dann vernachlässigte er einen wichtigen Punkt, der für alle Gruppenmethoden wesentlich ist: den Prozeß des miteinander Warmwerdens. Um die volle Zusammenarbeit zu erreichen, müssen die Jungen von Anfang an zur Mitarbeit angeregt werden. So war es ausgezeichnet, daß der eine Junge dem anderen am Anfang der Sitzung den Zweck der Gruppe erklärte. Aber direkt anschließend hätte ein Gespräch stattfinden sollen – und vielleicht geschah es auch, ohne daß der Lehrer darüber berichtete.

Die Jungen wurden gebeten, etwas von ihrer Familie zu berichten, damit sie sich selbst und auch ich sie besser kennenlernen könnten.

Das ist ein ausgezeichneter Anfang, vorausgesetzt, daß der Lehrer darin ausgebildet ist, die Familienkonstellation und die Bedeutung der gegenseitigen Wechselbeziehungen innerhalb der Familie zu verstehen.

Florian ist das älteste von drei Kindern, hat eine Schwester mit zwölf und einen kleinen Bruder. Julian dagegen ist das jüngste von sechs Kindern mit zwei älteren Brüdern und drei älteren Schwestern. Zwei Schwestern sind zu Hause und arbeiten, alle anderen sind verheiratet.

Roland ist das sechste von acht Geschwistern. Er hat einen jüngeren Bruder, der ebenfalls in der siebten Klasse ist. Ein um ein Jahr älterer Bruder kann überhaupt nicht lesen, und auch Roland wird beinahe als Nichtleser angesehen.

Christian ist der jüngste von dreien. Ein Bruder ist auf der Hochschule, und der andere spielt in unserer Fußball-Mannschaft und wurde kürzlich zum Klassensprecher der neunten Klasse gewählt.

Manuel war bei diesem ersten Treffen nicht dabei.

Welche Einzelheiten dieser wenigen Auskünfte sind bedeutungsvoll? Tatsächlich ist jeder Satz wesentlich, wenn er richtig bewertet wird. Florian ist durch seine Stellung als der älteste der Familie vielleicht weniger beeinflußt als Julian, der jüngste so vieler ältere Geschwister. Rolands jüngerer Bruder hat ihn schon eingeholt und sitzt in derselben Klasse. Dies hat wahrscheinlich eine erhebliche Bedeutung. Am aufschlußreichsten ist jedoch die Situation von Christian, der nicht nur der jüngste von drei Jungen ist, sondern zwei ältere Brüder hat, die offensichtlich sehr erfolgreich sind, besonders der eine, der ihm altersmäßig näher steht. Dies ist eine schwierige Stellung. (Diese grundlegenden Tatsachen über jeden Jungen sollte man im Kopf behalten, um ihr Benehmen während der folgenden Gespräche zu verstehen.)

Sie erzählten etwas von ihren Familien. Christian möchte oft gern wegrennen. Florian stimmte dem zu. Christians Vater schlägt ihn, im Augenblick allerdings nicht mehr so oft wie früher. Manchmal hat er Hausarrest. Das war die übliche Bestrafung auch für die anderen. Florian erzählte von seinem Vater: »Wenn er zornig wird, dann aber richtig!«

Die Jungen wurden gefragt, was ihnen an dem gegenwärtigen Schulsystem am besten gefallen würde. Sie hatten es gern, während des Tages verschiedene Lehrer zu haben, und am unangenehmsten war es für sie, wenn ein Lehrer an ihnen herumnörgelte.

Diese Fragen über ihre Familien und über ihre Reaktion auf die Schule können als Teil des Prozesses, miteinander warmzuwerden, angesehen werden. Sie wurden jedoch in einer ziemlich abrupten Art gestellt, wobei der Lehrer ein Thema nach dem anderen vorschlug. Vielleicht war das bei dieser Gruppe von Jungen notwendig. Allgemein ratsam ist es, die Kinder zu fragen, worüber sie zuerst sprechen wollen. Nur wenn sie nicht genügend produktiv sind, sollte man ein Thema vorschlagen. Das kann hier, ohne daß der Lehrer darüber berichtete, der Fall gewesen sein.

Ich fragte sie, was ihnen ein gutes Gefühl gebe. Christian meinte, wenn er Ball spiele; Florian dachte an den Augenblick, als er seinen Gipsverband, den er vom Hals bis zum Gürtel tragen mußte, losgeworden war. Ich bemerkte, das hätte ihm das Gefühl der Freiheit verschafft. Er sagte: »Ja, frei!« Roland und Julian fühlten sich am wohlsten, wenn sie schwimmen oder fischen konnten.

Wir sprachen noch etwas über die Familien, und dann brachte Christian das Gespräch auf Leichen in Särgen. Wir sprachen fünf Minuten darüber, bis die Glocke läutete.

Die Jungen ergriffen schließlich die Initiative und sprachen über das, was sie wollten. Christian zeigte sich bei dieser Gelegenheit als Führer. Und der Lehrer tat gut daran, seiner Führung zu folgen.

Als Ganzes gesehen war dies eine gute Sitzung, um miteinander warmzuwerden. Alle beteiligten sich, und die Initiative wurde angeregt. Ein ähnliches Gespräch hätte auch in einer ersten Sitzung einer Reihe von Klassengesprächen im Klassenzimmer stattfinden können. Der einzige Unterschied wäre die Beschränkung auf weniger Themen gewesen, so daß mehr Kinder Gelegenheit gehabt hätten, sich selbst auszudrücken.

Zweite Sitzung am nächsten Tag: Manuel, der gestern fehlte, war jetzt anwesend. Florian gab ihm eine genaue Zusammenfassung der gestrigen Diskussion. Julian sagte: »Dann hörten wir mit den Leichen auf.«

Es wäre interessant zu erfahren, wieso Florian bei jeder Sitzung die anfängliche Erklärung gab. Machte er das freiwillig oder wurde er darum gebeten? Sicherlich übernahm er auf eine konstruktive Weise die Führung. Wir können sehen, daß der spontane Teil der gestrigen Diskussion einigen der Jungen Spaß machte. Offensichtlich ließ Florian, der sich mit den konstruktiven Aspekten befaßte, etwas aus, was Julian und Christian interessierte, ein Problem, das der letztere vorgebracht hatte. Zeigt dies die beginnende Bildung von zwei Untergruppen an? Ein feinfühliger Gruppenleiter hätte diese Frage an dieser Stelle vorlegen können. Warum ließ Florian es aus und warum betonte es Julian?

Ich griff noch einmal die Idee der Freiheit in diesem Gespräch auf. Manuel stellte sich selbst als den jüngsten einer Familie von Vieren vor. Eine Schwester war schon verheiratet, die beiden anderen besuchten die Universität, lebten aber zu Hause.

Auch dies ist eine wichtige Information: der einzige Junge unter so vielen Frauen, und – um es noch ungünstiger zu machen – das Baby. Er hatte wahrscheinlich viele ›Mütter‹, von denen einige ihn vielleicht verwöhnt und übermäßig beschützt haben.

Die Jungen wurden nach ihren frühesten Erinnerungen gefragt. Florian erzählte, daß er mit drei oder vier Jahren ein Dreirad gehabt habe. Damals wurde gerade seine Schwester geboren, und das Fahrzeug war sein ›bester Freund‹.

Anscheinend gab der Lehrer an dieser Stelle keine Deutung, obwohl er wahrscheinlich die Bedeutung dieser Erinnerung erkannte, da er ausgebildet war. Florian, der Älteste, wurde durch seine Schwester entthront und fühlte sich ausgestoßen. Der einzige Freund, der ihm blieb, war sein Dreirad. Er war nun auf sich selbst gestellt und fühlte sich außerhalb der Familie.

Christian erinnerte sich, daß er von seiner Tante fortlief, bei der er lebte, als seine Mutter wegging. Manuel konnte sich erinnern, mit dem Rad und auch mit einem kleinen Auto gefahren zu sein, das einem Nachbarn gehört hatte. Julian erinnerte sich, daß er zurückgebracht wurde, als er verschiedene Blocks vom Haus weg im Schlaf gewandelt war.

Julians Bericht ist die wahre Erinnerung eines Ereignisses, im Gegensatz zu den beiden anderen, die zu allgemein sind, um eine verläßliche Deutung zu erlauben. Wir können in Julian das ›Baby‹ erkennen, das nicht für sich selber sorgen kann, das zurückgebracht werden muß. Und wir können auch sehen, wie er seine Feindlichkeit ausdrückt, indem er schlafwandelt, eine feine Form der Rebellion.

Roland erinnerte sich daran, daß seine Familie in einem kleinen Dorf gelebt hatte. Die Jungen hatten die Hühner gescheucht, und die Bauern waren deshalb wütend geworden.

Für Roland scheint die Welt ein Platz zu sein, wo sich jeder austoben kann. Das sind Auskünfte, nach denen der Lehrer gesucht hat. Jetzt beginnt er, sie mit den Jungen zu besprechen.

Ich schlug vor, zuerst über Florian zu sprechen. Dieser sei froh gewesen, seinen Gipsverband loszuwerden und als kleiner Junge Fahrrad fahren zu können. Was ließe dies erkennen? Sie meinten, er wolle frei und unabhängig sein, sein eigener Chef. Manuel bemerkte: »Er möchte der Boß sein.« Florian: »Ach, nicht immer.«

Manuel: »Das, was ich am meisten hasse, ist, allein zu sein. Ich bin gern in einem Lager – in einer Gruppe mit anderen Jungen.« Ich fragte: »Keine Mädchen?« Er: »Jaaa. Aber ich hasse es, wenn der Leiter mir irgend etwas befiehlt. Wissen Sie, wenn Sie mich in der Klasse ganz allein irgendwohin setzen, ist dies schlimmer als geschlagen zu werden.«

Der Lehrer ergriff die Gelegenheit, den Jungen einen wichtigen Punkt klarzumachen. Warum wollte Florian unabhängig sein und warum wollte Manuel nicht allein sein? Weil Florian der älteste und ein entthronter Junge war, der das Gefühl hatte, sich nicht länger auf irgend jemand verlassen zu können. Und Manuel war das Baby, das seinen Platz nur durch andere bekam, indem es sich völlig auf seine Mutter oder eine seiner Schwestern verließ. Sonst wurde das Gespräch gut geführt. Es erweckte Teilnahme und Interesse.

Wir sprachen darüber, daß aller gern Aufmerksamkeit bekommen. Florian meinte: »Herr X (der Rektor) sagte, ich würde gern Aufmerksamkeit erregen, aber das stimmt nicht. Wenn er mich ganz allein in ein Zimmer setzte, würde ich ihm sagen, daß ich es gern hätte; und ich hätte es tatsächlich gern.«

Ich fragte: »Aus welchem Grund willst du ihm das sagen?« Er wußte es nicht. Julian bemerkte aber: »Er versucht größer zu sein als Herr X.« Ich fragte Florian, was er darüber dächte. Er hustete: »Ich möchte wohl der Boß sein.« Ich: »Das fiel dir aber schwer, das zu sagen.« Und ich lobte ihn sehr, daß er so gut mitmache und heute über sich reden lasse.

Dies ist ein hübsches Beispiel für ein eindrucksvolles Gespräch. Der entscheidende Schritt war die Frage nach dem Zweck, den Rektor anzusprechen. Julian half, die Angelegenheit zu klären und Florian zu einer gewissen Einsicht zu bringen.

In der Zwischenzeit stieß Christian Roland an. Ich bemerkte: »Wir haben hier gerade jemand, der uns zeigt, wie schlecht es ist, wenn man vergessen wird. Was denkst du darüber, Christian?« Er sagte: »Julian.« Der andere Junge grinste. Dann schaute Christian hinter sich. Wir waren uns alle darüber im klaren, daß es ein Junge in einem gelben Pullover sei (Christian trug es). Ich sagte: »Ja, er versuchte einen kleinen Trick, und ich fiel darauf herein. Wie fiel ich denn darauf herein?« Sie erwiderten: »Sie haben gerade über ihn gesprochen.«

Man kann sehen, wie geschickt die Jungen sind, zweckgerichtetes Verhalten zu entdecken, besonders, wenn der Lehrer ihnen einen Hinweis gibt. Dieses Beispiel zeigt, wie man Kinder zu wichtigen Schlußfolgerungen führen kann.

Ich mußte etwas früher weggehen, so daß sie die restlichen zehn Minuten herumtobten. Später sagte Christian: »Oh, ich spreche gern über solche Sachen.« (Der Englisch-Lehrer berichtete, daß Florian und Christian später an diesem Morgen besonders stark gestört hätten.)

Es ist nicht klar, ob irgendeine kausale Verbindung zwischen dieser Sitzung und den späteren Störungen bestand. Es könnte jedoch so gewesen sein, obwohl das Gespräch wahrscheinlich weniger daran Schuld trug als die zehn Minuten Herumtoben.

Dritte Sitzung – eine Woche später: Zuerst schienen die Jungen sehr unruhig zu sein, und Christian unterhielt uns einige Minuten mit seinem Jo-Jo-Spiel. Es blieb stecken, und wir lachten – dann beruhigte man sich.

Dies war ein guter Anfang. Der Lehrer benützte das Herumspielen Christians als Kristallisationspunkt für das geplante Vorgehen: Alle sahen zu Christian hin, während er mit seinem Jo-Jo spielte. Es war die Erzeugung der gemeinsamen Hinwendung, die zu allgemeinem Gelächter führte, welches die Wiederaufnahme des Gruppengesprächs erleichterte.

Ich fragte, woran sie sich vom letzten Mal her noch erinnerten. Florian konnte sich zuerst an nichts erinnern. Manuel und Christian aber fiel es ein, daß sie über Florian gesprochen hatten, daß er der Boß sein und sich frei fühlen wolle. Dann dachte Florian daran, daß er frei von seinem Gipspanzer hatte sein wollen.

Ist es nicht interessant, daß Florian, der bisher immer die vorherigen Gespräche rekapituliert hatte, sich plötzlich nicht erinnern konnte, was geschehen war, als er und seine Probleme besprochen wurden? Dies erleben wir ziemlich häufig in der Therapie. Zeigt diese zuerst fehlende und dann offensichtlich beschränkte Erinnerung, daß Florian von der vorhergehenden Diskussion und Deutung nichts profitiert hat? Durchaus nicht, es braucht nur eine gewisse Zeit, ehe solche Einsichten, die durch die Gruppe ermöglicht wurden, voll integriert und angewandt werden können.

Ich fuhr fort, indem ich darauf hinwies, daß wir über jemand gesprochen hatten, der der Älteste in der Familie war; jetzt könnten wir über denjenigen sprechen, der der Jüngste sei. Christian wies auf Julian. Julian, Manuel und Christian sind alle die Jüngsten in ihrer Familie. Sie wurden gefragt, was für ein Gefühl es sei, der Jüngste zu sein. Florian und Roland hatten jüngere Brüder und Schwestern und sie würden doch sicher auch etwas darüber wissen.

Dies war ein hübscher Übergang von einem Hauptproblem zum anderen. Es ist interessant, wie Christian wieder Julian erwähnte, als er sich selbst meinte, genau wie in der vorhergehenden Sitzung. Eine solche Identifizierung in einer größeren Gruppe von Jungen mit ähnlichen Problemen ist für das, was in der Gruppe geschieht, außerordentlich wichtig. Es erspart nicht nur Demütigungen, sondern ermöglicht eine größere Aufnahmefähigkeit.

Manuel wollte gern etwas sagen: »Ältere Schwestern sagen immer, was man tun muß, und dann heißt es: ›Er ist unser Kleinster!‹ Wie ich das hasse!« Julian stimmte bei. Christian sagte: »Man hat aber mehr Vorrechte. Die Mutter nimmt einen mit, und die anderen müssen zu Hause bleiben, weil es so aussieht, daß die Mutter einen lieber hat, wenn man kleiner ist.« Florian meinte, der Kleinste bekomme an Weihnachten mehr als die anderen und müßte nichts geben. »Wenn man groß ist, muß man vom eigenen Geld Geschenke kaufen und weiß nicht, ob man dafür etwas bekommt oder nicht.«

Der Lehrer machte keinen vollen Gebrauch von einer wichtigen Tatsache, die sich an dieser Stelle zeigte: Manuel sah nur die Nachteile des Jüngsten und Florian nur die Vorteile; keiner war bereit, die Vorteile der eigenen Stellung in der Familie zu sehen. Nur Christian war sich über seine günstige Stellung klar – und wahrscheinlich schlachtete er sie auch gründlich aus. Die Jungen hätten sehen können, wie jeder dazu neigte, die Stellung der anderen in der Familie als günstiger anzusehen. Solche Eindrücke können nur in einer Gruppendiskussion gewonnen werden, wo die verschiedenen Mitglieder der Gruppe sich in verschiedenen Positionen befinden und ihre Erfahrungen miteinander austauschen können.

Ich fragte die Jungen, ob es ihnen lieber wäre, wie ein Großer oder wie ein Kleiner behandelt zu werden. Alle wollten natürlich groß sein. »Wie zeigt ihr, daß ihr groß sein wollt? Was machen Jungen, um zu zeigen, daß sie erwachsen sein wollen?« Christian meinte, daß sie Stiefel tragen, Roland, daß man die Hosen wirklich tief tragen und herunterziehen müsse. Er stand auf und zeigte es. Christian bemerkte auch, indem man andere anschnauze. Florian sagte: »Man versucht, die Leute zu ärgern.«

Ich fragte: »Warum tut dir das gut?« – Christian ärgert anscheinend gern Frau X, weil sie so komisch aussieht. Wir sprachen darüber, daß man sich größer und stärker fühle, wenn sich andere über uns ärgern. Manuel fügte hinzu: »Man kann auch mit einem anderen Jungen kämpfen und gewinnen und sich größer fühlen.« Florian: »Auch Kleider können das bewirken, wie bei ... (es folgte der Name eines anderen Jungen). Er braucht noch Kindergrößen. Ich ging mit ihm, um einen Gürtel zu kaufen. Er gibt so groß an, sein Gürtel ist aber so klein. Ich kann ihn nun damit aufziehen, daß er noch ein Kind ist.«

Ich fragte, ob man unbedingt gewinnen müsse, um sich groß zu fühlen. Christian erwiderte: »Nein, wenn der andere größer ist und man verliert, hat aber für seine Größe gut gekämpft, tut es trotzdem noch gut.« Dann berichtete Manuel, daß Christian groß sein will, und zwar am Sonntag, Montag und Dienstag. »Ja wie denn?« Er grinste und sagte: »Oh, das kann ich jetzt nicht sagen.«

Ich antwortete: »Du kannst hier über alles sprechen. Würde es dir etwas ausmachen, wenn er es sagt, Christian?« Christian schüttelte den Kopf und Manuel sagte: »Er läuft davon.« Christian fügte schnell hinzu: »Ich tat es nur aus Spaß. Sie gingen zur Polizei und alles.« Ich bat ihn, uns etwas darüber zu erzählen. Er berichtete, wie seine Mutter kam, um ihn im Steinbruch zu holen, wo es verboten war zu schwimmen. Sie drohte ihm mit seinem Vater: »Warte bis er heimkommt, dann wirst du es schon kriegen!« Er wartete eine Weile, und da sein Vater nicht heimkam, ging er radfahren und nahm einen anderen Jungen mit auf sein Rad. Sie bekamen aber einen Strafzettel von einem Polizisten, weil sie zu zweit auf einem Rad saßen. Das machte ihn noch wütender. »Ich mußte daran denken, was sie wohl zu Hause mit mir tun würden; und ich glaubte, wenn ich ein Weilchen nicht heimkäme, würden sie mir vielleicht weniger tun. Ich blieb also bei Ralf ... Niemand außer einigen Jungen wußte, wo ich war – Roland, er und ...«

Ich fragte, wie alles gegangen sei, ob er die gewünschte Aufmerksamkeit erregt und Spaß gehabt hätte. Er sagte: »Ja, als ich zurückkam, fragten die Jungen, ob ich Spaß gehabt hätte und ich erwiderte: ›Natürlich‹. Aber es war gar nicht so viel Spaß, weil ich so lang allein war.« Die Gruppe sprach kurz darüber, warum man gern wieder bei den anderen wäre. Ich fragte, ob Christian wie ein Erwachsener oder wie ein Baby, das wegrennt, gehandelt habe. Manuel antwortete: »Erwachsener«. Aber Roland meinte: »Baby«. Als ich ihn fragte, warum er so denken würde, fügte er hinzu: »Weil er Angst hatte.« »Haben Erwachsene denn nie Angst?« Roland: »Das schon, aber er rannte weg, statt zu bleiben und es durchzustehen.«

Während wir sprachen, wickelte Christian ein Bonbon aus und lutschte es. Bei Rolands Antwort rollte er sich beinahe zu einem Ball ein und verschwand halb unter seinem Pult. Ich lobte ihn, daß er kein Spielverderber sei, sondern uns über ihn sprechen lasse.

Man kann die Frage stellen, zu was ein solches Gespräch gut sein soll. Es lief dabei alles auf die Frage hinaus, wie man sich erwachsen fühlen könne. Und diesen Wunsch als Maßstab zu nehmen, um Verhalten, und besonders antisoziales Verhalten zu bewerten, ist von Bedeutung. Ein solches Gespräch beseitigt die moralistische Bewertung des Betragens, an die Jungen dieser Art mehr als gewöhnt und gegen die sie längst immun sind. Auf diese Weise gewinnen sie das Verständnis für ihre Beweggründe, und es ist dann unvermeidlich, daß sich die Frage erhebt, die Roland bei dieser Gelegenheit stellte, nämlich ob man auch wirklich so erwachsen sei, wie man glaube. Sobald das Gespräch auf die Beweggründe kommt, öffnet sich die Tür für eine neue Betrachtungsweise. Das Kind kann entdecken, daß es tatsächlich nicht erreicht hat, was es glaubte, erreicht zu haben, und es kann bessere und passendere Wege finden, ob es nun erwachsen, wichtig genommen oder was auch immer sein möchte. Moralisierendes Predigen und Verdammen kann keine solche Wirkung erzielen. Das Kind weiß, daß es etwas Unrechtes tut, aber es ist ihm gleichgültig; vielleicht weiß es aber auch nicht, was es sonst tun könnte, um seine Zwecke zu erreichen.

Der einzige Einwand, der zu obigem Gespräch zu erheben wäre, ist die Tatsache, daß nicht alle daran teilnahmen. Julian – wenn er zugegen war – sagte gar nichts, und Florian und Roland sagten nur sehr wenig. Um sicher zu sein, daß alle Mitglieder der Gruppe sich äußern, ist es klug, bei irgendeinem wichtigen Punkt anzuhalten und zu fragen, was die anderen darüber denken. (Es gibt Berater, die dieser Lenkung und einem solchen Druck widersprechen – sie möchten das Gespräch gern völlig frei sich entwickeln sehen. Lehrer, die aber solche mehr oder weniger nichtdirektive Methoden anwenden, können die vorgeschlagene Methode benützen.)

Ich fragte Christian, wie lange er schon ›Bubi‹ genannt würde. Der Junge erklärte, daß ihn alle so nennen, weil es ein Spitzname sei. Er berichtete, daß er bei Beginn der Schule auf die Frage nach seinem Namen geantwortet habe: »Bubi«. Der Lehrer aber sagte: »Nein, dein Name ist Christian.« »Aber«, fuhr Christian fort, »ich habe diesen Namen nie zuvor gehört.« Seine Familie nennt ihn immer nur Bubi, weil auch sein Vater Christian heißt.

Dieses Gespräch wurde vom Lehrer nicht weiter verfolgt. Er ließ sich dabei einen wichtigen Fingerzeig entgehen. Christian wird seines richtigen Namens beraubt, seines Rechts, den Namen seines Vaters zu tragen, und bekommt dafür einen Baby-Namen. Dies macht die Kluft zwischen ihm und den beiden älteren, erfolgreichen Brüdern noch größer. Und es erklärt sowohl seinen Wunsch, erwachsen zu sein, als auch sein Verhalten, das dem eines erschreckten Babys gleicht. All das hätte durch eine wohldirigierte Diskussion herausgearbeitet und gleichzeitig ihm und den anderen Jungen klar gemacht werden können. Vielleicht hatte der Lehrer aber recht, dieses Mal nur langsam vorzugehen.

Die Gruppe sprach noch etwas über das Weglaufen. Florian meinte, sein Vater hätte es auch getan, und auf diese Weise wäre ein Mund weniger zu füttern. Es sei nicht wirklich etwas Schlechtes – manchmal würden Jungen und Mädchen dies tun, um sich an ihren Eltern zu rächen. Ich schlug vor, für die Sitzung morgen zu überlegen, was man tun könnte, um Eltern und Lehrern zu zeigen, daß man erwachsen sein will. Manuel bemerkte: »Sich zum Beispiel seinem Alter entsprechend zu verhalten – nicht zu erwachsen, aber auch nicht zu babyhaft.«

Es ist keine schlechte Idee, für die nächste Sitzung ein Thema vorzuschlagen. Solche Vorschläge sind keine Befehle und verhindern daher nicht die Spontaneität.

Vierte Sitzung – am folgenden Tag: Ich bat die Jungen, unser gestriges Gespräch kurz zusammenzufassen. *Christian:* »Wir sprachen über mich, warum ich von zu Hause weglief und ein Baby bin. Warum fragt eigentlich jeder so viele Fragen wie die Polizei, wenn man ausreißt?« Manuel erklärte, man täte dies, um ihm zu helfen. Ich fragte, ob ich gestern Christian gescholten hätte. *Manuel:* »Ja, ein bißchen.« Die anderen schüttelten den Kopf und Florian sagte: »Nein, sondern nur erklärt, damit er erkennt, warum er etwas tut.« Ich setzte hinzu: »Du meinst, ich erklärte, daß Ausreißen und Sichverstecken Methoden sind, um Aufmerksamkeit zu erregen oder vielleicht anderen Leuten zu zeigen, daß wir der Boß sein wollen oder sogar, daß wir uns rächen wollen? Was gibt es noch für Möglichkeiten, um das, was andere Leute von euch erwarten, nicht zu tun oder um eueren Willen durchzusetzen?«
Florian: »Ich werde krank – Kopfweh oder ähnliches – wenn ich nicht zur Schule gehen will. Ich habe aber nie Kopfweh, wenn ich ein Vergnügen vor mir habe.« *Christian:* »Man kann andere bestechen; mein Bruder versucht mich zu bestechen, Geschirr zu spülen, aber darauf falle ich nicht herein.« Ich fragte: »Manuel, wenn deine Schwestern dir sagen, irgend etwas zu tun, zeigst du ihnen dann, daß sie dies nicht fertig bringen, und wie?« Manuel antwortete unmittelbar: »Ich höre nicht zu.« Julian, Roland und Christian stimmten mit ihm überein, daß Nicht-Zuhören eine gute Methode sei.
Julian sagte: »Man kann sich auch dumm stellen.« »Wozu stellt man sich dumm?« Florian und Julian waren sich darüber einig, daß man dann nichts von einem erwartet – »wie Dorothee« (Dorothee ist bei weitem die langsamste Schülerin in der Langsamlerner-Gruppe).

Jetzt ist das Gespräch wirklich im Gang und behandelt wichtige psycho-dynamische Mechanismen. Die Jungen drücken sich gut und frei aus. Interessant ist Julians Bemerkung, daß Sich-dumm-Stellen eine Methode ist, um sich zu drücken. (Julian ist der Jüngste einer großen Familie und spielte offensichtlich den Dummen, wie er dies auch während der vorhergegangenen Gespräche tat, an denen er sich nicht beteiligte. Dies hätte man ihm zeigen können.) Bemerkenswert ist auch, wie die Jungen beginnen, die Mechanismen zu erkennen, die bei anderen Kindern besprochen werden, ein ausgezeichneter Weg, zur Selbsterkenntnis zu gelangen.

Wir sprachen einige Minuten über Dorothee. Die Jungen dachten, sie müßte ziemlich unglücklich sein. Sie waren der Meinung, daß einige nicht sprechen, weil sie Angst haben, daß es falsch sei und jemand sie deshalb auslache, so daß sie es gleich gar nicht erst versuchen.

Florian bemerkte: »Ich kenne einen Jungen, der keine Milch trinken will. Ich glaube, das ist dumm.« Ich sagte: »Wozu will er wohl keine Milch trinken? Glaubst du, daß seine Mutter es von ihm verlangt?« Manuel zeigte seinen Bizeps und sagte: »Er möchte zeigen, wie stark er ist. Er will es nicht tun, weil seine Mutter es ihm sagt.«

Es ist interessant zu sehen, wie die Kinder, wenn sie das Verhalten eines anderen Kindes nicht verstehen, die für Erwachsene typische Art der herabsetzenden Kritik anwenden. Florian konnte nicht verstehen, warum ein Junge nicht Milch trinken möchte, also nannte er es »dumm«. Bemerkenswert geschickt trat der Lehrer mit der Frage nach dem Zweck dazwischen, und Manuel sprach sofort darauf an. Vielleicht verstand er es, weil er ähnliche Dinge zu Hause tat.

In diesem Augenblick sagte ich: »Ich wollte euch Jungen schon lange sagen, wie gut ihr nach meiner Meinung in diesen Gesprächen seid. Ihr habt gezeigt, daß ihr wirklich denken könnt. Ich glaube, wir sind soweit, daß sich einiges von dem, was wir besprochen haben, bezahlt macht. Ihr Jungen seid intelligente Kerle. Ihr habt Aufmerksamkeit gewollt, und ihr wolltet anderen zeigen, wie groß und stark ihr seid. Jeder hat einige kleine Tricks für sich selbst ausgearbeitet, die er schon lange Zeit benützt. Diese Tricks brachten euch aber auch in Schwierigkeiten, weil sie andere Leute störten. Jetzt, wo ihr mehr über euer vergangenes Verhalten wißt, will euch für unser nächstes Gespräch eine Aufgabe geben.«

Julian: »Müssen wir etwas schreiben?« »Nein, ich möchte, daß ihr diesen guten Verstand gebraucht, um zu sehen, ob ihr dasselbe tun könnt wie bisher, aber auf eine annehmbare Weise, so daß euch die Leute gern haben. Wollt ihr das versuchen?« Sie waren alle damit einverstanden. »Aber wie machen wir das?« Ich fuhr fort: »Sucht euch einen Platz entweder zu Hause oder in der Schule zur Übung aus; ihr könnt auch in der Klasse damit beginnen. Zeigt weiter eure Macht oder eure Fähigkeit, Aufmerksamkeit zu erregen, was ihr wollt, aber in einer Art, die annehmbar ist. Wo wollt ihr beginnen?«

Florian: »Ich möchte Frau D. zeigen, wie erwachsen ich bin.« Manuel wollte es im Klassenzimmer von Frau M. versuchen. »Ich könnte dort erwachsen sein.« Julian wählte ebenso Frau M.'s Klassenzimmer. »Ich werde dort arbeiten!« Christian sagte, er würde versuchen, in Frau E.'s Klassenzimmer Aufmerksamkeit zu erregen, »aber ich werde es auf eine bessere Art machen können.« Roland wußte nichts.

Die Glocke läutete, und wir hörten ohne genügend konkrete Ratschläge für die Jungen auf. Ich behielt Roland noch eine Minute da, weil er sich entmutigt fühlte, und ich versuchte, ihm noch etwas zu helfen.

Dieser Vorschlag, die Jungen sollen ihre Ziele auf der nützlichen Seite des Lebens zu verwirklichen suchen, war ziemlich gewagt, mindestens in diesem Augenblick. Der Lehrer hatte recht, die Jungen begannen zu verstehen. Und sicherlich übertrieb er etwas, als er an ihre Intelligenz appellierte, um Wege und Mittel zu einem nützlichen Ausdruck ihrer Neigungen zu finden. Aber es erhebt sich die Frage, ob dieses Vorgehen nicht einen verfrühten Zwang darstellt. Es braucht erheblichen Mut und Selbstvertrauen, die leichten destruktiven Verhaltensweisen aufzugeben und es mit nützlichen Methoden zu versuchen.

Fünfte Sitzung – eine Woche später: Roland war nicht in der Schule. Florian und Julian wurden von der Schule heimgeschickt, weil sie gestern die Musikstunde geschwänzt hatten. Dabei wurde entdeckt, daß dies nicht das erste Mal war. Florian war noch nicht zurückgekommen.

Ich bat die Jungen zu berichten, wie sie mit ihrer Aufgabe, sich in einem Fach zu verbessern, letzte Woche zurechtgekommen seien. Manuel berichtete, daß er letzte Woche aus der Mathematikstunde geflogen sei, aber am Freitag Frau M. gesprochen hätte, die es ihm erlaubt hatte, wiederzukommen – und zwei Tage lang hätte sie ihn nicht angeschrien.

Christian begann von einem Eichhörnchen zu erzählen, das er mit einem Stein getroffen hatte. Julian berichtete, daß am Freitag Frau M. nur einmal etwas sagen mußte; nach der Stunde hätte sie ihm und Florian gesagt, daß sie sich heute über sie gefreut hätte. Er fügte hinzu: »Ich zeigte ihr, ich war erwachsen.« Christian fing an uns zu erzählen, wie er sich mit anderen Jungen in einem Holzschuppen versteckt hatte, wo sie »sogar eine Matratze hatten«. Andere Jungen erfuhren jedoch davon, so daß sie jetzt ein großes, über ein Meter breites Loch als Eingang graben wollten. »Dann werden uns die anderen nie finden.«

Ich fragte, ob Christian faul wäre. Alle sagten: »Nein, er arbeitet wirklich an diesem Zeug.« »Macht es Spaß, ihn zu kennen und mit ihm zu sprechen?« »Oh ja, er ist lustig.«

»Also, Christian, was hast du mit deiner Aufgabe gemacht?« »Ich vergaß sie.« »Warum hast du sie vergessen? War es angenehm, sie zu vergessen?« Manuel sprang ein: »Ich weiß, Frau D. bestrafte ihn.« Ich bat Christian, uns alles darüber zu erzählen. Christian berichtete, er hätte zum Spaß in seinem Radiergummi eine Nadel und Manuel hätte gedacht, daß er ihn mit dieser Nadel gestochen habe. Es war aber nur die Spitze des Bleistifts. Manuel schrie, und als Christian die Nadel nicht hergeben wollte, bestrafte ihn Frau D.

»Warum hast du Manuel gestochen?« »Aus Spaß.« Ich wiederholte die Frage, warum Christian Manuel gepikt hatte. Jetzt senkte Christian seinen Kopf und sagte: »Ich glaube, um Aufmerksamkeit zu erregen.« »Hast du Erfolg gehabt? Hat dein Trick funktioniert?« »Ja, Manuel schrie.« »Hat Frau D. dich wohl als Erwachsenen oder als kleines Kind angesehen?« Julian: »Als Baby, weil sie ihn bestrafte.«

Manuel erzählte von einem Jungen im Ferienlager, der sich genau wie ein Baby benahm und sprach. Christian flüsterte ihm zu: »Hast du ihn gern gehabt?« Als ich fragte, was er gesagt habe, antwortete Christian: »Ist schon gut. Warum sind Mädchen mit sechzehn Jahren erwachsen und Jungen nicht? Die Mädchen sehen dann sogar groß und erwachsen aus.«

Wir können jetzt die Rolle der verschiedenen Jungen in der Gruppe unterscheiden. Florian hatte zuerst in einer konstruktiven Weise zu leiten begonnen. Irgendwie ließ er aber nach und funktionierte nicht mehr auf diese Art. Manuel gelingt es jetzt, die richtigen Antworten zu geben. Er funktioniert beinahe wie ein Souffleur für den Lehrer. Aber es ist kein Zweifel, daß Christian am meisten stört. Er war derjenige, der in der ersten Sitzung das Gespräch auf Leichen in einem Sarg lenkte, der die Gruppe mit seinem Jo-Jo unterhielt, der zwischendurch Bonbons aß und immer wieder das Gespräch in eine andere Bahn lenkte. Außerdem war er der einzige, der nicht über eine nützliche Methode zu berichten hatte. Statt dessen erzählte er, wie er ein Eichhörnchen mit einem Stein getroffen hatte. Und als das Gespräch über sein babyhaftes Verhalten ihm zu unangenehm wurde, lenkte er es auf Mädchen. Bevor ihm dies aber gelang, konnte der Lehrer sein Verhalten eindrucksvoll erklären. Wir dürfen annehmen, daß er von diesem Gespräch profitierte. Es ist sehr bedeutsam, daß er Manuel fragte, ob er den Jungen im Lager gern hätte, der wie ein Baby sprach und handelte. Natürlich kannte Christian die Antwort, wollte aber nicht weitergehen, da er für weitere Einsicht noch nicht genügend bereit war. Das ist der Grund, warum er das Gespräch wieder auf ein anderes Thema lenkte. Bemerkenswert ist auch, wie aktiv und ausdauernd er in seinen destruktiven Bemühungen ist. Christian ist sicherlich nicht weniger ehrgeizig als seine Brüder. Wir sahen die Bewunderung der anderen für seine Bemühungen – er ist nicht faul. Unglücklicherweise sind alle seine Bemühungen auf ein unnützes Ziel gerichtet. Sein Neid, daß Mädchen so viel erwachsener sind als gleichaltrige Jungen, zeigt sein starkes Bestreben, selber erwachsen zu sein.

Wir sprachen über die verschiedene Wachstumsgeschwindigkeit von Jungen und Mädchen, und daß die Jungen die Mädchen nach dem sechzehnten Lebensjahr wieder einholen. Wir erwähnten ältere Jungen, die jetzt groß und stark sind, während sie früher sehr klein erschienen. Manuel sagte, daß er sich manchmal wirklich stark fühle, und gab dafür Beispiele.

Wieder brach Christian des Gespräch ab, indem er fragte: »Was hat es zu bedeuten, wenn man mit Bausteinen spielt, wenn man allein ist, und mit kleinen Autos komische Geräusche macht?« Die Diskussion ergab, daß es Zeiten gibt, in denen alle Jungen, sogar wenn sie erwachsen sind, sich wie ein Kind fühlen, und daß das kein Schaden sei, solange es andere nicht störe.

Dann wurde darüber gesprochen, was Christian in der Englisch-Stunde tun könne, um in einer annehmbaren Art Aufmerksamkeit zu erregen. Er schlug vor, er könne Frau D. erzählen, wie er in einer größeren Fußballmannschaft spiele. »Ich bin nicht der beste Spieler, aber einer der besten.« »Sonst noch etwas?« »Ich könnte meine Arbeit tun.«

Es ist rührend, wie wichtig Christian sein möchte und wie er mit seinen Bauklötzchen oder mit kleinen Autos spielen muß, wenn er allein ist.

Dies wurde besprochen und alle fühlten, daß sie dauernd Aufmerksamkeit erregen mußten. Ich erklärte ihnen, daß es sehr gut von ihnen wäre, dies zu erkennen, auch wenn niemand es ihnen zeigte, indem er ihnen Aufmerksamkeit gab. Christian antwortete sofort: »Ich könnte in der Klasse einfach ich selbst sein.« Darum gebeten, diese zu erklären, meinte er: »Weder ein kleines Kind noch ein großes Tier.«

Es ist erstaunlich, wie rasch der Junge mitmachte. Obwohl sein sprachlicher Ausdruck an dieser Stelle vielleicht kein ganz klares Verständnis verriet, hätte Christian ohne einige Einsicht nicht solch eine passende Formulierung seines Grundproblems finden können, nämlich daß er nicht er selbst gewesen war, aber es sein könnte. Seither war er ein kleines Kind gewesen, das ein großes Tier sein wollte.

Ich bat Julian, uns zu erzählen, wie er sich gefühlt habe, als er die Musikstunde geschwänzt habe. »Frei und gut.« Manuel sagte: »Wie ein großes Tier. Beinahe wäre ich mit ihm gegangen, aber nicht dieses Mal. Manchmal hört man andere sagen, daß sie nie zur Mathematikstunde gehen oder etwas Ähnliches, und dann möchte man es selbst ausprobieren.«

»Warum schwänzt man den Unterricht?« »Um zu zeigen, daß sie es nicht fertigbringen, daß man in der Schule bleibt.«

In der Diskussion erhob sich die Frage, warum einige Jungen Musik nicht gern haben. »Ihre Stimmen klingen komisch, und sie müssen vor den anderen singen.« Manuel bemerkte: »Sie glauben, das sei etwas für Mädchen.« Wir unterhielten uns über männliche Sänger und Köche, die oft besser als Frauen seien. Christian erzählte, daß er besonders gern backen würde.

Dies ist wieder ein wunderbares Beispiel dafür, wie die unter der Oberfläche wirkenden Kräfte Kindern erklärt werden können, wenn der Zweck des Verhaltens untersucht wird. Es zeigt ebenso, wie gut und leicht Kinder den Sinn erfassen. Man kann dann die eigentliche Bedeutung in einer wohltuenden Art besprechen, die zu einem Ausdrücken in Worten führt, von dem die Kinder profitieren.

Manuel wollte etwas sagen: »Vergangene Nacht brannte ich beinahe von zu Hause durch, aber ich habe es dann doch nicht getan.« Er erzählte, daß er schon lange ein Motorrad haben wolle, aber zweihundert Euro anzahlen müßte; seine Mutter halte ihn aber kurz.

Gestern fand er heraus, daß er noch nicht alt genug sei. Da wurde er so wütend, daß er wegrannte und immer im Kreis herumlief, aber um neun Uhr doch zu Hause war. Ich fragte ihn, ob er beschlossen habe, dies in einer ›erwachsenen Art‹ zu akzeptieren, und er war damit einverstanden.

Das vergrößerte Toleranzniveau ist auf diese Gespräche zurückzuführen. Während er herumlief, hat er wahrscheinlich seinen

Wunsch erkannt, sich an einer feindlichen Welt zu rächen – und er überlegte sich noch einmal seinen Plan.

Ich sagte ihnen, daß morgen unser letzter Tag sei. »Oh nein!« riefen sie alle. Manuel schlug vor, daß wir diese Gespräche noch eine Woche weiterführen könnten »und dann noch eine und dann noch eine bis zum nächsten Jahr. Ich spreche gern über dieses Zeug.«

»Macht es dir etwas aus, wenn wir hier über dich sprechen?« »Nein«. antwortete Manuel. »Vielleicht mag ich diese Aufmerksamkeit nicht gern, aber wenn Sie sagen, ›jetzt wollen wir über Manuel sprechen‹, tut es mir gut.«

Sechste Sitzung – am folgenden Tag: Roland war immer noch abwesend. Ich bat die Jungen, Florian zu erzählen, worüber wir gestern gesprochen hatten. Julian berichtete: »Wir überprüften, wie wir mit unserer Aufgabe letzte Woche fertig wurden.« Florian bekannte, daß es ihm nicht gelungen war.

Manuel meinte, wir hätten mehr über Erwachsene und Kinder gesprochen, und Christian fügte hinzu: »Ja, wir sprachen auch mehr über mich.«

Ich fragte Christian, ob er sich an die Vorschläge erinnere, die wir ihm gemacht haben, und er berichtete sehr gut und erwähnte als erstes, daß er in die Englisch-Stunde gehen könnte und er selber sein. Ich bat Florian, ob er uns erzählen könne, wie es mit seiner Aufgabe gegangen sei. Er begann mit der Geschichte, wie er die Musikstunde geschwänzt hatte, was er ausführlich erzählte. Nachdem er ausgeschlossen worden war, war er zu Frau X. gegangen, um ihr zu sagen, daß er nicht in ihre Englisch-Stunde käme. Sie sagte: »Gut!« – wenigstens hat er es uns so berichtet. Er tat so, als ob er dadurch tief verletzt sei. Deshalb war er wütend über sie und deshalb hatte er seine Aufgabe nicht durchgeführt. Er schloß damit: »Jetzt kann *sie* den ersten Schritt tun.«

Ich fragte, wozu man das sagt, und Manuel antwortete: »Um jemand anderem die Schuld zu geben.« Florian meinte: »Um die eigene Kraft zu zeigen«, aber er wollte nicht weiter darüber sprechen.

Das psychologische Gespräch läuft auf vollen Touren. Die volle Bedeutung und der Vorteil, die Frage nach dem Zweck zu stellen, wenn immer eine Art des Verhaltens zur Debatte steht, sollte jetzt offensichtlich sein.

Die Wechselwirkung zwischen Manuel und Florian wurde bei den letzten Antworten klar. Manuel zeigte erhebliches psychologisches Feingefühl, welches schon bei den vorangegangenen Gesprächen in Erscheinung trat. Florian, der schon sehr früh die Führung darin übernommen hatte, richtige Antworten zu geben, bemühte sich immer noch schwach, aber hatte erkannt, daß er nicht mehr richtig führte, und weigerte sich deshalb, sich weiter eine Blöße zu geben. Er gab den Sieg an Manuel ab. Offensichtlich war der Lehrer sich dessen nicht bewußt, sonst hätte er etwas getan, um Florian wieder besser ins Gespräch zurückzuführen.

Manuel saß auf einem Drehstuhl, der jedesmal, wenn er sich bewegte, quietschte. Ich bemerkte: »Mein Gott, ist dieser Stuhl laut.« Er stand sofort auf, zog den Stuhl dorthin, wohin er gehörte, und nahm sich ruhig einen Schülerstuhl. Ich sagte: »Welches Anzeichen des Erwachsenwerdens habt ihr gerade bemerkt, das wahrscheinlich vor zwei Wochen noch nicht möglich gewesen wäre?«
Julian sagte: »Manuel gab etwas auf, was er mochte.« »Wem zuliebe?« »Uns allen zuliebe!« sagten alle. Christian ging zum Drehstuhl, brachte ihn wieder an und saß darauf. Wir sprachen weiter darüber, wie angenehm es ist, wenn man Dinge tut, ohne daß man zuerst gescholten werden muß. Christian trug den Drehstuhl zurück und nahm ruhig wieder seinen eigenen.

Jetzt hat der Lehrer die Gruppe ganz auf seiner Seite. Die Jungen wollen nicht nur reden. Sie fühlen sich verstanden und möchten verstehen. Diejenigen, die am meisten zum Lehrer halten, bekämpfen nicht die anderen, sondern helfen ihnen. Es gibt kein Merkzeichen für offene Konkurrenz. (Mit Ausnahme des feinen Nebenspiels zwischen Manuel und Florian, welches der Lehrer unglücklicherweise nicht bemerkte.) Die Gruppe arbeitet mit und ist bedacht, zu lernen und sich zu entwickeln, und der Lehrer hat die Situation mit Geschick und Feingefühl in der Hand.

Julian sagte: »Ich sehe nicht ein, warum Unterricht-Schwänzen zeigen soll, daß man stark sein möchte.« Wir besprachen es wie im gestrigen Gespräch und fügten hinzu, daß jemand dies auch tun könnte, um Aufmerksamkeit zu erregen oder um sich zu rächen. Florian sagte wenig.

Es spricht für das Feingefühl des Lehrers, daß er Florians Rückzug bemerkte, obwohl ihm die Ursache noch nicht klar war.

Ich fragte die Jungen, ob sie andere Arten des Ausreißens kennen würden, abgesehen von dem tatsächlichen Wegrennen. Julian antwortete: »Nur in Gedanken weglaufen.« Andere erwähnten, daß man andere beschuldige oder das Gesprächsthema wechsle, wie Christian es gestern getan hätte, als das Gespräch für ihn unangenehm wurde.

Schließlich einigten wir uns nach einiger Diskussion auf ein letztes Treffen. Ich fragte, ob sie dieselben Aufgaben behalten wollten. Sie wollten, aber Florian bemerkte: »Ja, ich werde meine behalten und auch etwas versuchen, aber nicht allzu stark.« Es war heute nicht einfach mit Florian, aber Christian schien besonders empfänglich zu sein.

Siebte Sitzung – eine Woche später: Zuerst wurde darüber gesprochen, wie gut sie mit ihrer Aufgabe, erwachsen zu sein, in den von ihnen gewählten Stunden fertig geworden seien. Alle berichteten, daß keiner gescholten worden sei. Christian sagte: »Ich bat Frau X. um Hilfe, habe aber sonst niemand belästigt.«

Da dies unsere letzte Zusammenkunft war, fragte ich, ob irgendwelche Fragen zu klären seien, ehe wir endgültig aufhörten. Florian sagte: »Was hat es damit auf sich? Sie sagten, ich wolle zeigen, wie stark ich bin. Ich verstehe das nicht.« Ich fragte, was uns darauf gebracht hätte, daß Florian wahrscheinlich seine Überlegenheit zeigen wolle. Sie antworteten rasch: »Er ist der Älteste, er möchte frei sein, er möchte kämpfen und streiten.« Florian erwiderte: »Ist schon gut, ist schon gut, ich werde es mir überlegen.« Wir stimmten darin überein, daß dies sein gutes Recht sei.

Christian wollte über Rauschgift sprechen. »Wie wirkt es? Warum fragt die Polizei immer danach?« Florian sagte: »Ja, als sie mich ergriffen haben, fragten sie: ›Nimmst du Rauschgift?‹ Ich habe nie etwas davon gewußt.« Ich erklärte ihnen, was ich über die verschiedenen

Arten von Rauschgift gelesen hatte, und wie es auf die Leute wirke. Wir besprachen auch das öffentliche Interesse an diesem Thema.
Manuel fragte: »Wieso gibt es Leute, die anscheinend nicht fluchen, und andere fluchen so viel?« Florian meinte, es sei wie mit dem Rauschgift: Wenn man einmal damit angefangen habe, müsse man es immer weiter treiben.

Ist es nicht interessant, wie Florian sofort einspringt, wenn Manuel etwas nicht weiß? Das war die Gelegenheit für ihn zu zeigen, daß er überlegen ist. Solche Zwischenfälle, wenn sie durch den Gesprächsleiter bemerkt und richtig gedeutet werden, vermitteln nicht nur den beteiligten Jungen, sondern auch den anderen Mitgliedern der Gruppe eindrucksvolle Erfahrungen. Eine der Fertigkeiten, die am meisten der Übung bedarf, besteht darin, sich einfühlsam die feine Wechselwirkung bewußt zu machen, die zwischen den Mitgliedern einer Gruppe im Gang ist, ganz egal, ob es sich nun um eine kleine Gruppe handelt, wie die, von der gesprochen wurde, oder um die ganze Klasse.

Die Fragen nach Rauschgift und Fluchen führten wieder zu einem Gespräch über den Zweck einer Sache. Einige meinten, wenn man wirklich fähig sei, etwas zu tun, brauche man nicht so viel zu fluchen. Dann kam die Rede darauf, wie stark und gut man sich fühle, wenn man ein Fahrrad reparieren kann.

Manuel wollte wissen, ob man sagen könne, daß ein Junge, der ein ausländisches Motorrad kaufe, das tue, um Aufmerksamkeit zu erregen. Wir diskutierten darüber, warum Leute Autos, Motorräder, ungewöhnliche Kleider usw. haben wollen, wiesen jedoch alle darauf hin, daß es nicht genüge, eine Einzelheit über einen anderen zu kennen, denn daran ließe sich noch nicht viel über das, was einer wirklich ist, aussagen.

Diese letzte Bemerkung ist wichtig. Während es dem Lehrer gelungen war, den Jungen eine gewisse psychologische Dynamik bewußt zu machen, mußte er die Versuchung eindämmen, alles, was einer tut, zu deuten, ohne viel darüber zu wissen. Und auch auf eine andere Gefahr müssen die Jungen hingewiesen werden – ebenso übrigens wie die Eltern und Lehrer, die die psychologische Dynamik lernen –: nämlich darauf, die psychologischen Begriffe allzu frei und speziell auf die mitmenschlichen Kontakte anzuwenden. Eine psychologische Deutung ist außerhalb von Ort und Zeit, wo eine geschulte Person das Gespräch leitet, nicht am Platz.

Hiermit endete dieses Gruppengespräch. Die Jungen waren freundlich und guter Dinge, und Florian meinte, man müsse jetzt eigentlich ein Eis essen gehen, »um unseren Geheimclub zu beenden. Werden wir uns nächstes Jahr wiedersehen?« Dann fügte er hinzu: »Ich wollte, ich könnte Benjamin zu unseren Gesprächen bringen.« (Benjamin ist ein aktiver Junge in seiner Sonderklasse.) Als ich ihn nach dem Grund fragte, antwortete er: »Ich glaube, daß er es auch nötig hätte. Er benimmt sich wie ein großes Tier, manchmal.« (Fürchtete Florian, wenn er sein eigenes Verhalten ändere, daß jemand anders der Leiter seiner Gruppe werden würde?)

Der Lehrer hat recht. Und Florian scheint in Benjamin einige Probleme erkannt zu haben, die er selber hatte. Sein Einlenken am Ende läßt annehmen, daß das Gespräch zu Beginn der Sitzung gut für ihn war.

Am letzten Schultag kamen Florian, Manuel und Julian, um mir schöne Ferien zu wünschen. Manuel sagte: »Wenn ich wieder das Gefühl habe, von zu Hause ausreißen zu müssen, werde ich zuerst zu Ihnen kommen und mit Ihnen sprechen.« Florian meinte: »Ich glaube immer noch nicht, daß ich *immer* der Boß sein möchte«, und grinste breit.

Es ist erstaunlich, wie viel der Lehrer in nur sieben Sitzungen erreichte. Am Ende schienen die Jungen von Fragen, die sie stellen wollten, überzulaufen. Der Lehrer kam selbst zu folgenden Schlußfolgerungen:

1. Diese Gespräche erfüllten offensichtlich ein Bedürfnis der Jungen, nämlich über die Fragen und Probleme ihres Verhaltens zu sprechen.

2. Obwohl die Jungen als Langsamlerner und als uninteressiert an schulischen Fächern bezeichnet werden, schienen sie sehr rasch die Bewegung hinter dem menschlichen Verhalten zu begreifen und verrieten ein eindeutiges Interesse an diesen Gesprächen.
3. Obwohl der Berater auch ihr Klassenlehrer war, schienen sie willens, alles frei und offen zu besprechen.
4. Wären diese Sitzungen am Anfang des Schuljahres gewesen, hätten sie noch mehr Gutes bewirkt, und ihre Wirkung wäre noch leichter festzustellen gewesen. Sie hätten für eine längere Periode durchgeführt werden können, und die Jungen hätten noch mehr spezielle Hilfe erhalten.
5. Roland schien der einzige zu sein, dessen persönliche Schwierigkeiten so tief lagen, daß sie kaum besprochen oder beeinflußt werden konnten. (Der Lehrer machte im Oktober des nächsten Jahres folgende Bemerkung: »Ich hatte Roland dieses Jahr in meiner speziellen Klasse. Er leistete in allen Fächern gute Arbeit und zeigte sich bei der Eingewöhnung der Neuen in der Klasse als wirkliche Hilfe.«
6. Kontakt mit den Familien vor und nach diesen Sitzungen hätte hilfreich sein können.

Wir stimmen mit diesen Schlußfolgerungen überein. Gespräche dieser Art können auch im regulären Klassenzimmer abgehalten werden, wo sie dieselbe gute Wirkung zeigen, wie dieses Beispiel es demonstrierte.

Oft werden gewissen Einwände dagegen erhoben, Lehrer in dieser psychologischen Verfahrensweise zu schulen. Noch gefährlicher könnte es erscheinen, Lehrer, die nicht genügend ausgebildet sind, zu ermutigen, solche Gespräche zu führen. Dieser Zweifel beruht auf der Annahme, daß durch halbgeschulte Lehrer viel Schaden angerichtet werden könne und daß wenig Wissen oft schlimmer sei als gar keines. Aber stimmt es wirklich, daß ein Lehrer, der in psychologischen Methoden nicht genügend geschult ist, mehr schaden kann als einer, der überhaupt nichts davon weiß? Sollen wir annehmen, daß psychologische Gespräche dieser Art, auch wenn sie nicht richtig geführt werden, mehr Schaden anrichten als die Gespräche, die voll sind von gegenseitigen Beschuldigungen, Drohungen und Predigten, wie sie zur Zeit noch zwischen Lehrern und Schülern in vielen Klassen im Schwange sind? Wir glauben, geringe psychologische Kenntnisse sind besser als gar keine.

Es gibt jedoch einige Vorsichtsmaßnahmen, die von einem Lehrer, der an dieser Gesprächsmethode interessiert ist, beachtet werden sollten. Solange er den gesunden Menschenverstand gebraucht, solange er die Kinder veranlaßt, sich frei auszudrükken, und solange seine psychologischen Deutungen mögliche *Ziele* und nicht *Ursachen* betrachten, befindet er sich auf sicherem Boden. Einige Deutungen mögen falsch sein, aber sie können nicht viel Schaden anrichten. Die wohltuenden Wirkungen beim Aufbau einer Moral und eines Gefühls der Zusammengehörigkeit sowie das Erlebnis des Kindes, geachtet zu sein und eine Stimme zu haben, wiegen viel stärker als jeder mögliche Schaden.

Aus diesem Grund kann der Durchschnittslehrer ohne weiteres ermutigt werden, mit dieser Art von Gruppengesprächen zu experimentieren. Es braucht viel Übung und Erfahrung, um solche Gespräche in einer beruflich seriösen Art zu führen. Ein solch hoher Maßstab ist aber nicht notwendig. Der Lehrer, der das hier berichtete Experiment durchführte, machte viele Fehler, die ein geschulter Gruppentherapeut vermieden hätte. Trotzdem vollbrachte er eine bewundernswürdige Arbeit und gab den Kindern eine wesentliche Hilfe.

54. Beispiel

Dies ist ein Gruppengespräch mit Heranwachsenden (vier Mädchen und sechs Jungen), das als Demonstration für Erziehungsberater durchgeführt wurde, die sich in der Ausbildung befanden.

Leiter: Wie fühlt ihr euch hier, in dieser Situation?

Eine solche Frage wird gewöhnlich gestellt, um mit der Gruppe warmzuwerden.

Ein Junge: Oh, es gefällt mir, ich bin aber etwas nervös.
(Es folgt ein Gespräch, warum sie hier seien.)
Ein anderer Junge: Weil wir einfach ganz normale Jugendliche sind.
Leiter: Und was tun diese Leute hier?
Ein Junge: Sie sind Beobachter.
Leiter: Sie arbeiten mit Jugendlichen. Glaubt ihr, sie kennen sich aus mit ganz normalen Jugendlichen, wie ihr es seid?
Ein Junge: Sie sollten.
Leiter: Bis jetzt haben die Mädchen überhaupt noch nichts gesagt. Was glaubt ihr?
Ein Mädchen: Wir sind hier wegen einer Demonstration.
Leiter: Was soll vorgeführt werden?
Ein Mädchen: Sie!
(Viel Gelächter.)
Leiter: Was möchtet ihr von mir vorführen?
Ein Mädchen: Ihre Technik des Gruppengesprächs.
Leiter: Das ist genau das, wozu wir hier sind. Wollt ihr mir helfen? (Alle sagen ja.)
Leiter: Welche Art von Problemen wollt ihr besprechen?
Ein Mädchen: Wie wäre es mit Veranstaltungen außerhalb des Unterrichts?
Leiter: Was ist das Problem?
Mädchen: Wir haben keine Zeit dafür. Wir versuchen, unsere guten Noten zu behalten, weil es für die meisten von uns wichtig ist. Wir hätten aber auch gern so eine Art geselliges Beisammensein; einigen von uns gelingt dies, sie haben dann aber weniger Zeit für die Schularbeit.
Leiter: Was für eine Änderung würdet ihr empfehlen?
Mädchen: Weniger Schulstunden.
(Gelächter.)
Leiter: Was halten die anderen von diesem Problem? Seid ihr derselben Meinung?
Ein Junge: Wahrscheinlich hat jeder das gleiche Problem, aber vermutlich haben Mädchen es mehr, weil sie außerhalb des Unterrichts in der Schule mehr tun als Jungen. Jungen sind mehr am Sport interessiert und haben gewöhnlich nicht dasselbe Schulinteresse; sie machen nicht so viel, was mit der Schule im Zusammenhang steht.

Leiter: Hättest du gern mehr Zeit für Sport, Autos usw.?
Junge: Wenn ich nur auf das Vergnügen achte, werde ich nicht viel Geld verdienen. So ist es wahrscheinlich für mich besser, jetzt die Zeit für die Schule aufzuwenden und, wenn wir älter sind, davon zu profitieren.
Leiter: (Ruft einen anderen Jungen auf.) Ich glaube, du hättest gern weniger Schule und dafür mehr Sport.
Junge: Nein, eigentlich nicht, sondern ich glaube, daß es mehr ausgeglichen sein sollte.
Leiter: Es sollte mehr ausgeglichen sein – wie denn?
Junge: Die Schule sollte so eingerichtet sein, daß sie mehr Zeit für andere Dinge läßt.
Leiter: Glaubst du, daß viele junge Leute dieser Meinung sind? (Zustimmung).
Ein Mädchen: Die Lehrer geben uns Hausarbeiten, und die müssen wir bei Nacht machen. Ein Mädchen, das ich kenne, hatte bis Mitternacht zu tun, um ihre Hausarbeiten zu machen – für irgend etwas anderes hatte sie keine Zeit. Ich glaube, man sollte in der Klasse mehr Zeit für Aufgaben haben, damit man besser sieht, wo man Fehler macht.
Leiter: Sind viele Schüler dieser Meinung?
Mädchen: Ja.
Leiter: Habt ihr einen Schülerrat?
Einige Jungen: Ja.
Leiter: Habt ihr je dem Schülerrat empfohlen, über dieses Problem zu beraten?
Ein Junge: Ich glaube, alle meinen, daß dies nicht viel Sinn hätte.
Leiter: Warum nicht?
Ein Mädchen: So etwas bringt der Schülerrat nicht fertig.
Leiter: Warum bringt er das nicht fertig?
Mädchen: Er bringt schon etwas fertig, aber nicht so etwas, daß sich die Schulstunden ändern.
Leiter: Warum nicht, wenn es das ist, was die Schüler wollen?
Mädchen: Weil, wenn die Schüler es wollen, heißt das noch nicht, daß es gut ist.
Ein Junge: Richtig.
Leiter: Wäre es gut, wenn es weniger Schulstunden gäbe?
Ein Mädchen: Oft gibt man uns zuviel Hausaufgaben.

Leiter: Machen Kinder gern Hausaufgaben?
Die Gruppe: (die meisten schreien) Nein!
Leiter: Glaubt ihr, daß Hausaufgaben gut sind?
Ein Mädchen: Ich glaube, man sollte schon Hausaufgaben haben, weil man nicht alles in der Klasse machen kann; man würde sonst nicht mit dem Stoff fertig. Aber einige Aufgaben könnte man in der Klasse machen, dann hätten wir mehr Zeit für anderes.
Leiter: Was hältst du von Hausaufgaben? Bist du damit einverstanden?
Junge: Ja! Ich glaube, daß Hausaufgaben notwendig sind. Wir sollten versuchen, mit guten Zeugnissen durch die Schule zu kommen und viel zu lernen. Ich glaube, man kann viel lernen, wenn man mehr Hausaufgaben hat.
Leiter: Zu was brauchst du gute Zeugnisse?
Junge: Ich will später auf die Universität.
Leiter: Warum möchtest du auf die Universität?`
Junge: Damit ich später eine gute Arbeit bekomme.
Leiter: Sagt mir, wieviele von euch lernen gern, weil es ihnen Spaß macht, ohne Rücksicht auf die Noten?
Junge: Ein besonderes Fach?
Leiter: Hast du ein besonderes Fach, das du gern lernst, ohne Rücksicht auf die Noten?
Ein Mädchen: Ja.
Leiter: Welches?
Mädchen: Mathematik. Ich arbeite gern mit algebraischen Formeln.
Leiter: Und wie steht es bei dir?
Ein anderes Mädchen: Mir fällt wirklich nichts ein.
Leiter: Und du?
(Einige antworten: Englisch, Mathematik, Biologie, Zeichnen.)
Ein Junge: Ich lerne überhaupt nicht gern. (Gelächter.) Ich weiß etwas Besseres.
Leiter: Was glaubt ihr – ist es wirklich richtig, nur deshalb zu lernen, damit man gute Noten bekommt, auf die Universität gehen kann und später besser verdient? Ist das der Grund, warum wir zur Schule gehen?
Ein Mädchen: Ich glaube, daß wir zur Schule gehen, um denken zu lernen.

Leiter: Glaubst du, du lernst denken?
Mädchen: Ich hoffe es.
Leiter: Habt ihr jemals so ein Gespräch über die Noten gehabt und warum man lernt?
Mädchen: Solche Gespräche habe ich mit vielen meiner Freundinnen und Kameraden.
Leiter: Also, was glaubt ihr, sollte getan werden? Könnte man an den Hausaufgaben, am Notengeben usw. etwas ändern?
(Keine Antwort.)
Leiter: Wollen wir von etwas anderem sprechen. Warum interessiert ihr euch für bestimmte Fächer?
Ein Junge: Nun, weil es für mich am interessantesten ist.
Leiter: Warum ist es am interessantesten für dich? Ich würde es gern wissen.
Junge: Sie haben mich ertappt; ich möchte es selbst gern wissen.
Leiter: (zu einem anderen Jungen) Warum interessiert dich Mathematik und Englisch?
Junge: Ja, darin bin ich *ganz gut*, und es macht mir Spaß.
(Andere haben ein Fach gern, weil es ihnen leicht fällt, weil sie es ›verstehen‹ oder sie haben ein Fach nicht gern, weil es langweilig und immer dasselbe ist.)
Leiter: Ich habe meine eigenen Vorstellungen darüber, warum Schüler in gewissen Fächern gut sind und sie gern haben. (An die Zuhörer gewandt:) Haben Sie eine Ahnung?
Ein Zuhörer: Sie haben den Lehrer gern.
Ein Mädchen: Ja, aber das muß nicht unbedingt sein.
Leiter: Und warum haben sie den Lehrer gern?
Zuhörer: Vielleicht, weil Sie in dem Fach gute Schüler sind.
Leiter: Ja, ein Schüler, der ein Fach gern hat, ist gewöhnlich übertrieben ehrgeizig und besonders dann, wenn er andere Fächer vernachlässigt. Er wird nur in dem Fach arbeiten und hat nur das Fach gern, in dem er gut ist. Ich glaube, einer von euch hat es gesagt – ihr habt es gern, weil ihr gut darin seid. Und wenn ihr nicht so gut seid, dann habt ihr kein Interesse. Seid ihr in den Fächern, die ihr gern habt, gut?
Ein Junge: Nicht besonders, aber in allen anderen bin ich schlecht.
(Gelächter.)

Leiter: Bist du in irgendeinem Fach einer der Besten?
Junge: Ja, letztes Mal in Mathematik.
(Die meisten Schüler geben zu, daß sie mindestens zeitweise in ihrem Lieblingsfach an der Spitze waren.)
(Es folgt ein Gespräch mit einem Mädchen, das nicht einverstanden war. Es kam jedoch heraus, daß sie tatsächlich nur das Fach gern hatte, in dem sie gut war. Sie konnte aber den Lehrer eines anderen Fachs gut leiden, das sie nicht als ihr Lieblingsfach genannt hatte.)
Leiter: Du hast also den Englisch-Lehrer gern; da du aber in Englisch nicht so gut bist, hast du das Fach nicht besonders gern.
Mädchen: Ja, ich glaube.
(Einige Jungen und Mädchen stellen Fragen über schlechte Noten.)
Leiter: Warum habt ihr schlechte Noten: Könntet ihr bessere Noten bekommen?
Junge: Mangel an Interesse?
Leiter: Was meinst du damit?
Junge: Man gibt sich damit nicht so eifrig ab, wie man sollte. Man schiebt die Hausaufgaben bis zum nächsten Morgen auf und wird dann nicht damit fertig. Die Folge davon sind schlechte Noten.
Ein Mädchen: Man schiebt es auf.
Leiter: Warum macht ihr also nicht die Hausaufgaben?
Junge: Weil man andere Dinge zu tun hat.
(Gelächter.)
Leiter: Was ist für dich interessanter?
Junge: Beinahe alles außer den Hausaufgaben.
Leiter: Warum ziehst du alles den Hausaufgaben vor?
Mädchen: Es macht mehr Spaß.
Leiter: Warum tun so viele Kinder das, was Spaß macht, auch wenn es nicht gut für sie ist?
Mädchen: Es ist leichter. Hausaufgaben *muß* man machen.
Leiter: Und ihr macht nicht gern, was ihr tun müßt, weil ihr euch damit geschlagen gebt. Das macht keinen Spaß. Und viele glauben, das Wichtigste im Leben sei, Spaß zu haben.
Ein Junge: Man muß manchmal arbeiten, um Geld zu haben.
Leiter: Und zu welchem Zweck möchtest du Geld?
Junge: Damit man Spaß haben kann.

(Gelächter.)

Leiter: Viele junge Leute machen nicht die Arbeit, die sie tun sollten, weil sie unangenehm ist und weil sie denken, sie haben das Recht, sich das auszusuchen und nur das zu tun, was sie gern haben, was Spaß mache. Und die Leute, die immer Vergnügen haben wollen, sind die gleichen, die die meiste Zeit Langeweile haben. Wie steht es damit bei jedem von euch?

(Alle geben zu, daß sie oft Langeweile haben.)

Ein Junge: Ich habe kaum Langeweile, weil ich immer darauf achte, Spaß zu haben.

Leiter: Gibt es noch andere Gründe, warum Schüler nicht arbeiten wollen?

Ein Mädchen: Der Zwang. Man muß dauernd hören: du mußt dich hinsetzen, mußt arbeiten, mußt gute Noten haben.

Leiter: Und was sind die Folgen?

Mädchen: Meistens tut man's nicht.

Leiter: Viele Kinder machen ihre Hausarbeiten deshalb nicht, weil es für sie das gleiche bedeutet wie Nachgeben. Und wer möchte schon klein beigeben? (Ein Mädchen zeigt den Erkennungsreflex.) Wer von euch gehört dazu: ›Ich gebe nicht nach!‹? (Alle lachen.)

Leiter: (an die Zuhörer gewendet) Das sind die Dinge, die wir mit den Schülern zusammen durchdenken sollten. Wir müssen ihre private Logik verstehen. Gibt es andere Gründe, warum ihr euere Hausaufgaben nicht macht?

Ein Mädchen: Manchmal muß man auf jüngere Geschwister aufpassen oder im Haus helfen. Dann fühlt man sich so müde und kann nicht mehr lernen und sich konzentrieren.

Leiter: Was halten Sie von dem, was sie sagte?

Ein Zuhörer: Vielleicht ist sie wütend und möchte sich rächen?

Leiter: Ja. Sie ärgert sich so sehr über das, was sie tun muß, daß sie sich an ihren Eltern dadurch rächt, daß sie nicht lernt. Was meinen deine Eltern dazu?

Mädchen: Sie sehen es nicht gern, wenn meine Noten schlechter werden.

Leiter: So, wenn sie also von dir zuviel Hilfe im Haus verlangen, geschieht es ihnen recht, wenn deine Noten schlechter werden!

Mädchen: Ich muß mich zusammennehmen.
Leiter: So viele von euch sprechen über Selbstbeherrschung. Aber man kann sich nicht immer selbst beherrschen. Da du ein gutes Mädchen sein möchtest, ist es schwierig zuzugeben, daß du dich an deinen Eltern rächen willst. Du machst dann deinen Mangel an Selbstbeherrschung dafür verantwortlich, daß du keine Lust zum Lernen hat.
Mädchen: Ja, das ist ungefähr das, was ich gefühlt habe.
Leiter: Du tust es immer noch.
Mädchen: Aber nicht mehr so sehr.
(Gelächter.)
Leiter: Das sie sich all dessen nicht bewußt ist, müssen wir ihr helfen einzusehen, was sie tut; dann kann sie es ändern. Sie möchte sich selbst beherrschen und hat es selber nicht gern, daß sie es nicht kann. Es war ihr nicht klar, daß sie es tat, um ihre Eltern zu bestrafen.
Ein anderes Mädchen: Ich kannte ein Mädchen, das gute Noten hatte. Eine Zeit lang kam sie mit ihren Eltern nicht zurecht, da wurde plötzlich ihr Zeugnis schlecht. – War das aus demselben Grund?
Leiter: Ja, das kommt oft vor. Nur, wenn Kinder solche Dinge tun, sind sie sich dessen nicht bewußt. Könnte es sein, daß dieses Gespräch, das wir gerade haben, einige von euch dazu bringen wird, sich zu ändern? Weil ihr gewahr werdet, was ihr tut? – Oder gibt es vielleicht noch einen anderen Grund, warum einige von euch nicht lernen?
Mädchen: Ich war über die Fehler in meinen Aufgaben so niedergeschlagen, daß ich eine Zeit lang überhaupt gar nicht mehr versuchte, meine Hausaufgaben zu machen. Was hatte es schon für einen Sinn, wenn ich sie nicht richtig machen konnte?
Leiter: Das ist genau der Punkt der seither fehlte. Ein anderer Grund, warum Kinder ihre Hausaufgaben nicht machen, ist der, daß sie entmutigt werden. Sie glauben nicht, zu einem Ziel zu kommen; was hat es also für einen Sinn zu lernen?
(Einige geben zu, daß sie manchmal dieses Gefühl haben.)
Ein Junge: Oft fühle ich mich so müde, daß ich meine Hausaufgaben aufschiebe.
Leiter: Du sagst, daß du oft müde bist. Was würde geschehen, wenn dich gerade dann jemand anrufen und vorschlagen würde, irgend etwas zu unternehmen, was Spaß macht?

Junge: Dafür wäre ich sicher nicht zu müde.
(Gelächter.)
Leiter: (zu den Zuhörern) Sie haben hier einen Durchschnitt der Beweggründe von Kindern, die nicht entsprechend ihren Fähigkeiten lernen. Denn das ist es, um was es geht. Wenn die Kinder nicht lernen wollen, erreichen sie nicht, was sie mit ihrer Intelligenz ohne weiteres erreichen könnten.
Leiter: (zu den Schülern) Ich glaube, ihr alle könntet bessere Schüler sein. Man lernt, weil man muß, weil man auf die Universität gehen will, um Geld zu verdienen, aber niemand lernt, weil er gern lernt. Lernen kann aber nur Erfolg haben, wenn man es gern tut, wenn man Freude daran hat. Und oft haben unsere Kinder eine falsche Vorstellung von Freiheit und Unabhängigkeit. Sie haben das Recht, zu tun, was sie wollen, und schauen auf die Seite, wenn etwas gemacht werden sollte, was sie nicht gern haben. Ihr leidet selbst darunter, weil ihr selbst euch die Arbeit unangenehm macht. Wißt ihr, daß das Lernen euch Spaß machen würde, wenn ihr aufhören könntet, gegen das Lernen zu kämpfen? Ihr leidet unter euerer Arbeit, weil ihr sie euch erschwert. Wenn ihr aufhören würdet, dauernd daran zu denken, was ihr dabei herausholt, und lediglich willens wärt zu tun, was getan werden muß, würdet ihr nicht dagegen kämpfen. Was haltet ihr davon?
Ein Junge: Ich glaube, man muß doch etwas Verständnis dafür haben, was die Hausaufgaben uns einbringen.
Leiter: Was bringen sie dir ein?
Junge: Man muß an seine Zukunft denken. Man muß ein Ziel vor sich haben.
Leiter: Darf ich dich etwas fragen? Wenn du dich zwingst, deine Hausaufgaben zu machen, glaubst du, daß du viel dabei lernst?
Junge: Was würde ich gewinnen, wenn ich sie nicht mache?
Leiter: Nicht viel weniger. Das ist der Irrtum über die Hausaufgaben. Man glaubt, wenn man die Schüler dazu zwingt, Hausaufgaben zu machen, würden sie mehr lernen. Und schließlich machen sie die Arbeit, aber mit einem inneren Widerwillen, und bekommen damit keine besseren Noten. Wer hat wirklich einen Vorteil von den Hausaufgaben?
Ein Mädchen: Diejenigen, die sie gern machen, die daran Freude haben.

Ein Junge: (murmelnd) So etwas gibt es nicht.

Leiter: Oho, wenn du ein Fach wirklich gern hast, macht es dir Freude.

Junge: Ja, es gibt solche Fächer, aber wir sprechen vom Ganzen. Ich glaube, es gibt niemand, der sich gerne hinsetzt und Hausaufgaben macht.

Leiter: Ihr alle seid so erzogen, daß ihr das, was ihr nicht gern macht, nicht tun müßt. Selbst wenn ihr es dann doch tut, macht ihr es nur widerwillig.

Ich möchte euch gern fragen, was ihr von dieser Diskussion haltet.

Ein Mädchen: Ich glaube, sie ist ganz interessant. Ich habe heute viel gelernt und hoffe, daß es mir geholfen hat. Heute abend werde ich meine Hausaufgaben machen.

(Gelächter.)

Ein anderes Mädchen: Jeder sollte Gelegenheit haben, an einem solchen Gespräch teilzunehmen.

Ein anderes Mädchen: Ich glaube, ich habe manches gelernt. Ich weiß, ich mache nicht gern Hausaufgaben und kenne auch sonst niemanden, der es gern macht. Die verschiedenen Gründe dafür waren mir nicht bekannt.

Ein Junge: Ich weiß, daß ich gewisse Dinge falsch gemacht habe. Es war mir aber nicht klar, daß ich sie verbessern konnte.

Ein anderer Junge: Es war sehr interessant, doch glaube ich nicht, daß ich deshalb mehr Hausaufgaben machen werde. Wir erkannten, daß man besser lernt, wenn man etwas gern hat. Mich bringt es aber nicht dazu, irgend etwas lieber zu haben als bisher. Jetzt habe ich das Gefühl, nichts zu lernen, wenn ich gezwungen bin, Hausaufgaben zu machen.

Leiter: Ich will dir aber auch die Kehrseite der Medaille zeigen. Wenn du nur das tust, was du gern hast, und das, was du nicht gern hast, nicht machst, bleibst du ein Dummkopf (Gelächter). Es ist wahr, daß wir nur das gut tun können, was uns Freude macht; wir müssen aber aufhören, gegen die Dinge, die wir tun sollen, aber hassen, zu rebellieren. Wir machen es uns selbst unmöglich, sie gernzuhaben. Wenn du willens wärst, das zu tun, was sein muß, hättest du auch mehr Freude daran.

Junge: Ja, aber meistens macht man es nicht zu seinem Hobby, das

zu tun, was man nicht gern hat. Ich glaube, wenn man sich mehr Zeit nimmt, in den Dingen, die man gern hat, hervorzuragen, dann erreicht man eine große Leistungsfähigkeit, wenn man dann wirklich einmal damit zu tun hat.
Leiter: Wenn du nicht willens bist, auch die Dinge zu tun, die du nicht gern hast, wirst du keine Arbeit gut machen. Weil ihr nämlich später eine Menge Dinge zu tun habt, die ihr nicht gern tut. Ihr müßt lernen, gegen die Dinge, die euch keine Freude machen, weniger zu rebellieren. Und ihr müßt auch lernen, euch weniger gegen das aufzulehnen, was ihr nicht gern tut. Aber ihr fühlt euch zu eueren Kämpfen berechtigt.
Leiter: (zu einem anderen Jungen) Was hältst du von diesem Gespräch?
Junge: Ich glaube, es war wirklich gut, und ich glaube, daß auch andere Kinder diese Gelegenheit bekommen sollten, denn dann gäbe es eine Menge klügerer Kinder.
Leiter: Glaubt ihr, daß man solche Gespräche in der Schule haben sollte?
Einige: Ja.
Ein Junge: Ich glaube, es wäre gut.
Leiter: Mit wem, mit dem Lehrer oder mit dem Schulpsychologen?
(Unterschiedliche Meinung. Einige sagen der Schulpsychologe, andere ziehen den Lehrer vor, »weil er uns besser kennt«.
Leiter: Nun, wer immer euch besser kennt. Wenn ihr irgendwelche Fragen habt, bitte! Wenn nicht, danke ich euch.

Das war kein typisches Gruppengespräch, weil bei einer Demonstration viel mehr Probleme besprochen werden, als bei einer einzelnen Sitzung in einer Klasse oder mit einem Berater vorgebracht würden. Man würde gewöhnlich tiefer auf das einzelne Problem eingehen, besonders auf die damit verbundenen psychologischen Seiten. Es gäbe auch mehr Diskussion zwischen den Mitgliedern der Gruppe, als es hier möglich war, wo der Leiter versuchte, sowohl für die Gruppe als auch für die Zuhörer eine Lernsituation zu bieten.

In der Regel fragte ich die Teilnehmer nach ihrer Reaktion auf die Sitzung und was sie glauben, gelernt zu haben. In der folgenden Sitzung frage ich dann, woran sie sich aus der vorhergehenden Sitzung erinnern. Nach meiner Ansicht ist das Gespräch Teil eines Lernprozesses, in dem man über sich selbst, über die anderen und über das Leben etwas lernt. Die Zusammenfassung am Ende einer Sitzung und auch die Wiederholung zu Beginn der nächsten betonen die wichtigen Punkte, so daß sie einen tieferen Eindruck machen.

Die folgenden Berichte handeln von Streit-Situationen und zeigen, wie der Lehrer versuchte, den Konflikt zu lösen.

10. Kapitel

Gruppen-Situationen

Da der Lehrer es nur selten mit einem einzigen Kind zu tun hat, sondern sich fast immer einer Gruppen-Situation gegenübersieht, sollte er die Wechselwirkung zwischen den Kindern nicht nur verstehen, sondern auch in der Lage sein, diese Wechselwirkung wirksam zu beeinflussen. Selbst ein Lehrer, der die Feinheiten der soziometrischen Untersuchung nicht kennt, kann ein feines Gefühl für zwischenmenschliche Spannungen und Gruppen-Situationen entwickeln. Die Kenntnis menschlicher Beziehungen und persönlicher Beweggründe aber hilft dem Lehrer die Gesamtsituation, in der jedes Kind funktioniert, das heißt, die Gruppe, zu verstehen.

55. Beispiel

Der siebenjährige Felix ist das zweite Kind in der Familie. Er beklagte sich, daß Sarah und Tobias ihn daran hinderten, als erster seinen Mantel zu holen. Ich fragte ihn, ob es wirklich so wichtig wäre, wenn jemand seinen Mantel eine halbe Minute vor ihm holen würde. Wie ich erwartete, spielte es für ihn eine große Rolle.

Ich rief alle drei Kinder an mein Pult. Auch Sarah und Tobias kamen mit Klagen. Ich sagte, sie sollten sich alle drei zusammensetzen und darüber sprechen, was man in einer solchen Situation tun könne.

Als sie zurückkamen, berichtete Felix, sie hätten beschlossen, abzuwechseln, das heißt eine Woche lang wäre er der erste, dann Sarah und dann Tobias.

Der Lehrer hat recht, daß er auf die Wichtigkeit von Felix' Stellung als der zweite in der Familie hinweist. Dies erklärt ein bißchen, warum er dagegen ist, daß irgend jemand anderes vor ihm kommt. Der Lehrer entschied sich auch für die allgemein wirksame Methode, die Kinder ihre Streitigkeiten selbst austragen und selber Lösungen finden zu lassen. Es war klug von ihm, sich nicht einzumischen und etwa selber das Problem für die Kinder lösen zu wollen.

Die Lösung, die die Kinder bei dieser Gelegenheit fanden, ist jedoch nicht hundertprozentig wünschenswert. Sie beseitigt nicht das störende Bedürfnis, der erste zu sein. Wie es während der folgenden Wochen sein wird, ist immer noch eine offene Frage.

Die anfängliche Reaktion des Lehrers, die Wichtigkeit des Bestrebens der erste zu sein, in Frage zu stellen, war schon besser. Einige Klassengespräche diesem Thema zu widmen, hätte für die Ausmerzung solcher Konflikte mehr getan als die vorübergehende Lösung, die gefunden wurde.

56. Beispiel

Stefan hängte seinen Mantel im Klassenzimmer auf. Er nahm einen Bleistift und ein Stück Papier und ging zu seinem Platz. David kam herein, nahm Stefans Mantel vom Haken herunter und hängte ihn an einen anderen Haken, ging dann ebenso mit Bleistift und Papier zu seinem Platz. Stefan kam zu meinem Pult heraus, um mir zu erzählen, was David getan hatte. Ehe ich überhaupt etwas antworten konnte, kam David, um mir zu sagen, daß er Stefans Mantel *nicht* vom Haken genommen hätte. Es war mir verdächtig, daß David so rasch kam, während Stefan immer noch zu mir sprach – woher wußte er, um was es sich handelte? Ich bat beide Jungen, mit mir zu kommen. Ich ging zu den Mantelhaken und bat sie, ihre beiden Mäntel zu nehmen, hinauszugehen und ihre Meinungsverschiedenheiten draußen zu einer Lösung zu bringen. Wenn sie beide soweit seien und wüßten, wie man hereinkommt, den Mantel aufhängt und sich an die Arbeit macht, könnten sie zurückkommen. Beide kamen zurück, hängten ihre Mäntel auf, gingen ruhig an ihre Plätze und begannen zu arbeiten.

Dieser Vorfall hat eine erhebliche Bedeutung. Es war dem Lehrer klar, welcher der Jungen im Unrecht war. Er unterließ es jedoch, in dieser Hinsicht irgendeine Bemerkung zu machen. Man kann die Weisheit eines solchen Vorgehens in Frage stellen. Wäre es nicht die Pflicht des Lehrers, ein Urteil zu sprechen und den Schuldigen zu tadeln? Wie konnte er ihm das durchlassen? Aber was hätte er denn tun können? Dem Jungen zu sagen, daß er im Unrecht war, ist überflüssig – er weiß es genau. Außerdem hätte ihn das nicht abgehalten, in Zukunft dasselbe zu tun. Es müssen Schritte gefunden werden, die wirksamer sind – und es scheint, daß der Lehrer einen Weg gefunden hat.

Ein Zweifler mag immer noch einwenden, daß dieses Vorgehen den Unschuldigen zusammen mit dem Schuldigen ›bestraft‹. Warum sollte man Stefan auch hinausschicken, wenn er tatsächlich nichts Falsches getan hat? Dies ist ein grundlegender Punkt, der der Klärung bedarf. Wir haben es hier nicht mit einem moralischen Problem, sondern mit einem Problem der gegenseitigen Beziehungen zu tun. Es stimmt, daß David in diesem Augenblick Stefan Unrecht getan hat. Der Lehrer kann aber nicht wissen, was Stefan vielleicht früher getan hat, um David herauszufordern. Und selbst wenn das gegenwärtige Vergehen nicht provoziert worden ist, würde eine Bestrafung durch den Lehrer das Verhältnis zwischen den beiden Jungen nicht verbessern. Sich aus dem Streit herauszuhalten und ihn durch die Jungen selbst austragen zu lassen, mußte eine wohltuende Wirkung auf ihre Beziehungen haben. Dies war das Hauptproblem in dieser Situation, das der Lehrer erkannte und löste.

57. Beispiel

Mark und Sven waren in meiner Spezialklasse für Achtjährige. Sven schrieb auf der Maschine, und Mark wollte dasselbe und belästigte ihn dauernd. Im allgemeinen erreichte Mark durch Tränen immer, was er wollte. Je mehr er aber darauf pochte, daß nun er an der Reihe sei, desto weniger wollte Sven mit dem Maschinenschreiben aufhören. Ich sagte ihnen, daß Sven so lange schreiben dürfe, wie er wolle, und wenn Mark an der Reihe sei, dürfe er dies auch. Mark weinte aber weiter und blinzelte mir dabei verstohlen zu. Zuerst gab ich ihm keine Aufmerksamkeit, dann bemerkte ich: »Mark, ich kann sehen, wie sehr du dich bemühst, daß Tränen kommen. Da es aber – was das Maschinenschreiben betrifft – keine Rolle spielt, ob du weinst oder nicht, warum interessierst du dich nicht für etwas anderes?« Zu meiner Verwunderung hörte er mit Weinen auf. Sobald Mark kein Interesse mehr an der Schreibmaschine zeigte, stand Sven auf und sagte: »Jetzt kommst du dran, Mark!«

Es war klug vom Lehrer, nicht die Rolle eines Richters zu spielen, der die Reihenfolge entscheidet. Es gelang ihm, sich aus dem persönlichen Konflikt der beiden herauszuhalten; er gab Mark aber zuviel Aufmerksamkeit für sein Weinen. Dieses Beispiel wurde gebracht, um das Ausmaß zu zeigen, in dem das Verhalten des einen Kindes mit dem des anderen verbunden ist.

58. Beispiel

Kürzlich fing direkt von meinem Bürofenster ein Kampf an. Die zwei Beteiligten wußten nicht, daß ich sie sehen konnte. Zuerst gab es laute Worte, dann Stöße und schließlich wurden die Brillen abgesetzt und die Bücher anderen übergeben. Ich hatte den Eindruck, daß es jetzt Zeit sei, zu handeln. Gerade als sie anfangen wollten, war ich bei den Kämpfern angelangt und sagte: »Es tut mir leid, daß ihr nicht wißt, wie man eine Meinungsverschiedenheit ohne Kämpfen austragen kann.« Einer der Jungen schaute hoch und grinste. Der andere sah immer noch etwas finster und entschieden unglücklicher aus. Zu ihm sagte ich: »Ich glaube, du mußt wirklich schon reichlich herumgestoßen worden sein.« Er schaute überrascht auf und fragte: »Wieso?« Ich sagte ihm, daß er so zornig aussehen würde: »Ich glaube, jemand muß wirklich gemein zu dir gewesen sein, daß du so zornig bist.« Er lächelte: »Nein, niemand hat mich herumgestoßen.« Beide Jungen fragten, ob sie zur Klasse gehen könnten. Ich sagte: »Warum nicht?« und sie gingen weg.

Die Stellungnahme zu dieser Episode gab der Lehrer selbst:

Wenn ich daran denke, was ich früher in einer solchen Situation getan hätte, wäre dies wahrscheinlich typisch für das, was viele tun würden.

Mich den Jungen nähernd, hätte ich zornig verlangt, daß sie »mit diesem Unsinn aufhören«. Dann hätte ich wahrscheinlich nach ihrem Namen und nach ihrer Klasse gefragt. Wenn ich dann noch gefragt hätte (was ich sicherlich getan hätte), was denn überhaupt los sei, hätte vermutlich jeder mit lauterer Stimme als der andere versucht, mich davon zu überzeugen, daß der andere im Unrecht sei. Jetzt wäre es auch für mich notwendig geworden, lauter zu werden als die Gesamtlautstärke ihrer vereinten Bemühungen und ihnen zu sagen, daß sie den Mund halten sollten und immer nur einer gleichzeitig sprechen dürfe. Ferner hätte ich den Richter spielen und entscheiden müssen, welcher zuerst sprechen darf, damit ich den Schuldigen bestimmen könne. Nach einer kurzen, aber wohlgemeinten Predigt über die Schlechtigkeit des Streitens hätte ich vielleicht beide Jungen auf das Büro geschickt, wo sie vor dem Schulleiter wieder alles hätten von vorn durchexerzieren müssen. Dieser hätte schließlich verlangt, daß die beiden Gladiatoren sich die Hände schütteln und daran denken sollten, sich in Zukunft wie Gentlemen zu benehmen. Danach wären sie zwanzig Minuten zu spät ins Klassenzimmer gekommen und hätten dem Lehrer erklären müssen, wieso sie so spät daran waren.

Das Vorgehen des Lehrers erforderte viel weniger Energie, Gefühlsbewegungen und Reibungen, um die Situation in Ordnung zu bringen. Es wurde aber mehr als nur die Beendigung dieses speziellen Kampfes erreicht. Als der Lehrer statt moralisierender Verurteilung sein Mitgefühl ausdrückte, wurden viele tiefere Beweggründe für diesen Zusammenstoß beseitigt. Es war kein Zudecken von schwelenden Gefühlen. Das Feuer wurde ausgelöscht, mindestens für diese Zeit. Diese Methode überzeugte die Jungen viel mehr als eine Predigt über die Sinnlosigkeit, Meinungsverschiedenheiten durch Kämpfe auszutragen. Das Wichtigste aber ist, daß ein Lehrer, der sich den Kindern in dieser Weise nähert, als ein Freund erscheint und wirken kann.

59. Beispiel

Im folgenden geben wir die Antworten wieder, die eine Lehrerin von ihren Dritt- und Viertklässlern bekam, als sie diese bat, regelmäßig aufzuschreiben, was jeder an ihr gern habe und was nicht. In vielen Fällen waren die Klagen derart, daß nichts getan werden konnte – das Kind mochte dann eben einen gewissen Teil des Schulbetriebs nicht. Aber auch die Möglichkeit, seine Unzufriedenheit offen auszudrücken, kann viel dazu beitragen, die schlechten Gefühle eines Kindes zu verringern.

Wenn sie uns Aufgaben gibt. – Wenn sie uns unsere Pause wegnimmt. – Wenn sie immer die Mädchen aufruft, während die Jungen die Hände hochstrecken. – Wenn sie die ganze Klasse bestraft, während nur zwei an etwas schuld waren. – Wenn wir Gedichte schreiben. – Wenn sie sagt, wir dürften in Bücher, die wir nur ausgeliehen haben, nichts hineinschreiben. – In ihrer Nachmittagsklasse benützt sie keinen Lippenstift, während sie dies am Morgen tut. – Wenn wir sitzen oder laut lesen oder Wörter lernen sollen. – Wenn unsere Lehrerin krank ist und wir einen Ersatz haben. – Wenn wir eine Klassenarbeit machen. – Wenn ich an (Name eines Buches) arbeiten soll. – Ich schreibe nicht gern. – Ich bin nicht gern zwei Stunden ohne Unterbrechung in einem Zimmer. – Wenn die andere Klasse etwas darf, was wir nicht dürfen. –

Die Art dieser Klagen macht die Beziehung zwischen Lehrer und Schülern deutlich. Nicht eine einzige dieser Klagen zeigt echte Feindseligkeit. Einige geben einen kleinen Hinweis auf Ungerechtigkeit – oder sie drücken mindestens das Gefühl aus, zu kurz zu kommen (die Mädchen statt der Jungen aufzurufen; die andere Klasse darf etwas; am Nachmittag keinen Lippenstift verwenden). Die meisten Klagen befassen sich aber mit Schule und Arbeit und nicht mit der Lehrerin. Soweit wir diese Lehrerin kennen, benützte sie wahrscheinlich jede einzelne Klage als Grundlage für ein Gespräch.

Die Freundlichkeit, die die Lehrerin in ihrer Klasse hervorrief, zeigt sich sehr gut in der viel größeren Liste von Dingen, die die Kinder an ihrer Lehrerin ›gern haben‹.

Sie gibt uns viel Zeit, um unsere Arbeit zu machen. – Sie hilft allen, nicht nur einem einzelnen. – Sie bespricht Dinge, die wir mit der ganzen Klasse zusammen bearbeiten. – Sie erzählt uns von berühmten Leuten. – Sie läßt uns Bücher mit nach Hause nehmen. – Sie verlangt nicht, daß wir das ganze Buch lesen. – Sie gibt uns gute Noten, wenn sie glaubt, daß wir uns Mühe geben. – Sie liest die Witzspalte in der Kinderzeitschrift und erzählt uns Witze und Späße. – Sie zeigt unsere Arbeiten in der Stadt und in der Schule und auch anderen Klassen. – Sie läßt uns Dinge machen, z. B. kleine Bücher, um sie unseren Eltern heimzunehmen. – Sie läßt Sachen sehen und reicht sie herum. – Sie läßt uns interessante Sachen machen. – Sie läßt uns an unserer Briefmarken-Sammlung in der Freistunde arbeiten, so daß wir tauschen können. – Sie läßt uns eigene Gedichte schreiben. – Sie schreibt auf die Tafel Adressen von Kindern, die gern eine Brieffreundschaft haben wollen. – Sie schreibt Gedichte auf die Tafel und läßt sie uns mit Bildern ausmalen. – Sie läßt uns fast alles tun, was wir gern haben. – Sie läßt uns nette Arbeiten machen. – Sie liest uns am Ende der Stunde vor. – Sie läßt uns die ... Zeitschrift lesen. – Sie zeigt uns Bilder über das, was wir gerade lernen. – Sie läßt uns in der Freistunde Spiele machen, die wir von zu Hause mitbringen. – Sie läßt uns Berichte über interessante Dinge schreiben. – Sie läßt uns an großen Kreuzworträtseln arbeiten und hilft uns dabei. – Sie läßt uns beim Aufräumen helfen. – Sie läßt uns die Rechenhefte anderer Klassen mitkorrigieren. – Wir dürfen selbst bestimmen, wo wir sitzen wollen. – Sie läßt uns die Bücher wählen, die wir lesen wollen. – Wir dürfen unsere eigenen Bücher benützen. – Wir dürfen eine Woche lang hinten sitzen. – Sie läßt uns das Wörterbuch benützen. – Sie läßt uns die Feuerwehrleiter heruntersteigen. – Wenn ich etwas mitbringe, um es der Klasse zu zeigen, gibt sie es herum; sie sieht es also nicht nur an und gibt es mir gleich zurück. – Sie gibt uns kurze Bleistifte, die wir heimnehmen dürfen.

Das sind einige der Sätze, die die Kinder freiwillig aufgeschrieben haben. Kinder dazu anzuregen, ihre angenehmen Erlebnisse in Worte zu fassen, bringt diese Erlebnisse erst voll in ihr Bewußtsein und steigert so ihren Wert. Offen ausgedrückter Ärger verringert sich, mitgeteiltes Vergnügen vermehrt sich. Sich mitteilen hat wohltuende Wirkungen, es erweckt ein Gefühl der gegenseitigen Achtung und des Zueinandergehörens. Aus diesem Grund sind solche Gespräche in der Klasse geeignet, Kinder und Lehrer näher zusammenzubringen und eine harmonische Gruppenatmosphäre hervorzurufen.

60. Beispiel

Ich hatte mit einer Klasse Schwierigkeiten. Sie war immer laut, manchmal war es sogar schwierig, Aufgaben zu geben. Nach etwa vier Wochen war ich am Verzweifeln. So sagte ich ihnen, daß etwas getan werden müsse, daß ich über die Situation nachgedacht hätte und zu einer Lösung gekommen sei: Wir müßten heute einige Zeit dafür aufwenden, um weitere mögliche Lösungen in der Klasse gemeinsam herauszuarbeiten. Jeder sagte seine Meinung, aber ich entschloß mich dann doch, die eine Lösung zu benützen, von der ich glaubte, daß sie funktionieren würde – und wie sie funktionierte!

Selbst wenn dieses Vorgehen funktionierte, so war doch die ganze Methode als solche nicht sehr für die Situation geeignet. Als erstes: warum vier Wochen lang warten? Ein Klassengespräch ist gleich am Anfang einer gestörten Situation notwendig. Dann hätte der Lehrer auch gar keinen Grund zu verzweifeln gehabt. Die Art, in der das Klassengespräch herbeigeführt wurde, war ebenfalls nicht sehr konstruktiv. Der Lehrer hatte bereits eine Lösung, über die er reden wollte, und entschied schließlich allein, sich an diesen ursprünglichen Plan zu halten. Der Plan kann gut sein, er kann auch funktionieren, dies ist aber nicht die Art, eine Klasse für die Zusammenarbeit zu gewinnen und eine demokratische Aktion hervorzurufen, bei der jedermann die Verantwortung mitträgt.

Das war meine Lösung: Ich versprach den Kindern, daß sie in der Kunststunde während der Arbeit fünfundzwanzig Minuten lang sprechen dürften, wenn sie die ersten fünfzehn Minuten mir überließen, um die Lektion zu erklären und das Nötige vorzubereiten. Sie waren alle einverstanden, auch damit, daß ich nur meine Hand zu heben brauche, wenn die Klasse mit etwas anfangen oder aufhören solle.

Wenn ich jetzt ins Klassenzimmer komme, erhebe ich meine Hand, und im Zimmer wird es so ruhig, daß man eine Nadel fallen hören könnte. Sie lassen mich fünfzehn Minuten ohne Unterbrechung oder irgendein Dazwischenreden spreche, und während der Arbeitsperiode lasse ich sie in Ruhe; es funktioniert tadellos.

Wir verstehen, warum es funktioniert. Zuerst gab es eine gewisse Vereinbarung gegenseitiger Achtung und Rücksicht. Zweitens ist der Mechanismus, die Hand zu heben, um Ruhe zu bekommen, wirksam. Es ist sogar noch besser, eine Vereinbarung zu treffen, durch die jedes Kind, das den Lehrer seine Hand erheben sieht, die seine auch streckt und ruhig ist. Auf diese Weise werden diejenigen, die nur langsam reagieren, durch die anderen darauf hingewiesen, dasselbe zu tun. Dieses Vorgehen erregt größere gegenseitige Verantwortung, als sich lediglich dem Zeichen des Lehrers zu unterwerfen.

Trotz der autokratischen Methode hat der Lehrer offensichtlich die Mitarbeit der Kinder gewonnen. Es kam zu einer allgemeinen Übereinstimmung über das Verfahren, das der Lehrer richtig als Kompromiß bezeichnete.

61. Beispiel

Dies ist eine Klassensituation, die die Grundlage für eine Studienarbeit eines Referendars bildete. Zuerst legte er das Problem so dar, wie er es sah, dann versuchte er, die Beweggründe zu analysieren, und schlug schließlich mögliche Lösungen vor. Diese Disposition wurde dann in der Lehrerklasse besprochen und vom Lehrer ausgeführt.

Das Problem: Meine Klasse, in der Erstklässler aufs Lesen vorbereitet werden, hat bestimmte Zeiten, in denen gestritten wird, und zwar auf zwei verschiedene Arten: einmal in der üblichen der physischen Zweikämpfe, und dann in der Form eines allgemeinen und gegenseitigen Aufeinanderherumhackens. Meist tun sich dabei jedoch nur einer oder zwei hervor. Diese wechseln sich ab. Gerauft wird größtenteils in der Pause, vor den Schränken oder auch in der Toilette. Meine Klasse ist nur eine Durchgangsklasse. Ist ein Kind so weit, daß es in seine Klasse zurückgehen kann, so bekomme ich dafür einen neuen Langsamleser.

Analyse und Diagnose: Ich stellte verschiedene Arten des Streitens oder Kämpfens fest. Jede scheint bei den verschiedenen Kindern unterschiedlichen Zielen zu dienen.

1. Die freundliche Art des Kämpfens schadet nicht, wenn sie nicht in einen heftigen Konflikt ausartet, und dient meistens dem Ziel, Aufmerksamkeit zu erregen. Das Kind versucht, entweder mich oder einen Kameraden zu beeindrucken. Dies ist eine Art Test, ein Messen der Intelligenz. Beispiele dafür sind: die Belästigung des Sitznachbarn, Necken, wie z. B. die Mütze eines anderen auf dem Spielplatz wegzunehmen oder in der Nähe des Lehrers sich in einem vorgetäuschten Kampf wild zu benehmen. Robin kennt keine andere Art zu spielen, da sein Vater nur solch rauhe Spiele mit ihm gemacht hat. Der zweite ist Dirk, dessen Mutter alles getan hat, um ihn vor jedem Kampf zu bewahren. Diese zwei gehen immer ziemlich grob miteinander um, wobei sie einander aber nicht verletzen. Sie verschaffen sich auf diese Art lediglich Aufmerksamkeit.

2. Dann gibt es Kämpfe, bei denen jemand verletzt wird. Man sieht es den Kindern gewöhnlich an, wenn sie ein anderes verletzen wollen. Solche Kinder wollen sich rächen, ihnen selbst ist es gleichgültig, ob sie dabei verletzt werden oder nicht. Ihr Hauptziel ist es, andere zu verletzen. Aber sie finden auch Vergnügen daran, geschlagen zu werden, denn das werten sie als Auszeichnung in dieser grausamen Welt. Sie sind die Ausgestoßenen, die die ›Mitmacher‹ bestrafen wollen. Ich bemerkte, daß in einigen der klaren Fälle dieser Art das Kind einen Gegner aufs Korn nimmt, der viel zu groß für es ist. Diese Kämpfe kommen immer wieder vor, und es handelt sich dabei immer um dieselben Schüler. Gerade jetzt habe ich einen neuen Jungen in einer solchen Situation. Michael steht außerhalb der Gruppe und macht kaum mit. Ja, er arbeitet eigentlich immer gegen die Klasse. Er befolgt nie

irgendwelche organisatorische Regeln, reißt immer die Reihenfolge an sich und schreit die Antworten heraus. Er beginnt schlimme Prügeleien, indem er einen beliebigen Mitschüler herauspickt, und wird wütend, wenn der andere nicht kämpfen will. Wenn er verletzt wird, rennt er zu seiner Mutter heim.

3. Ferner gibt es Kämpfe, die von Kindern angezettelt werden, die lieber ›der Boß sein wollen‹, als Freunde haben. In ihrem Hunger nach Macht möchten sie alle und alles dirigieren. Lena ist ein solches Kind. Sie hat wenig Freunde, denn sie geht den anderen auf die Nerven, da sie sich dauernd an sie hängt oder sie ärgert. Wenn diese dann versuchen, sie loszuwerden, beginnt sie Streitereien. Zur Rede gestellt, hat sie immer recht; die anderen sind es, die verletzen oder sie belästigen! Seit neuestem findet Lena für ihre Kämpfe keine Hilfe mehr bei mir. Jetzt zeigt sie langsam etwas mehr Phantasie, um Freunde zu gewinnen. Sie will trotzdem immer noch ›der Boß‹ sein.

4. Dann gibt es Kämpfe zur Selbstverteidigung. Ein Kind kann sich durch ein anderes so herausgefordert fühlen, daß es sich in der oben beschriebenen Weise benimmt. Anja hat schon oft zurückgehauen, als Lena sie in einen Kampf verwickelte. Dies muß als angemessenes Verhalten und natürliche Reaktion auf die Herausforderung angesehen werden.

Die Analyse wurde in der Lehrerklasse besprochen, und man kam überein, daß die Beschreibung der vier Kämpfertypen wahrscheinlich richtig ist. Es ist vielleicht nicht immer so einfach zu entscheiden, zu welcher Gruppe ein Kind nun genau gehört – eine solche ›Diagnose‹ erfordert Geschick und Erfahrung – aber man hatte das Gefühl, daß der Lehrer sich in der richtigen Richtung bewegt, wenn er das Kräftespiel hinter den Kämpfen zu verstehen sucht. Dann unterbreitete er seinen Aktionsplan:

Gruppenmethoden: Ich habe verschiedene Methoden ausprobiert, die die ganze Klasse ansprechen, um den unterschiedlichen Situationen gerecht zu werden. Wenn die Kinder das Zimmer verlassen, bitte ich sie, sich mit denen zusammenzutun, mit denen sie ›gut Nachbar‹ sein können. Die Treppen dürfen sie allein hinuntergehen, wobei die schwierigen Kinder als Anführer vorangehen dürfen. Diese Methode hatte im allgemeinen Erfolg.

Der Lehrer benützt seine Phantasie. Das war wirklich ein ›Appell‹ an die ganze Klasse. Statt zu tadeln, zeigte er, daß ›Gut-Nachbar-sein‹ ein wünschenswertes Ziel ist. Er gab der Gruppe die Verantwortung, auf sich selbst aufzupassen, was tatsächlich erfordert, daß jeder für den anderen sorgt. Schließlich konnte der Störenfried, der eine besondere Stellung suchte oder wenigstens akzeptiert werden wollte, beides dadurch finden, daß er ein Anführer war. So lenkte der Lehrer das Ziel auf die nützliche Seite. Er fährt fort:

Wir führten Klassengespräche über Streiten und Kämpfe und darüber, wie man einen Kampf in ein freundliches Spiel umwandeln könne. Solche Gespräche handeln meist davon ›warum Kinder kämpfen‹ und ›wie Kinder sich fühlen, die kämpfen‹. Wir führten auch ein Theaterspiel auf, in welchem ein Kind zeigte, wie es einen Kampf in Freundschaft verwandelte. Diese Methode scheint im Hinblick auf eine Dauerwirkung die beste zu sein.

Im Hof haben wir Spiele versucht, um ein Klassen-Zusammengehörigkeitsgefühl zu schaffen und im Kind ein Gefühl der Kameradschaft zu entwickeln und seinem Bedürfnis, körperliche Kräfte mit anderen zu messen, Rechnung zu tragen.

Schulhofspiele dieser Art sind nicht ungewöhnlich. Sie jedoch überlegt zu benützen, um die Kampfstimmung unter den Kindern herabzusetzen und an die Wurzeln der Isolierung und Feindseligkeiten zu kommen, ist bemerkenswert. Bis jetzt sind Gruppengespräche, die den Zielen nachgehen und sie zu erklären versuchen, noch verhältnismäßig selten.

Persönliche Methoden: Die Kinder, die auffallen wollen, habe ich in diesem Augenblick mit Erfolg ignoriert. Wollen sie die Aufmerksamkeit anderer Kinder erregen, sage ich Dinge wie: »Euer Freund möchte, daß ihr ihn anseht.« Dies ruft gewöhnlich ein Lächeln hervor.

Ich habe auch versucht, isolierte Kinder zu integrieren. Dies konnte durch Wechseln der Sitzplätze und durch die Aufforderung an das andere Kind, dem Betreffenden zu helfen, erreicht werden.

Weiter habe ich die Kinder ermutigt, manchmal einige von denen, die immer stören, gemeinsam zu ›bestrafen‹. Dies scheint mir eine Art natürlicher Folgen zu sein. Ich vergewissere mich aber, daß das betreffende Kind vorher wußte, daß es mit keiner Hilfe rechnen konnte, indem ich es nämlich meine Antwort hören ließ, wenn z. B. ein anderes Kind kam, um sich bei mir über dieses zu beklagen. In solchen Fällen sagte ich einfach, daß ich mich um keinen seiner Kämpfe mehr kümmern würde.

Die letzte Methode führte zu heftigen Diskussionen in der Lehrerschaft. Schon früher hatte dieser Lehrer einmal gemeint, Kämpfen sei eine zulässige Reaktion auf eine Herausforderung. Wir stimmten zwar alle darin überein, daß es gut sei, wenn ein Kind sich mit Boxhieben oder Judogriffen verteidigen könne, bezweifelten aber, ob es ratsam sei, Kämpfe überhaupt als Lösung für irgendwelche Konflikte zu betrachten. Besonders stellten wir die Ermutigung des Lehrers zu solchen Kämpfen in Frage. Wir waren der Ansicht, daß die von ihm berichteten Klassengespräche, in welchen andere Reaktionen auf Herausforderungen besprochen wurden, eine passendere Methode wären und irgendwie auch seiner Haltung, die Kinder etwas ausfechten zu lassen, widersprächen. Auf der anderen Seite wurde betont, daß Raufereien nicht mit solcher Angst betrachtet werden sollten, wie es häufig geschieht. Streit zwischen Kindern ist ganz natürlich und schadet meistens nicht, so daß wir ihn nicht zu wichtig nehmen sollten. Über den offenen Ausdruck von Feindseligkeit die Stirn zu runzeln, dagegen ihre versteckten und feineren Formen allgemein zu tolerieren, scheint ein Zeichen unserer heutigen Kultur zu sein.

Der Lehrer wurde ermutigt und gebeten, über die weitere Entwicklung zu berichten. Gegen Ende des Schulhalbjahrs berichtete er wie folgt:

Es gibt kaum noch Kämpfe. Ich betrachte dies als die Folge verschiedener Faktoren. Die Spiele im Hof und das Übereinkommen über die

Art des gemeinsamen Spielens war einer davon. Wir haben auch die drei Ziele des Angebens, des Herrschens und des Verletzens anderer aus Rache besprochen. Ferner führten wir, um sich freizuspielen, eine Art Psychodrama durch.

Bei der Besprechung derer, die nur Aufmerksamkeit erregen wollen, war es nicht leicht, die ganze Gruppe zum Gespräch zu bringen. Sie schienen jedoch genug davon mitbekommen zu haben, um zu begreifen, daß Aufmerksamkeit sowohl durch ›gutes‹ als auch durch ›falsches‹ Verhalten erregt werden kann und daß man dieses Bedürfnis auch befriedigen kann, indem man nützliche Dinge tut. Sie bekamen auch ein Gefühl für den Unterschied zwischen den konstruktiven und destruktiven Formen, um Aufmerksamkeit zu erregen.

Unser Gespräch über das Kind, das sich rächen will, war sehr erfolgreich. Viele gaben ihre Rachepläne sogar offen zu. Es machte uns Spaß, all dies szenisch darzustellen. Am Anfang mußte ich die Rolle des Kindes übernehmen.

Es war für die Kinder viel leichter, das Kind zu erkennen, das immer der Boß sein möchte. Sie wiesen auf Beispiele hin und merkten, wie wenig ein solches Kind geliebt wird. Wenn jetzt ein Kind mit einem anderen Streit hat und kommt, um sich zu beklagen, weisen wir auf die verschiedenen Möglichkeiten hin, einen Konflikt zu beenden, und beinahe ohne Ausnahme wählen die Kinder die sozial beste Methode.

11. Kapitel

Wirksames Vorgehen

Die Berichte in diesem Kapitel zeigen, was ein Lehrer in einer verhältnismäßig kurzen Zeit mit Kindern erreichen kann, selbst wenn seine Ausbildung in unseren Methoden nicht lange dauerte. Jeder fortgeschrittene Referendar, der mindestens ein Semester mit mir zusammen war, gibt in der Lehrergruppe einen schriftlichen Bericht über ein Problem, mit dem er gegenwärtig in der Schule zu tun hat. Dieser Bericht enthält auch eine versuchsweise Deutung der dynamischen Faktoren und einen ebensolchen Aktionsplan. Ab und zu werden vor der ganzen Gruppe Erfolgsberichte gelesen und besprochen. Die folgenden Berichte sind abgeschlossene Entwürfe solcher Aufgaben, die im Hinblick auf dieses Buch mit Stellungnahme und Deutung versehen wurden.

62. Beispiel

Der achtjährige Lars ist in der dritten Klasse. Sein Problem ist die fehlende Zusammenarbeit mit den anderen. Nicht einmal auf dem Spielplatz macht er mit. Er ist außerordentlich ruhig, zeigt kein Leben und scheint keinen Funken von dem zu haben, was man von einem Achtjährigen erwartet. Sein Gesichtsausdruck bleibt immer unverändert. In einem großen Klassenzimmer könnte er leicht vergessen werden. Er sitzt an seinem Platz wie eine Statue mit leerem und vergeßlichem Ausdruck. Seine schulischen Leistungen sind schlecht.

Er ist bei einem Sprachtherapeuten in Behandlung, weil er, wie in den Berichten über ihn steht, eine ernstliche Aussprache- und Stimmstörung, ›keine Herrschaft über die Zunge‹ hat. Um das Sprechen zu vermeiden, schüttelt er einfach seinen Kopf in bejahendem oder verneinendem Sinn. Dabei bleibt der leere Gesichtsausdruck bestehen.

Seine Lernfähigkeit wird als niedriger Durchschnitt bezeichnet. Im Lesen, in Deutsch und auch im Turnen ist er ungenügend. Er hat schlechte Arbeitsgewohnheiten und arbeitet langsam und umständlich.

Umgebung: Lars hat zwei ältere Brüder, Jonas zwanzig und Richard achtzehn Jahre alt. Der Bericht aus dem Kindergarten zeigt, daß er bettnäßt. Der Lehrer der ersten Klasse berichtete: »Lars ist körperlich normal entwickelt. Seine soziale und geistige Einstellung liegt für sein Alter unter dem Durchschnitt. Er zeigt wenig Gemeinschaftsgefühl.«

Der Turnlehrer macht sich um ihn Sorgen. Er war es auch, der Lars als ›Fall‹ für eine Untersuchung vorschlug. Alle Versuche, Lars beim Spiel in die Gruppe zu integrieren, endeten damit, daß Lars abseits stand, seine Hände in den Taschen vergrub oder an den Nägeln kaute.

Bewertung: Um den Grund für die schlechte Anpassung von Lars zu finden, habe ich kurze Gespräche mit ihm vor, damit ich mir ein besseres Bild von seiner Rolle innerhalb der Familie machen kann. Er ist der Jüngste in der Familie – allem Anschein nach spielt er die Rolle des Babys, um besondere Bedienung zu bekommen.

Lars ist nicht nur in der Schule, sondern auch an sich ein Problem. Sein infantiles Verhalten in der Schule ist wahrscheinlich das Ergebnis von Verwöhnung und Nachsicht zu Hause. Sein Betragen könnte andeuten, daß er versucht, die Aufmerksamkeit und die Bedienung seines Lehrers in einer passiv-destruktiven Weise, genau wie zu Hause, zu erregen.

Der Lehrer mag recht haben – aus dem wenigen aber, was wir von Lars bis jetzt wissen, vermuten wir, daß er wahrscheinlich das Stadium des Erregens von Aufmerksamkeit schon überschritten hat und nun seine absolute Unfähigkeit demonstriert, um allein gelassen zu werden. Ein Kind, »das leicht vergessen werden könnte«, fordert nicht Aufmerksamkeit, sondern erzielt die Reaktion, die es will: niemand erwartet mehr etwas von ihm. Was immer es auch sein mag, der Lehrer hat recht, wenn er annimmt, daß seine Stellung als Jüngster (mit zwei so viel älteren Brüdern vor sich) mit seinem Verhalten zusammenhängt.

Aktionsplan:
Während kurzer privater Gespräche werde ich versuchen, mehr über seine Gefühle gegenüber der Schule, gegenüber seinen Klassenkameraden und auch über seine Beziehungen innerhalb der Familie ausfindig zu machen. Dauernde Ermutigung ist unbedingt notwendig, um ihm ein Gefühl des Selbstvertrauens zu geben. Dieser Junge braucht Freundschaft mit jemand, der ihm das Gefühl seines Wertes gibt und ihn als Freund behandelt, nicht als Problemkind.

Von der Hilfe der Gruppe verspreche ich mir viel, damit Lars ›aus seinem Bau herauskommt‹ und sich zugehörig fühlt. Ihn aufzurufen, wenn man ziemlich sicher sein kann, daß er sich vorbereitet hat, wird ihm eine Stellung und durch seinen Beitrag das Gefühl geben, Teil der Gruppe zu sein. Dabei braucht er Worte der Anerkennung, um das Vertrauen zu gewinnen, daß er ›es kann‹, mit einem gelegentlichen Klopfen auf die Schultern, wenn er wirklich etwas beiträgt oder erreicht.

Um ein Gefühl der Freundschaft und der Selbstachtung in ihm zu entwickeln, darf man ihm nicht drohen. Jeder Streit sollte vermieden werden. Seinen Mangel an Bemühung oder an der Bereitschaft, etwas zu sagen, zu kritisieren, würde seinen passiven Widerstand nur verstärken.

Dieser Plan ist etwas allgemein gehalten, aber richtig. Er betont die offensichtliche Entmutigung des Jungen, die Notwendigkeit, weitere Entmutigungen zu vermeiden, und den Anreiz zur Selbstachtung.

In der ersten Schulwoche im September kam ein neuer Sprachtherapeut in die Klasse, um eventuelle Sprechprobleme ausfindig zu machen. Lars verließ seinen Platz nicht, um nicht bemerkt zu werden.

Diese Episode wurde in der Lehrergruppe ausführlich besprochen. War dies ein Zeichen eines Machtkampfs? Der Lehrer berichtete, daß der Sprachtherapeut die Kinder aufgefordert hatte, vor die Klasse zu treten. Einige Lehrer meinten, Lars hätte wahrscheinlich doch seinen Platz verlassen, wenn man ihn aufgefordert hätte, in den Hintergrund des Raumes zu gehen.

Wahrscheinlich wäre er aber lieber im Boden versunken, als so vor aller Augen dazustehen.

Während der ersten zwei Wochen hat Lars nichts aufgesagt. Er macht seine schriftlichen Arbeiten im Arbeitsheft fertig; wenn ich ihn aber aufrufe, sieht er mich einfach mit einem leeren Ausdruck an.

22. September – Die dritte Schulwoche: Heute kam Lars mit einem neuen farbigen Hemd zur Schule. Als er sein Heft vom Tisch holte, an dem ich saß, sagte ich: »Dein Hemd gefällt mir, Lars. Welch hübsche Farben!« Er sah mich an, als ob ich ein Fremder wäre, wollte zu seinem Platz zurück, drehte sich aber um und sagte: »Danke!« Er schien überrascht, daß ihn angesprochen hatte.

Das war eine geniale Methode. Was den Jungen erstaunte, war nicht, daß der Lehrer ihn ansprach, sondern daß er darauf hinwies, daß der Jung auffiel, und zwar in einer positiven und angenehmen Art. Er konnte bemerkt werden, ohne darunter zu leiden. Diese Überraschung veranlaßte ihn, sich ausdrücklich – wenn auch verspätet – zu bedanken.

23. September: Ich versuchte herauszufinden, wieviele Kinder eine Heftseite mit Additionen und Subtraktionen in einer bestimmten Zeit ausrechnen konnten. Einen von diesen, Ralf – vom ersten Schultag an ein typischer Langsamlerner – lobte ich. Lars stand in der Nähe. Ich fragte ihn, ob auch er in der Lage wäre, fertigzumachen. Er sprach kein Wort, sondern nickte nur ja.

28. September: Als ich am Tisch saß und die Jungen und Mädchen beobachtete, wie sie ihre Hefte abholten, beugte sich Lars zu mir und zeigte mir seinen verbundenen Arm. Ich fragte ihn zweimal, ehe er mir erzählte, was geschehen war. (Ich weiß, ich sollte nur einmal fragen.)

Wie recht der Lehrer hat! Ehe der Junge zu einer Antwort bereit war, wollte er vom Lehrer mehr haben als nur die eine Frage. Sofort, nachdem der Lehrer auf diese Herausforderung hereingefallen war, wurde er sich dessen bewußt. Dieser Vorfall ist typisch für ein Kind, das Aufmerksamkeit haben will, aber nicht willens ist, irgend etwas dafür zu tun.

Wenn ein Kind etwas aufsagen soll, erinnere ich es daran, daß es am besten an der Tafel steht, bis die anderen ihm zuhören. Lars ging zur Tafel, wartete aber übertrieben lang auf die Aufmerksamkeit der Klasse. Er war aber bereits nicht mehr völlig passiv. Er zeigte mit dem Lineal auf das Kind, das ihm nicht seine ganze Aufmerksamkeit zuwandte. Und in dieser Geste war wirklich ›Leben‹!

Lars sagte tatsächlich auf. Nachher fragte ich die Klasse: »Hat Lars irgendeinen Fehler gemacht?« Alle waren sich darüber einig, daß er keinen Fehler gemacht hatte. Dann fragte ich: »Wieviele von euch glauben, daß Lars seine Aufgabe gut ausgearbeitet und aufgesagt hat?« Lars war sehr an ihrer Reaktion interessiert, und schaute auf die Hände, die sich erhoben.

Es wird nicht berichtet, wieso Lars plötzlich bereit war aufzusagen. Wichtig war es aber auch, daß der Lehrer Lars für seine Leistung nicht nur lobte, sondern auch die Klasse bat, ihren Beifall auszudrücken. Auf diese Weise konnte Lars sich von der Gruppe akzeptiert fühlen.

Heute kam ein neuer Junge in die Schule. Ich setzte ihn Lars gegenüber und bat diesen, ob er heute Stefan helfen wolle, alles kennenzulernen und sich zurechtzufinden. Lars nickte, half Stefan aber nicht dabei, das Heft richtig zu beschriften oder die Seite zu zeigen, an der wir arbeiteten. Später jedoch sah ich die beiden zusammensitzen, und Lars zeigte ihm in seiner ungeschickten Art, wie man die Heftseite in vier Spalten knickt. Auch auf dem Spielplatz half er Stefan nicht viel. Der Turnlehrer sah Stefan meist nur am Rand des Spielfelds stehen. Lars zeigte ihm aber, wo die Waschräume waren und wo die nächste Stunde stattfand.

Unsere Diskussion über diesen Teil des Berichts mit den Lehrern befaßte sich damit, daß diese Gelegenheit, nämlich mehr zu wissen als der neue Junge, wohl der entscheidende Schritt war, der Lars soweit gebracht hatte, vor der Klasse aufzusagen.

Der Lehrer berichtete, daß er beinahe den Fehler gemacht hätte, Stefan zu helfen, als er sah, daß Lars seinen Auftrag nicht richtig ausführte – aber im letzten Moment hielt er sich zurück und ließ Lars wenigstens soviel tun, als ihm möglich war.

29. September: Ich habe versucht, Lars eine Arbeit an der Tafel zu geben, wo er Gelegenheit hat, vor der Klasse etwas zu sagen und damit einen Beitrag zu leisten. Ich entdeckte keine Sprechschwierigkeiten mehr. Seine Darstellung erfolgte mit monotoner und – ich möchte sagen – fauler Stimme. Ich glaube, daß dies nur eine Folge der fehlenden Übung ist.

Heute wurden in der Klasse die Ämter für Oktober verteilt. Ich bat, die Hände zu strecken, um zu sehen, wer an einer Aufgabe interessiert war. Als ich die Hand von Lars sah, fragte ich ihn, welche Aufgabe er haben wolle. Er wollte für das Klassenbuch verantwortlich sein. Das war eine gute Aufgabe für ihn. Er ist jetzt dafür zuständig, daß das Klassenbuch zu den verschiedenen Lehrern gelangt, am Ende des Schultags muß er es ins Büro bringen und am nächsten Morgen dort abholen, um es dem Lehrer der ersten Stunde zu geben.

Lars schreibt den Buchstaben ›m‹ sehr ungleichmäßig. Manchmal macht er zwei und manchmal drei Bögen. Offensichtlich möchte er sich nicht an die Regeln halten, sondern die Dinge nach eigenem Belieben einmal so und einmal anders machen.

Das ist typisch für Kinder, die mit der Rechtschreibung und Handschrift Schwierigkeiten haben. Außerdem haben wir hier ein Kind, das in jeder Hinsicht ein schlechter ›Macher‹ ist.

Er möchte, daß ich ihn in der Halle beachte, und nähert sich meinem Standort. Gewöhnlich nicke ich mit meinem Kopf und zwinkere ihm zu. Er sieht mich nur an.

30. September: Heute erlebte ich die Überraschung meines Lebens. Ich war während der Pause in der Halle. Lars kam und sah, daß ich ihn beobachtete, stand für einen Augenblick still und … zwinkerte mir zu. Die Fratzen, die dieses Kind dabei schnitt, machten den Eindruck, daß er zum ersten Mal in seinem Leben zu zwinkern versuchte.

Es spricht für das psychologische Feingefühl des Lehrers, daß er die Bedeutung der Tatsache erkannte, daß Lars überhaupt etwas *tat*, um Aufmerksamkeit zu bekommen. Dies ist die Wandlung von einer passiven zu einer aktiven Methode, gleichgültig, wie gering und unbedeutend das Ausmaß der Bewegung war.

Der Sprachtherapeut war heute in unserer Schule und nahm Lars in sein Sprechzimmer. Er glaubt, daß Lars keine wirklichen Sprechprobleme habe, sondern eben ein Baby sei und nicht sprechen möchte. Es besteht eine gewisse, aber nicht sehr ernstzunehmende Schwierigkeit, einige Buchstaben tönen zu lassen. Der Therapeut will ihm helfen, wenn er mitmacht, hat aber das Gefühl, daß der Junge gelangweilt ist. Er würde lieber mit einem Kind arbeiten, das zu Mitarbeit bereit ist.

Diese Beurteilung, die der Diagnose des ersten Sprachtherapeuten widerspricht, bestätigt den Eindruck des Lehrers. Könnte es sein, daß die Sprechschwierigkeit seit der Diagnose des ersten Therapeuten sich derart geändert hat?

1. Oktober: Als wir uns heute in einer Linie aufstellten, merkte ich, daß der Reißverschluß von Lars – er kam gerade aus der Toilette – nur halb geschlossen war. Ich flüsterte ihm zu, er solle zur Toilette zurückgehen, um sich ganz fertig zu machen.

Die lobenswerte Methode des Lehrers bestand darin, daß er nicht gesagt hatte: »Mach deinen Hosenladen zu!«, was ja die Reaktion gewesen wäre, die Lars haben wollte. Er sagte auch nichts in Gegenwart der anderen Kinder, was ihn hätte demütigen können. Aber er gab ihm die Verantwortung, für sich selbst zu sorgen.

Während des Aufsagens rufe ich nun Lars öfters auf. Bei verschiedenen Gelegenheiten streckte er von selbst seine Hand. Heute begann für ihn die Verantwortung für das Klassenbuch. Er machte alles sehr gut, und – damit ich sehen solle, daß er seine Aufgabe nicht vergessen habe – hob er das Buch hoch.

Er zeigt immer noch, wieviel Aufmerksamkeit er erregen möchte – aber er bewegt sich von der passiven zur aktiven Methode, von der nutzlosen zur nützlichen Seite.

5. Oktober – 5. Schulwoche: Lars ist jetzt der erste, der seine Rechenaufgabe fertig hat. Ich lasse ihn heute die Aufgaben an die Tafel schreiben, so lange die anderen fertigmachen.

Es wird offensichtlich, wie ehrgeizig der Junge ist. Wer hätte das am Anfang von dem völlig passiven und unauffälligen Jungen erwartet? Wieder bemerken wir die Feinfühligkeit des Lehrers. Er ergriff sofort die Gelegenheit, um zu betonen, daß der Junge mit seiner Aufgabe der erste war.

Das Mädchen, das für das Klassenbuch der Parallelklasse verantwortlich ist, vergaß dieses heute morgen. Lars brachte es mir. Er ließ mich aber wissen, daß sie es vergessen und daß er es ihr gebracht hatte. Bis jetzt hatte er auf sein Klassenbuch gut aufgepaßt.

Ein weiteres Beispiel für Lars' Ehrgeiz. Er versucht, andere zu übertreffen, und vergewissert sich, daß dies auch bemerkt wird.

Letzte Woche schrieb ich ein ›Gut‹ auf das Diktatheft von Lars und zeichnete ein lächelndes Gesicht, weil er keinen Fehler hatte. Er sagte mir, er würde es seiner Mutter zeigen. Heute berichtete er, daß er es seiner Mutter, und diese es dem Vater und seinen Brüdern gezeigt hatte.

Das Verlangen nach Aufmerksamkeit ist offensichtlich – ebenso die Fähigkeit von Lars, sie zu erregen. Dies ist jedoch wahrscheinlich des erste Mal, daß er gelobt worden ist.

6. Oktober: Während wir die Rechenhefte austeilten, ertappte ich Lars zum ersten Mal bei einer Unart. Er beugte sich über seine Bank und störte den Jungen, der vor ihm saß. Das war das erste wirkliche Zeichen von ›Leben‹, das ich bei Lars gesehen habe.

Wahrscheinlich gibt es nur wenige Lehrer, die so entzückt wären, bei einem Jungen eine Unart zu entdecken. Der Lehrer hat aber recht, denn für Lars ist es ein Fortschritt. Er kann sich zur Geltung bringen und aktiv sein, wenn auch diese Aktivität nicht immer konstruktiv ist.

11. Oktober: Einige Tage machte Lars nicht mit. Er sprach nicht, sondern schüttelte einfach wieder mit seinem Kopf. Ich überlegte mir, was ich getan hatte. Ich hatte ihm keine Aufgabe an der Tafel gegeben, wo er Gelegenheit gehabt hätte, etwas zu sagen. Ich hatte ihn jedoch absichtlich nicht aufgerufen, damit er sich freiwillig melden würde – aber er meldete sich nicht.

Es scheint, daß Lars noch nicht versucht, aus eigenen Stücken etwas beizutragen, wenn er nicht besondere Aufmerksamkeit erweckt. Dies weist darauf hin, daß er immer noch nicht glaubt, auf eigenen Beinen stehen zu können, ohne von jemand anderem abhängig zu sein.

Es ist beachtenswert, daß der Lehrer untersuchte, ob ihm selbst ein Fehler unterlaufen sei, als der Junge nicht mehr mitmachte. Vielleicht war es gar nicht sein Fehler, da der Junge ja auch anderen Einflüssen ausgesetzt ist, von denen viele schädlich und entmutigend sein können. Es lohnt sich aber auf jeden Fall, zu untersuchen, was man vielleicht dazu beigetragen hat, ohne sich dessen bewußt geworden zu sein. Und in diesem Fall fand der Lehrer die Antwort.

Er hatte sich entschlossen, Lars keine besondere Aufmerksamkeit zu widmen, sondern auf seine Beiträge zu warten. Denn er befürchtete zu Recht, daß Lars dann zuviel von seiner Anerkennung abhänge und daß er seinen übermäßigen Ehrgeiz ungebührlich anreize, indem er ihn den Ersten sein lasse. Diese Gefahr bestand ohne Zweifel. Der Lehrer fand aber auch heraus, daß er zu rasch vorwärts gegangen war. Der Junge brauchte immer noch sehr viel besondere Aufmerksamkeit, ehe er entwöhnt werden konnte. Natürlich ist es notwendig, sie auf konstruktive Weise zu erlangen. Das verfrühte Sichzurückziehen des Lehrers könnte auch der Grund für die vorher erwähnte Unart sein. Lars hatte nicht einmal den Mut, seine Unart fortzusetzen, um besondere Aufmerksamkeit zu bekommen, sondern zog sich statt dessen wieder in die Passivität zurück.

13. Oktober: Die Kinder lernten ein Gedicht zu Allerheiligen. Lars wurde aufgerufen, als er seine Hand streckte. Er sagte das Gedicht mit monotoner Stimme her, machte es aber sonst sehr nett. Als er fertig war, ging er nicht an seinen Platz, sondern kam zu mir. Offensichtlich wollte er ein weiteres Lob haben. Oder rebellierte er vielleicht gegen die Ordnung?

Der Lehrer tut gut daran, sich nicht festzulegen, sondern auch andere Möglichkeiten in Erwägung zu ziehen. In diesem Augenblick sagt er nicht, daß es Rebellion gegen die Ordnung war, sondern nimmt sich vor, die weitere Entwicklung zu überwachen und zu sehen, ob eine Neigung dazu vorhanden ist.

14. Oktober: Wieder brachte Lars nicht nur das Klassenbuch für seine, sondern auch für die Parallelklasse. Und wieder ließ er mich wissen, daß das Mädchen es vergessen hatte. Ein weiteres Beispiel, wie viel ihm am Lob liegt.

15. Oktober: Heute wartete ich nicht, daß Lars sich freiwillig meldete, sondern rief ihn auf. Als ihm klar wurde, daß ich ihn aufgerufen hatte, schaute er mich völlig verblüfft an. Er saß mit offenem Mund da, die Kinnladen hingen ihm herab und seine Augen waren auf mich gerichtet. Er sah wirklich blöd aus. Als ich auf seine Antwort wartete, wurden die anderen ungeduldig. Sie fingen an, auf ihre Bücher zu zeigen. Schließlich wurde ihm klar, daß er etwas sagen sollte. Seine Antworten waren richtig. Er wußte, was von ihm erwartet wurde, wollte aber zusätzlich aufgefordert werden, was ich vermied.

Wieder gelang es dem Lehrer, auf seinen ›blöden‹ Blick nicht hereinzufallen und weder eine Bemerkung zu machen noch einen Druck auszuüben. Der Druck durch die anderen genügte. Und als Lars merkte, daß der Lehrer nicht daran dachte, irgend etwas zu tun, machte er mit.

20. Oktober: Ich prüfte das Rechenheft von Lars. Aufgaben, die ihm keine Spaß machten, versuchte er gleich gar nicht zu lösen. Die Regeln hat er nicht sorgfältig gelesen. Wenn er z. B. Zweier zählen sollte, zählte er Fünfer oder Einser. Erforderten die Aufgaben etwas Schriftliches, dann war seine Schrift in einigen Fällen ziemlich schlecht. Daß er es macht, wie *er* will, scheint auf eine Rebellion gegen die Ordnung hinzudeuten.

Der Lehrer beobachtet, ob seine Annahme sich bewahrheitet. Wahrscheinlich ist er auf der richtigen Spur. Wenn Lars mutiger wird, kann die Rebellion gegen seine ungünstige Stellung in der eigenen Familie offen zutage treten. Man muß darauf achten.

Heute beobachteten die Sekretärin des Büros und ich Lars auf dem Spielplatz, wie er auf der Seite stand, an den Fingernägeln kaute, gelegentlich beim Spielen mitmachte, aber bald wieder aufhörte. Das Mädchen aus dem Büro bemerkte: »Es sieht so aus, als ob er nicht spielen könnte.«

Mir scheint es, daß Lars wirklich ein Junge sein will, aber das Gefühl hat, keiner zu sein. Ich habe den Eindruck, daß er sich von seinen zwei älteren Brüdern besiegt fühlt. Der eine hat eine Tankstelle und der andere repariert Autos in einer benachbarten Werkstatt, in der auch sein Vater arbeitet.

Dies ist eine ausgezeichnete Darstellung des Unterschieds zwischen einem psychologisch ungeschulten Beobachter und einem ausgebildeten. Alles, was das Mädchen aus dem Büro sehen konnte, war, daß Lars offensichtlich nicht weiß, wie man spielt. Das stimmt. Aber der Lehrer suchte sofort nach einem möglichen Grund für ein solches Verhalten. Vielleicht fühlt Lars sich nicht als Mann – sofort denkt der Lehrer an die drei anderen Männer in der Familie. Lars ist ein Junge, ja, aber er kann es weder dem Vater noch den zwei viel älteren Brüdern gleichtun.

2. November: Gestern war Lars nicht da. Als ich ihn heute fragte, warum er gefehlt habe, sagte er: »Ich mußte meine Mutter in der Nacht wecken, ich war krank.«

Das ist eine bedeutungsvolle Bemerkung. Offensichtlich war es für Lars nicht so wichtig, daß er krank war, sondern, daß er seine Mutter wecken konnte. Das ist seine Art, einen Platz in der Familie zu finden, nämlich dadurch, daß er klein, hilflos oder krank ist.

4. November: Ich hatte ein kurzes Gespräch mit Lars, während die Klasse arbeitete. Ich fragte ihn, was er nach der Schule mache. »Ich gehe für meine Mutter einkaufen.« Weiter erkundigte ich mich, ob er Fußball oder ein anderes Spiel mit Nachbarjungen spiele. »Nein.« Er sagte, er sehe seinen Brüdern bei der Arbeit zu. Ferner wollte ich wissen, wie er mit seinen Brüdern auskommen. Er streite sich mit ihnen. Ich fragte, warum. Er wußte es nicht. Über was stritten sie? Er konnte es nicht sagen. Es war Zeit, mich um die Klasse zu kümmern, leider hatte ich diesmal nicht sehr viel von ihm erfahren.

In der nächsten Stunde, während ich meine Klasse erwartete, war ich ziemlich früh in der Halle. Auch Lars kam früh von der Turnstunde, um seine Hände zu waschen. Ich bat ihn, sich neben mich auf die Bank zu setzen. »Du hast mir in der ersten Stunde erzählt, daß du mit deinen Brüdern Streit hast, und ich wollte wissen, worüber ihr euch streitet.« Er sah mich an, sagte aber nichts. Dann fragte ich ihn, was seine Brüder machten (Ich wußte es sehr gut.) Und er erzählte mir alles über die Tankstelle und die Werkstatt. Dann fügte er freiwillig hinzu: »Meine Brüder nennen mich ›Dummer‹.«

Man kann sich Lars gut vorstellen, wie er wahrscheinlich seine Brüder stört und diese ihn herumstoßen. Er will lieber seinen Brüdern bei der Arbeit zuschauen, als mit Nachbarsjungen spielen. Trotz seiner nicht gerade erfreulichen Beziehung zu seinen Brüdern, nahm er sie als einen Teil seines Lebens auf sich.

Erziehungswoche: Endlich hatte ich Gelegenheit, mit der Mutter von Lars zu sprechen, als diese zu unserer Elternversammlung kam. Sie sprach nicht viel. Ich fragte sie, was Lars nach der Schule mache, und sie sagte, daß in ihrer Umgebung keine Kinder seien, mit denen Lars spielen könne. Sie zeigte viel Interesse an den Pfadfindern, die in unserer Schulzeitung genannt wurden, und bat mich, einen Jungen zu finden, der das Interesse von Lars dafür wecken könne. Vielleicht könnte ich einen Jungen bitten, Lars zu Hause abzuholen, um mit ihm zu einem Treffen der Pfadfinder zu gehen. (Offensichtlich beschützt ihn die Mutter zuviel und möchte, daß ich für Lars etwas tue wie sie.)

Ich erkundigte mich nach der Beziehung zwischen Lars und seinen Brüdern. Sie beklagte sich über den großen Altersunterschied. Als ich erzählte, daß die Brüder ihn ›Dummer‹ nennen, reagierte sie unwillig. »Sie necken ihn nur!« Dann sagte sie aber, daß sie mit ihnen darüber gesprochen hätte. Das war alles.

Bei den Leistungen von Lars in der Schule beklagte sie sich hauptsächlich über seine schlechte Handschrift. Ich erklärte ihr die Schwierigkeit, von der Druckschrift zur Schreibschrift überzuwechseln.

Das ist alles, was der Lehrer über seine Unterhaltung mit der Mutter berichtet. Es ist interessant, daß diese Unterhaltung genau so unergiebig war wie sein Gespräch mit Lars. Von beiden bekam er nicht allzu viel Neues zu hören. Er stellte die übermäßig beschützende Einstellung der Mutter und auch eine gewisse Meinungsverschiedenheit zwischen der Mutter und den Brüdern fest, verfolgte aber diese Richtung nicht weiter. Vielleicht hätte er in seinen Fragen noch etwas beharrlicher sein sollen, vielleicht war es aber die Haltung der Mutter, die weitere Erkundigungen nicht ratsam scheinen ließen.

16. November: Heute zeigte mir Lars eine neue Uhr. Er streckte einfach seinen Arm aus und sagte sonst nicht. Mir gefiel die Uhr, und da ich daran dachte, eine für meinen Sohn zu kaufen, fragte ich ihn, wo sie gekauft worden sei. Seine Antwort: »Ein Laden.« Erst als ich weiter in ihn drang, sagte er mir, welcher Laden es war. Ich bat ihn, mir zu berichten, ob sich die Uhr bewähre, da ich für meinen Sohn eine ähnliche kaufen wolle.

Es war richtig, ihm eine solche Aufgabe zu stellen; vielleicht war es aber nicht so gut, auf einer Antwort zu bestehen. Als er zuerst antwortete »ein Laden«, wäre eine erklärende Bemerkung über die Gründe für seine kurze und unverbindliche Antwort besser gewesen, als zu versuchen, mehr Einzelheiten herauszubringen. Anscheinend hat der Lehrer bis jetzt noch nicht versucht, den Widerwillen von Lars zu deuten, ein Wort mehr zu sagen als unbedingt nötig ist.

Es ist ebenso fraglich, ob er überhaupt etwas hätte sagen sollen, als der Junge lediglich seinen Arm ausstreckte. Vielleicht wäre es besser gewesen, auch mit einer Geste zu antworten. Das hätte spaßig geschehen können, nicht in einer tadelnden Weise, und hätte dem Jungen gezeigt, wie er sich verhält.

An diesem Nachmittag stieß mich Lars mit seiner Jacke an, die er auf dem Arm trug. Er sagte nichts, aber zeigte dadurch, daß ich die Jacke beachten solle. Sie war neu. Ich sprach in diesem Augenblick mit einem Lehrer und nickte nur, daß ich sie gesehen hatte.

Dies war schon besser gehandelt.

Vor einigen Wochen bekam er ein neues Fahrrad. Ich fragte ihn heute, warum er all diese neuen Dinge bekäme, und wollte wissen, ob es Geburtstagsgeschenke seien. Er sagte nein, fuhr aber fort: »Ich weiß nicht, warum sie (die Mutter) mir all diese Dinge kauft. Ich glaube, sie tut es gern.« Ich fragte mich, ob Lars mit Geschenken überschüttet werde, weil er Fortschritte machte.

Eine andere Möglichkeit wäre der Widerwille der Mutter gegen die Art, mit der die Brüder Lars behandeln, was sie jetzt besser erkennt als früher. Vielleicht versucht sie, das wieder gutzumachen. Es könnte auch gut möglich sein, daß sie mit Lars ein Bündnis gegen die drei starken Männer der Familie geschlossen hat und sich an Lars als das Baby hält, das sie immer noch braucht.

17. November: Ich bat einen älteren Pfadfinderjungen, Lars zu einem Treffen mitzunehmen, und brachte Lars ein Pfadfinderbuch, das er mit Interesse las.

Es fehlt der Hinweis darauf, ob der Lehrer dies in einer übermäßig beschützenden Weise getan hat.

19. November: Wir machten aus Mehl, Salz und Wasser Landkarten auf Glasplatten. Lars war sehr interessiert. Er schaute den anderen zu, wie sie ihren Teig mischten und ihn mit Pflanzenfarben färbten. Er bat um etwas Teig, um ihn besser zu kneten, damit er noch glatter würde.

Ich war gespannt, ob er um eine Glasplatte bitten würde, um eine eigene Karte zu machen. Einige Tage lang geschah nichts. Nur als ich vorschlug, daß die Pfadfinder ihre Karte mitnehmen dürfen, um sich bei den Pfadfindern Pluspunkte zu verdienen, verkündete Lars schließlich, daß er auch eine Glasplatte kaufen wolle. Auch er wollte sich Pluspunkte verdienen.

Wir sehen das Interesse des Lehrers, Lars anzuregen. Gleichzeitig wartet er geduldig darauf, daß Lars aktiver wird. Lars erwartet immer noch Anregung und Belohnung, ehe er etwas macht, selbst wenn es ihn interessiert. Es ist klar, daß nach seiner Meinung andere etwas tun können, während ihm selbst nur die Möglichkeit bleibt, aus der Leistung anderer eine Ersatzbefriedigung zu bekommen.

Der Turnlehrer fragte Lars, warum er keine Turnschuhe habe, nachdem er doch eine neue Uhr, eine neue Jacke und ein Fahrrad bekommen habe. Er antwortete, daß er zu Hause Turnschuhe habe, sie aber nicht zu Schule bringe. Anscheinend will Lars immer noch Turnen und Sport vermeiden, aus Angst, es würde dabei herauskommen, daß er kein richtiger Junge ist.

Ende November: Kurt macht jetzt bei den Pfadfindern mit. Er brachte zwei Zigarrenkisten, um für seine Mutter etwas zu basteln. Er malt sie an und nimmt sie das nächste Mal zum Treffen der Pfadfinder mit, um sich Punkte zu verdienen, ehe er sie seiner Mutter zu Weihnachten schenkt. Seine Malarbeit war nicht besonders hübsch, aber ich war glücklich zu sehen, daß er sich bemühte, nach Zigarrenkisten zu suchen und sie zur Schule zu bringen. Er hat jedoch noch keine Glasplatte für seine Landkarte gebracht.

Wie vorsichtig der Lehrer jede mögliche Entmutigung vermeidet, sei es durch Kritisieren seiner Malerei oder Mißbilligen seiner Arbeit an den Zigarrenkisten, statt daß dieser endlich seine Glasplatte bringen würde!

Die Noten von Lars in den ersten zehn Wochen zeigen zufriedenstellende Arbeit im Rechnen, in der Rechtschreibung, im Lesen und in den Werkarbeiten. Er muß sich noch im Selbstausdruck, im Gemeinschaftsleben, der Musik, Naturkunde, Sprache und Turnen sowie Zuhören verbessern.

1. Dezember: Als die Schule im September begann, kam Lars immer etwas zu spät ins Klassenzimmer hereingetrödelt. Jetzt ist er gewöhnlich der erste. Er ist freundlich, beugt sich über meinen Tisch und plaudert mit mir über sich und seine Familie.

Er hilft mir sehr gern bei den Vorbereitungen zu den Werkarbeiten, jedoch nicht, um seine schulischen Arbeiten zu vernachlässigen, sondern aus echtem Interesse daran.

Gestern schnitten vier Kinder Kreppapier, um daraus zusammen mit Salz, Mehl und Wasser einen Teig zu machen. Nachdem die vier fest gearbeitet hatten, bat ich sie, andere zu wählen, um an ihrer Stelle weiterzumachen. Lars streckte seine Hand, und einer der Jungen nannte ihn.

Lars ist jetzt im Rechnen sehr gut. Ihm und einigen der anderen Schnellrechner wurde die Gelegenheit gegeben, leichtere Aufgaben der nächsthöheren Klasse zu lösen.

Innerhalb von drei Monaten ist das ein erheblicher Wandel von einem Jungen, der völlig in sich zurückgezogen war, zu einem, der jetzt im Rechnen zu den Besten gehört. Man kann nicht mehr annehmen, daß er dumm ist.

Der Schulleiter, der manchmal in die Klassen schaut, sah Lars, wie er mit einer Gruppe arbeitete. Er drückte den Wunsch aus, daß Lars den ganzen Tag mit dieser Klasse zusammensein könnte, daß er aber auch die anderen Fächer brauche. (Er hat drei Stunden in meinen Fächern.)

9. Dezember: Auch andere Lehrer der Schule merkten, daß Lars jetzt

viel mehr mitmacht als früher. Er focht heute während der Turnstunde sogar einen guten altmodischen Ringkampf mit einem Jungen aus. Seine Landkarte auf Glas machte er letzte Woche fertig; er will sie seinem älteren Bruder zu Weihnachten schenken. Daß er sie seinem älteren Bruder schenken will, hat er mir dreimal erzählt. Offensichtlich sind Lars und sein älterer Bruder gegen den mittleren Bruder verbündet.

Die glaubwürdige Deutung des Lehrers von Lars' Bündnis mit seinem älteren Bruder könnte wichtig sein, wenn man den älteren Bruder dazu bringen könnte, bei der Entwicklung von Lars zu helfen.

17. Dezember: Heute ist es sehr kalt. Lars kam aufgeregt und voller Leben in die Klasse. Vier andere Jungen kamen zur gleichen Zeit. Mit *wirklich lauter* Stimme sagte Lars: »Heute sind nur fünf Jungen in der Klasse.« Das war der lauteste Satz, den ich von Lars seit September gehört hatte.

Die Lautstärke eines Kindes ist oft besonders aufschlußreich, da sie sein Selbstvertrauen und seine Einstellung zum Leben zeigt.

Während er an einigen Rechenaufgaben arbeitete, mit denen Lesen verknüpft war, bat er mich bei einem Wort um Hilfe. Ich sagte ihm, er könne es selbst herausbringen. Als er an seinen Platz zurückging, hielt er am Platz eines anderen Jungen an und fragte ihn, was das Wort bedeute. Er möchte sich immer noch von anderen bedienen lassen. Ich sagte ihm das Wort nicht, weil ich wußte, daß er mich in seinen Dienst stellen wollte. In der Lesestunde hat er keine Schwierigkeiten mit Wörtern.

Der Lehrer erwähnt nicht, was er tat – oder was er nicht tat – als Lars den anderen Jungen fragte. Wir dürfen annehmen, daß er es ignorierte, weil jede Bemerkung die Situation sicher nicht verbessert hätte. Denn dann hätte Lars wirklich die Aufmerksamkeit bekommen, die er haben wollte. Es wäre jedoch ratsam, solche Zwischenfälle nicht ganz unbeachtet zu lassen, besonders in diesem Stadium der Entwicklung, sondern mit Lars ein persönliches Gespräch darüber führen, was er tut und wozu.

18. Dezember: Wieder wollte Lars bei einer schriftlichen Aufgabe Hilfe bekommen. Ich bat ihn, mir die Aufgabe vorzulesen. Als er damit fertig war, gab er sofort selbst die Antwort. Er brauchte keine Hilfe, sondern lediglich die Bedienung anderer.

Dies scheint typisch für diesen Fall zu sein: Immer wenn der Lehrer sich weigert, Hilfe zu geben, braucht Lars sie nicht mehr.

Heute hat Lars seine Aufgaben fertig gemacht und schaute nach einem Buch. Ich gab ihm ein Gedichtbuch, aus dem ich der Klasse manchmal vorlese. Als er es zurückgab, bat er mich, ein bestimmtes Gedicht vorzulesen. Nachdem ich die Arbeiten eingesammelt und besprochen hatte, sagte ich der Klasse, daß mich Lars gebeten habe, ein Gedicht der Klasse vorzulesen, das er besonders nett fände. Ich fragte, ob sie es hören wollten. Sie waren einverstanden, fanden es ebenfalls nett und wollten sogar noch mehr hören.

Dies war eine sehr hübsche Art, Lars in die Gruppe einzugliedern. Er bot selbst die Handhabe dazu.

Lars bat darum, ob er das Gedichtbuch in den Weihnachtsferien mit nach Hause nehmen könne. Das Weihnachtsgeschenk, das er mir übergab, hatte er selbst eingepackt. Es war auf allen Seiten mit Klebeband zugeklebt. Das Weihnachtskärtchen hatte er geschrieben, es wurde aber von einem anderen Kärtchen zugedeckt, das von einem Erwachsenen geschrieben war. Wahrscheinlich hatte die Mutter gedacht, er hätte es nicht schön genug geschrieben, so daß sie es zugeklebt und noch einmal selbst geschrieben hatte.

Dies zeigt deutlich die häusliche Erziehung. Nichts war gut genug. Und die Mutter hat sich nicht geändert. Das wäre eine Aufgabe für den Lehrer.

Lars' Betragen in der Halle, wenn er von einer in die andere Klasse geht, ist jetzt im Dezember ganz anders als im September. Er kommt den Gang entlang, schwingt seinen Mantel um den Kopf, hat lange, wenn auch etwas unbeholfene Schritte und hält sich nicht genau an alle entsprechenden Regeln. Wir haben auf dem Boden der Halle Linien aufgezeichnet, um den Verkehr einigermaßen in Ordnung zu halten. Lars versucht, direkt auf der Linie oder sogar leicht auf der verbotenen Seite zu gehen. Er spricht in der Halle, was er vorher nie getan hatte.

5. Januar: Lars bat mich wieder, aus dem Gedichtbuch der Klasse ein Gedicht vorzulesen. Er fragte, ob ich noch ein anderes Buch mit Gedichten habe und ob er es mit nach Hause nehmen dürfe; ich gab ihm eines, das er noch nicht kannte.

Die Betreuerin von Lars bei den Pfadfindern erzählte mir, daß er gern zu den Zusammenkünften komme und ein guter Helfer sei. Sie besuchte mich einmal in der Klasse. Lars kam dazu. Sie rühmte ihn vor allen anderen, indem sie ihn einen ihrer besten Helfer nannte. Er hat sie gern. Sie streichelt ihm den Kopf – erzählt mir aber, daß sie ihn auch dazu anhalte, manche Dinge zu tun.

Der Lehrer spürt die unerwünschte Einflußnahme eines anderen Erwachsenen auf Lars – zu Recht. Ein solcher Druck ist dann schädlich, wenn er den Jungen davon abhält, auf eigenen Füßen zu stehen. Da das Ende des Schuljahrs nahte, faßte der Lehrer die Entwicklung des Falls zusammen:

Lars hat seinen Platz in der Gruppe gefunden. Er hat gelernt, zu lächeln und an der Gruppe teilzunehmen. Er sitzt nicht mehr wie ein ›Dummkopf‹ herum, sondern macht oft mit und ist immer bereit, zu helfen.

Er wartet nicht mehr darauf, daß andere etwas für ihn tun, und fällt nur gelegentlich in seine frühere Verhaltensweise zurück; aber auch dann zeigt er sich bei seiner Forderung nach Bedienung aktiver. Wenn sich Gelegenheit bietet, ist er willens zu helfen. Eines Tages half er den Kindern, Bücher auszusuchen, und bot seine Dienste an. Er bittet darum, Dinge wie Hefte und Bücher austeilen zu dürfen.

Er zeigt viel Interesse an seiner Arbeit und ist immer darauf bedacht, auf die Tafel zu schauen, auf der die Aufgaben gestellt werden. Diese macht er rasch – und auch richtig – fertig. Er liest gern Geschichten und Gedichte und erzählt sie dann seinen Kameraden.

Die Angst, mit mir oder den Klassenkameraden zu reden, ist verschwunden. Und er hat einige wirkliche Freunde, die ihn dazu wählen, den Platz als Klassensprecher usw. einzunehmen. Im Dezember wurde er als Buchhelfer gewählt und immer, wenn die Diskussionszeit um ist, ist er sofort bereit, die Bücher einzusammeln.

Die Pfadfinder haben viel für Lars getan.

Seine Handschrift ist immer noch nicht besonders gut, hat sich aber doch sehr gebessert. Seine Leistungen im Lesen und Rechnen sind sehr gut und verraten seinen Ehrgeiz.

Der Turnlehrer berichtet, daß Lars sich auch auf sportlichem Gebiet sehr verändert habe und jetzt sogar richtige Ringkämpfe mit seinen Klassenkameraden ausfechte.

Der Sprachtherapeut erzählte mir, daß Lars ein völlig anderer Junge sei. Er wehrt sich nicht mehr, in die Klinik zu Behandlung zu kommen, und hilft auch selber dort. »Lars ist wie verwandelt und nicht mehr der Junge, den ich im September traf«, sagte er. Offensichtlich änderte er seine Meinung, daß Lars gelangweilt sei.

Lars war mir eine wertvolle Lehre – ein Fall, den ich wie eine heiße Kartoffel fallen lassen wollte, als ich wochenlang keinen Laut aus ihm herausbekam. In den ersten beiden Wochen war ich völlig entmutigt gewesen und hatte keine Möglichkeit gesehen, diesem Jungen irgendwie zu helfen. Jetzt sind wir richtige Freunde, und ich glaube, unsere Freundschaft hat auch zwischen der Schule und den Eltern eine bessere Beziehung geschaffen.

Dieser Fall zeigt, wieviel ein Klassenlehrer tun kann, wenn er die Beweggründe des Kindes versteht und die Methoden kennt, seine falsch gesteckten Ziele zu vereiteln.

Während der Erfolg in diesem Fall sehr zufriedenstellend ist, könnte immer noch mehr getan werden. Man hat den Eindruck, daß Lars immer noch allzu oft seinen Lehrer in seinen Dienst stellen kann.

63. Beispiel

Das Problem: Lisa ist eine aufgeweckte und ehrgeizige Oberschülerin im Alter von sechzehneinhalb Jahren. Seit mindestens vier Jahren hat sie Schwierigkeiten, mit ihren Klassenkameraden zurechtzukommen. Obwohl ihr die Tatsache ihrer Unbeliebtheit Kummer macht, fordert sie die anderen oft heraus und macht den Eindruck, sich überlegen zu fühlen. Viele Lehrer haben sich schon um sie bemüht, kamen aber zu dem Schluß, daß man sie unmöglich soweit bringen kann, ihre Fehler einzusehen. Da sie ein Mitglied des Schülervereins ist, für den ich die Patenschaft übernommen habe, wurde ich schon oft gebeten, mit ihr über ihre Säumigkeit, ihr Herumstehen in den Gängen und über Zornausbrüche zu sprechen. Ich würde ihr gern bei der Lösung ihrer Probleme helfen, denn sie ist am Lehrerberuf interessiert. Aber im Lehrerseminar könnte sie solche Schwierigkeiten bekommen, daß sie entmutigt wird und ihre Ausbildung nicht weiter verfolgt.

Herkunft: Lisa ist die jüngste von zwei Geschwistern. Ihr um zwei Jahre älterer Bruder Thomas wurde letztes Jahr mit der Schule fertig und besucht eine Universität. Lisa hatte immer viel bessere Noten als er, war eine Streberin und der Liebling des Lehrers. Im zweiten Schulhalbjahr hatten wir ein Gespräch: Lisa beklagte sich, daß sie gewissen Regeln Folge leisten mußte, wie z. B. dem Klavierüben und zu einer bestimmten Zeit nach Hause zu kommen, während ihr Bruder »sich alles erlauben durfte«. Letztes Jahr beklagte sie sich jedesmal, wenn sie nicht eine Eins bekam, ihre Mutter ging aber nicht darauf ein, und so kam sie am nächsten Tag zur Schule, als ob nichts geschehen wäre. Anscheinend hat ihre Mutter in den letzten Jahren Lisa erfolgreich zum Gehorsam gezwungen, hat aber jetzt kein Glück mehr damit und regt sich, wenn Lisa Schwierigkeiten hat, so auf, daß sie »nicht weiß, was sie tun soll«.

In den unteren Klassen meldete sich Lisa immer freiwillig, um ihren Lehrern zu helfen. Ihre Klassenkameraden ärgerten sich, wenn sie im Büro aushalf. Letztes Jahr sprach ich bei mehreren Gelegenheiten mit ihr, und es schien, daß sie mit ihren Klassenkameraden besser auskam. Tatsächlich wurde sie auch zur Cheer Leaderin gewählt. Sie war damit jedoch nicht zufrieden und wollte noch verschiedene andere Ämter im Schülerclub haben. Als der Schülerverein seine Vorstandsmitglieder wählte, war sie nicht anwesend und später sehr enttäuscht. Sie sagte zu einigen Mitschülern, sie hätten das Treffen verschieben sollen. Später wurde ein kaufmännischer Club organisiert, der ihr so wichtig war, daß sie sich selbst nominierte. Ihre Mitschülerinnen lachten und nominierten jemand anderes.

Bewertung: Anscheinend will Lisa Aufmerksamkeit erregen; sie befindet sich auf manchen Gebieten aber auch in einem Machtkampf mit den Erwachsenen. Einige Lehrer glauben, daß Lisa sie als zu idealistisch ansieht und außerdem nicht versteht, daß das Gymnasium auch Spaß machen kann. Sie ist überzeugt, daß man immer an der Spitze stehen muß, um ›jemand‹ zu sein. Bei jeder Art von Wettbewerb ist sie ein schlechter Verlierer. Oft versucht sie, durch lautes und dummes Verhalten Aufmerksamkeit zu erregen. Sie hat schon oft den Wunsch geäußert, die Schule zu wechseln, und glaubt, daß ihre Kameraden sich darüber freuen würden. Ihr Vater bestand aber darauf, daß sie bleiben sollte.

Die Bewertung beschreibt mehr die Probleme, als daß sie sie deutet. Es gibt noch vieles, was wir von Lisa wissen sollten. Sie übertrifft ihren Bruder, was die schulischen Leistungen anbelangt. Ihre soziale Anpassung leidet unter ihrem übermäßigen Ehrgeiz und ihrer Sucht, intellektuelle und vielleicht auch moralische Überlegenheit zu erlangen. Es wäre interessant zu wissen, ob der Bruder, der nicht durch solch hohe Maßstäbe und einen solchen Ehrgeiz getrieben ist, sozial besser angepaßt, populärer und beliebter ist, was wiederum Lisas Vertrauen in ihre sozialen Beziehungen entmutigt haben könnte. Ferner sollte man mehr von Lisas Verhältnis zu ihren Eltern wissen, ob sie sich mehr auf die Seite von Vater oder Mutter geschlagen, und wer ihren Ehrgeiz so angestachelt hat. Bis jetzt haben wir noch kein klares Anzeichen für einen Machtkampf mit Erwachsenen, obwohl sowohl ihre Leistungen als auch ihr Versagen mehr sein könnte als nur der Wunsch nach Aufmerksamkeit.

Aktionsplan:
1. Sie gewinnen
2. Sie ermutigen
3. Sie zur Einsicht bringen, daß es unnötig und unmöglich ist, immer an der Spitze zu sein
4. Natürliche Folgen

Dies sind gute, allgemeine Richtlinien, die aber mit Ausnahme von Punkt 3 nicht genügend spezifisch sind. Das Mädchen scheint sich ihres Platzes in der Gruppe unsicher zu sein, sonst würde sie sich nicht so viel an den Lehrer wenden und wäre nicht so sehr um ihre Überlegenheit besorgt. Was sind die Gründe? Warum ist sie so entmutigt, besonders auf sozialem Gebiet?

5. Februar: Ich sah Lisa während der Handarbeitsstunde mit einem Jungen von der Basketball-Mannschaft im Gang stehen. Später traf ich sie im oberen Stock und fragte, was sie hier täte. Sie sagte, sie wolle den Lehrer sprechen. Ich fand heraus, daß dies nicht stimmte, und beschloß, ein Gespräch mit ihr zu führen, da sich viele Lehrer darüber beklagt hatten, daß sie tue, was ihr gefalle. Dabei gab sie sich immer den Anschein, als ob alles in Ordnung sei. Ich kam darauf, daß sie sich in der vergangenen Woche über einiges aufgeregt hatte. Einige Jungen hatten die Schule geschwänzt und wurden gefaßt. Man sprach davon, daß Lisa sie verpetzt habe. Als die Klasse anfing, sie anzuklagen, bekam sie einen Wutausbruch.

Lisa erzählte mir dies weinend. Sie sagte, niemand würde mit ihr sprechen. Dauernd hätte sie Pech, und je mehr sie sich anstrenge, desto weniger würden die anderen sie mögen. Sie meinte, daß sogar die Lehrer sie falsch verstehen. Ich erwiderte, daß sie sich vielleicht zu sehr bemühe und daß es hilfreich sein könne, einmal zu überlegen, was sie dazu tue, um diesen ›falschen Eindruck‹ zu erwecken. Ich würde dies gern mit ihr durchsprechen, wenn sie wolle.

An diesem Abend war sie sehr aufgeregt und erzählte ihren Eltern, daß alle Lehrer gegen sie seien. Am nächsten Morgen kam sie nicht zur ersten Stunde.

Dies war ein guter Anfang – nicht zuviel und nicht zuwenig. Der Lehrer predigte oder tadelte nicht, sondern bot ein Programm der Hilfe an. Das war alles, was er zu dieser Zeit tun konnte, und es war richtig, selbst wenn das Mädchen diese persönliche ›Einmischung‹ ablehnte.

8. Februar: Lisa kam sehr früh. In den letzten beiden Tagen unterzog sie sich einem Examen, um ein Stipendium zu bekommen, und ich fragte sie, ob es schwierig gewesen sei. Sie nickte mit dem Kopf. Später kam sie heraus, um etwas Papier zu holen, sah sich dabei einige Bilder auf meinem Tisch an und machte einige Bemerkungen. Dies schien das Eis zu brechen. Ihre Arbeit verbesserte sich in den nächsten Tagen.

Dies war sehr gut, soweit es sich darum handelte, ein gutes Verhältnis zu schaffen, aber das erste Gespräch wurde nicht weiterverfolgt. Vielleicht spürte der Lehrer Lisas mangelnde Bereitschaft dazu.

13. Februar: Lisa kam zu spät. Sie brachte ein Entschuldigungsschreiben und sagte: »Das ist das letzte Mal!«

Obwohl es Anzeichen für eine freundlichere Haltung des Mädchens gibt, ist die Entwicklung immer noch langsam. Ein halber Monat ist seit dem ursprünglichen Gespräch vergangen. Offensichtlich wollte der Lehrer warten, bis das Mädchen aus eigenem Antrieb kam.

25. Februar: In der Klasse wurde darüber gesprochen, daß ein Mädchen ungerecht behandelt wurde. Obwohl das Mädchen sich nicht zu beklagen schien, nahm Lisa es auf sich, sich für sie einzusetzen. Allerdings wurde dann in einer Aussprache zwischen der Klasse und dem betreffenden Lehrer der Fall sowieso geklärt, doch hat sich Lisa dadurch neue Freunde erworben.

Das war einer der Fälle, wo der Kampf gegen ›Ungerechtigkeit‹ keine Feinde, sondern Freunde einbrachte, und wo es keine Herausforderung war, den Richter zu spielen. Für Lisa war dies aber keine gute Lektion. Schade, daß der Lehrer sie nicht darauf hinwies, daß sie sich durch den Erfolg nicht irreleiten lassen solle.

1. März: Lisa hielt mich auf dem Gang an und fragte mich, ob ich mit Hanna, die nach ihrer Meinung ein Gerücht über sie und die Jungen verbreitet hatte, sprechen könnte. Ich fragte sie, ob sie Angst hätte, daß andere es glauben würden. Nein, das würde sie nicht kümmern. Aber sie und Hanna waren schon seit einiger Zeit Rivalinnen. Mehr sagte sie mir nicht darüber.

Das Mädchen bat beinahe um ein Gespräch, aber offensichtlich arbeitete der Lehre immer noch an Punkt 1 seines Aktionsplans, nämlich dem, Lisa zu gewinnen.

5. März: Ich rief Lisa aus ihrer Klasse, um ein anderes Examen für ein Stipendium mit ihr zu besprechen. Sie kam mit einem mißtrauischen Lächeln heraus und fragte: »Bringen Sie gute oder schlechte Nachrichten?« Ich lachte und sie schien erleichtert.

Wir können die Taktik und das Bemühen des Lehrers erkennen, mit Lisas Argwohn gegenüber den Lehrern fertigzuwerden. Es gibt tatsächlich Fortschritte, was eine freundliche Beziehung anbelangt, doch macht er bis jetzt noch keinen Gebrauch davon.

13. März: Sie fragte, ob sie auch dieses Mal wieder eine Eins bekommen könne, und meinte, sie wollte möglichst lauter Einsen haben, um ihrer Mutter zu beweisen, daß sie dies immer noch erreichen könne.

Dem Lehrer ist es jetzt gelungen, die Mitarbeit des Mädchens zu gewinnen. Er hat aber noch nicht versucht, ihre allgemeine Anschauung zu ändern. Man darf jedoch nicht die gleichzeitig stattfindende Ermutigung übersehen und das dadurch vermehrte Selbstvertrauen, welches das Mädchen in dieser Zeit erfährt.

Am 2. April wurde dieser Fall zur Diskussion in der Lehrerklasse vorgetragen. Der Lehrer wurde gelobt, daß er die allgemeine Einstellung durchbrochen habe, mit der Lisa von anderen

Lehrern behandelt wurde, die sie für ihr falsches Verhalten getadelt hatten. Die Dynamik des Falles wurde besprochen. Lisa zahlt den Preis für den erfolgreichen Versuch, besser als ihr älterer Bruder zu sein – und auch besser sein zu wollen als jedermann sonst. Sie scheint seine Fähigkeit, zu tun, was er will, zu beneiden. Wenn sie nicht hervorragen kann und Anerkennung dafür bekommt, hat sie das Bedürfnis zu tun, was sie will.

Sie sieht sowohl auf die Klassenkameraden wie auch auf die Lehrer herab, und ihr Wunsch, selber eine ›ideale‹ Lehrerin zu sein, drückt gleichzeitig ihre Kritik an den Lehrern aus. Daß sie sich selbst als Kandidatin nominierte, macht klar, daß sie sich für die Beste hält, und es denen, die es vielleicht noch nicht wissen sollten, zeigen wollte. Darüber hinaus hätte sie auch gern die Rolle des Richters gespielt. Beide Möglichkeiten schienen ihr im Lehrerberuf vereinigt zu sein.

Dem Lehrer war es gelungen, Lisa zu gewinnen. Er sollte seine Gespräche mit ihr fortsetzen. Er bestätigte den Eindruck, daß er dies ohne die ausdrückliche Bitte Lisas ungern tat, weil ihm das Mädchen nach dem ersten Gespräch so niedergeschlagen schien. Man wies darauf hin, daß Lisa tatsächlich einige Fortschritte gemacht habe, die als solche aber nicht anerkannt worden seien, und daß der Lehrer ohne Skrupel weitergehen und Lisa zur Einsicht verhelfen könne, daß es nicht immer notwendig sei, recht zu haben. Da sich Lisa übernommen hat, weil sie sich völlig besiegt glaubt, wenn sie nicht ganz im Recht ist, muß sie den *Mut zur Unvollkommenheit* lernen. Es wäre klug, wenn der Lehrer ihr sagen würde, daß er sie noch nicht ganz versteht. Und vor allem muß er Lisa das Gefühl geben, daß man sie gern hat und daß sie einen Platz hat, auch wenn sie nicht im Recht ist. Sie muß lernen, daß Kritik nicht unbedingt negativ zu verstehen ist und nicht der ganzen Person gelten muß.

16. April: Als ich am Morgen kam, erschien Lisa, um mir zu sagen, daß sie schon zehn Minuten früher gekommen sei.

Während der zweiten Stunde an diesem Tag ging ich in ihre Buchhaltungsklasse. Während ich mit ihrem Lehrer sprach, kam sie selbst, unterbrach uns und stellte mir eine Frage wegen der Buchführung. Ich tat so, als ob ich dächte, sie würde ihren Lehrer fragen und wartete. Ihr Blick zeigte jedoch, daß sie von mir eine Antwort wollte. Nachdem sie uns verlassen hatte, sagte mir der Lehrer, daß er ihr dieses Problem schon vorher erklärt habe, daß sie es aber anscheinend nicht akzeptiere. Er gibt zum ersten Mal Buchführung, und ich hatte die Klasse vor ihm. Lisa steht seinem Mangel an Erfahrung kritisch gegenüber. Als ich später mit ihr darüber sprach, schien sie seine unangenehme Lage zu verstehen, nicht aber die Tatsache, daß sie bei dem Vorfall seine Gefühle verletzt hatte.

An diesem Nachmittag entschloß ich mich, mit Lisa zu sprechen. Ich fragte sie, ob sie sich über das Thema, das wir schon einmal angeschnitten hatten, Gedanken gemacht habe – warum sie nämlich mit ihren Kameraden und Lehrern Schwierigkeiten habe. Es dauerte lange, bis sie antwortete, daß jetzt alles besser gehe. Als Grund dafür gab sie an, daß sie und Hanna nicht mehr befreundet seien. Sogar ihre Mutter merke den Unterschied, seit sie nicht mehr zusammenkämen.

Es ist möglich, daß Hanna einen schlechten Einfluß auf sie ausübte, obwohl wir keine Anzeichen dafür haben. Wahrscheinlicher jedoch darf die verbesserte Beziehung zum Lehrer für Lisas Fortschritte verantwortlich gemacht werden. Sie war sich dessen allerdings nicht bewußt und würde wahrscheinlich zögern, es zuzugeben. Ein solches Eingeständnis würde nämlich bedeuten, daß sie sich vorher im Kriegszustand befunden habe, und daß ihre Schwierigkeiten auf eigene Fehler zurückzuführen seien.

Ich erwähnte, daß ich mir über ihr häufiges Zuspätkommen Sorgen mache. Sie antwortete: »Ich stehe jetzt morgens schon aus Gewohnheit so früh auf. Letztes Mal war ich schon lange wach, nachdem die Mutti aber zur Arbeit gegangen war, schlief ich wieder ein.« Ich sagte, ich hätte den Eindruck, als ob wir ein Spiel spielten, um zu sehen, wer gewinnen würde. Sie lächelte. Ich erklärte ihr, daß Dinge wie Zuspätkommen nicht nur Zufall seien. Es seien immer Beweggründe dahinter, und ich würde gern wissen, ob sie eine Vorstellung davon hätte. Sie antwortete nicht. Ich fügte hinzu, daß die dafür verantwortlichen Kräfte vielleicht dieselben seien, die auch ihre Kameraden ärgern. Es würde sich deshalb lohnen, sie zu entdecken.

»Du möchtest seit langem gern selber eine Lehrerin sein. Ich glaube, daß du dir über das Leben gewisse Vorstellungen machst – ich weiß, daß ich auch welche hatte, als ich im Gymnasium war. Du weißt wahrscheinlich ganz genau, was die Lehrer richtig oder falsch machen.« Sie lächelte und sagte: »Ich sage es aber nicht!« Ich fuhr fort: »Ich glaubte dasselbe, und wenn ich jetzt zurückschaue, stimmt es, daß ich einige der Irrtümer meiner Lehrer vermeide, ich mache aber auch Fehler, die sie nicht gemacht haben. Es ist unmöglich, vollkommen zu sein.« Ich sagte ihr dies, obwohl sie ihre Meinung nicht ausdrückte, die ja aber so auf der Hand lag, als ob sie es getan hätte. Wenn sie von ihren Lehrern und Kameraden Vollkommenheit erwarte, könne sie nie mit ihnen zufrieden sein und würde ihnen deshalb das Gefühl geben, daß sie sich überlegen dünke. Denn unsere Einstellung beeinflußt unser Verhalten. Sie antwortete: »Ich glaube aber nicht, daß ich überlegen bin.« Ich erwiderte: »Ich weiß, aber das ist der Eindruck, den du machst.« Als Beispiel erwähnte ich den Vorfall in der Buchhaltungsklasse, hatte allerdings den Eindruck, daß ich damit nichts erreichte. So beendeten wir das Gespräch mit der Feststellung, daß Vollkommenheit unmöglich und unnötig ist und daß wir uns selbst und auch andere Leute als unvollkommen akzeptieren müssen. Ich sagte noch, daß ich mich sehr darüber freute, daß sie neue Freundschaften geschlossen habe und jetzt viel glücklicher sei. Ich versicherte ihr, daß sie große Möglichkeiten habe und daß das Pädagogikstudium ihr sicher Vergnügen machen würde.

Das Gespräch wurde gut geführt. Vielleicht war ein gewisser Predigtton mit im Spiel, und möglicherweise hatte das Mädchen zu wenig Gelegenheit, sich und ihre Meinung auszudrücken, eine Gelegenheit, die sie aber zu dieser Zeit vielleicht sowieso nicht ergriffen hätte, denn sie befand sich immer noch in Verteidigungsstellung. Deshalb bekam der Lehrer auch das Gefühl, daß er es ihr nicht genügend klarmachen konnte.

Es gab einen wichtigen Augenblick, den der Lehrer verpaßt hatte: als nämlich Lisa nicht einsehen wollte, daß sie sich überlegen fühle, war es zwar richtig zu antworten, daß sie aber diesen

Eindruck hervorrief, es wäre aber notwendig gewesen, eine Erklärung anzufügen, warum sie nicht erkennen konnte, wie überlegen sie sich gab. In diesem Augenblick hätte man andeuten können, daß sie selbst ihre Forderungen nach Vollkommenheit nicht zu erfüllen vermochte. Da sie nie sicher war, gut genug zu sein, fühlte sie sich nicht wirklich überlegen, sondern setzte lediglich andere herab, um sich selbst zu erhöhen. Mit anderen Worten: Es ist notwendig, daß das Mädchen das Ausmaß ihrer Minderwertigkeitsgefühle und ihren Zweifel an den eigenen Fähigkeiten erkennt. Ihre irrtümlichen Kompensationsmaßnahmen können nicht verschwinden, solange die Quelle, und das ist der nagende Zweifel an sich selbst, nicht entfernt wird.

Deshalb war die Art, auf die das Gespräch beendet wurde, ausgezeichnet. Es zeigte Ermutigung und Vertrauen. Verbesserungsmaßnahmen sollten sich zuerst darauf richten, das Selbstvertrauen des Mädchens zu vergrößern, und nicht so sehr auf die Ausmerzung ihrer Fehler. Dieses Bemühen des Lehrers kennzeichnet seine Haltung zu dem Mädchen und stellt eine wirksame Verbesserungsmaßnahme dar.

22. April: Als wir Vorbereitungen für die Probe des Festes des Schülervereins trafen, stießen wir auf sich widersprechende Pläne. Lisa wollte dem anderen Lehrer sagen, wie unrecht er hatte. »Wir machen unsere Pläne zuerst. Er wußte es und er macht immer so etwas. Ich werde es ihm *sagen.*« Ich meinte, das wäre nicht sehr klug. Dieser Vorfall zeigte mir, daß sie immer noch auf andere Leute ›herabsieht‹.

Der Lehrer hat recht. Seit er erkannte, was vor sich ging, gab er dies dem Mädchen vielleicht irgendwie zu verstehen. Manchmal geben kleine Zeichen oder Andeutungen so viel Auskunft wie ein Gespräch, vorausgesetzt, man versteht sich so gut, wie diese zwei es tatsächlich tun.

7. Mai (Zeugnistag): Lisa kam zu spät. Als sie kam, sagte sie: »Ja, ich weiß, ausgerechnet heute komme ich zu spät! Sie müssen mir aber

anrechnen, daß ich die letzten vier oder fünf Wochen nie zu spät kam.«

(Ich schaute später nach und fand ihre Aussage bestätigt.) Ich gab ihr keine Anwort, sondern lächelte.

8. Mai: Wir korrigierten die Abschriften von gestern, und ich machte dabei einen Fehler, indem ich etwas anstrich, was richtig war. Lisa sagte: »Sie fangen an, Fehler zu machen.« »Anfangen?« bemerkte ich. Wir sprachen dann von etwas anderem. Ich versuchte, sie an die Idee zu gewöhnen, daß jedermann Fehler macht.

12. Mai: Im Examen für die nationalen Stipendien erreichte Lisa einen Platz im dritten Viertel. Nachdem wir darüber gesprochen hatten, sagte sie: »Na ja, es waren immer noch viele unter mir.« Sie schien nicht enttäuscht.

13. Mai: Die Einstellung von Lisa scheint sich geändert zu haben. Sie scheint mehr Achtung vor anderen zu zeigen. Ich kann kein besonderes Beispiel berichten; sie scheint lediglich mehr Wärme auszustrahlen. Heute lächelt sie viel mehr als sonst.

19. Mai: Lisa kam etwas früher, um mit mir über eine Arbeitsstelle zu sprechen, die ich ihr gegenüber erwähnt hatte. Sie fragte mich, ob sie meinen Namen als Referenz angeben dürfe.

28. Mai: – Zusammenfassung: Mit Lisas Fortschritten bin ich sehr zufrieden. Sie hat immer noch viel zu lernen, aber scheint sich in der richtigen Richtung zu bewegen. Es gibt jetzt viele Mädchen und auch Jungen, die sie gern mögen, und sie ist nicht mehr so sehr damit beschäftigt, Aufmerksamkeit zu erregen. Sie kommt jetzt auch immer pünktlich. Für den Sommer hat sie Pläne für das Lehrerseminar, ohne damit zu prahlen, wie sie es anfangs des Jahres getan hatte, als ihr diese Idee erstmals gekommen war. Ich habe das Gefühl, daß meine Gespräche mit ihr auf fruchtbaren Boden gefallen sind.

Wenn wir den letzten Vorfall mit der Beschreibung vergleichen, die wir von Lisa am Anfang hörten, zeigt dies den Fortschritt, den sie gemacht hat. Ohne Zweifel war es das dauernde Bemühen des Lehrers, welches die Änderungen herbeiführte.

Entsprechend seinem ursprünglichen Aktionsplan hatte er bei Punkt 1 Erfolg, nämlich Lisa zu gewinnen, und auch bei Punkt

2, sie zu ermutigen. Man kann annehmen, daß der Lehrer auch Punkt 3 erfüllte, nämlich Lisa zur Einsicht zu verhelfen, daß es nicht notwendig sei, immer an der Spitze zu sein. Die Reaktion des Mädchens auf ihr Abschneiden bei den Prüfungen für Stipendien beweisen das.

Auf den Gebrauch natürlicher Folgen gab es allerdings wenig Hinweise von seiten des Lehrers. Andererseits vermochte er aber Lisas soziale Minderwertigkeitsgefühle zu überwinden, wie dies durch die zunehmende Zahl ihrer Freunde und durch das bessere Verhältnis zu ihnen bezeugt wird. Eine noch größere Fertigkeit, Gespräche zu führen, was für Lehrer heranwachsender Schüler so unerläßlich ist, hätte die Wirksamkeit des Lehrers noch weiter steigern können.

64. Beispiel

Es handelt sich um eine Deutschklasse, die aus fünfundzwanzig Oberschülern besteht. Sie findet immer in der letzten Stunde statt, wenn sowohl der Lehrer als auch die Schüler müde sind. Mit Ausnahme einer kleinen Gruppe, die ihre Lektionen vorbereitet und während der Stunde arbeitet, lärmt der Rest der Klasse und arbeitet nur unter Druck.

Der Spielraum der individuellen Fähigkeiten ist größer als in einer normalen Klasse, da er von überragenden bis zu schulisch kaum genügenden Schülern reicht. Besonders die zurückgebliebenen Teilnehmer verhalten sich passiv-destruktiv.

Bernd, ein großer Junge, sucht und bekommt auch Aufmerksamkeit, indem er laute und unsinnige Bemerkungen macht. Sein Vater hat für ihn unerreichbare intellektuelle Ziele gesteckt, und er versucht, seine Unfähigkeit zu beweisen (aber noch nicht auf allen Gebieten). Ein anderer Kristallisationspunkt für Störungen ist die aufgeweckte, aber gefühlsmäßig gestörte Alice. Zu Hause ist sie unglücklich und sitzt nun häufig in ihre Traumwelt verloren da, aus der sie mit einem lauten überraschten »hä?« oder mit schallendem Gelächter aufwacht. Herabsetzende Bemerkungen von Mitschülern scheinen ihr nicht viel auszumachen, da irgendeine Art Aufmerksamkeit besser ist als gar keine.

Ich gebe Alice konstruktive Betätigungsmöglichkeiten für ihre Sucht nach Aufmerksamkeit. Zum Beispiel darf sie Aufgaben an die Tafel schreiben, da sie eine gute Handschrift hat. (Diese Idee kam mir, als sie einmal während einer Pause die Tafel mit »Janina liebt Sven« usw. vollgeschrieben hatte.) Es scheint ihr ungeheuer wichtig, mir zu gefallen, doch stellt sie weiterhin einen Mittelpunkt der Störung dar.

Wir haben hier eine müde, entmutigte Klasse und einen müden, entmutigten Lehrer. Beide brauchen das Gefühl der Freude, etwas zu leisten. Zweifellos sollten die Mitglieder der Klasse Aufgaben bekommen, die sie machen können und für deren Durchführung sie anerkannt werden. Ein System mit leichten, aber auch mit schwerer werdenden freiwilligen Aufgaben wäre hier vielleicht am Platz.

Dieser Bericht wurde in der Lehrerklasse vorgelesen und die verschiedenen Seiten besprochen. Der Gebrauch des Wortes »unsinnig« bei den Bemerkungen über Bernd wurde als erstes kritisiert. Vielleicht waren sie von einem logischen Standpunkt aus unsinnig, sicherlich aber nicht von einem psychologischen. Bernds Aussprüche schienen ein Verlangen anzuzeigen, seine Überlegenheit zu beweisen und den Lehrer zu besiegen. Wahrscheinlich setzt er im Klassenzimmer den Machtkampf fort, den er mit seinem Vater führt. Er besiegt beide durch seine Demonstration von Unvermögen und verbaut sich damit die Möglichkeit, auf Gebieten, auf denen er nicht glänzen kann, zu funktionieren. Wahrscheinlich ist er übermäßig ehrgeizig, aber nur auf der unnützen Seite. Dem Lehrer wurde geraten, ihm eine Aufgabe zu stellen, mit der er glänzen kann. Der Deutschunterricht ist dafür besonders geeignet.

Dann besprachen wir die Methoden, die geeignet schienen, um ein Zusammengehörigkeitsgefühl in dieser Klasse zu erzeugen. Ein Hindernis war der große Spielraum der individuellen Fähigkeiten. Aber ohne Integration der Gruppe konnte kein zufriedenstellendes Arbeiten in der Klasse erreicht werden. Unter solch ungünstigen Bedingungen konnte man die gewöhnlichen Methoden nicht fortsetzen. Die Situation erforderte Phantasie. Und die erste Aufgabe des Lehrers war es, einen Weg zu finden, die Klasse als Ganzes zusammenzuschmieden und Interesse und Mitarbeit zu gewinnen.

Der Lehrer neigte dazu, aufzugeben. Die Nachteile schienen zu groß, als daß er hätte hoffen können, die Mitarbeit zu gewinnen, geschweige denn Begeisterung hervorzurufen. Und es gab nichts, was die Schüler gemeinsam hatten.

Gab es wirklich nichts, was sie gemeinsam hatten? Als diese Frage den Lehrern gestellt wurde, dachten sie darüber nach – und hatten schließlich eine Idee. Natürlich hatte die Klasse etwas Wichtiges gemein – und der Lehrer hat es schon erwähnt, ohne sich der Bedeutung dieser Aussage klar zu werden. Sie waren alle in derselben mißlichen Lage, sowohl der Lehrer als auch alle seiner Schüler. Sie hatten ein Fach in der letzten Stunde des Tages, und ihre Interessen und Fähigkeiten waren so unterschiedlich, daß es beinahe unmöglich schien, zusammenzuarbeiten.

Sie saßen alle im gleichen Boot – das war es, was sie gemeinsam hatten. Ihr gemeinsames Problem war deshalb, wie man diese unangenehme Aufgabe für alle, die es anging, so angenehm wie möglich machen konnte. Eine Darstellung dieser Aufgabe sollte ihre Phantasie wecken, sie aufmerken lassen und Begeisterung auslösen. Wenn sie nämlich nicht bereit waren, etwas dafür zu tun, wäre es ein klägliches Erlebnis für *alle*.

Dem Lehrer wurde also geraten, eine offene Aussprache mit der Klasse herbeizuführen. Er könnte die Schüler fragen, ob sie bereit wären, diese Stunde für einander angenehmer zu gestalten. Und wenn sie dies wollten, müßten sie auch einen Weg dahin finden. Der Lehrer sollte ganz offen seine eigene Entmutigung zum Ausdruck bringen und zeigen, daß er die Entmutigung der anderen verstehe.

Er könnte den Kindern die Aufgabe geben, niederzuschreiben, was sie von der Klasse hielten, vom Lehrer und von den anderen. Dies würde Interesse erwecken. Die bereits zu stark Entmutigten würden wahrscheinlich ihre Aufgabe nicht machen, er sollte sie deshalb auffordern, sich wenigstens mündlich zu beteiligen.

Es wurde vorgeschlagen, das Problem Alice für eine spätere Diskussion aufzuheben; der Lehrer sollte zuerst versuchen, den

Boden für ein fruchtbares Klassenerlebnis vorzubereiten und eine lernfreudige Atmosphäre zu schaffen. Eine Woche später gab der Lehrer folgenden Bericht.

Ich bat die Klasse, einen Kreis zu bilden. Dann legte ich meine Karten offen auf den Tisch und betonte immer die Wörter ›wir‹, ›unser‹, ›uns‹. Ich gab zu, daß ich hinsichtlich dieser Klasse entmutigt war und wüßte, daß auch sie es seien. Einige von ihnen haben in der vorhergehenden Stunde Englisch. Sie erzählten, daß der Klassengeist dort gut sei und daß alles, was dort geschieht, als normaler Schulbetrieb gelten könne. Als sie gebeten wurden, ihre Ideen über das, was bei uns nicht in Ordnung sei, niederzuschreiben, fragten einige, ob sie ihren Namen daraufsetzen müßten. Ich sagte ihnen, daß für diese Arbeit keine Noten gegeben würden, so daß ihre Namen nicht wichtig wären. Es sei aber wichtig, deutlich und richtig zu schreiben, damit es gelesen werden könne. (Ich sah, daß ein Junge, der dies sonst nicht machte, ein Wörterbuch benützte.) Die abgegebenen Arbeiten waren gut. Drei Schüler, die in dieser Stunde gefehlt hatten, machten später mündliche Bemerkungen, nachdem ich die Aufsätze der Klasse, die wieder in einem Kreis saß, vorgelesen hatte. Man war sich über die schlechte Disziplin einig. »Es ist viel zu viel Lärm«, »Wir schreien«, »Ich bin so schlecht wie jeder andere«, schrieben sie. »Sie sind zu weich«, war eine häufige Bemerkung, manchmal mit dem Zusatz »Ich habe es gern«. Alice (ich erkannte ihren Aufsatz an der Handschrift) setzte sich sehr für die Notwendigkeit von Strafmaßnahmen ein. Die Jungen waren ausgesprochen in der Minderheit, und einer von ihnen versuchte, alle Schuld auf die Mädchen zu schieben. Ein anderer bemerkte, da es viel mehr Mädchen gäbe, würden sie natürlich auch mehr Lärm machen. Ein Junge machte den Vorschlag, daß die Begabteren den Schwächeren, so wie er einer sei, helfen sollten.

Ich versuchte der Gruppe klarzumachen, daß ich Bestrafung nicht für geeignet halten würde und daß Zusammenarbeit das einzige sei, was helfen könne. Wenn sie alle damit einverstanden seien, hätte ich nichts weiter zu tun, als den Namen dessen zu erwähnen, der aus der Reihe tanzte. Wenn dieser jedoch darauf nicht reagieren würde, müßte ich weitere Schritte unternehmen.

Ich sagte, daß ihre Aufsätze und Bemerkungen mich hoffen ließen, und fragte, ob sie nicht auch dieser Meinung seien. Nur Bernd sah keine Hoffnung für Besserung. Wenn jedermann helfen wollte, hätten wir Erfolg. Aber nicht jeder will helfen, also ist es sinnlos. Wir sprachen darüber; danach konnte auch er einen Hoffnungsschimmer erkennen. Es wurde außerdem die Möglichkeit der Selbstdisziplin erwähnt.

Obwohl dies keine ins einzelne gehende Beschreibung des Klassengesprächs ist und obwohl man den Eindruck hat, daß es meistens der Lehrer war, der sprach, scheint das allgemeine Ergebnis ausgezeichnet zu sein. Die Kinder hatten die Möglichkeit, sich in ihrem Aufsatz frei auszudrücken, und das anschließende Gespräch war erfolgreich.

Auf der Suche nach einer Aufgabe, die Bernd die Möglichkeit der Erfahrung des Erfolgs geben würde, fragte ich einen anderen Lehrer, den ich kannte, und er erzählte, daß Bernd im vergangenen Jahr sehr gut beim Fasching geholfen habe, und zwar bei Arbeiten, wo es zu organisieren galt. Darauf bat ich ihn, meinen ›Fischteich‹ verantwortlich zu übernehmen. Ich sagte, daß ich neulich beobachtet hätte, wie er und Alex ihre Mitspieler gewählt hätten, und daß seine Wahl sehr klug gewesen wäre. »Deine Seite konnte es viel besser machen.« Jemand, der vorbeiging, hörte dies und bemerkte: »Er ist dumm, aber er kann die Guten auswählen.« Ich wies darauf hin, daß einige Präsidenten deshalb Erfolg hatten, weil sie ihre Befugnisse auf ausgezeichnete Untergebene übertragen konnten, während andere Mißerfolge hatten, weil sie diese für einen leitenden Mann so wichtige Fähigkeit nicht besaßen. Bernd hatte aber schon versprochen, beim ›Geisterhaus‹ zu helfen, so daß ich ihn bat, für meine Arbeit jemand anderes auszuwählen, und zwar einen Jungen, auf den man sich auch verlassen könne. Er tat es, und der Junge war wirklich verläßlich. Ich lobte Bernd für seine Auswahl.

Das war eine ausgezeichnete Weiterverfolgung der in der Lehrerklasse gemachten Vorschläge. Bernd konnte tatsächlich etwas tun, was ihm Ehre einbrachte. Seine Reaktion unterstützte unsere Annahme, daß er übermäßig ehrgeizig sei.

Zehn Tage später: Ich telefonierte mit Bernds Vater, um ihn über die große Verbesserung in der Haltung seines Sohns zu berichten. Der Vater erwiderte, er habe ein Gespräch mit Bernd geführt, bei dem er ihm gesagt habe, daß er ein Mann sein müsse. Er hätte eine Änderung erwartet. ›Das Leben beginnt, wenn es dir gleichgültig ist, wer die Anerkennung bekommt, Hauptsache, es ist gut getan‹, habe ich gelesen. Ich sprach über meinen Beitrag nicht mit ihm.

Es war vom Lehrer sehr anerkennenswert, daß er den Vater in dem Glauben ließ, er hätte Bernds Fortschritte hervorgerufen. Bescheidenheit kann jedoch auch ein Fehler sein. Dieser Vater muß aufgeweckt werden. Der Druck, den er auf Bernd ausübt, hat eine schlechte Wirkung. Und was er seinem Sohn gesagt hat, gab ihm nicht das Recht, Verbesserung zu erhoffen – im Gegenteil. Das muß ihm jemand sagen, sonst werden die Bemühungen des Lehrers durch den fortgesetzten Druck und die Demütigung von seiten des Vaters gefährdet.

Der nächste Tag: Alice war die einzige, die störte, als wir im Kreis saßen und unseren Lesestoff besprachen. Zweimal ließ ich sie an einen anderen Platz sitzen. Sie steckte einem anderen Mädchen eine Notiz zu. Ich bat sie, mir diese zu geben. Ich steckte den Zettel hinten in das Buch, das wir benützten. Später las ich ihn und fand ihn so voll von homosexuellen Anspielungen, so daß ich glaubte, es mit dem Schulberater besprechen zu müssen, der mit ihr und ihrer Familie Kontakt hatte. Er schlug vor, das Problem mit Dr. D. zu besprechen: Am selben Tag fragte mich Alice (in der kleinen, zwanglosen Studiengruppe, mit der ich jeden Tag zusammenkam), ob ich diesen Zettel – »Ich habe sie gebeten, ihn nicht zu lesen« – gelesen hätte. »Welchen Zettel?« fragte ich und täuschte ein schwaches Gedächtnis vor, da ich nichts tun oder sagen wollte, ehe ich Dr. D.'s Meinung gehört hatte.

Am nächsten Tag berichtete der Lehrer in der Lehrerklasse, daß sowohl Dr. D. als auch der psychologische Berater der Meinung waren, daß Alice haben wolle, daß er den Zettel lese. Es wurde ein Gespräch mit Alice vorgeschlagen. Dabei sollte der Lehrer es vermeiden, sich als Autorität aufzuspielen, sondern mehr als verstehender Freund ihr helfen. Er sollte nicht anfangen zu predigen und keine Untersuchungen anstellen, die als Neugierde ausgelegt werden könnten, und jede Methode vermeiden, die ihrer Beziehung schaden könnte. Natürlich habe er den Zettel gefunden und gelesen. Es wäre gut zu sagen, daß er von diesem Zettel vieles gelernt habe, von dem er seither nichts gewußt habe. Er sollte ihre persönliche Bedeutung in der Gruppe anerkennen und sie fragen, ob sie ›wichtig‹ sein möchte. Wenn ja, könnte er an ihre Fähigkeit appellieren: solch ein fähiges Mädchen braucht nicht *diese* Art von sich Wichtigmachen. Und schließlich solle er sie fragen, was sie von der Klasse halte.

Zwei Tage später: Ich sprach mit Alice und sagte ihr, daß ich den Zettel gefunden hätte und von ihren Kenntnissen beeindruckt wäre. Ich mußte mich über einige der Begriffe, die sie benützte, informieren. Weiter hätte ich bemerkt, wieviele Freundinnen sie hätte und welch wichtige Rolle sie unter ihnen spiele. Ich hätte mich gefragt, ob sie mich mit dem Zettel beeindrucken wolle und ob es ihr sehr wichtig sei, aufzufallen. Alice meinte, daß dies nicht der Fall sei.

Unser Gespräch förderte viele ihrer besonderen Haßgefühle zutage. Der Rektor, die Heimbesucherin, der Berater (der auch eine Klasse hat), ihre Mutter, ihr Bruder. Ihr Vater und sie, so sagte sie, kämen miteinander aus. Aber eine spätere Bemerkung schien das nicht zu bestätigen. Sie rief: »Mein Vater glaubt, daß er es fertigbringt, daß ich lerne. Er wird es aber nicht fertigbringen! Ich denke nicht daran!« Und vom psychologischen Berater sagte sie: »Ich hasse ihn, weil er glaubt, er könnte mich in den Hintergrund des Klassenzimmers setzen, wenn ich rede, und erreichen, daß ich lerne. Er wird es nicht können. Er wird es nicht!«

Ich meinte, daß sie Leute mit Autorität nicht gern habe. Wenn unsere Absichten sich widersprechen, gab ich meiner Befürchtung Ausdruck, würde sie auch mich ablehnen. »Vielleicht möchtest du gern der Boß sein?« Ich wies darauf hin, daß sie die einzige gewesen war, die nicht mitgemacht hatte, als unsere Deutschklasse sich im Kreis gesetzt hatte. Sie schien diesen psychologischen Seitenhieb nicht zu verstehen, zeigte aber Interesse, als ich sagte, daß auch ich einmal der Boß hätte sein wollen. Ich sprach von bewußten und unbewußten Einstellungen und wie aufschlußreich gewisse psychologische Gedanken für mich gewesen seien.

Das war eine glückliche Wendung, sich mit Alices Absichten gleichzustellen. Es ist fraglich, ob das Mädchen wirklich nicht die Punkte erkannte, die der Lehrer ihr klarzumachen versuchte, oder ob sie lediglich die Richtigkeit der Deutung nicht zugeben wollte. Indem der Lehrer sich selbst als ein Beispiel nannte, entfernte er das Hindernis des Stolzes und der Überlegenheit, einen solchen Beweggrund zu erkennen.

Ich schlug vor, daß sie ihre Fähigkeit zu schreiben in nützliche Kanäle lenken solle. »Wir alle können einen Aufsatz für das Preisausschreiben über ›Amerika, das Land der unbegrenzten Möglichkeiten‹ schreiben. Du könntest gewinnen!« Temperamentvoll erwiderte sie: »Niemand wird mich dazu bringen, eine Aufsatz zu schreiben.«

Das Mädchen ist geschickt genug, um die Falle zu spüren. Das ist wahrscheinlich der Grund, warum sie nicht ›verstehen‹ will. Sie fürchtet, beeinflußt zu werden. Deshalb war das vorhergehende Gespräch, ob sie der Boß sein wolle, genau richtig.

Ich fand heraus, daß sie für ihre Klasse ziemlich jung war. Sie haßte Kinder und wollte keine haben. Ihr junger Bruder brachte sie dazu, »einzusehen, wie schrecklich Kinder sind«. Sie möchte nie heiraten. Sie hat keine Pläne für die Zukunft, außer daß sie nach dem Gymnasium nicht mehr zu Hause bleiben will. Ich schlug vor, daß sie über das, was ich von Überlegenheit und Macht gesagt hatte, nachdenken solle, und daß ich sie eines Tages danach fragen würde.

Was dieses Gespräch auch sonst Gutes haben mag, das Wichtigste war, daß der Lehrer Alice erlaubte, sich zu öffnen und ihren Haß auszudrücken. Das war der erste Schritt zu einer freundschaftlichen Beziehung. Es ist offensichtlich, daß sich das Mädchen im Krieg befindet, sowohl zu Hause, als auch in der Schule und schließlich in der Gesellschaft. Der Hauptfeind scheint die Mutter zu sein, die unverkennbar mit dem jüngeren Bruder verbunden ist. Trotz einer gewissen Verbindung mit dem Vater rebelliert Alice auch gegen ihn. Er ist ein Mann wie ihr Bruder und sie ist *nur* ein Mädchen. Ihre mangelnde Bereitschaft, die weibliche Rolle zu spielen, verrät einen starken ›männlichen Protest‹.

In der Englischstunde am selben Tag benahm sie sich sehr gut, besser als der Klassendurchschnitt. Wenn nicht gerade die übliche Ungezwungenheit sie veranlaßte, außer der Reihe zu sprechen, saß sie steif da und gab mir hundertprozentige Aufmerksamkeit während der ganzen Stunde. Dann kam die Deutschstunde. Sie bat mich dringend, die Anwesenheit prüfen zu dürfen. Während sie dies tat, erzählte ich der Klasse von dem Preisausschreiben. »Wenigstens eines unserer Mitglieder weiß von diesem Aufsatz und ist dagegen. Ich möchte gerne wissen, was ihr davon haltet.« Ich sagte ihnen, obwohl das Thema »Amerika, Land der unbegrenzten Möglichkeiten« sei, könnten sie, wenn sie wollten, auch Negatives schreiben, soweit es die Klassenaufgabe anging. Auch ein Aufsatz, der alles verdammte, würde ihnen angerechnet werden, obwohl ich ihn natürlich nicht zu dem Preisausschreiben einreichen würde. Ich bat jeden einzelnen der Klasse um seine Meinung. (Alice war beschäftigt und ich fragte sie nicht.) Alle wollten mitmachen, wobei Bemerkungen fielen: »Ich werde schon etwas zu Papier bringen« oder »Ich werde *etwas* schreiben« usw.

Als ich später Alice bat, eine Notiz an die Tafel zu schreiben, tat sie dies sehr eifrig, wischte wieder aus und schrieb wieder, mindestens dreimal von neuem, ehe sie mit ihren Bemühungen zufrieden war.

Das ganze Vorgehen zeigt die Feinfühligkeit und Phantasie des Lehrers. Ob er sich nun tatsächlich mit Alice gleichsetzte – wie er es in Worten wenigstens vorgab – jedenfalls erfühlte er die Bedürfnisse des Mädchens und ging darauf ein. Er ließ sie die Anwesenheit kontrollieren, gab ihr besondere Bedeutung als der einzigen, die von dem Vorhaben wußte, und gab ohne Kritik zu, daß sie dagegen war. Er bedrängte sie nicht wegen einer Antwort, erlaubte negative Aufsätze in Übereinstimmung mit Alices allgemeiner Ablehnung, mit anderen Worten: er öffnete alle Türen für sie. Und das Mädchen reagierte.

In der vorgeschriebenen Zeit gab mir Alice ihren Aufsatz über Amerika, der völlig im Rahmen des Üblichen lag. Ich hatte sie nicht weiter darum gebeten.

Dies war offensichtlich ein Wendepunkt. Der Lehrer enthielt sich jedes Drucks auf Alice, und sie macht mit, nicht nur insofern sie den Aufsatz abgab, sondern auch was den Inhalt betraf.

Von Zeit zu Zeit bemerkte ich zur Klasse: »Ist diese Wandlung nicht wunderbar?« Und jeder sah zufrieden aus. Ich sprach mit Bernd persönlich und drückte meine Zufriedenheit und meine Verwunderung über den Wechsel aus, sowohl in der Klasse als auch bei ihm selbst. Und obwohl er eine Woche lang gefehlt hatte, bekam er eine Drei in einer Klassenarbeit, als er zurückkam.

Die Begeisterung des Lehrers – wenn aufrichtig – steckt an. Wir können weder seine Aufrichtigkeit noch die stattgefundene Wandlung bezweifeln, obwohl er nicht allzuviele Einzelheiten über seine Beobachtungen berichtete.

Etwa eine Woche später fand ich einen weiteren Zettel von Alice, mit homosexuellen und heterosexuellen Anspielungen.

Das ist alles, was der Lehrer schrieb. Wir würden gern wissen, ob er dazu eine Bemerkung macht oder ob er diese Angelegenheit ignorierte. Vielleicht denken einige, daß ein solcher Vorfall ein ernsthaftes Eingehen erfordere, aber Alices Probleme scheinen nicht grundsätzlich sexueller Natur sein. Es ist deshalb klug, diese Seite nicht zu betonen, sondern vielmehr dem Mädchen bei seiner allgemeinen Anpassung zu helfen, wie es der Lehrer versucht.

Die Zeugnisse auf den Berichtskarten zeigen eine allgemeine Verbesserung. Zwei Schüler – nicht die mit den speziellen Problemen – waren in ihren Aufgaben weiterhin saumselig oder pflichtvergessen, ihre Arbeit aber war im allgemeinen auch besser als früher. Zwei Schüler, die sich bewußt waren, besser geworden zu sein, waren über ihre Dreier nicht sehr glücklich, obwohl sie früher Vierer und Fünfer hatten. Ich konnte ihnen zeigen, daß ihre jetzigen Dreier einen ganz enormen Fortschritt bedeuteten.

Die besseren Noten, ebenso wie das offensichtliche Interesse der Schüler an ihren Noten, sind ein Hinweis auf den Fortschritt. Es ist sehr interessant, daß die Schüler, denen ihre Vierer und Fünfer nicht viel ausmachten, jetzt mit ihren Dreiern unzufrieden waren. Auch dies zeigt wieder den übermäßigen Ehrgeiz, den wir so oft bei erfolglosen Schülern finden und der sehr wahrscheinlich ein Faktor ist, der zu ihrem Versagen beigetragen hat.

So weit wurde der Bericht in der Lehrerklasse vorgetragen. Der Lehrer wurde für sein ausgezeichnetes Verständnis und seine Anwendung der von uns besprochenen Prinzipien und Techniken gelobt. Es wurde ihm geraten, bei den Berichten über gewisse Situationen und seine Reaktion darauf mehr ins Detail zu gehen. Einige Beispiele folgen:

Nach jeder Klassenarbeit ließ ich die Schüler eine Zweiergruppe bilden, jeweils bestehend aus einem, der das Thema mehr oder weniger gemeistert hatte, und einem dem dies nicht gelungen war. Ich veranstaltete ›Lehrertreffen‹ mit den besseren Schülern und schlug hilfreiche Methoden vor. Dabei betonte ich die Wichtigkeit, ihre ›Schüler‹ zu achten und sie dadurch zu ermutigen, daß das, was *richtig* gemacht worden war, besprochen wurde. Dies ergab wieder eine erhebliche Verbesserung.

Dies ist eines der entscheidenden Merkmale der Methode dieses Lehrers. Die oben berichtete Einzelheit erklärt, wie er die mehr und weniger fortgeschrittenen Schüler in eine Gruppe zusammenfaßte. Eine ganze Reihe von guten Ergebnissen kann auf diese

Weise erreicht werden. Zuerst verwandeln sich Unterschiede an Geschicklichkeit und Leistung innerhalb einer Klasse, die so oft die Klasse entzweien, weil man die Guten gegen die Schlechten, die Langweiligen gegen die Aufgeweckten ausspielt, von einem Nachteil in einen Vorteil. Statt miteinander zu konkurrieren, helfen die Schüler einander. *Zu den Ersten zu gehören, ist nicht mehr eine Ehre, sondern bedeutet eine Verantwortung.* Die fortgeschritteneren Schüler zu bitten, den langsameren zu helfen, zeigt beiden wesentliche Grundlagen der rechten mitmenschlichen Beziehung: Achtung für den Mitschüler, selbst wenn er schulisch zurück ist, die Notwendigkeit der Ermutigung und die Art zu ermutigen, wobei man auf der horizontalen Ebene vom einen zum anderen arbeitet, statt auf der vertikalen Ebene zu versuchen, den anderen zu überflügeln. All dies war ein Nebenerfolg bei der Methode des Lehrers. Seine Methode der gegenseitigen Hilfe wurde so von der allgemeinen, aber ungünstigen Klassen-Situation – wobei alle halfen, sie angenehmer zu machen – auf Einzelheiten der schulischen Ausbildung übertragen.

Ich reduzierte die Zahl der Sätze, die für das Üben von Satzzeichen vorgeschrieben sind, von 21 auf 14. Dies gibt der Klasse Gelegenheit zu besseren Leistungen, was für viele vorher unmöglich gewesen war, und dient der Ermutigung.

Eine der Hauptsorgen des Lehrers war die Bereitstellung von Gelegenheiten, damit alle eine Leistung erleben konnten – eine wichtige Überlegung.

Ich bat, mir Aufsätze über Probleme zu Hause zu schreiben mit Titeln wie ›Meine Familie: Ein Problem!‹ oder ›Mein Bruder ist eine Nervensäge‹ oder ›Mein größtes Problem‹. Nur ein Schüler sagte, er hätte keine Probleme, und schrieb über ein anderes Thema. Alle anderen schütteten ihr Herz mit ihren Konflikten und ihren Gefühlen aus. Alices Aufsatz war voll von Bitterkeit und Haß über ihren jüngeren Bruder. Bernds Problem drehte sich um den Familienwagen und den Streit mit seiner Schwester über dessen Benützung. Diese Aufsätze schienen einen heilenden Erfolg auf die Schüler auszuüben und gaben mir viele Hinweise, warum diese Schüler nicht immer gut funktioniert haben.

Ein psychologisch ausgebildeter Lehrer kann den Aufsatz zur Quelle des Verständnisses für das Kind machen. Nicht nur die Probleme des Kindes können auf diese Art erkannt und abgeschätzt werden, sondern sogar seine persönliche Rolle, sein Lebensstil. Themen wie ›Früheste Erinnerungen‹ oder ›Familienkonstellation‹ usw. können dem Lehrer wertvolle Auskünfte liefern. Diese können dann sowohl durch Gruppengespräche als auch in kurzen persönlichen Gesprächen weiterverfolgt werden. Die Notwendigkeit, derlei Dinge für sich zu behalten, braucht nicht betont zu werden, da jeder Lehrer verpflichtet ist, das, was er von seinen Schülern weiß, vertraulich zu behandeln.

Bernd hatte eine gewisse Schwierigkeit, zusammengesetzte Wortformen in ihre Teile zu zerlegen. Ich unterrichtete ihn allein. Nach einer kurzen Erklärung schrieb ich fünf Beispiele nieder und sagte: »Diese sind ziemlich schwierig. Wenn du zwei Sätze davon richtig machst, ist es in Ordnung.«

Er hatte vier Sätze richtig und lächelte: »Na, so dumm bin ich doch nicht?« »Sicherlich nicht«, antwortete ich, »du hast aber sowohl dich selbst als auch mich eine Weile lang an der Nase herumgeführt.« Er strahlte.

Dies ist ein interessantes Beispiel über die Nuancen der Ermutigung. Es zeigt, wie der Lehrer die richtige Lösung von vier der gestellten fünf Aufgaben zu einem vollen Erfolg machte. Aber nur ein Lehrer, der weiß, was Selbstvertrauen und Mut für ein Kind bedeuten, ist imstande, auch eine nicht vollkommene Lösung als vollen ›Erfolg‹ zu betrachten. Es ist weniger wichtig, daß Bernd in diesem Stadium alle Antworten kennt, als daß er lernt, an sich selbst zu glauben.

Alice hilft immer gern beim Korrigieren von Arbeiten. Sie wollte Diktate korrigieren. Ich sagte ihr, ich hätte es nicht sehr befriedigend gefunden, selbst wenn gute Schüler Rechtschreibdiktate korrigieren, weil sie oft Irrtümer übersehen. Ich fragte sie aber, ob sie denke, sie könne es sorgfältig genug machen. Sie sagte, sie wüßte, daß sie es könnte. Da gab ich ihr die Chance.

Sie ist bei dieser Arbeit so genau, daß ich sie gebeten habe, mir auch im nächsten Jahr zu helfen. Darüber scheint sie sehr glücklich zu sein.

Wir dürfen nicht vergessen, daß dies das Mädchen war, das den Mittelpunkt der gestörten Ordnung bildete, das sich in eine Traumwelt geflüchtet und alle Aufmerksamkeit in destruktiver Weise auf sich gezogen hatte. Dem Lehrer war es gelungen, ihr eine Stellung in der Gruppe zu verschaffen, in der Gemeinschaft statt außer ihr.

Der Lehrer schreibt die folgenden Schlußbemerkungen:

Bernd funktioniert jetzt, weil er weiß, daß er es kann. Alice ist ein Mitglied, das in der Klasse mitarbeitet. Wir haben jetzt eine glückliche Klasse und – glauben Sie mir – einen glücklichen Lehrer.

Obwohl ein besserer Geist in der Klasse das bedeutsamste Ergebnis ist, glaube ich, daß auch die Zeugnisse zeigen, daß der schulische Fortschritt im großen und ganzen besser geworden ist.

Der Lehrer berichtet dann über die Noten für jeden Schüler und vergleicht das erste Schulhalbjahr mit dem zweiten, an dem wohl noch drei Wochen fehlen, die aber nach seiner Meinung keinen großen Unterschied mehr ausmachen können.

Interessanterweise zeigen die drei besten Schüler eine leichte Verschlechterung, nämlich von einer Eins zu einer Eins-minus, von einer Eins zu einer Zwei-plus und von einer Zwei-plus zu einer Zwei. Nur ein Schüler, der vorher eine Zwei hatte verbesserte sich auf Zwei-plus und drei, die vorher eine Zwei hatten, blieben bei dieser Note.

Ganz verschieden aber ist die Situation am anderen Ende der Skala. Alle sechs Schüler, die vorher Vierer hatten, haben sich verbessert, der eine von Vier auf Zwei-minus, und drei der sechs Schüler, die vorher eine Drei hatten, haben jetzt eine Zwei oder eine Zwei-plus. Soviel über die Bedeutung des schulischen Erfolgs.

Das Experiment zeigt, was ein Lehrer in einer unglücklichen Klassensituation tun kann, und zwar mit Schülern, die weit unter dem Durchschnitt stehen. Er demonstrierte sowohl den Gebrauch von Gruppendynamik als auch von persönlichen Beweggründen für das Wohl jedes einzelnen und der Gruppe als ganzer.

Nachbemerkung

Während der Zeit, in der dieses Material gesammelt wurde, trat das allgemeine Unvermögen, mit den Problemen der Jugend fertigzuwerden, mehr und mehr offen zutage. Wir sind Zeuge einer Krise unserer Erziehungsmethoden, die ohne größere Wandlungen, die ihrerseits zu einer Revolution des Lehrens führen, nicht gelöst werden kann. Die grundlegenden Voraussetzungen, unter denen wir in unseren Schulen arbeiten, sind nicht den gegenwärtigen Bedürfnissen der jungen Leute angepaßt. Folglich hat sich unser Einfluß auf die Jugend vermindert, und die daraus entstehenden Schwierigkeiten werden von Jahr zu Jahr offensichtlicher.

Die Zunahme der jugendlichen Kriminalität, sowohl was die Zahl als auch die Stärke der Vergehen anbelangt, ist nur ein Teil des Bildes, obwohl sie in der Öffentlichkeit mehr Beachtung findet als jede andere Seite unserer gegenwärtigen mißlichen Lage. Viel wichtiger ist die große Anzahl von Kindern, die als ›verwundbar‹ bezeichnet werden können. Emotionale Störungen von Kindern wurden so allgemein, daß sie oft gar nicht mehr als solche erkannt werden. Nur sehr wenige Kinder sind frei von Fehlern, die eine Korrektur erfordern. Psychotiker oder Grenzfälle haben sich nach klinischen Beobachtungen in den letzten Jahren vermehrt. All diese Dinge sind ein Teil der allgemeinen schlechten Anpassung, die die Rebellion der Kinder gegen die Gesellschaft, gegen Autorität, gegen Ordnung und die Anforderungen des Zusammenlebens, widerspiegelt.

Wie können Lehrer mit solchen Problemen fertig werden? Wollen wir aufrichtig sein: sie können es oft nicht und tun es nicht, weil sie nicht genügend darauf vorbereitet sind. Vom Lehrer wird erwartet, daß er weiß, wie man mit Kindern umgeht. Aber für viele Lehrer ist es ein übles Erwachen, wenn sie merken, daß sie nicht wissen, was man mit den einzelnen Kindern, die sich falsch verhalten oder versagen, tun soll.

Die daraus entstehende Entmutigung macht Lehrer und Schulleute gegen die Kritik, die von allen Seiten auf sie einstürmt, empfindlich. Ein großer Teil dieser Kritik ist nicht berechtigt. Man kann die Reaktion des enttäuschten Erziehers und seine Neigung, alle Anklagen zu verneinen oder zu ignorieren, gut verstehen, aber dies hilft noch nicht, die Fehler zu erkennen und sie zu korrigieren.

Oft wird die immer häufiger vorkommende Lese / Rechtschreibstörung als gegeben angesehen, und die Schulen lehnen jede Verantwortung hierfür ab. Wahrscheinlich ist eine Krise erforderlich, um unser Versagen beim Lehren von Mathematik zu erkennen. Disziplinarische Probleme im Klassenzimmer, die der Lehrer nicht meistern kann, hemmen oft das Lernen überhaupt. Unsere Lehrer, die ihr Bestes tun, um mit Begeisterung und Ausdauer eine gute Arbeit zu leisten, und die manchmal mit unüberwindlichen Schwierigkeiten in der Klassenzimmer-Situation zu tun haben, müssen eine solche Kritik, die gegen die Schule vorgebracht wird, als ungerecht und beleidigend empfinden.

Obwohl die allgemeine Schulpflicht Kinder zwingt, zur Schule zu gehen, werden viele aus der Schule ausgestoßen, weil sie zuviel stören und nicht zu zähmen sind. Dabei handelt es sich oft um Kinder mit einer normalen oder sogar überdurchschnittlichen Intelligenz, die auf keine Weise krank oder gar pathologisch sind. Sie sind unruhig und unordentlich, trotzig und herausfordernd. Die Schulen müssen ihre Verantwortung für diese Kinder akzeptieren und die Mittel entwickeln, mit ihnen fertigzuwerden.

Was halten die Pädagogen von dieser mißlichen Lage? Die einen sind gegen das, was sie als die unmögliche Bürde der Schulen bezeichnen, weil die Eltern, die Kirchen und die Gemeinden ihre Aufgaben der Schule übertragen haben. Sie sagen, daß man von den Schulen zuviel erwarte, und daß die Lehrer mit Pflichten überladen seien, die eigentlich Sache der Eltern seien. Um einen von ihnen zu zitieren: »Wir erwarten von den Lehrern, daß sie emotional gestörte Kinder im Klassenzimmer behandeln, ja Kinder, die bereits in psychologischer Behandlung sind. Schulen sollten keine Abladestelle, kein Lagerplatz für Abfall sein, wo all die Aufgaben zu erledigen sind, die niemand sonst tun will. Die Schulen sollten sich auf das, was ihre eigentliche Aufgabe ist, konzentrieren, nämlich, Dinge zu lehren, die die Eltern nicht lehren können. Man sollte sie nicht als Kliniken, als Pflegeheime und Unternehmen zur Formung des Charakters betrachten.«

Diese Meinung eines Lehrers wird von einem anderen unterstützt, der sagt: »Weil die Schulen versuchen, für alle Menschen alles zu sein, bleiben sie nur an der Oberfläche und machen alles schlecht.«

Ein anderer beklagt sich in ähnlicher Weise über Eltern, die ihre Verantwortung auf die Schule abladen: »Sie bringen ihre Kinder in die Schule, um sie aus dem Weg zu haben, und sie nehmen an, daß sie in der Schule alles lernen, was ihnen beigebracht werden sollte!« Ein anderer fordert, daß »die Schulen nicht die Verantwortung für das ganze Kind auf sich nehmen sollen. Wenn sie es tun, werden sie versagen.«

Diese Aussagen vertreten einen unseren Ansichten entgegengesetzten Standpunkt. Es stimmt zwar, daß oft zuerst einmal unsere Eltern versagt haben und unsere Lehrer die Folgen dieses Versagens tragen müssen. In ihrer Bemühung, Kinder in einer kulturellen Atmosphäre zu erziehen, die die traditionellen Methoden unwirksam macht, werden aber die Eltern schließlich auch die wirksamen Methoden lernen, mit denen man sozial und emotional gut angepaßte Kinder erzieht. Lehrer und Schulen können aber nicht warten, bis wir das erreicht haben. Sie müssen die Verantwortung auf sich nehmen, weil sie sich ihrer Pflicht, schulisches Wissen zu lehren, nicht entledigen können, wenn sie nicht das ganze Kind verstehen und ihm bei seiner Anpassung helfen. Dazu können Lehrer ausgebildet werden! Sie brauchen keine Therapeuten zu sein, aber sie können die Fertigkeit erwerben, ›Psychologie im Klassenzimmer‹ anzuwenden.

Weder das ›Zurück zur Natur‹ noch etwaige Bemühungen, die veraltete Disziplin wiederherzustellen, können Erfolg haben. Unsere Kinder reagieren nicht mehr auf autokratische Methoden. Wir müssen vorwärtsschreiten und Mittel entwickeln, die Mitarbeit, Verantwortung und Fortschritt anregen. Ohne die Anwendung von Psychodynamik und Gruppendynamik im Klassenzimmer ist dies jedoch nicht möglich. Die in diesem Buch dargestellten Prinzipien mögen helfen, einen Wandel in der erzieherischen Atmosphäre hervorzurufen und neue Wege zu öffnen, um alle Kinder zu gewinnen und die Schule sowohl für Lehrer als auch für Schüler zu einem freudigen und lohnenden Erlebnis zu machen.

Nachwort des Autors zur deutschen Ausgabe

Erziehungsprobleme hat es immer gegeben; sie sind vermutlich so alt wie die Menschheit selbst. Mögen sich jedoch bei der Frage, wie man denn erziehen solle – dem Erziehungsstil, den anzuwendenden Methoden – die Geister getrennt haben, eines stand doch über Generationen hinweg fest: die Autorität des Erziehers über den Zögling und dessen Respekt vor der höhergestellten Person.

Das hat sich grundsätzlich geändert. Die einschneidenden technischen und gesellschaftlichen Veränderungen unserer Welt, insbesondere die Demokratisierung unseres Lebensstils, haben uns in ein ganz neuartiges ›Dilemma‹ der Erziehung geführt, von dem Schule und Elternhaus gleichermaßen betroffen sind. Wo das demokratische Prinzip innerhalb der Familie an Boden gewann, verlor der Vater die dominierende Stellung über die Mutter, und beide gingen ihrer absoluten Herrschaft über die Kinder verlustig. Dem Lehrer geht es nicht anders, weil auch sein Anspruch auf ›Autorität‹ herkömmlicher Art als unvereinbar mit den demokratischen Prinzipien abgelehnt wird und mit den bisherigen Mitteln nicht mehr aufrechterhalten werden kann.

Wir bejahen die Demokratisierung in allen Lebensbereichen. Selbst wer sie übrigens ablehnen wollte, könnte ihre Auswirkungen nicht einfach außer acht lassen. Daß die traditionellen Methoden, wie zum Beispiel Belohnung und Bestrafung, heute wirkungslos geworden sind oder zumindest sehr zweifelhafte Wirkungen zeitigen, wird jeder, der diese Methoden noch anwendet, leicht erkennen. Wie aber soll man dann Kinder dahin bringen, zu lernen und sich ordentlich zu benehmen, wie kann man sie vorbereiten auf die Welt, die sie später erwartet? Sollen

Eltern und Lehrer in diesem ›Kampf‹ der Erziehung, in den sie sich heute verwickelt sehen, einfach resignieren?

Nach unserer Überzeugung ist eine demokratische, partnerschaftliche Erziehung nicht nur unumgänglich notwendig, sondern auch durchaus möglich. Es gilt einfach, neuartige und wirksame Methoden anzuwenden, die dem (positiv zu bewertenden) freiheitlichen Selbstbewußtsein unserer Kinder angemessen ist. Diese Methoden, die auf den Erfahrungen der Psychologie, vor allem der Gruppenpsychologie, basieren und die von uns in Konfliktsituationen seit Jahrzehnten erprobt worden sind, sollen in diesem Buch vorgeführt und erläutert werden.

Es fehlen vielfach noch die notwendigen Erfahrungen in der Handhabung der Mittel, wie die Erkenntnisse der modernen Pädagogik wirksam in die Praxis umzusetzen sind. Deshalb sollte jeder Lehrer wenigstens die Möglichkeit haben, etwas über den dynamischen Prozeß zu erfahren, der von ihm selbst im Klassenzimmer in Gang gesetzt und gesteuert werden kann und vielen sogenannten ›schwierigen‹ Kindern zum Segen gereichen wird.

Der erste Teil des Buches beschäftigt sich mit den theoretischen Voraussetzungen zur Anwendung psychologischer Methoden im Klassenzimmer. Wir gehen dabei aus von der Konzeption einer demokratischen Lebensform und ihrem Prinzip von der menschlichen Gleichwertigkeit, andererseits von der teleo-analytischen Methode der Psychologie Alfred Adlers. In diesem Bezugssystem ist der Mensch ein soziales Wesen, dessen Tätigkeit zweck- und zielgerichtet ist und dessen Persönlichkeit eine einzigartige und unteilbare Ganzheit darstellt. D. h. wir sind teleo-analytisch orientiert und befassen uns mit dem Zweck und den Zielen des kindlichen Verhaltens wie auch mit den Mitteln, diese Ziele – wenn nötig – zu ändern.

Im zweiten Teil werden ausgewählte Berichte über Situationen im Klassenzimmer besprochen, in die Problemkinder verwickelt waren.

Da sich unsere Methoden inzwischen immer mehr durchsetzen, weil sie sich in der Unterrichtspraxis bewährt haben, dürfen wir annehmen, daß sie überall mit Erfolg angewandt werden können. In diesem Sinn geben wir das Buch in die Hand des deutschen Lesers.

April 1967 Prof. Dr. Rudolf Dreikurs

Dr. Rudolf Dreikurs
wurde 1897 in Wien geboren und starb 1972 in Chicago. Er begann seine Laufbahn in Wien als Psychiater und steht in der Tradition der von Alfred Adler begründeten Individualpsychologie, die heute einen wichtigen Teil der psychoanalytischen Theorie, der Psychotherapie, der Theorie und Praxis von Ehe- und Paarberatungen und besonders der Erziehungsberatung bildet. Dreikurs' Buch »Kinder fordern uns heraus«, von dem mittlerweile über 600.000 Exemplare verkauft wurden, hat sich den Ruf »Elternbibel« verdient und gilt mehr denn je als zeitgemäßer Klassiker der Ratgeberliteratur für Eltern und Erzieher; dies gilt genauso für seine Publikationen »Familienrat«, »Eltern und Kinder – Freunde oder Feinde?« und eben auch für »Psychologie im Klassenzimmer«.